富春山居图

倪树根 著

文匯出版社

图书在版编目（CIP）数据

富春山居图 / 倪树根著. -- 上海 : 文汇出版社，2012.10
ISBN 978-7-5496-0590-3

Ⅰ. ①富… Ⅱ. ①倪… Ⅲ. ①长篇小说－中国－当代
Ⅳ. ①I247.5

中国版本图书馆CIP数据核字(2012)第178900号

富春山居图

作　　者 / 倪树根
责任编辑 / 乐渭琦
特约编辑 / 孙　健
装帧设计 / 张　晋

出 版 人 / 桂国强

出版发行 / 文汇出版社
上海市威海路755号
(邮政编码200041)
经　　销 / 全国新华书店
印刷装订 / 江苏启东市人民印刷有限公司
版　　次 / 2012年10月第1版
印　　次 / 2012年10月第1次印刷
开　　本 / 720×960　1/16
字　　数 / 420千
印　　张 / 24.5

书　　号 / ISBN 978-7-5496-0590-3
定　　价 / 38.00元

献给爱妻

钱庆华

第一部

祸根

引 子

假如有人对你说：过去曾经有个皇帝拉完屎用富春草纸揩屁股，你定会说：吃饱了撑的，谁会去管皇帝用什么东西揩屁股。

这是真的。说这话的是董家村族长董国权。

董家村是富春山下大村，几百户人家全姓董，有一位祖宗叫董浩，是个孤儿，在“董三百”家当小放牛。

“董三百”是一个财主的绰号，开门三百亩，都是他家的田和地。

财主看董浩年纪小，给了他一头小牛放。董浩每天牵着小牛到富春山下去吃草，从董家村到富春山，要过一条小河，河两岸都种了杨树，所以这条小河就叫杨河。当时河上还没有桥，小牛害怕不敢过，董浩就把小牛抱起来跳过河去，回来时又把它抱过来。后来小牛有了依赖性，一到河边就不肯走，等着董浩来抱它过河；后来小牛成了大牛，因为董浩人小手短，他就把牛顶在头上跳过河去。

有一天，河边来了个和尚，他一见这么一个小孩竟在头上顶了一头大水牛跳过河，十分吃惊，问董浩：“小师父，把这么大一头牛顶过河，不觉得重吗？”

董浩微微一笑，说：“顶惯了。”

原来这个和尚是从少林寺来富春山长沙庙云游的。

他收董浩做了徒弟；后来，董浩考上了武状元。

皇帝的圣旨一下来，董家村从族长到一般老百姓，个个喜笑颜开：董浩为董家人争了光。

族长在祠堂里摆起了盛大的宴席，凡董家村十六岁以上的男丁都可以入席喝酒吃肉，十八岁以上的男丁每人还发两包状元糕和一斤猪肉。

那时候，朝庭里的买官卖官风气已相当盛行，董浩虽然是靠自己的本事考上去的，但也得给皇帝贡品呀，不然，董浩这个武状元能在朝堂待得长久吗？

这也是董浩这些天来最闹心的事。

“送富春草纸。”有人这样说。

当场有人就哈哈大笑：“皇帝什么都有，还缺这几张破草纸？”

提出送草纸的人名叫董继业，阿爸就是董浩放牛的东家“董三百”。继业是独养儿子，从小娇生惯养，不但不肯读书，还喜欢作弄教他的先生，把一个个先生都给气跑了，而他自己仍旧不识一字。“董三百”放出口风：凡能教会我儿子认识一个字，赏银十两。重赏之下，必有勇夫，一个私塾老先生上门应征。他想：教会一个字还不容易吗？他把董继业关在书房里，一天到晚就教那个“一”字，大的“一”、小的“一”，董继业闭着眼睛都能认了，私塾先生告诉“董三百”，他儿子已经能认“一”字了。“董三百”高兴地请来亲朋好友，他要当着大家的面验证儿子的“聪明”，这时，正好有一个长者挑着一担米进来，“董三百”从长者肩上拿来那根毛竹扁担在地上一放，问儿子：“这是个什么字？”

“毛竹扁担。”儿子说。

“我是问你是什么字？”“董三百”的声音响了起来。

“老爷，不要吓着了少爷，等一会他就会认识的。”私塾先生想趁机给自己的学生一个暗示，不然，一个月的心血白花了，他把等一回的“一”字说得特别响。董继业却坚持说：“是一根扁担嘛！”

“老爷问你像一个什么字？”他又特别把那个“一”字加重了语气。

董继业还是摇摇头。

“是个‘一’字呀！我教过你多少遍了？”私塾先生气得胡子也翘了起来。

董继业却反问：“这个‘一’字变这么大了，我还能认识吗？”

其实董继业出这样一个馊主意，并不是老酒喝醉，他是在借机发泄。一个少东家，要爸爸给自己捐个官衔，在他家当小放牛的，却考上了武状元，你说他心里不酸吗。

董浩当时听了，不当真，也不发火，老东家的少爷，在这种场合开句玩笑，也是一种热闹。

想不到几天之后，董浩竟然宣布用富春草纸作为他进京献给皇上的贡品。

原来，这是绍兴师爷张书田给他出的主意。当初，张师爷主张向当地百姓摊派，还说这是历来的风气：考上状元要向皇帝送礼，考上知县要向考官送礼，当官的哪来那么多黄金、白银？再说就是送礼的官员当时自己硬撑着拿出了，到头来还不是要从百姓头上刮回去！

董状元说：“这样的官我宁愿不当。”

张师爷没有办法，说送富春草纸试试吧，因为皇帝也是人，吃进去总得拉出来。

不过这可是送给皇帝的草纸，尽管它的作用仍然是揩屁股，可他是皇帝的屁股。

为给皇帝送揩屁股草纸，张师爷可是动足了脑筋，富春草纸原本是普通老百姓的日常用品，价钱便宜，用料普通：稻草。送给皇帝就不那么简单了，首先，用经过精心挑选的上等糯米稻草（糯米稻草粘性好，稻根还可入药，稻米养血、补血，可酿酒，做酒酿），堆放十天，再暴晒十天，然后用上等石灰泡制；之后，让两头大牯牛踩踏一天，再用富春山上流下来的泉水把杂质漂洗干净，做到草纸纤维粗细、长短都一致；还要加上当年生长的嫩毛竹的纤维增加韧度，又请富春县做竹帘的顶级大师特制一张捞草纸竹帘，挑选富春县高级操纸师傅，一帘六张（注）地捞起来；挑选十六岁到十八岁的未结婚的漂亮姑娘剥制、晾晒、过刨……

包装上也是精心设计，普通草纸是五张一帖，称“一五”，五十帖为“一刀”，十二刀为一个纸筒。师爷认为这是触犯皇上天条的，把一刀、十二刀，改用六张为一帖，称为“六”，六十帖为“吉祥”，再把十六个“吉祥”用上等黄绫包成如意状，称为“如意”。

董浩请当地秀才在每一个“如意”上恭恭敬敬地写上“贡”字。

董浩还用官帖通知了天堂府台，还有上八府下三府的各路官员，选黄道吉日为自己送行。

皇帝每天收到的贡品太多，一般大臣送来的无非是珍珠宝贝之类，皇帝听多了，也玩腻了，只要太监宣读完奏章，他就说一声“收下”，就完了。可这天早朝，听新科武状元的奏章上有“六六顺如意”，到底是什么玩意，来了兴致，吩咐太监：“把六六顺如意呈上来给朕看看。”

“喳！”太监从董浩手里接过枕头状的一个东西，呈到了皇上的面前。

皇上用手一摸，软软的，一掂，轻轻的。

“董爱卿，这如意是什么玉石雕琢而成？”皇上问董浩。

董浩慌忙跪下叩头：“启禀皇上，这如意并非玉石所雕，是用草纸做的。”

“能否脱去它的衣服，让众大臣也观赏观赏。”

董浩上前脱去黄绫，露出一团白里透黄、长长方方的东西，当董浩再把绳子解开，里面露出一叠叠的草纸。

满朝文武“哗”一声大笑起来。

“启禀皇上，是纸，是草纸。”董浩禀报。

“新科武状元竟敢用纸扮成如意来戏弄皇上，罪该万死！”大臣们愤怒了。

皇上也问董浩：“董爱卿为什么要把纸扮成如意来戏弄朕？”

董浩如实向皇上禀报，皇上竟然十分感动，还下了一道圣旨：“着董爱卿亲自为朕揩一次屁股。”

第二天早朝，皇上又下了一道圣旨：“新科武状元董浩所进贡草纸，不粗不细，不软不硬，比上等绸子更能揩干净朕的屁股，念他一片忠心于朕，特赐黄马褂一件。”

众大臣面面相觑：今天皇上是哪一根神经搭牢啦?

俗话说“瞎眼猫碰到死老鼠”，皇帝因为上了年纪，除了上朝，整天坐着批阅奏章，生了痔疮，而且非常严重，那几天，又正好闹肚子，太监一直是用上等绸子给他揩屁股，绸子虽然柔软，但不吸收水分，哪里比得上董浩送的上等草纸：松软，吸水性强。

1

董家村风景秀丽，村前是气势雄伟、怪石峥嵘的富春山，常有豺狼虎豹出没，村后紧靠绿水滢滢、一天两头潮的富春江，自从出了个武状元董浩，更是名声大振，重修了杨河，从富春山引来泉水，环绕董家村，出口富春江，保留了董浩那年抱牛过河的那一段，作为纪念；村前本来就有一股泉水从地下冒出，自然形成一个池塘，泉水清澈甘甜，冬暖夏凉，据说有位老胃病病人路过此地，喝了池水，当场就觉得“咕噜噜”一股凉凉的东西从胃里落下，当即在路边毛坑里拉尿拉屎，过后就一身轻松，胃病好转，从此不再复发；自从取名董家池塘之后，有约法三章：这里成为全董家村人的吃水池塘，只准每家每户在这里挑吃用的水，不准女人在此洗菜洗衣，不准男人在此洗脚游泳，做草纸的人不准在此洗料、放水，放牛人不准在此饮牛。

紧贴池塘后面，是气势宏伟的状元府第，皇帝御笔题写的“状元府第”金字匾额，高挂门上，两扇包了铜皮的大台门，只有在状元回来探亲时才在“嘎嘎”的响声中打开，进了大门，先是一道“照墙”，墙上一个巨大的福字；转过照墙，才是状元公的练武大厅，光柱子就有一千根，又叫“千柱屋”，也有人叫它“走马楼”，意思是在屋里可以骑马练武，投枪射箭；特别是那个宽大的厅堂，当年厅堂上挂着董状元穿着黄马褂的画像，威风凛凛，两边墙上还挂着他用过的弓箭和刀枪，一到阴雨天，厅堂里会发出士兵出操和董状元追杀倭寇的喊声，会把人吓得汗毛凛凛地逃出来，吓得小孩子不敢走进去。

俗话说，风水轮流转，皇帝宝座轮流坐，当年“状元府第”是多少豪华，多少威风，每次武状元回乡探亲，各路文武官员沿途迎接，三妻四妾，满堂子孙，还有丫环奴婢佣人家丁前呼后拥。如今，当年的风光早已烟消云散，走马楼也积满灰尘，油漆剥落，大厅之外那些原来妻妾住的房屋，不少已经改姓换代，只有一位名叫董国权的老人，才是正宗董状元的后代子孙。

注：普通富春草纸一帘只能捞四张。

本文的主人公虽然也是董状元的正宗后代，比董国权小一辈，他是董国权哥哥董国炎的独养儿子，由于是开字辈，阿爸姆妈给他取名开新，村里人喜欢叫他的小名：阿开！

阿开人高马大，熊腰虎背，小时候不但身坯同老祖宗董武状元一样，还同样是个小放牛，他的主人就是董国权，他叫董国权小伯，阿爸董国炎因为是董家老大，房子在董国权的东面，由于他迷上赌博，把老婆的嫁妆也输光，阿开母子俩如今住的是原来关牛羊的地方。

阿开是做富春草纸的一把高手，八岁放牛，十二岁拜师学艺做草纸，由于个子矮小够不着纸槽沿，要用凳子垫起来才够得着。夏天纸槽屋里蚊子成堆，一拍一手血，他坚持练；冬天槽里的水结了冰，敲开冰继续练，终于练出了一手做富春草纸的绝技，蒙住眼睛，照样能做出厚薄如一、光洁度如一、韧度如一的上等草纸。别看只是一张普通的揩屁股草纸，在草纸师傅眼里，可是一件艺术品，需要有绣花女人一样的细心和手艺，气功师傅一样会运气，拳师一样的筋骨和力气，才能做得出来。阿开还是热心人，多面手，人家讨老婆取媳妇，他上灶会当厨师；村了里有人老了，有的人怕不干净，惹来晦气，他会不怕脏不忌讳地给老人洗身子穿寿衣，盖脸纸，抬棺材送葬。他还是个善心人，富春江一年至少两次洪水，上游严州不少地方经常发生山体滑坡，常有死猪死羊死牛死狗死猫尸体冲下来，有时还夹着人的尸体，富春江水流到这里正好拐了一个弯，和杨河出来的水相交汇，成了一个大漩涡，沿江一带又有许多杨树，成了这些东西搁浅的自然理由，每当富春江发过大水，女人和小孩最怕到江边去，怕万一碰到这些东西会吓一大跳，会惹来晦气，会吃不下饭，会几夜做噩梦，年轻轻的董阿开和几个善心老人组成搜救队，把这些东西及时弄去义冢地埋葬。

人穷志不短，阿开为人就像他的名字一样，每天开开心心，认认真真做着他自己认为要做的事情。因为他有一个有教养、出身于书香之家的姆妈，还有一个能干、贤惠、漂亮的先叫妹妹后当老婆的菊香当后盾。

阿开的姆妈说过，世界上的女人有三类：第一类是金盖银瓶：相貌长得漂亮，皮肤雪白身材匀称，可良心不怎么样；第二类是银盖金瓶：相貌身材一般，但良心好；第三类是金盖金瓶：相貌身材好，良心更好；她的女儿加媳妇菊香，就是第三类。

那一年，大麦黄了，小麦开始灌浆，在这青黄不接的时候，董家村不少人家开始断炊，只好含着眼泪把刚刚灌浆的小麦头割下来，拿回家用火烤一烤，说可以让小麦粒“老结”一点，人吃在肚子里更能耐饥一些。

阿开姆妈从罐底搜搜刮刮来几把米熬了汤，喂给饿得正在大声啼哭的菊香，然后，把麦皮做成了饼，给儿子吃，自己却喝了两碗热水，觉得肚子里热乎了一点，又愁苦地看着外面还在下个不停的大雨。

“姆妈，好多人家怕富春江里发大水，开始把没有熟的小麦头割回来了。”阿开眉头打八结。

“这么青的麦头，还没有灌浆呢，割回来有几折淘成啊？”姆妈一边给菊香喂米汤，一边回答儿子。

阿开抬头看看天空，多么盼望太阳出来啊，他又看看道地上一股混黄的水，正沿着状元府第的高墙向村子里流来，水面上还漂着芦苇、树干等杂物。

“姆妈，江里又涨大水了。”阿开说。

“那些小麦又要遭殃了，老天菩萨就是喜欢欺侮穷人……”姆妈抱着菊香来到门口，看着混黄的洪水，“严州一带山又坍塌了。”

这次富春江发洪水，又碰到台风季节，从钱塘江涌上来的大潮，两股水在董家村背后的江里一汇合，水涨得特别快，到中午时分，大水已经淹到阿开家的桌子面，灶头也浸在水里，连烧饭的镬子也浮起来，像小船一样在草屋里漂来漂去，幸亏阿开姆妈早有准备，把仅有的一点米和麦皮，还有衣服什么的，装进了那只油篓里，让它像船一样漂在草屋里的水面上。

雨还在下，洪水还在涨，要淹到草屋的横梁上了，照理，阿开姆妈可以到隔壁小叔家去躲避一下，因为他家是楼屋，地基又高，阿开阿爸还在的时候，他们还住在状元府第，有一年也发过一次这么大的洪水，全家人就是躲到楼上去的；后来，他们家穷了，住到了草屋里，那时候阿开还小，富春江里也是这么大的洪水，阿开姆妈吓坏了，抱着儿子想去小叔家楼上躲避一下，小婶婶过去厌憎大伯国炎赌博输光了家产，后来连看到他们家里人也感到乌珠骨头痛，如今还会给阿开母子好脸色看嘛？！俗话说：佛挣一炉香，树挣一张皮，人挣一张脸，阿开姆妈也是大户人家出身的小姐，受不得这种气，就抱着阿开回来了，幸亏那一次洪水第二天就退了下去。

“阿开，爬到屋顶上去。”阿开姆妈吩咐儿子。

阿开还有些犹豫：“外面还在下雨啊。”

“老天不会这样绝情的。”姆妈把菊香用一件棉衣同打包裹一样包起来，小心地放进了油篓里，上面还盖上了一顶笠帽，免得雨滴落在小菊香的身上；她自己却让雨淋着，在阿开的帮助下，从梯子上小心地在阿开刚刚挖出来的洞口爬到草屋屋顶樑上去。

阿开怕姆妈从草屋顶上滑落下去，用一根绳子把姆妈牢牢地绑在草屋的樑上。

姆妈的另只手，始终紧紧抓着那只油篓。

雨已经停了，洪水也开始慢慢退下去。

阿开和姆妈两天两夜没有合眼，看看洪水退了，心也放宽了一些，不知不觉都打起了瞌睡。

当姆妈醒过来的时候，发现那只油篓不见了，姆妈惊叫着："阿开，油篓……"

阿开一看油篓不见了，一头扎进水，去寻找油篓。

阿开姆妈在后面叫："阿开，小心啊，千万不要跌到江里去呀！"

阿开从小在富春江边长大，却不会游泳，因为姆妈严禁儿子到水里去玩，怕他出事，免得"拔起萝卜断了根"，董国炎家还要靠他传宗接代的呀。

幸亏江里的水来得快，去得也快，大部分地方都没能淹过阿开的胸部。

阿开顺着水流，奋力向前。

洪水中漂浮着杂七杂八的东西，还有一些死狗、死猫、死鸡等等的尸体混杂在一起。阿开不嫌脏，不怕刺地一边用手分开这些东西，一边仔细地在柴草、垃圾堆里搜寻着。

他还竖起耳朵仔细地倾听，他想菊香如果醒来了，她会哭的。可是，没有油篓的影子，也没有菊香的哭声。

阿开发疯了，他奋力用两只手划水，尽全力向江边走去。突然，他感到光脚板上刀割一样的痛，他知道自己踏上碎碗片，可能出血了，但他连把脚提起来看一眼都不看，仍然奋力向前，甚至叫喊起来："菊香——菊香——"

他要抢在洪水前头，把菊香找回来。

是啊，万一油篓被洪水冲进富春江里，菊香只能活活地饿死在油篓里！

阿开也知道，菊香才两岁，喊了也是白喊，但阿开还是喊着，划水向前……

突然，他看到夹在柴草中间的油篓，油篓正被上游下来的一大堆柴草夹裹着，迅速推向江里。

"油篓——油篓——"阿开边叫边冲向那堆柴草。

靠近了，靠近了，阿开伸出一只手，差了一点点，却抓了一个空，油篓打了个旋，又被柴草夹裹着，更快地往江中氽去。

阿开好像还听到了油篓里小菊香的哭声，他的心提到嗓子眼，声嘶力竭地叫着，扑向油篓。

"阿开，你不要命啦！"身后传来着急的叫喊声，"前面就是江了！"

听声音，阿开就知道是陈家桥的陈洪生，阿开叫他洪生伯，他有一个儿子叫阿水，同阿开是光屁股朋友。这时，洪生父子正划着竹筏在洪水中捞柴草。

在富春江边，不少人家有竹筏，趁江里发洪水，把被洪水冲下来的柴草杂木捞回家，晒干了可以当烧饭的柴火，省得再花时间去富春山砍柴。

“洪生伯，我们家的油篓……”阿开并没有停住脚步，边走边向陈洪生叫喊，还用手指着正一步步氽入江中的油篓。

“水这么大，还要油篓做什么？”洪生问阿开。

阿开更加着急了，他用带哭的声音告诉陈洪生：“油篓里还有菊香啊！”

“菊香……在油篓里？！”阿水看着阿爸。

听说油篓里有菊香，陈洪生马上把竹筏调转头，准备去捞油篓，可是，竹筏上已经堆满了柴草，还有好几根木头，洪生对儿子说过，这些木头将来可以给他讨老婆做给新娘子的嫁妆。竹筏太重，调头不动。陈洪生叫儿子：“快把竹筏上的东西推下去！”他见阿水还呆在那里，发怒地大吼一声，“还呆着干什么！”

因为这些柴草木头是父子俩用了一个上午、冒着被冲进江里的危险才捞到的呀。阿水听到喊声，像刚清醒过来似的，手脚并用地把竹筏上的柴草和木头推向水里，父子俩把竹筏调转头，又齐心协力划着竹筏冲向江边，冲向油篓。

近了，近了，父子俩好像还听到了油篓里孩子的啼哭声……

“阿爸，大树——”阿水看到上游有一棵大树正对着竹筏撞过来。水流急，树冲下来的速度极快，还没等洪生反应过来，大树“喀嚓”一声同竹筏撞了个面对面，洪生的一只脚夹在了大树和竹筏中间，马上变得血肉模糊。阿水吓得大叫：“阿爸……”向阿爸身边冲过来。洪生却用嘶哑的声音向儿子叫喊：“抓住油篓！”

阿水猛一转身，抓住了油篓。

“抓住了！”阿开高兴得叫起来。

“差一步就冲到江里了。”阿水阿爸说完了这句话，痛得昏过去了。

2

陈洪生老早就知道阿开是富春江一带最有名的做草纸能手，大水退后，他叫儿子拿着重礼，三跪九叩地拜阿开当了师傅。

原来就是好朋友，又是救命恩人的儿子，阿开把浑身本事都用上了，阿水不久也成了做草纸能手，而且两人更加亲如兄弟。

阿水比阿开小四岁，阿水的老婆菊花却比阿开的老婆菊香大三岁，菊香和菊花不但相貌像，身材也差不多长，简直是一个模子里刻出来的，不知道内情的人以为她们俩是双胞胎姐妹，其实，菊花是徐家棚人，而菊香，连阿爸姆妈是谁也不知道。由于阿水救过菊香的命，两对夫妻选在同一个日子拜的堂，如今，阿水的儿子已经会叫阿爸姆妈，可菊香的肚皮仍然是“铁板一块”，急得阿开姆妈一天要问媳妇七八遍：“菊香，你想不想吃酸的东西？想不想吐？”

阿开姆妈记得自己怀上阿开以后的第一个反应是想吃酸的东西，第二个反应是吃了东西想吐，有时不吃东西也想吐，所以她还常常叫儿子在山上砍柴时多采摘一些乌米饭小果子这些带酸的东西回来；有时候她自己还扭着那双全村出名的“三寸金莲”，到小坟头附近的篱笆边为媳妇采摘苗子。苗子长在带刺的藤上，每次姆妈的手都会被苗子藤上的刺刺出血星子，可她总是笑眯眯地用双手捧着那些红红的、酸里带甜的小果子回来，像捧着个孙子回来一样高兴。

常弄得菊香哭笑不得。

村里人看了阿开姆妈同菊香的关系，有人羡慕说，自古只有媳妇侍奉阿婆，哪有阿婆倒过来侍奉媳妇的；有人却一语道破天机：还不是想菊香为国炎家生个儿子嘛，要是菊香再连屁也不放一个，看牢，菊香有苦头吃嘞。

阿开姆妈本来想再等一年，让菊香成熟点再同阿开圆房，因为发生了何仲春的事情，而且还有阿开小伯插手，怕夜长梦多；还有一个叫阿开姆妈提心吊胆的原因是阿开的另一个小兄弟叫顺泉，比阿开大两三岁，他只有一个阿爸，屋里穷得连老鼠也要饿死，父子俩做长年、打短工，为的是给顺泉讨一个老婆，传宗接代；财礼出了一次又一次，结果都因为女方要价太高，白辛苦一场；顺泉也慢慢变了样，常常只有阿爸一个人去打短工赚几个钞票回来，他却懒在屋里做嬉客，喜欢到姑娘堆里轧来轧去，后来，单相思暗中喜欢上了一个大姑娘，有一次他悄悄跟着那个大姑娘，谁想刚到她家门口，大姑娘的几个阿哥从屋里冲出来打了他一顿，从此，顺泉一病不起，他阿爸又气又劳累，不久就死了，顺泉就吊死在他们家老坟头的一棵白玉兰树上，一个好好的年轻人就这么没有了，一份好好的人家就这么给毁了……阿开姆妈每次想到这里就心惊肉跳，吃不下饭，睏不着觉，再说菊香也十六岁了，月月红也来过几次，想想自己不也是十六岁那年进董国炎家门的嘛。村子里不是有十五岁结婚，十六岁生儿子的嘛。

听老辈人说，结婚时礼数不到，送子观音会生气，也会影响生孩子的。

说句良心话，儿子结婚时候的那个排场，当然是无法同自己那时候相比，当年，她娘家给自己的嫁妆装了八大船，特别显眼的是那口红木棺材；她给儿子圆房的礼数也是到位的：儿子媳妇的新婚床先叫三嫂的大儿子关根睡一夜，冲喜压床，早生贵子；媳妇用的子孙马桶里事先放了长生果（花生）、桂圆、柏子，新媳妇一跨进新房门，又叫三嫂的第二个儿子关木在马桶里撒一泡尿，“童子尿，冲天砲，冲开天门，儿子落地！”……

不过她也有一件对不起儿子、媳妇的事，并且一直搁在心里成了疙瘩，是他们圆房时娘家没有送来五对代表“五代相传”的红蜡烛，因为谁也不知道菊香的娘家在哪里？她同国炎结婚的时候，五对蜡烛大的有量米的斗那么粗，小的同她的手指那么细，相差五代呀，五世同堂，老的要拄拐杖，小的还在怀里抱着呢。

每次想起这些，阿开姆妈是酸甜苦辣五味俱全。

自从阿开的姆妈嫁到董家成为董国炎的老婆，她就成了董陆氏，在董家祠堂家谱上就是这样写的。其实她有一个很好听的名字：陆冬梅，是冬天出生的，当时她阿爸说：梅花香自苦寒来。她有两个阿哥，都在外地读书，冬梅成了独养女儿，恨不得天天衔在嘴里，已经长到十几岁了，她阿爸从外面收账回来，就会把她抱起来坐在自己的大腿上；但是，宝贝归宝贝，她阿爸姆妈一时一刻也不忘记培养女儿成为一个标标准准的窈窕淑女，除了姆妈亲口教女儿“三从四德”妇道之外，还请名师教她作诗、练琴、绣花，当然，最重要的一个任务是裹小脚，因为当时美女的重要标准之一是“三寸金莲”。

陆冬梅十五岁那一年，江南大户、武状元董浩的后代派人来提亲，未来的姑爷名叫董国炎，是江南大户董家的当家理财能手，年纪轻轻，就能掌管如此大一份家业。当时冬梅阿爸姆妈就认为是门当户对，一口答应让未来姑爷上门相亲。

为了那天相亲，陆冬梅的阿爸姆妈，还有那些丫环、佣人、长者，整整忙了三天。正式相亲这一天，冬梅穿上大红棉袄、大红裙子，鞋头尖得如同出水菱角一样的一双绣花鞋，穿在冬梅的三寸金莲上，不大不小。

相亲那天，年少气盛风度翩翩的董国炎，眼睛直盯着那双三寸金莲在裙子底下时隐时现，魂早已被上面的美人勾走了。当时相亲有规定：看脚不看脸。冬梅的脸是被红盖头盖住的，只有在新婚之夜，新郎才可以揭开新娘的红盖头。

换过帖子之后，第二年冬梅正好十六岁，她坐着大红花轿进了豪华的状元府第。

新郎董国炎本来就是一表人材，穿了大红喜袍，戴上时尚礼帽，身披大红喜字的红绸带，更是百里挑一找不到的，在礼仪司“一拜天地”、“二拜高堂”、“夫妻对拜”、“送入洞房”的高唱下，他机械地做完了那些动作，那颗心却早已紧贴在美娇娘的身上。

吃过交杯酒，是新郎揭红盖头看美娇娘的时候了，董国炎的心已经跳动得不能自持，他用颤抖的手，小心地掀起红盖头，却突然“啊”的一声惊叫，甩了盖头，当媒婆、伴娘、伴郎和国炎家的亲人闻声赶来，董国炎已经夹起枕头和被子，推开了书房门，又回身砰的一声关上。

从那以后，董国炎家业不管了，一头钻进了赌场，晚上回来睡觉没有离开过书房，白天偶尔见了陆冬梅的面，也像路上碰到的陌生人。

陆冬梅当时同木头人一样僵在那里，眼泪往肚里落，这能怪她吗？小时候她患了抽风病，阿爸姆妈花了大钞票才保住了女儿的命，可嘴巴却歪了。

从那以后，一个被阿爸姆妈视为珍宝的千金小姐，在董国炎家里成了一钱不值的烂稻草。

陆冬梅是个要强的女人，她不服，她想规劝老公回心转意把家业的担子重新挑起来，陆冬梅在未出嫁前受过良好的教养，自己编了一首劝赌歌，老公回来，就在书房门口唱给他听：嬉赌佬，心不足，一心想吃天鹅肉，十个赌佬九个输，白天赌，荒田地，夜里赌，妻独宿，输掉田地又当屋，儿女受苦不必说，祖宗大人也在地下哭……老公不但不听，还把她赶进了灶披屋。

娘家的金凤凰变成了夫家的草鸡，陆冬梅受得了吗？她常常逃回娘家，向阿爸姆妈哭诉自己的不幸遭遇。

阿爸姆妈又有什么办法呢？他们只能边听边陪着女儿哭。是啊，嫁出去的囡，泼出去的水，还能收回来吗？

哭完了，阿爸姆妈叫冬梅的奶娘为女儿准备东西，早早地送回婆家。

阿爸对女儿说：“如果得罪了女婿国炎，他一张休书，把你休了，不但我的名声被你毁了，你也只能老死在娘家。”

姆妈又给女儿讲起了女儿经，说：“女儿啊，俗话说，嫁鸡随鸡，嫁狗随狗，嫁根木头抱着走，这就是女人的命啊。”

姆妈在把冬梅送出家门时，还再三嘱咐：“你一定要为国炎生个一男半女，让国炎承认你，你老来也有个依靠。”

陆冬梅含着眼泪，点点头，上了过富春江的船……

富春江畔的老百姓，女儿结婚前，做姆妈的要以过来人的身份关起门同女儿谈一次“私房话”，有人戏称是“战前动员”，因为是私房话，就有一定的“私密”性，虽然是自己的亲生女儿，有些要紧关头的话也不好说得太直白、太赤裸，点到为止，这就叫“只能意会，不能言传”，一是实在说不出口，二是怕说了女儿见笑，而且有些事，到时候他们也会无师自通的，这是人的本能嘛，用不着当姆妈的过多担心，结果，能放到台面上来的，仍然是那些从老祖宗那里传下来的要孝敬公婆、尊敬丈夫、勤劳治家、教育好儿女之类的老话。

阿开姆妈虽然是大家闺秀，小姐出身，并不太封建，并且有心计，她在儿子和菊香圆房的前夜，大大方方地讲了她如何用心计让自己怀上儿子阿开的秘密……

那一天晚上，阿开阿爸赌博又输了，他每次输钱，就要喝酒，把自己灌得烂醉如泥。

天正下着雨，阿开阿爸跌得全身又是水又是泥的，阿开姆妈把老公从雨水中连拖带扶地弄进门，多不容易呀，一个手无缚鸡之力的小脚女人！她先给老公脱去了湿衣服湿裤子，又烧了热水把他的全身擦洗了一遍，然后，已经筋疲力尽的她放大了胆子悄悄地脱了自己的衣裳，睡在了老公的身边……

“怕你阿爸发火，骂我犯贱，我当时是多少害怕呀。”阿开姆妈看看儿子，再看看马上就要成为媳妇的菊香，然后，她欣慰地一笑，“后来，当我告诉你们阿爸我有了，他先是吃了一惊，什么话也没有说，而且还对我笑了一下。这是我嫁过来之后第一次看到老公笑，但对我来讲已经够满足了，我要为他把儿子生下来，抚养成人。”

该讲的都讲完了，阿开姆妈用期待的眼光看着阿开，又看着菊香，语重心长地说：“就盼望你们能生一个儿子，让我们家不断子绝孙，我死了，我和你们阿爸也不会变成饿死鬼。”

阿开的眼眶里早已溢满了泪水。

菊香的脸上是通红通红的，她低下了头，心里却像压上了一块沉重的石头。

在富春江农村，男的讨老婆，女的嫁老公，先有媒人做媒，姑爷上门相亲，瞎子先生算命合八字，再选定黄道吉日把女的用花轿抬进门，这才叫“结婚”；凡是养媳妇的人家，本来家里就穷，养媳妇从小就同未来的老公住在一个屋檐下，吃一只镬子里的饭，只不过不睏在一张床上，所以男女结婚不叫“结婚”，叫“圆房”，就是原来的两张床拼成一张床，两个分开睏的人睏在一张床上。当时阿开和菊香“圆房”，没有花轿，没有锣鼓，没有送亲和接亲的队伍，只有新郎倌董阿开，新娘子菊香，还有既当姆妈又当阿婆的阿开姆妈陆董氏。不过阿开姆妈可是陆家的一个才女，她同董国炎结婚时，除了风光的排场，还有那些哭嫁歌、上轿歌、落轿歌、洞房歌……在受到老公冷淡奚落时，她常常吟唱这些歌来消磨时间、消磨青春，现在，她别出心裁，除了一桌喜酒，请了几个老亲之外，还请了三个特别的客人：小姆妈和三嫂，另一个是董家村出了名的福寿双全、子孙满堂的福英阿婆，当阿开和菊香吃好交杯酒，进入洞房时，三个人开始轮流唱，第一个是多子多福的三嫂：今日洞房花烛夜，恩爱夫妻福寿长，早生贵子跳龙门，状元拜相接着来；第二个小姆妈，儿女双全，她接着唱：珠罗宝帐挂两旁，锦绸绣被铺满床，夫唱妇随百年长，生个儿子状元郎；最后是福英阿婆，她唱的是：一代传一代，观音送子上门来，一代传二代，天官赐福把门开，一代传三代，福禄寿禧一齐来，一代传四代，荣华富贵万万年，一代传五代，五子登科代代传。

不过阿开姆妈仍旧有一件不敢办的事：叫瞎子先生算命合八字，一是不知道菊香的时辰八字，二是怕万一八字犯冲，她不是白辛苦一场？

关心菊香是不是怀孕的另一个人是三嫂。

三嫂有一个并不雅的绰号：带子奶三嫂，因为她的奶子特别长，可以背在肩上，穷人嘛，夏天只有一件布衫，冬天是一件脱壳棉袄（里面没有衬衣），有时手里生活实在忙得放不下，儿子哭着要吃奶，她干脆把带子奶往肩上一背，让儿子爬在自己背上吃奶，她照样可以做手上的生活，她儿子又多，就像带鱼鲞咬尾巴，一个接一个不断地生出来，有人给她起了个“带子奶”的绰号，她也不在乎，还当着众多女人的面，把带子奶往自己肩上一背，说：“比比看，谁能比我的奶子长，我就叫她姑奶奶。”有一年夏天，三嫂背着儿子关根在董家池边乘凉，儿子爬在背上吃奶，吃饱了，睡着了，有个坏男人想占她的便宜，偷偷躲在背后摸她的奶子，三嫂一个巴掌把他打进了池塘里。

“瞎了你的狗眼！”三嫂指着在池塘里挣扎的男人，气愤地回家去了。

三嫂的老公董阿平，虽然不是状元公的嫡脉子孙，却住在“状元府第”的旁边、阿开家对面的小平屋里，两家只隔一个菜园子，人家说咳嗽声大一点也能听到。别看三嫂老公个子矮小，打起猎来可百发百中，特别是“打飞头”，阿开家也常吃到三嫂送来的野味，阿开和菊香结婚那天，叫他大儿子关根和二儿子关木来冲喜，都是顺理成章的。

三嫂不但自己是养媳妇，她的小阿妹刚生出就送人当了养媳妇，大概是同病相怜吧，对菊香更是特别的关心与体贴，阿开和菊香结婚那天，当她把菊香送进新房，回转身还特别把阿开拉到一边，指指菊香，半开玩笑地说：“菊香还很嫩，多爱护点，不要蛮来，不要把她压扁了。”

阿开也是心知肚明的，他的脸红得如同新鲜猪肝，嘿嘿地傻笑。

三嫂还经常以过来人的姿态神神秘秘地把菊香拉到一边，突然伸出手去摸她的肚皮：“怎么还不凸出来，会不会是石女啊？”

3

应当说最关心菊香生孩子的，当然是她老公阿开了。

表面上看，阿开好像一点不急，其实阿开心里那个急呀，谁能比得上他？！

阿开是单传，又有他姆妈的言传身教，在这件重大事情上，他知道自己身上的压力有多重。

富春江畔，一般都把童养媳叫“养媳妇”，养媳妇因年龄而定，有一种是儿子还在怀里抱着，就领养一个女孩当养媳妇，先预备着，儿子小的时候养媳妇当保姆，当佣人，儿子长大了，养媳妇当老婆，有这样一首民谣：今年年成实在荒，肚饥难等五谷黄，口干难得混水清，十八岁姑娘难等七岁郎！所以时常有“扒灰佬”（阿公睏媳妇）的事情发生。

阿开当然知道自己的家底：一间破草屋加挂在他手上的两张吃饭嘴，他是准备一辈子打光棍的。

从表面上看，阿开是认命了，但是，随着身体的成长，身上常常有一种自己也说不清的东西在涌动，晚上会翻来覆去睏不着；姆妈同儿子的床只有一块草簾相隔，她每次听到儿子的叹气声，床板因儿子睡不着而发出的吱吱格格声，心在一阵阵地痛。

原来对姆妈百依百顺的阿开，开始脾气暴躁地犟头犟脑起来，原来孝顺姆妈的儿子，好像有些不愿意理睬人，连姆妈有一次切菜不小心割破了手指，他也只冷冷地看了一眼。

阿开姆妈心知肚明，眼泪往肚里吞，暗中托人找领养媳妇，让儿子有个盼头，她自己心里也可以踏实一些。那些有女儿的人家，因为家里穷才让女儿去当养媳妇，是为女儿找一条活命的路，谁肯眼睁睁把女儿往火坑里送？一个光棍儿子做死做活还管不了两张嘴巴，还要靠姆妈给别人挑鞋头花来补贴家用？谁肯！

为了儿子的婚事，阿开姆妈每天起早跪在观世音菩萨面前，求她发发慈悲，不要让董国炎家断了香火，给阿开送一个能干、漂亮、贤惠、会生儿子的媳妇来。

一个数九寒天，大雪把阿开家的草屋压得格吱格吱发响，阿开不得不冒着大雪用筢子把草屋上的雪一筢一筢地扒下来，不然，雪把草屋压坍，母子俩连一个窝也没有了。

阿开刚刚扒完雪，走进草屋，姆妈还来不及帮儿子掸掉身上的雪，听到门口传来了小猫在叫似的哭声。

仔细一听，是婴儿在啼哭。

阿开忙打开门，见门口台阶上多了一只猪笼，猪笼里塞满了稻草，哭声就是从草堆里传出来的。

阿开吓坏了，呆在那里动也不敢动。

姜还是老的辣，阿开姆妈好像猜到了里面的蹊跷，她叫儿子把猪笼搬进屋里，先把稻草小心地挖出来，最后挖到一团破棉花，她又小心地把棉花团用双手捧出来，再一层层剥开，见里面是一个孩子，还是个女的。

阿开姆妈又惊又喜，忙把女孩抱在怀里，来到观世音菩萨面前，跪着叩头、念佛：是大慈大悲的观世音菩萨送来的，我们董国炎家不会断种了，谢谢观世音菩萨的大恩大德！

阿开一直站在姆妈身边，他听懂了姆妈的每一句话，也猜懂了姆妈的心思，他看看姆妈怀里小得像一只小猫似的女孩，说："姆妈，太小了。"

姆妈却信心十足地对儿子说："养养会大起来的。"

姆妈还给小女孩取了个好听的名字，"菊香！"她想起爸爸给自己取名字时（当然是她姆妈后来告诉她的）的样子，说："冬天的菊花有暗香。"

从那以后，姆妈给儿子定了规矩：除了在纸槽里做草纸、在田里做生活，或者上山去砍柴，平时都要帮助管小妹妹。

菊香后来成了阿开名副其实的"跟屁虫"。

菊香也的确很乖，一岁开嘴叫姆妈，一岁半跟着阿开像小鸭子走路似的一步一步往前挪。

阿开有时也会嫌菊香缠手缠脚，特别是阿开当年的那些"光屁股"同伴常常当面取笑他："介大的一个男人，带了一个小老婆，倒霉不倒霉？"年轻人爱面子，阿开会因此不要菊香跟，或者故意躲开她。菊香会哭着回去告诉姆妈："阿哥不要我跟！"阿开回来后，总会招来姆妈的一顿教训，然后是一句威胁的话："你想不想讨老婆了？"

阿开连忙点点头："要！要！"

"要，就要好好照顾小妹妹！"这是姆妈给儿子的命令。

每次过年，董家村和附近几个村坊都会有戏文，俗话说：锣鼓响，脚底痒！阿开姆妈因为是小脚，走路不方便，除了董家池塘做戏文，从来不去外地赶热闹场面，总是由阿开背着菊香，同村里的男男女女赶去看戏文，有时候迟了点，老远就能听到戏场里传来咚咚锵锵的锣鼓声，菊香急了，她骑在阿开的脖子上用两只小拳头猛搥阿开的头，还用脚踢着阿开的胸，叫道："阿哥，快呀，要来不及了。"

有一次，半路上碰到了三嫂，是阿开他们赶上去的，因为三嫂要照顾趴在她背上的第二个儿子关木吃奶，走快了，怕儿子呛着。阿开赶上去说："三嫂，快点呀，要来不及了。"

"你以为是去抢人家结婚的喜糖啊！"三嫂还是顾自己不紧不慢地走着。

一到戏文场，绍兴油沸臭豆腐干的香气直扑菊香的鼻子，当然喽，阿开也成了惯例，一进戏文场，总是先买一块豆腐干递给还骑在脖子上的菊香。

在吃臭豆腐干的时候菊香还是鲜龙活跳的，吃完豆腐干不到几分钟，她就趴在阿开脖子上睏着了。

戏文正演到高潮，绍兴高调：龙虎斗，一个花脸，一个黄脸，两个人打得正在难分难解，阿开是最喜欢看这种武戏的，但菊香睏着了，他只好把菊香抱在怀里，还脱下自己的破棉袄盖在菊香身上，才一步三回头地离开了戏文场。

他怕把菊香冻出毛病来。

三嫂站在阿开的后面，她儿子关木也趴在姆妈的背上睏着了，看到阿开要走，她觉得挺奇怪的："这么好看的戏文，你不看了？"

"忘记了给菊香多拿件衣服来……"阿开刚说了前半句，三嫂有些不耐烦了，"快走吧快走吧，省得冻坏了你的千金小姐。"又回过脸去看戏文。

自从有了菊香，阿开姆妈去小伯国权家借来了几块木板，把阿开原来那张小床拆掉，用凳子在另一个房间搭了一张床，因为他也长大了，自己同菊香睏在老床上。可菊香从小调皮，冬天，当姆妈去烧早饭的时候，她会偷偷跑到阿开的床上去，躲在他的怀里，说："阿哥的被窝里真暖和呀。"

有一次，被姆妈看到，板下脸来说："这么大了，还好意思睏在一起？"

当时菊香怔了一下，撅着小嘴回到自己床上去。

因为阿开姆妈是绣花能手，主要是鞋头花，那个时代，妇女都喜欢穿绣着花的鞋子，特别是姑娘出嫁，不穿绣花鞋是倒霉的。菊香认识了好多村里的姑娘，有一个叫招芬的，也是个养媳妇，心灵手巧，姆妈很喜欢她，可是有一天，菊香听到说招芬突然死了，是偷吃了刚从锅里拿出来的热芋艿给活活烫死的，菊香忍不住流出了眼泪，后来姆妈告诉她，招芬家的阿婆是很凶的，招芬因为个子矮小，要站在小凳子上才能把手伸到锅子里去洗碗，有一次不小心，脚下的小凳子滑倒，失手把一只碗打破，阿婆打了她一顿，还罚她一天不准吃饭，说要把被她打破的碗钱扣回来，招芬实在饿不过，趁阿婆没看见，偷吃了一个芋艿，刚出锅的芋艿又热又烫，招芬刚吃到嘴里，阿婆进来了，招芬赶紧把芋艿吞下去，后来卡在喉咙里活活烫死了。

"我们家可不准发生这样的事情啊！"姆妈突然变得严肃地看着菊香。菊香也奇怪地看着姆妈，在心里想："我为什么要偷芋艿吃呀？"

后来，菊香去问三嫂，三嫂大笑着说；"你也同招芬一样，是养媳妇。"

菊香回来后对着姆妈大哭一场，说："我不要当养媳妇，我要当姆妈的女儿。"

姆妈被弄得哭也不是笑也不是，哄着菊香说："是女儿，姆妈的宝贝女儿。"

菊香这才扑到姆妈的怀里，说："我不偷芋艿吃。"姆妈说："姆妈还怕你吃不下呢，还会去偷吃嘛。”菊香笑了，姆妈也笑了。

菊香并不是一只养在笼子里的金丝鸟，她是个能干、好强又淘气的姑娘，她见人家的姑娘起早落夜剥草纸，她也学着剥草纸，她人小，两只手够不着架子上的纸筒，就在屁股底下垫一张小凳；她见别家的姑娘到她姆妈那里来学绣花，她就跟着学，而且比别人学得快，姆妈夸奖说，菊香绣的花马上就要超过姆妈了。

小伯家除了屋后有一个大竹园，屋门口还有一株大香泡树，听说还是阿开爷爷亲手种的，香泡树每年都会结很多香泡，每一个香泡都有蝲蛳茶壶那么大，足足有两三斤重，金黄金黄的，凡从树底下走过的人，仿佛会闻到一股香气，还有一股酸酸甜甜的味道，忍不住会流出口水来，可小伯小姆妈从不送一个别人尝尝。阿开阿爸还在的时候，小伯每年在摘香泡的时候，会送一两个给阿开姆妈吃，阿开阿爸不在了，尽管阿开姆妈还在怀孕中，很想吃酸的东西，而且她特别喜欢吃小伯家的香泡，小伯家就是一个不留地叫人挑到城里去卖钞票。

“他们把一个铜板也看成磨盘一样大。”姆妈告诉菊香。

香泡虽然好吃，村里人可以说没有一个人吃到过，连最会偷果子的看牛小孩也没有偷到过，因为小伯看得严，而且香泡树的树枝上有刺，又尖又长，不但会扎出偷香泡人的血，还会挂破偷香泡人的衣服。

可是有一次，小伯家的香泡竟然被偷了，是两个放牛小孩偷的。

放牛的人不是起得早吗，每天早晨天不亮就赶着牛出门，说露水草牛吃了长膘，边唱山歌边骑着牛出门，这也是小伯最紧张的时刻，他会在这时候蹲在窗口，监视着从树底下牵牛走过的每一个孩子。

那一天早晨，小伯感到有人上树，因为天黑看不清，他用一根长竹竿向树上捅，就在这个时侯，听到树上有人“啊”了一声，紧接着又是“扑通”一声，香泡树底下同时响起了一阵杂乱的脚步声，又渐渐地远去。

“小偷被竹竿捅下来了。”小伯轻松地透了一口气，安心睏起了“长肉觉”。

小姆妈起来烧早饭看见树上少了香泡，小伯爬起来一看，树底下多了一块石头，他气得摇摇头：“我被两个小鬼骗了。”

第二天，他在树上系了一个铜铃，从那以后，小伯说没有人再敢来偷他们家的香泡了……

有一天，阿开一家正在吃早饭，小姆妈突然送来一个金黄的香泡，她把香泡在桌子上一放，气呼呼地看了菊香一眼，什么话也不说，走了，弄得阿开和阿开姆妈丈二和尚摸不着头脑。

等吃好早饭，阿开出门做生活去了，菊香也背起羊草篰准备去割羊草，姆妈把她叫住，指着桌子上的香泡，一脸严肃地问她："是不是你摘的？"

姆妈在问菊香的时候，眼睛盯着她衣服背上那个被挂破的洞。

"是爷爷种的，为什么不分给我们吃。"菊香气愤地说。

那么，小姆妈怎么会把香泡送过来的呢？原来菊香把香泡从树上摘下来以后，并没有拿回家，却放到了小伯家的窗台上，是她的身影被小伯看到了，他再把树上的铜铃摘下来一看，铜铃已经被烂泥糊死，再也不会响了。

小伯苦笑一下说："这小调皮鬼聪明到我头上来了。"

小姆妈生气地说："你还笑呢，将来她要爬到你头上来了。"

姆妈逼着菊香把香泡送了回去。

从那以后，阿开家每年又能吃到小伯家送来的香泡。

菊香却有一个很奇怪的毛病，从小就怕打雷，只要天上一打雷，她就会捂着耳朵不是躲到灶底下，就是躲到姆妈或阿开的怀里，有人在背后开玩笑说阿开家的那个菊香，会不会是戏文里的白娘子投胎来的？

有一次，菊香在外面割羊草，突然下起雷阵雨，那个雷啊，震天动地，那个雨啊，同水缸里倒出来一样，阿开在田畈里做生活，他头上戴着笠帽，身上穿着蓑衣也挡不牢，又担心屋里的菊香，冒着雷雨跑回来，只见姆妈正在屋门口对着外面呼天抢地地叫："菊香——菊香——"

阿开一看这样子，连门也不进就满村子地找、满田畈地叫，就是不见菊香的影子，阿开急得心也提到了喉咙口，嗓子叫哑了，两只脚也像踩在棉花上一样，跌倒了爬起来，爬起来没跑几步又跌倒……

最后一次跌倒在那株大香樟树旁边，他正想爬起来，听到香樟树里有嘤嘤的哭声，阿开钻进树洞一摸，摸到一个热乎乎的身子，他大叫一声："菊香！"把她抱在怀里。

菊香也抱着阿开哭叫了一声："阿哥！"什么话也说不下去，像一个受了惊吓的小绵羊，混身发抖起来。

回到家，姆妈听到菊香刚才是躲在大樟树的树洞里，她的脸一下子变成一张白纸，刚捧在手里的一只碗也"啪"一声掉到地上摔破了。

原来，这是一株受人尊敬、又叫人害怕的老香樟树。

相传这是当年董浩武状元拴过牛的那株香樟树，后来，香樟树长大了，成了董家村

口的又一个景观：它庞大的树冠夏天能遮阳，冬天又能挡风；再后来，香樟树老了，树芯变空，里面能躲几个人，成了村里孩子们躲猫猫的地方。有一年，同样打大雷，雷火把树芯点着，树顶上冒出了浓浓的黑烟，由于树太大太高，最长的梯子也爬不上去，人们只好眼看着让它烧，一直烧了三天三夜，又是一场大雷阵雨，才把树芯里的火浇灭，却从上面跌下来一条被烧焦的白肚皮蛇，消息在全村传开，人们都赶到树底下去看，还有老人指指点点地说：老天开眼，烧死了一个白骨精，今后董家村会平安了。从那以后，别说小孩子，连大人也不敢再到树洞里去；也不知谁在树底下烧的第一炷香，一传十，十传百，董家村有不少老人逢年过节都到树底下烧香。这么一个神秘又可怕的树洞，菊香竟会躲进去，怎么不叫姆妈为菊香后怕呢。

“菊香躲到樟树洞里的事，对什么人也不准说。”姆妈严厉地吩咐儿子。

菊香似懂非懂地看着生气的姆妈，不知道自己做错了什么事？

4

有一天，阿开从田里做生活回来，一进门就像吃了喜药似的对着菊香笑，还把她拉到身边，开心地说：“我们马上会有儿子了。”

菊香一听呆了，怔怔地看着老公，心里涌起了一阵酸苦，自从菊花生了儿子，阿水又送来了红鸡蛋，她的心被一块看不见的石头压得透不过气来。

那天姆妈手里捧着红鸡蛋，呆呆地看了菊香一回，叹着气回到自己的房里去。姆妈的脸色，三嫂的追问，都像针一样刺在她的心上，她以为老公又在挖苦她，一下子拉下脸，正想走开去，阿开却一把拉住了她，一本正经地告诉她一个喜人的消息。

原来今天阿开没有去做草纸，小伯叫他带几个短工去割稻，阿开把阿水也叫了来，阿水告诉阿开，他老婆菊花前几天到徐家棚照顾她姆妈，她姆妈好像也十分关心菊香生儿子的事情，还告诉菊花她们家有一个姨夫，名字叫雪标，虽然是个草头郎中，可不管什么毛病，他都能用草药医好，连城里洋郎中医不好的毛病也能医，要菊香去看看。当时阿开还埋怨徒弟，为什么不早说？

阿水说：“要不是菊花提起这件事来，我还不想说呢。”

阿开奇怪地问：“为什么？”

“怕你不高兴呀。”

“我为什么不高兴？”

“不是……有人在背后说师傅没有用吗？”阿水接着又补充了一句，“说出去多难听呀。”

阿开看着阿水，强忍着眼泪。

菊香有些不相信："不会生儿子的毛病也会医？我们村里那几个不会生的女人为什么不去看呢？"

阿开被问住了，呆了一下，他又说："可能他们没有钞票去看吧？"

"你们是在说雪标郎中吧？"从背后传来了姆妈的声音，把阿开和菊香都吓了一跳，菊香马上站起来，把姆妈扶到凳子上坐下。姆妈边坐边说："他是个好人，不但会看病，良心也好，到他那里去看病的人，如果家里穷钞票拿不出，他就不要，有时候还会倒贴你盘缠……"姆妈说到这里，轻轻歇了一口气，看看菊花，接着说，"姆妈还听到过雪标郎中给鬼媳妇接生的事……"

"姆妈，我怕，我怕，不要讲。"菊香看着忽明忽暗的青油灯，也不管姆妈坐在旁边，扑到了阿开的怀里。

过了一会，菊香见姆妈不再往下讲了，说："姆妈，怎么不讲了？"

姆妈笑了，还用粗糙的手摸了一下菊香的脸，讲起了雪标郎中为鬼媳妇接生的故事：

那时候雪标郎中还年轻，除了在诊所里看病，还到外面去看，有一天，他在一个病人家看好毛病回来，天已经很黑了，手里提着盏灯笼，急急忙忙走着，因为白天经过这里的时候是一片老坟头。

雪标郎中一边走一边向四周围看看，红的、白的、绿的，一亮一暗，亮亮暗暗，他全身的汗毛一根根竖起来，冷汗从额头上冒出来，分不清那些是人家屋里的灯火，还是萤火虫？或者就是鬼火？

忽然，前面也有一个人提着一盏灯笼，向着他走来，那个人越走近，雪标郎中越感到有一股阴气向他袭来。

雪标郎中害怕得全身发起抖来，选了一条偏路走，想避开那个人，想不到他刚走了几步，那盏灯笼竟在他前面出现，而且越走越近。

"王八杀头，缩头是一刀，伸头也是一刀"，雪标郎中放大了胆子，迎着灯笼走上去。因为在黑夜中，看不清对方的穿着打扮，也看不清他的脸，雪标郎中只听到一个很陌生的声音："雪标郎中，我老婆生孩子快死了，求你救救她吧！"说着，那盏灯笼又往回走去。雪标郎中说："我不是接生婆，你去叫接生婆来接吧！"可他的两只脚不听指挥地跟着前面那盏灯笼走去。

雪标郎中跟着灯笼走进了一间茅草屋，见一个女人躺在床上已经奄奄一息，脉搏也像游丝，时断时续，雪标郎中先在她嘴里塞了一粒药丸，又给她扎了几针，不一会，女人苏醒过来，再过了一会，茅草屋里传出来一声又一声孩子的哭声。雪标郎中知道女人也已经转危为安，正想起身离开，一个人捧来了一碗面，雪标郎中也确实感到饥饿，几大口就把面吞下肚，可刚吃下去的面，像在喉咙里蠕动，他一张嘴，“哗”一下把面吐了出来，低头一看，自己坐在一个坟头墓牌的石凳上，他那盏灯笼里的蜡烛还在闪着一明一暗的光，他的脚边，有许多蛐蟮（蚯蚓）在爬动……

菊香是在半信半疑、又提心吊胆的状态下去徐家棚的，手里还抱着一只鸡，这是姆妈要她这样做的。

徐家棚离董家村只有五里路，本来是菊花自己来领路的，因为她要照顾儿子宏志，就叫阿水来带领；阿开两夫妻跟在他后面。

去徐家棚路虽然不远，阿开却很少去，菊香根本没有去过，因为在这里既没有亲戚，也没有朋友。三个人穿过桑树林，走过一座小木桥，再是一片芋艿地。过了芋艿地，就是徐家棚，草药郎中就住在村口的一幢三间两弄的瓦屋里。走进围墙，就有一股草药味扑面而来，再看地上、架子上，甚至屋檐上，晒的是药草，挂的也是药草，阿开有些是见过的，比如蓬蒿草，还有一些阿开在山上砍柴时见过，但叫不出它们的名字。旁边有一个年轻人光着背脊，满头大汗地在不停地翻晒。过去，阿开闻着这种草药味，心里就有些不好过，这一回，他闻着气味，看着药草，满脸笑咧咧，心里充满了希望；看看菊香的脸，也涨得红彤彤的，比原来更漂亮了。

阿开听到前面有响声，抬起头，见门内站着个半白头发的老人，花白的长胡子飘在他的胸前，一副仙气道骨的样子。

“原来是他？”阿开有些吃惊，那天他到富春山龙潭口砍柴，刚爬到龙潭边，忽然听到一阵窸窸窣窣的声音，他以为碰到什么野兽了，轻手轻脚拨开一堆柴刺蓬，让他大吃一惊的是一位花白胡子的老人正爬在峭壁上采药草，在他的下面却是深不见底的龙潭。阿开吓得额头上冒出冷汗，又不好开嘴，怕惊动了他反而害了他，直到老人采到草药从崖壁上爬下来，自己才悄悄地离开……

“你们来了。”雪标郎中先开的口，“还送什么鸡呀。”

“姨夫。”阿水叫了一声。

阿开和菊香也跟着阿水叫了一声：“姨夫。”菊香还把鸡放在道地上。因为鸡脚还是缚着的，它拍打着翅膀，扇起了地上的灰尘。姨夫怕灰尘飞到草药上去，连忙一把拎起母鸡，塞进了鸡棚。

菊香这才看到墙脚边有一个鸡棚，里面关着好几只鸡，大概也是看病的人送的。她难为情地低下了头。

“进来！”在“姨夫”的招呼下，阿开陪菊香进了他给人看病的屋子，屋子不大，墙壁上贴着好多画，最大的一张上面画着一个人，可这个人好奇怪，不穿衣服、裤子，他的身上插着好多根针，连手上、脚上也插满了；贴墙还有一张像杀猪凳一样长的、比杀猪凳要高的台子，台子上铺着一块白布；另一边是一张长方桌，桌子上摆着几只搪瓷杯，杯子里放着好多根很细的、闪着亮光的针。“这大概就是姆妈说的银针吧。”菊香心里想。

长方桌后面有一张靠背椅，姨夫先在椅子上坐下，指着旁边一张骨牌凳，用手指一下凳子，叫菊香坐在他对面；菊香坐下来，姨夫先看看菊香的脸，又叫菊香把舌头伸出来，然后，还用三个手指在菊香伸出去的手腕上按了一回，说：“好了。”

菊香有些不敢相信：“这么快？”她看到姨夫已经低着头在一张纸上写字，回到了阿开身边。

姨夫写完药方，又亲自动手为她配药，把长的切短，粗的碾细，有的还捻成粉末，忙得头上冒汗，其他三个人站在一边，因插不上手而干着急。在这长长的大半个上午的时间，姨夫紧闭嘴唇，直到把五帖草药用五张大的富春草纸包好，又用五张连书纸把药粉分成五包包好；再用细蔴绳一大一小扎成五个小包，用粗些的麻绳扎成一个大包，在交到阿开手里的时候，才看了菊香一眼，脸上充满自信地说：“吃我五帖草药，包你们抱儿子。”

阿开和菊香连连鞠躬：“真是活菩萨！真是活菩萨！”

阿水也在旁边加了一句：“姨夫的草药是相当灵光的。”

“要用温火煎。大包里的药煎好了，把汁倒出来，再加小包里的药粉，用筷子搅匀了再喝。”姨夫指指那包小药粉，见阿开、菊香都在点头，又补充交待，“每帖药吃三次，一帖药吃完，再吃第二帖……”

阿开、菊香和阿水；三个人都像鸡啄米似的在连连点头。

已经走到门口了，阿开突然想起了什么，跑回去，红着脸，轻声地在姨夫耳朵边嘀咕着什么。姨夫哈哈一笑，看着站在门口的菊香，大声说：“我这五帖草药只是帮助你们一臂之力，你们夫妻生活照常，没有禁忌。”

菊香听了姨夫的话，猜到老公刚才在问什么了，脸一下变得通红，真想找个地洞钻进去躲一躲，心里却是甜蜜的。

5

不知道什么原因，过了一个冬天，姆妈就是不停地咳嗽，开始以为只是染上了点伤风，过几天会好的，大家也不大放在心上，可是这么多天咳嗽仍然没有好一点，阿开有些担心，平时尽量让姆妈多歇着，由自己来照顾菊香，连每次把药渣倒到大路上去，也是阿开一手落。

董家村老百姓的习惯，是吃完药要把药渣倒到大路上去，说药渣子要千人踏万人踩，这样，病人的晦气给大家带走，病就很快好起来。开始，阿开在倒药渣的时候，还有人问："你们家谁生毛病啦？"见阿开支支吾吾的，问的人少了，关心的人却更多了，特别是左邻右舍的女人，开始嘁嘁促促、神秘兮兮地议论起来。

第一帖药吃下去了，阿开眼睛盯着菊香的肚皮，问："想不想吐？"

菊香看着阿开，摇摇头："不想吐。"

第二帖草药又吃下去了，阿开又问菊香："想不想吐？"

菊香呆呆地看着老公，好一回还是摇摇头："不想吐。"

第三帖、第四帖、第五帖草药全都吃下去了，而且还过了好长一段时间，当阿开又问菊香想不想吐的时候，菊香含着眼泪摇摇头，忍不住哗地哭出了声。

阿开也变得像得了瘟病的公鸡，耷拉着脑袋，背靠在门框上发呆。

在姆妈的房间里，传来了更厉害的咳嗽声。

第二天，阿开也不到小伯家去做生活了，吃了早饭，眼泪汪汪地坐在草屋门口小竹椅上。

菊香也不敢去劝，默默地坐在屋里纳鞋底，好几次被针在手指上刺出了血，只把出血的手指放在嘴上舔一下，都不敢吱一声。

姆妈过去对菊香是多少肉痛啊，如今连吃了五帖草药，肚皮还是一点动静也没有，她再也不像以前那样菊香长菊香短的亲热，有时候还会用冷眼看她，好像菊香不是她的媳妇，是仇人。

"师傅，今天不去做生活呀？"从道地里传来了阿水的声音，阿开抬起头，见阿水怀里抱着一只母鸡，手里提着一只装有鸡蛋的小竹篮，阿开和菊香还没弄清这是怎么一回事，阿水已经把母鸡在道地上一放，又把小竹篮送到菊香手里，说："是姨夫叫我送来的，是你们的鸡生的蛋。"

"这……这……"阿开和菊香看看地上正在寻食吃的母鸡，又看看竹篮里的鸡蛋，呆得说不出话来。

阿水也同情地看看阿开和菊香，说："姨夫说了，他十二岁跟着阿爸学中医当郎中，如今四十多年了，还是第一次碰到这种事。"

"可我们又没有怪姨夫呀。"

"姨夫说，你们把他的牌子都拆掉了。"阿水说完最后一句话，转身走了。

阿开和菊香像两个木头人，阿开脸上白得没有一点血色，菊香的眼泪大滴大滴地掉到了地上……

阿开眼泪婆娑地只觉得有一个影子在他眼前一晃，从草舍里闪了出去，他擦一下眼泪，见菊香手里拿着鸡蛋，边追边喊："骗子！老骗子！"她叫一声，扔出一个鸡蛋，有的砸在了阿水的背上，有的砸在了阿水的头上……

阿水没命地逃跑，转过三嫂家的墙角去了。

菊香头发蓬乱，一只鞋子也跑掉了。

阿开三步并两步从后面追上去抱住了老婆，往草屋里拖。菊香不知哪里来那么大的力气，挣脱老公的手，转过墙角，恰好阿水回过头来，又一个鸡蛋砸在他的头上，蛋清蛋黄流了他一脸。

"砸得好！"

"再砸！"

"自己不会生，可以叫别人帮忙呀！"

"石女呀，忙也帮不进呀。"

"你去帮过了？"

从左邻右舍的门背后、篱笆边，传来了一阵又一阵嘻笑打闹声，这声音像一把把尖刀刺进了菊香的心里，她的脑袋也像被什么东西重重地砸了一下，倒在了道地上……

整整两天两夜，菊香不吃不喝，老是念叨着那句话："阿哥，我对不起你，对不起姆妈。"

阿开已经想不出别的话来安慰老婆，只是一而再再而三地劝菊香："换一个郎中再去看看，保证会生的。"

阿开姆妈不问菊香的毛病，也不到房间里来看看菊香，除了咳嗽，就是唉声叹气。

小伯捏着根旱烟管，一脚踏进草屋就喉咙板响地责问："阿开，你是要把我的草料全烂光了才开心啊？"这是他第五次上门了。

"小伯，这种天气，纸槽停三天五天草料不大会烂……"阿开的话没有说完，小伯把手伸到他的眼面前，声音更响更大："还说不会烂？这是什么，你睁开眼睛看看！"

阿开只感到一团烂泥一样的东西贴在自己的脸上。

在富春江畔，像阿开这样的做纸师傅是很吃香的，曾经有好几家造纸厂来请过阿开，而且条件很优惠，但都被阿开拒绝，因为他的"命门"掐在小伯手里。

阿开和小伯有个口头约定：只要阿开安安心心在小伯家做草纸，小伯每年把那块三角田租给他种。

“可……菊香生病了呀。”

“生病？生什么毛病？饭会吃，路会走，这也算毛病？！”小伯也不看菊香一眼，把吸了一半的旱烟在桌子上一磕，一个红红的烟头在桌子上冒着呛人的青烟。

“你们没有听到吗？村里都说她是石女，就是……”不知是小伯气昏了头，还是另有原因，这么一个有学问、有身份的人，也会说出这种诬蔑人的话来？可是，还没等小伯把后半句话说完，肚皮突然被什么东西撞了一下，一个趔趄栽倒在道地里，当他在地上爬起来一看，面前站着像发怒的母狮子一样的菊香。

阿开也跳着脚对小伯叫喊：“我死也不上你家做草纸了！”

“三角田也不租给你了！”小伯还想捞回一点面子。

阿开的声音比他更响：“饿死也不租种你们家的田！”

当阿开扶着菊香回进草屋的时候，从背后传来了小伯的骂声：“你这个没良心的东西，翅膀硬了，良心被狗吃了？要是当时听了我，还会有今天？！”

第二天，三嫂从娘家回来，听说小伯这样欺侮自己的亲侄子，对阿开说：“不是你的良心被狗吃掉了，是你小伯的良心被狗吃掉了。”

6

让阿开开心的是菊香经过这番折腾，她的精神不久就振作起来，不但没有因为那些难听话让自己垂头丧气，反而劝老公到小伯家去做草纸，她是担心万一小伯真的不把三角田租给他们种，光靠给别人做草纸是养不活三张嘴巴的。阿开却铁了心，在陈阿水的介绍下，去陈传祖家当了草纸师傅，不但工资优惠，中午还供一餐饭。

有一天傍晚，阿开从陈家桥回来，他一进门，就闻到一股香味，一眼看到桌子上一只热气腾腾的鸡，昂起头，好像在欢迎他。

“你把鸡杀了？”阿开有些吃惊，因为菊香从来没提起过杀鸡的事。

菊香眉开眼笑地从汤罐肚里拿出那把祖传的锡壶，给阿开倒了一碗热老酒，说：“神仙鸡，一个人吃了最补。”

“不是正在生鸡蛋嘛，姆妈晓得不晓得？”

菊香摇摇头，还把脸扭向一边，好像有什么难言之隐，是啊，家里买油盐酱醋的钱，还得靠从鸡屁股里抠出来哩，但她马上又装得淡淡地告诉老公：“姆妈说，你这几天瘦了，你可是我们家的顶梁柱啊。”

从董家村去陈家桥，每天要经过三嫂家的门口，有一天早晨阿开去陈家桥，突然被三嫂拦住："你家菊香好像有什么心事？"

阿开吃了一惊："什么心事？她不是好好的嘛，前几天还杀了只鸡给我吃呢。"

"你吃不吃？"

"她说是神仙鸡，连姆妈也不给她喝一口汤，说别人喝过一口汤，鸡就不补了。"

三嫂并没有接阿开的话茬，看看阿开，顾自己回屋里去了，可第二天她又把阿开拦住，神秘兮兮地向四周看了一下，在阿开耳朵边叽咕了一阵，阿开连连地摇头："那是几年前的事了，不会的，不会的。"

阿开嘴上这么说，心里却像富春江的潮水一样在翻滚，难以平静。

这一天，阿开好像魂不附体，老是端着做草纸的竹帘发呆。晚饭前，收工的时候，陈传祖来纸槽里挑纸筒，一看阿开做的草纸少得可怜，他关心地问阿开："是不是生毛病了？"

阿开摇摇头："没有。"

"那怎么今天做了这一点草纸啊？"

阿开苦笑着没有回答。

陈传祖又问阿开："是不是工钱太少？"

阿开看看陈传祖，说："工钱够高了。"

"那……"陈传祖看着阿开。

阿开低下头，不好意思地对陈传祖说："明天我家里可能有点事，说不定不能来做草纸了。"

陈传祖急了："那后天还来不来？"

阿开抬起头，看了陈传祖一眼，什么话也没有说，顾自己回家去了。

"菊香！"当菊香从何仲春家的大台门里走出来，站在她面前的竟是自己的老公阿开，菊香的脸一下变得雪白，看着老公像一头要打架的公牛，他的两个捏紧的拳头好像在"格格"地发出声音。

菊香从懂事起，还是第一次看到老公这副凶相，像要把她吃下去似的，忍不住往后退了一步，吞吞吐吐地问："你……今天怎么这么早就回来了？"

"我没有去做草纸。"

菊香更是吃了一惊："生病了？"

"没有生病！"阿开的声音更响，他的眼睛发红，责问菊香，"你到这里来做什么？”见菊香红着脸，低下了头。阿开又吼起来：“这种地方是你来的吗？说呀，到这里来做什么？”阿开狂叫着，听到大台门里传出来一个女孩子唱歌的声音，怕被别人听到，扭转身向自己家里走去。菊香像一个犯了错误的小学生，低头跟在老公后面。

菊香记得她十四岁那年，董家村里闹蚕花节，菊香被选为蚕花娘娘，原来一个穷苦人家的姑娘，经过胭脂花粉一打扮，又穿上了红衣绿裤，简直变成了一个仙女，那时候，何仲春家有人在上海做生意，常有上海的“月份牌”寄回来，月份牌上印的都是上海的美女。

“筱丹桂，董家村出了个筱丹桂。”当菊香领着一班化妆成仙女仙童的孩子到张家桥何家台门去“撒蚕花”时，何仲春啧啧地称赞，他虽然已经头发稀疏，前半个脑袋已经光秃秃了，讲起女人来仍然会口水直流。

几天后，小伯神秘兮兮地来找阿开姆妈：“大嫂，告诉你一个好消息，有人看上你家菊香了。”

“看上菊香了？”阿开姆妈吃了一惊。她一把屎一把尿把菊香养大，是给儿子当老婆的呀。“菊香是我们家的养媳妇，大起来……”没等阿开姆妈把话说完，小伯直截了当地说出了何仲春的名字，还说：“可人家是当朝乡长，又是县保安大队长许丰的老丈人。”

阿开姆妈心里“咯噔”了一下：“果然是真的。”可她还是说，“姓何的这么大年纪了，还这么……”那个“花”字还没有说出来，小伯接口说：“无非想生个儿子嘛。这么大一份家业，没有儿子……对不起列祖列宗啊。”

“国权啊，你是知道的，我把菊香养大，是给阿开做老婆，生个儿子给国炎传宗接代的。”

小伯眼睛一亮，说：“人家早给你想好了，你们把菊香当自己女儿嫁过去，不要嫁妆，还送你两亩桑园地，他还把养女美英嫁给阿开，这不是两全其美的事吗？”

当姆妈把这件事告诉阿开和菊香的时候，阿开眼睛突然一黑，一屁股坐在地上；菊香扑在阿开身上，哭着说：“阿哥，我死也不离开你，不离开姆妈！”

……

三嫂正好在自己家门口为儿子做鞋子，看到阿开和菊香这种样子，猜到要出事，她冲出门，拦住了阿开，问：“到哪里去？”

“回家！”阿开把三嫂推开，头也不回地顾自己往家里走；菊香刚站一下，见老公往家里走，也只好跟上去。

三嫂上去一把拉了菊香往自己家走，对她说：“有什么事，先告诉三嫂。”

阿开见菊香没有跟上来，犹豫了一下，转身向三嫂家走来。

其实三嫂是害怕阿开姆妈受不了，她年纪大，身体又不好，见阿开这副怒气冲冲的样子，回家去肯定是一场大吵，不是要送老人家的命吗？

果然，阿开一进门，就大声地责问菊香：“你到大台门去做什么？”

“……”菊香头也不敢抬起来，眼睛看着自己的脚尖。

“是谁勾引你去的？”阿开的声音更响。

三嫂拉了阿开一把：“你在审问犯人哪？声音可不可以小一点。”

阿开把头一歪：“我小声不来！”

“你要把菊香吓坏的。”

阿开从鼻子里哼了一声，冷笑说：“她会吓坏？她的胆子大到可以包天了。”

三嫂问菊香：“是不是小伯叫你去的？”

“是……不是……”菊香摇摇头，两只眼睛却紧紧盯着状元府第的大屋子。

被三嫂料到了，菊香怕老公去追问小伯，那块三角田明年真的不租给他们种，那以后一家人怎么过日子呀。

小伯怎么也想不通，过去比自己儿子还听话的侄儿，如今变得这样犟头犟脑，竟敢去给陈家桥陈传祖家做草纸，让自己的草料烂在料塘里。

“阿开是想儿子想疯了。”小姆妈看到老公像热锅上的蚂蚁，也非常着急。

“可他老婆是个瞒屁眼，不会生。”

“唉，大嫂家也真是的，好容易养了个养媳妇，偏偏是个瞒屁眼，要能换一个会生的就好了。”

老婆一句话，提醒了小伯，他又想起了何仲春过去托他的事，自言自语地说：“他家那个养女不知道有没有嫁人？”

“是不是何仲春的养女？”小姆妈眼睛一亮，“过去大嫂舍不得菊香，是要给阿开生儿子，如今明摆着菊香不会生，如果何仲春肯调换，大嫂也一定会答应的。”

小伯仍然顾虑重重，当年听何仲春说是为了生个儿子才买那个美英的，如果他知道菊香不会生，他还会要她吗？

富春县的老百姓都说：有财有势才双全！这话有两层意思：一是有了财就有势（势力，社会地位和权力），另一层意思是光有财并不有势，还要去靠傍官势，不然你的财也保不牢。小伯虽然有田有地，还拥有状元府第这幢大房子，他却是个“书独头”，认为只要守牢祖宗家业就是个孝子，从不巴结权势，结果吃了大亏，几度险遭破产，于是他学聪明了，开始巴结权势，张家畈的何仲春不但有田有地，他叔父是富春县国大代表，在县里是有说话分的，女婿在县保安大队当差，手里有枪。

为了巴结何仲春，小伯曾经为他出过一次大力。

何仲春家有一部分土地在董家村背后，地边除了一排又一排的桑树，地里还可套种作物：上半年种小麦，下半年种玉米，为了不让地里的麦子、玉米被人偷去，他每天拿着一根青竹棒在自家地的四周围走来走去。那一年山海才十一岁，因为没有阿爸，姆妈又有病，他常常有一顿没一顿地过日子，十一岁的孩子个头不及七八岁的孩子。有一次他到何仲春家的桑树上去摘桑果吃，被何仲春看到，说山海踏坏了他家的麦子，一直追到阿生家门口，一顿青竹棒，打得他在地上滚来滚去，他姆妈跪在地上讨饶，何仲春才住手。山海决心要报仇，他偷偷地在何长春走的那条泥路上挖了一个坑，在里面拉了一堆屎，上面又用浮土盖好，说是要让这个老不死遭一头晦气。那天何长春一边在路上走，一边看着自己地里的桑树，不小心一脚踏进了山海挖的那个坑里，当他把脚拔出来一看，是一脚又脏又臭的屎，就猜到一定是山海干的，正好山海割羊草从江边回来，何长春兜头兜脑一顿青竹棒，山海当场就昏死过去，再也没有醒过来。这事当时闹得很大，董家村的老百姓都出头为山海喊冤，山海姆妈背着儿子的尸体来到何仲春的大台门口石阶上躺着，弄得何仲春下不了台，他只好托小伯做中介人，因为他是董家村的族长。开始，何仲春一口咬定只肯赔五担玉米，后来，小伯好说歹说，才再加了一担麦子，再后来，小伯见阿生老婆太可怜，瞒着老婆暗地里再赔了她一担玉米。

从那以后，小伯就成了何仲春家的座上客。

“不妨去问问看，说不定换一个男人菊香会生了呢？”小姆妈对老公说。

“天下哪有这种事？”小伯横了老婆一眼，叹口气，“现在的关键是看何仲春这个花老头了。”

想不到何仲春根本不提生儿子的事，听说可以把菊香换过来，高兴得跳了起来拍着董国权的肩膀说：“国权兄，我过去说过的条件不变，事情办成之后，我去同女婿说一声，让你当太平乡副乡长。”

在小伯看来，以前没有把调换亲的事情办成，决定权在阿开姆妈和阿开，现在的决定权却在菊香，只要她肯答应，阿开姆妈和阿开也会顺水推舟的，因为过去他们要菊香生儿子，如今菊香连屁也不放一个，他们已经把她当包袱，还会不答应的嘛。

小伯有一天趁阿开去陈家桥做草纸，把菊香叫出去，开门见山地想用她调换何仲春养女美英的事告诉了她。菊香一听脸也吓白了：“我不能离开姆妈，不能离开阿哥。”

小伯十分同情地说：“小伯知道，你是他们养大的，同姆妈、阿哥亲，但你能眼看着他们一个没有儿子，一个没有孙子吗？”

小伯的几句话说得菊香的心一阵阵地痛，她的眼泪哗哗地流下来。

“再说，你是以你姆妈的女儿，阿开阿哥的妹妹调换过去的，即使何家大老婆再凶，也不敢拿你怎么样……”小伯看了菊香一眼，接着说，“你们两家相隔又不远，什么时候想姆妈，想阿开阿哥了，也可以回娘家来看看。”他吸了几口旱烟，把烟徐徐地吐出来，看着它在空气里消散之后，才又往下说，“你嫁到何家以后，不用再过这种饱一餐饥一餐的日子，你姆妈年纪老了，阿开阿哥辛辛苦苦，你也可以帮助他们一点，让他们也过过好日子。”

小伯这一番贴心贴肺的话，说得菊香心里有些松动，她犹犹豫豫地说：“要是姆妈和阿哥不同意……”

小伯听了一半就哈哈大笑起来，把菊香吓了一跳。“你还以为你是个黄花大姑娘啊？他们还想靠你生儿子？”小伯的话像一把刀子插进了菊香的心，她看着这个捏着她们一家命脉的小伯，咬着牙，把眼泪吞进了肚皮里。

“不过呢，你今天的菊香，已经不同当年的菊香，是结过婚的女人，何老板要不要你，还要你先过去让他亲眼看看。”小伯是见过世面的人，他摸透了菊香的心理，刚才的这几句话是欲擒故纵。最后还交待菊香，“最好先不要同你姆妈和阿开阿哥说，等事情办成，由我出面同他们说。”

菊香点点头。

“是小伯陪你去的？”三嫂问菊香，其实她那天是亲眼看到的。

阿开的喉咙突然响起来：“你大了，长本事了，翅膀也硬了，连这么大的事，不同姆妈说，也不同我说？”

“小伯说……等办成了……他会告诉你们的。”

“办成了？！”

菊香摇摇头，用很轻很轻的、好像自言自语地说：“第一次……说何老板不在，这一次……”

“你让老东西得手了？！”阿开气得要发疯，他一巴掌打在菊香的脸上，菊香白嫩的脸上马上出现了五个红红的手指痕。

从菊香记事起，她姆妈和阿哥总是同小公主一样把她捧在手心里，可今天……她跌坐在地上，怔怔地看着这个亲她爱她的阿哥、老公出神。

三嫂猛力地把阿开推到一边，想从地上把菊香抱起来，菊香却不肯起来，好一会儿，终于爆发了，像富春山龙潭上的瀑布，一泻而下，无法阻挡。

她对着阿开，对着三嫂，哭着、诉说着，把长期积在心里的苦水倒了出来：

“你们把我养大，是我的再生父母，你们疼爱我，值钿我，我心里明白，你盼望我为你生个儿子，为姆妈生个孙子！我也想生个儿子来报答你们，可我的肚皮不争气，我……我……我知道，亏欠你们很多很多，我没有别的办法，我不是想去享福，我愿意给他们去做牛做马当丫环，用自己去换一个会生儿子的女人回来，让阿哥有儿子，让姆妈有孙子，可你们又说不好，还打我……

“我到底还是不是个人啊？我到底还是不是人啊！”最后一句，菊香简直是从心底里喊出来的。

阿开却还在不依不饶地责问菊香：“我问你，到底有没有让那个老东西得手过？”

“你还有完没完啊，得手了怎么样？没有得手又怎么样？你要她死啊？”三嫂也发怒了。

听到三嫂的叫喊，菊香反而平静了一些，她摇摇头：“……刚进门，他大老婆就一把把我推出来了，骂得很难听，说我是婊子、狐狸精。”

阿开终于透了一口气，还心痛地摸了一下菊香的脸。

“你呀，真傻呀，小伯不让你先告诉姆妈、阿开哥，为什么不先问问我呢？”三嫂告诉菊香，自己有个堂舅舅在何家当账房先生，知道何仲春的为人，是个有名的色鬼，去上海读书前，就结婚了，老婆也是个大户人家的千金小姐，还给何家生过一个女儿叫玉玲……

“她不是叫彩玲吗，怎么叫……”菊香到底还是个孩子，她通过刚才的发泄，特别是阿开抚摸了一下她的脸，心里的气也消了一半，不等三嫂说完，插嘴问。

三嫂看看菊香，见她脸上还挂着泪痕，一种发自慈母的爱怜，在心里说：“大户人家的女儿像她这样年纪，说不定还在阿爸姆妈身边撒娇呢。”她看了阿开一眼，告诉菊香：“彩玲是他的小女儿，是大老婆同一个长年生的。”

“啊？”阿开是第一次听到。

“老色鬼为了撑门面，只好承认是自己生的，其实，大老婆知道他染了梅毒，从上海回来就不同他睏在一起，但又不服气，就买了美英当‘养女’，在外面叫养女，晚上就睏在一张床上。”

菊香真的病倒了，她不吃不喝，还常常从噩梦中惊醒过来，说胡话：“姆妈，饶了菊香吧，来世再给你生个孙子。”

阿开急得如同火烧了屁股，在草屋里转来转去地打自己的巴掌：“我怎么会不分青红皂白打菊香呢？我是被哪个恶魔缠上身了？”

阿开姆妈对菊香的病并不当一回事，对儿子这样疯疯癫癫，却急得抱着阿开流着老泪：“阿开，你可千万不能出事啊，姆妈还要靠你送终呢。”说着又是一阵剧烈的咳嗽，吓得阿开忙把姆妈扶到床上去休息。

在阿开姆妈的心目中，菊香已经是个“废人”，老婆无非是男人身上的一件衣服，穿破了穿旧了可以再换一件，儿子才是最最重要的，俗话说：“留得青山在，不怕没柴烧。”

三嫂觉得菊香太可怜，关心着菊香的毛病，猜想菊香会不会真的被鬼缠上了身，自作主张帮阿开请来陈家桥的仙姑陈梅花。

陈梅花是张家贩、陈家桥、董家村一带方圆十里有名的仙姑，她在三嫂的陪伴下，一路“叽叽咕咕”地念着各路大仙的名字，刚到阿开家的草屋门口，突然昏倒在道地上，口吐白沫，嘴也歪了，样子相当可怕。

三嫂急了，蹲在仙姑身边直声高喊：“仙姑，仙姑！”

听到喊声，阿开从草屋里跑出来，一见这情景，急得不知怎么办才好？

“香……香……”仙姑终于醒过来，嘴巴里吐出一个声音，又尖又细，像在吹一个竹哨。

“菊香？菊香在屋里。”阿开急忙跑进草屋，想扶菊香起来，可菊香全身软软的。

仙姑的声音更高更尖：“香……香……”

还是三嫂见多识广，她在旁边问：“是不是要点香？”

仙姑的头动了一下，还伸了三个手指头。阿开听了三嫂的吩咐，点了三炷香，从草屋里跑出来。

“朝东南拜三拜。”仙姑终于醒过来，并从地上爬起，指挥阿开朝东南方向拜了三拜，从阿开手里接过香，念着大仙的名字，来到菊香床边，把香在她头顶上空绕了几圈，又从口袋里拿出几张黄纸，念了一遍，再在菊香脸的上空划了几下，然后回到道地里烧了，才高兴地对阿开说：“好了，我把附在你老婆身上的鬼魂送走了。”还没等阿开回话，仙姑又说了，“我答应三天之内给他念一桌佛。”

阿开的头像鸡啄米似的点着，跟在仙姑背后一步不离。

“是哪一路的……”三嫂欲问又止，仙姑猜到了这是阿开也想知道的，她说，“是这草屋里的老东家想孙子了。”

“阿爸？”阿开呆在那里像个木头柱子。

仙姑越加来劲了，她眼睛也不眨地对阿开说：“从今以后，每年清明节到老东家坟上，都要带一个小人。”

“可……我和菊香……”阿开摊着两只手。仙姑又接着说：“……我是说先用纸糊一个小人到你阿爸坟前去烧，让他老人家先高兴高兴。”

阿开回头看看躺在床上的菊香，她像半死人似的一动不动，她那双眼睛，痛苦、悲哀、无助，泪水大滴大滴地涌出来，打湿了大半个枕头。

7

何仲春得梅毒的事，除了大老婆，是极其保密的，所以小伯也是被蒙在鼓里的，他虽然向阿开再三道歉，阿开却理也不理。

小伯有个忘年交，名字叫张亮，他阿爸原来是前清老秀才，也是小伯的朋友，因为小伯是董家的族长，他管着一批社头田，凡是轮到种社头田的董姓人家，除了每年清明节负责祭祖、上坟之外，还要筹办一次由董家人男女老少都参加的清明酒席，另外，还要交付为董家子弟办的私塾的钞票，名字叫“学钱”，私塾的名义叫“义学”，教书先生就是张亮的阿爹；后来学生多了，他阿爹教不过来，刚好儿子张亮从城里读书回来，就让他教才上学的孩子；再后来，阿爹老了，在家里养老，而学生比以前更多，私塾就从张先生家里搬到董家祠堂，张先生聘请了几个先生，自己既当校长又教书，所以经常到小伯家里来坐坐，讲一些义学里的事情，谈谈天，喝喝茶。

有一天，小伯同张先生说起 媳妇不会生儿子的事，张先生一听，拍了一下脑门，说：“是董开新啊，他还当过我的学生呢。”

张先生还告诉小伯，听洲沙小学一位老师说，富春县城里新开了一家诊所，专门看不会生孩子这种毛病，医生还是刚从日本留学回来的。

“叫什么诊所？”小伯急切地问。

张先生拍了一下脑门：“记起来了，叫春光诊所。”

“那……叫阿开陪菊香去看看呀。”小姆妈也很高兴。

张先生好久没见这个学生了，要小伯陪他去找阿开，小伯却借故躲开，因为怕阿开和菊香误会，而且要张先生不要提这是他出的主意。

听说张先生来看阿开，菊香强打起精神，从床上爬了起来。

张先生一进门，就大声地唱起来：“小小猫，跳跳跳！”

菊香被张先生唱得莫名其妙，阿开却哈哈哈地大笑起来。

阿开记得很清楚，他第一天上学，是姆妈送他去的，那天一大清早，姆妈把他从被窝里弄醒，像过年一样换上了用姆妈的一件罩衫改制的长大布衫，冒着冷风，踏着白霜，来到老张先生家门口，小张先生已经在门口迎接阿开，他领着阿开，先在张先生家的楼下桌子上摆着的孔夫子像面前叩了三个头，再带他到楼上的一张桌子边坐下（桌子和凳子早一天小张先生就从阿开家搬去了），小张先生发给他一本书。后来，又来了几个同学，同阿开一样坐到他们自己的桌子后面。阿开看到书上有一只小猫，边摸边“猫猫”地叫着，小张先生用手指指着书上的小猫，教他跟着念：“小小猫，跳跳跳！”

阿开觉得很新奇，很开心，像在家里时跟姆妈学唱儿歌一样，声音放得特别响：“小——小——猫，跳——跳——跳。”

“董开新，小声一点，来，再念，小……”小张先生突然听到一阵哭声，他吓了一跳，一看，哭的正是董开新。

“董开新，你……”

“姆妈，我的裤子尿湿啦。”

张先生（自从老张先生在家养老以后，原来的小张先生升级为张先生）说到这里，阿开先笑了，菊香也笑了，这是菊香多少天来的第一次笑哇。

“张先生，当年我们家实在太穷，只好去放牛、学做草纸。”阿开有些不好意思地看了先生一眼。

张先生叹了口气：“多少年过去了，我们中国的老百姓还是这么穷啊。”他突然又问阿开，“我送给你的那本《百家姓》……”

“我背是会背了，就是写不来。”阿开自卑地说。

“你会背了？”张先生感到很惊奇。

张先生知道阿开不能再来读书了，他从阿爸的书柜里拿了本《百家姓》送给董开新，还在书上找到了那个“董”字，说：“人活一辈子连自己的名字也不会写，是要吃苦头的。”这回听阿开说能够从头背到脚，惊喜地问他，“是谁教你的？”

阿开回答：“我在富春山脚下放牛，听那里的私塾先生在教《百家姓》，我听一句背一句，后来熟了，会背了。”

“那书上的字你都会认了？”

阿开的脸一下红到脖子根，摇摇头：“我只认识先生教过我的那个董字，其他字都是猜的。”阿开从姆妈房间里的观音菩萨后面拿来了张先生送给他的《百家姓》，翻开书，用手指着第一行，一边背一边说：“我猜得出来，第一个就是‘赵’字，赵家墩的‘赵’字，第二个……”张先生激动得拍了一下阿开的背：“了不起啊！”他的眼圈红了，叹息着，“这个世道太不公平了，你要是有书读，将来肯定能有出息的。”

阿开却低下头，收起书，呐呐地说：“像我这种泥脚梗，就是摸六株头的命，只要有口饭吃就好了。”

张先生感到心里沉甸甸的，他转过头，朝着菊香看了一眼，问阿开：“听说……草药没有吃好？”

一听说草药，菊香的脸突然阴沉下去，她借口吃力，又到床上去躺下了。

“我朋友告诉我有个地方，不妨去试试看。”张先生对阿开和菊香说。

“什么地方？”听说有地方能看好不会生儿子的毛病，阿开猛地抬起了头，菊香也扭过脸，两人同时看着张先生。

张先生告诉他们，听说在富春县城里有一个叫春光诊所，是新开出来的，专门看这种毛病的。

一听说是洋郎中，阿开心里凉了半截。

菊香也连连地摇头，因为她早就听人说过，洋郎中看毛病不但钞票贵，而且又是开刀、打针的，一个好人也会被作弄出毛病来，不过她并没有完全拒绝，只要有一点点希望，为了生一个儿子，就是死了也心甘情愿。

“要不要把肚皮剖开来的？”菊香担心地问。

张先生笑了，他摇摇头说：“只是先去检查一下，最多打个针什么的。”

菊香才放宽了一点心，可她还是怕痛，问：“打针痛不痛？”

张先生用同情、怜悯的目光看看菊香，心里想：真是个天真的女孩子呀，有钱的人还在学校里读书呢，她却要担负起生儿育女传宗接代的任务。

“我也没有打过，不过呢，听说同蚂蚁咬一口那么点痛。”

“唉！”菊香叹了一口气，算是答应了。

阿开却还在担心：“不要又把钞票甩到富春江水里啊。”

听说菊香要到城里去看毛病，三嫂自愿当菊香的陪护。

出发前，阿开姆妈还特别嘱咐三嫂：“全拜托你了。”说着，她又不停地咳嗽起来。

阿开姆妈的毛病越来越重，为了要菊香为自己生个孙子，常常把头捂在被窝里咳嗽，每次咳得满头大汗，上气不接下气，还是不敢把头伸出来，她是怕把菊香吵醒啊。

刚要出发，阿开又有些犹豫，问三嫂：“会不会又是白忙一场？”

三嫂发火了，她把手掌贴在阿开的额头上，问：“你这个人有没有毛病啊？一个男人家，做事情这样黏黏糊糊，一点决断性都没有，我看呀，菊香的毛病即使医好，生出来的一定不是儿子，是个丫头片子。”

“三嫂，你……”菊香忙拉了三嫂一把。

阿开姆妈的脸也一下子难看起来。

三嫂知道这句玩笑开过了头，当着大婶婶（三嫂对阿开姆妈的称呼）的面，一边打自己的嘴巴，一边骂："乌鸦嘴，乌鸦嘴！"还朝地上吐了三次口水。阿开姆妈满意地笑了，催他们说："还是早些去吧，路上小心些。"

照理说，董家村同富春县城只一江之隔，村里人早晨在富春江边挑水，女人在江边送官埠洗衣服洗菜，都可以看到富春县城外江里的船在开来开去，还有那里的房子，好像比乡下的高，特别是那座龙头山和山上的富春第一楼，还有"龙头"上那株被大家叫做"龙头绿宝石"的大香樟树，好像还能听到风吹树叶的"沙沙"声，特别是晴天早晨，在太阳出来之前，大香樟树的倒影长长地映在江水里，似影似幻地延伸过来，一直伸到董家村送官埠旁边，有时候真会有人把手伸到水里去，大樟树的叶子马上碎了，树也没有了。但是董家村进过县城的人并不多，更不用说女人了，因为这里没有直通城里的渡船，男人要进城，先要过胡家沙，到木桥头，再过一个小渡，过沙村，才是龙头山对岸的船埠头，那里只有一只渡船来来回回开，又慢又费时间，过一渡还要两个铜板渡船钱。两个铜板呀，一个鸡蛋才卖三个铜板呢，所以，当听说一个当养媳妇的女人因为不会生儿子要到城里去看洋郎中，一下子在董家村里传开，特别是那些喜欢搬弄是非的长嘴婆娘，更是冷言讽语。

"还是不会生儿子的好，可以到县城里去风光风光。"

"天底下哪个男人肯让自己断种啊。"

"真看不出，阿开平时连三个铜板一块的豆腐也不肯买来吃，会有介多钞票给老婆去看毛病。"

菊香由于身体虚弱，要走这么多路，阿开怕她吃不消，特地叫来了阿水，又把三嫂阿婆用过的竹躺椅借出来，临时做成了"软轿"，在张先生的带引下，先过胡家沙，再到木桥头，过小渡，到沙村，总算到正宗的富春江南岸了，站在江南岸，那座龙头山，龙头山上的"富春第一楼"，还有那株大香樟树，以及大香樟树下的石凉亭都能看得清清楚楚，连那里的人在走来走去也能看到，可没有一个人去看风景，因为上船的人很多，都挣着挤上去；只有菊香，是躺在椅子上的，只能看到蓝天和白云，她又是第一次坐这种躺椅，开始有些新奇，好像小孩子躺在摇篮里，摇呀摇呀，慢慢地睡着了，当她醒过来的时候，也不知道到了什么地方，只觉得躺椅和她的身子摇晃得更加厉害，肚皮里的肠子都像要倒出来一样。

菊香再也熬不牢了，轻声地对待在她身边的老公说："阿哥……我想吐……"

"想什么？"阿开起初没有听清楚，追问了一句。

“想吐。”菊香又重复了一句。

“想吐？真的想吐？”阿开高兴得跳起来，“有啦，有啦！”

渡船上有许多乘客，听到阿开这一声叫，都向菊香躺着的椅子旁边挤过来看热闹，有的人还边挤边问：“有什么啦？有什么啦？”

三嫂也被阿开这一叫弄糊涂了，看着阿开问：“有什么啦？”

菊香明白老公的意思，悄悄告诉三嫂：“他看到我想吐……”

三嫂听了也挺高兴地问菊香：“你真的想吐？是不是有喜了？”

阿开因为心里高兴，又舍不得那几个渡船钱，对着船老板喊起来：“船老板，我们不去啦，我们要回去，这船我们不乘啦！”

船老板有些生气，说：“你以为这只渡船为你一个人开的呀，你说要回去就回去？！”船老板一边用力摇渡船，一边说。

过渡的人仍然处在云里雾里，问阿开：“你不想过渡，刚才为什么还要挤上船来啊？现在船已经到江中心了，还要摇回去？”

有的人说得更难听：“你脑子里哪一根神经出毛病啦？不要耽误我们的时间，我们还要到街上去卖菜呢。去迟了，菜卖不掉，你买呀？”

“我们是去买粪的，去迟了好粪都要卖光了。”这两个人还把身边的粪桶弄得“嗵嗵”响。阿开曾经听人说过，这些住在县城边上靠种菜过日子的人可精哩，为了买到“货真价实“的好粪，还会用手指醮一点粪放在嘴里尝尝，说好粪又涩又苦，浇菜肥，掺水多的粪淡而无味，浇菜不肥；还说中学生的粪最好，因为他们平时吃得好。

张先生过来问菊香：“你是不是第一次坐船？”

“她连躺椅都没有坐过。”阿开在旁边代老婆回答。

张先生安慰菊香说：“熬一熬，快到岸了。”

菊香见船上这么多人像看西洋镜似的在看着自己，连忙把盖在身上的衣服拉起来，遮住了自己的脸。

渡船终于靠岸了，码头就在龙头山脚下，阿开和阿水忙把菊香从船里抬起来，一步步爬上那个高高的石阶，然后在那株大樟树下歇下来。

阿开问菊香：“还想不想吐？要不要吃酸的东西？”

菊香有些失望地看着老公，摇了摇头：“不想吐了。”

张先生说：“刚才在船里是因为江里风浪大船摇晃得厉害。”

三嫂一拍手，说：“对呀，船摇晃得厉害，你一定是晕船了呀。”她看了阿开一眼，笑着说，“刚才……我也有些想吐了！”

阿水同三嫂开起了玩笑："你也有喜了，怀上第四胎了吧？"

"怀你个头哇，关林还在吃奶呢！"三嫂又回转身，用手指在阿开额头上戳了一下，加了一句，"你们两个人啊，肚子里有没有也不知道？"

阿开脸红了，他失望地看着菊香，菊香连忙又用衣服把脸遮了起来。

春光诊所在县城一条冷清的小巷里，当阿开和阿水把菊香抬进去的时候，一个穿着白大布衫的男人从房间里走出来，很年轻，脸上还戴着一副眼镜，他说自己姓杨；在杨郎中后面还跟着一个同样年轻的女人，也穿着同样的白大布衫，她什么话也没有说，只是对大家笑笑。两个人讲的都是天堂话，阿开和菊香有好几句话听不懂，张先生到底是在省城里读过书的，当起了临时翻译。

当杨郎中问清楚菊香的毛病以后，看了一眼女郎中。女郎中忙去撩开旁边的一块白布帘，里面是个小房间。

"抬进去。"杨郎中吩咐，自己先进了小房间。女郎中随即也跟了进去。他们两个人还在嘴上戴上了白布缝的笼头套。

当阿开和阿水照杨郎中的指点把菊香抬上一张高脚床之后，女郎中对两个男人说："请你们出去。"

阿开和阿水开始没有听懂，等女郎中说了第二遍，阿水先出去了，当女郎中叫阿开也出去时，阿开大声说："我是她老公呀。"

女郎中微笑着点点头："我知道。"

"那我还要……出去？"女郎中点点头。阿开抓一下头皮，只好出去了，但他马上又回转身来，像吩咐小孩子似的对菊香说："不要怕，阿哥在外面等你，有什么事就叫我。"还同小时候一样轻轻地拍了一下她的头。

女郎中走到菊香旁边："把裤子脱开。"

菊香听不懂，还是装呆？她看着女郎中，一动不动。

女郎中用半吊子富春话又说了一遍，菊香还是一动不动，女郎中知道女人都是怕倒霉，仍旧用半吊子富春话说："不用怕，只是检查检查。"同时伸出手，把菊香的裤子拉了一下，见她的裤带勒得紧紧的，加重了语气，"把裤子脱开！"

菊香的两只手紧紧地拉着自己的裤腰带，看看站在旁边的杨郎中：他胸前挂着个东西，亮晶晶的，手里捏着把钳子，也是亮晶晶的。菊香叫起来："我要女郎中看，不要他看。"

女郎中笑了："我是护士，他是医生。"

菊香仍然坚持说：“不要他看！不要他看！”

弄得杨郎中没有办法，从门外叫进了三嫂。

在三嫂的再三劝说下，菊香终于同意那个叫“医生”的杨郎中给自己看毛病，但一定要三嫂陪在自己身边。

当杨郎中把那个钳子向菊香下身伸去时，菊香说什么也不肯，用两只手紧紧地捂住。杨郎中生气了，先把嘴巴上的白布笼头套摘下来，又把手里的那把钳子在旁边一摔，说：“我从来没有碰到过像你这样不听话的病人，没有办法看了。”准备往外面走。

女郎中也尴尬地站在旁边，哭笑不得地看着菊香。

三嫂马上拦住杨郎中，埋怨菊香：“你是来看毛病的，只要以后能生儿子，管他男郎中女郎中，都要听郎中先生的。”

菊香一听三嫂“只要以后能生个儿子”的话，她的手松开。杨郎中重新戴上白布笼头套，拿起那把亮晶晶的钳子，当他把钳子伸进去的时候，菊香杀猪似的叫起来，还伸出两只手想去抓那把钳子，被三嫂死死地按住，像骗小孩子似的劝她：“熬痛、熬痛、乖乖。”

“叫什么？又不痛的。”杨郎中继续把钳子往里伸。

菊香是被吓住了，还是杨郎中的话提醒了她？是不痛的，只是凉冰冰的。

阿开听到老婆叫喊，想冲进去，却被张先生拉住：“不会有事的。”

此时此刻，菊香也不再像刚才要她脱裤子一样拒绝，她想起了老年人常说的一句话“拼死吃河豚”，她在心里对自己说：“反正都给他看去了，就是那么一个东西，女人都有的。”这样一想，心里坦然了不少，脑子也清爽了不少。听杨郎中在和女郎中的谈话中，好像说到什么东西没有破呀之类的话，因为是天堂话，听不大懂，张先生又在门外，不能让他翻译给自己听。

事后问三嫂，三嫂也摇摇头，笑着说：“我也听不大懂。”

女郎中突然问菊香：“你同你老公结婚了没有？”

菊香奇怪，三嫂也奇怪，两个人怔怔地看看女郎中，又看看杨郎中。

杨郎中以为她们听不懂，改用了富春话（他的富春话比女郎中好多了）问菊香：“你和你老公是不是同一张床睏的？”

菊香更糊涂了，自姆妈要她同阿开圆房后，两个人就在同一张床睏了。

“他们圆房已经快两年了。”三嫂代她回答。

女郎中看一眼杨郎中，杨郎中叫她拿来了一把更大的钳子，还有一把小刀和一根细长的管子，对菊香说：“稍微有一点痛，你熬一下。”

三嫂也在旁边劝："熬一下就好了。"

杨郎中要三嫂按住菊香的两只脚，又叫女郎中按住菊香的两只手，菊香以为这次真的要给她开膛剖肚皮了，叫起来："我不要剖肚皮，不要剖肚皮呀！"

阿开一头冲了进来，见这副架势，也以为要给菊香剖肚皮了，一把抱住了杨郎中拿刀的手："郎中先生，求求你，不要剖我老婆的肚皮，肚皮剖开了，以后就不会生儿子了。"

张先生、阿水也同时跟了进来。

杨郎中知道他们误会了，用手指指小房间，笑着问阿开："这样的地方，可以开刀的吗？我这是像在给病人开刀吗？"他最后又补充了一句，"这种小毛病也根本用不着开刀。"

听杨郎中这么一说，菊香提起的心放下了，但还有一些担心地看着他手里的大钳子、亮晶晶的小刀和细细长长的管子。

见病人安静下来，女郎中还是把阿开、张先生和阿水请了出去。

三嫂在女郎中的指挥下，用那件从家里带来的夹袄盖住了菊香的眼睛。

当菊香闭着眼、咬着牙，做好了熬痛准备的时候，杨郎中却说："好啦。"

菊香一把把盖在脸上的衣服掀开，惊奇地问杨郎中："好啦？"她睁大眼睛盯着杨郎中，当看出杨郎中不是在骗自己，像卸下了重担似的深深地透了口气。

"是好啦。"女郎中也微笑着，对菊香点点头。

"那……我会生了？"菊香一把拉上了裤子，又从高脚床上跳下来，红着脸，天真地问女郎中。

杨郎中却摇摇头："还不好说。"

菊香刚才从高脚床上跳下来的时候，本来还想说："我生了儿子用猪头来谢你们。"听了杨郎中这句话，像兜头兜脑给她泼了一盆冷水，在心里说："刚才的苦头又是白吃了？"

更让菊香想不到的是杨郎中说她可以先回去，阿开还有些事需要留下来……

8

"天下喜事第一遭，戴起凤冠穿蟒袍，早生贵子跳龙门，五子登科代代传……"这是姆妈在菊香要同阿开圆房之前唱给菊香听的，听姆妈说，她姆妈就是唱着这首歌把女儿送上花轿的；菊香从小就听姆妈唱这首歌，教她唱这首歌，还说多唱唱，就会生儿子；菊花会唱了，会背了，可是后来因为肚皮不争气，开始懒得唱，后来一想起这首歌就要落泪，如今，她每天都在心里喜滋滋地"唱"着。

菊香一边“唱”着歌，一边摸着一天天大起来的肚皮，心里甜甜的，那天在春光诊所的一幕又重新回到她的眼前：

当她听到杨郎中那句像老太婆吃芋艿滑上滑下的话，还要把阿开留下来检查，她实在生气了，生儿子是女人的事，把阿开留下来做什么？是不是在耍滑头啊？菊香觉得有一股气从肚皮里冲上来，可她还是熬了又熬，想讨一个能咬得铁铁实实的说法，回去好安心一点，也好对姆妈有个交代，她大着胆子又问了一次杨郎中：“杨郎中，我再问你一次，我到底会不会生儿子了？”哪想到杨郎中根本不当一回事地对她笑笑，回答的话仍然是老人吃芋艿，滑进滑出，还一字一顿地说：“我再告诉你一次，还……不……敢……保……证！”菊香再也熬不牢，回头对三嫂说：“又碰到骗子了，过去碰到一个土骗子，现在又碰到一个洋骗子。”两个郎中听了菊香的话，先呆了一下，然后苦笑着摇摇头。

当天，阿开回来后，又带回来一大包药片，菊香更生气：“土郎中、洋郎中都是骗子，土郎中要我吃了那么多草药，苦么苦煞，洋郎中又要你吃那么多药片，甩了算了。”

阿开从老婆手里抢回那包药片，说：“出了那么多钞票，我是舍不得甩的，就是没有用，我也要把它吃下去。”

菊香怀孕是姆妈第一个发现的。

那一天早上，菊香刚刚起床，姆妈就走进来问菊香：“这个月的‘月月红’来过没有？”

菊香还有些迷糊糊，好像还没有睏醒，摇摇头：“没有。”

姆妈掰着手指头说：“已经超过五天了，上个月是初十来的，这个月……现在已经十五了……”姆妈高兴得眉开眼笑，忙转身去自己房间里拜观世音菩萨。

过了几天，菊香果然吃什么吐什么，有时不吃东西也要吐，先是吐清水，后来连血也吐出来，菊香吓得脸色煞白，问姆妈：“我是不是生毛病了？”姆妈这么大年纪，身体又不好，一边帮媳妇轻轻地拍着背，一边高兴得像哄小孩子似的说：“好乖乖，不是生毛病，是有喜了。不要紧的，做女人都是这样过来的。”阿开更是开心得手足无措，不但不要菊香再去剥草纸，连早晨喂鸡喂猪也不让她出门，说万一不小心脚在门槛上绊一下，把孩子跌下来就麻烦了。

“从今天开始，你给我坐在家里，我教你给孩子做衣服、做鞋子……”姆妈从自己箱子里抱来一大堆她的陪嫁衣服，放在菊香面前，“小孩子的衣服、鞋子……都是要事先做好的，到生的时候就来不及了。”

菊香知道自己会生孩子了，心里也非常开心。

她每天坐在椅子上给未来的孩子做棉袄、布衫、鞋子，让姆妈一个人扭着双小脚去喂猪、喂鸡，还时不时地抓起母鸡用手指托它的屁股，说有几只母鸡不听话，常常把蛋生在外面，让别人捡去了，托过鸡屁股，她会把要生蛋的鸡关在鸡笼里，等它生了鸡蛋才放出去。

菊香看姆妈这么辛苦，而且经常咳嗽，最近又常犯头晕病，想煮一碗糖氽鸡蛋给她吃，她不肯，说："留着吧，这些鸡蛋可要派大用场的，你生孩子要吃鸡蛋，儿子满月还要给亲亲眷眷送红鸡蛋。"

菊香流着眼泪，又把已经拿出来的鸡蛋，重新放回到装在油篓里的谷壳堆里，免得被蚊子叮，因为蚊子叮过的鸡蛋是要臭的。

小伯和小姆妈听说菊香有了，也来到阿开家的小草屋里，小伯还问阿开姆妈："孩子的名字取好了没有？"

阿开姆妈呆了一下，我怎么没有想到呢？可是，取个什么名字好？因为孩子还没有生出来，到底是个孙子，还是孙女？

阿开姆妈想起给菊香取名字的那一天，正好看到门口的那株菊花，她想起阿爸给自己取冬梅这个名字时还背了一句诗"梅花香是苦寒来"；后来，她在一个风雪夜从门口捡到了一个瘦弱的小女孩，大雪天被人送出来，一定是个苦命的孩子，她希望她长大了，能儿孙满堂，有享不完的福气，就给她取了个"菊香"的名字。

"按规定，开字辈之后应该是信字辈。"小伯提醒阿开姆妈。

"加一个福字，叫信福？"小姆妈看看老公，又看看阿开姆妈。

"好，就叫信福，也就是幸福！"阿开姆妈眉开颜笑。

菊香因为没有读过书，她只知道福气，幸福这个文绉绉的名字，同福气又有什么关系？到底还是阿婆读过许多书，知道得多，给媳妇解释说："幸福和福气是一个意思，就是有很多很好的福气，你生了这个儿子，老起来有享不完的福。"

菊香听了，还没回嘴，门口传来一个声音："万一是个囡呢？"阿开刚从外面回来，大家在商量给儿子取名字的事，随口插了一句。

"乌鸦嘴！快吐几口口水。"姆妈生气地逼着儿子吐口水，阿开到门口"呸呸呸"地吐了几口口水，低着头说："我只是说万一……"

"没有万一，"姆妈坚信地说，"就是个儿子。"

"如果生出来是个囡……随便取一个花呀、梅呀的好了。"小伯顾自己走出草屋，小姆妈也跟了出去。

小伯和小姆妈刚走，一阵"叮叮笃，笃笃叮，叮叮笃笃"的敲击声从小池那面传来，这个熟悉的声音让阿开姆妈马上兴奋起来，她对阿开说："快把炳福瞎子叫进来，我要给信福算个命。"

"姆妈，信福还在菊香肚皮里，连时辰八字都还不知道，叫他怎么算？"

"炳福瞎子，给我的孙子算个命！"姆妈已经来到道地上，高声叫着。

炳福的眼睛是瞎的，耳朵可灵光了，他听到叫声，就收起两块铁板把它们装进布口袋，用两根竹竿探着路，向阿开家的草屋走来。

阿开跑上去拉起炳福手里的竹竿，把瞎子牵进草屋，菊香忙搬来凳子，扶瞎子坐下，又泡了一碗茶，送到他的手里。

阿开姆妈先开的口，问炳福："瞎子先生，我想叫你给我的孙子算个命……"

"你把孙子的时辰八字报过来。"炳福摸索着把茶碗放到桌子上，又把脸朝向阿开姆妈。

"可……我的孙子还在媳妇的肚皮里……"

炳福瞎子呆了一下，马上又对阿开姆妈说："你把媳妇的时辰八字报给我，我就根据她的时辰八字也可以算出孙子的命来。"

阿开姆妈呆呆地看着菊香。

菊香也呆在那里，她姆妈已经把她的身世告诉过自己了。

到底是个老到的瞎子先生，在董家村一带是有名气的，什么样的怪事情都碰到过，他把两只眼睛向上翻了翻，说："把你孙子阿爸的时辰八字报出来，我也能算出你孙子的命来。"

阿开姆妈松了一口气，阿开和菊香也透了一口气。

阿开姆妈把阿开的时辰八字报给了瞎子先生。

一家三个人都看着瞎子先生的手指，只见他右手的大姆指轮流地掐着其他几个手指，两只白眼珠不断地翻上翻下。突然，炳福瞎子高声地叫起来："好命，好命啊！"

阿开姆妈和阿开、菊香都用惊喜的眼光盯着瞎子先生的嘴巴。

"我是头一回算到这样好的命。"瞎子先生脸朝向了阿开姆妈，"你孙子是文曲星下凡啊！"

"文曲星？！"一家三个人当中有两人惊叫起来。

菊香是第一次听到"文曲星"这个名字，她张大嘴巴，看着瞎子先生。

阿开姆妈在娘家时看过好多戏文，有一尺戏文里说的就是天上文曲星下凡，到皇帝殿下当了宰相，身穿用金线银线绣起来的蟒袍，头戴宰相帽，两个羽翅长长的，羽翅头上还镶着两颗红珠子，这可不是一般的红珠子，是红宝石，帽子前面还有一颗更大的红宝石；宰相在戏台上走起路来两只羽翅一翘一翘，帽子上的红宝石在灯光下一闪一闪，要多少神气就有多少神气。这尺戏文在董家祠堂里也演出过，阿开是在姆妈怀里抱的时候去看过，可惜当时他已经睏着了，后来阿开要读书了，姆妈才讲给他听的。

“太好了，太好了，文曲星将来当的是宰相，比武状元好！”阿开姆妈说。

“还是武状元好，同老祖宗董浩一样，骑着大白马，手里拿着大刀，咔嚓咔嚓，把倭寇的头像切西瓜一样砍下来！”阿开从来没有一口气说过那么多的话，今天开心，话特别多，还像孩子一样做起了手势。

阿开姆妈却摇摇头，对儿子说：“你外公说过的，文官动动笔，武官杀脱力。”

“当然是文官好。”菊香也兴奋地插了一句。

阿开姆妈兴犹未尽，看了一眼炳福瞎子，说：“瞎子先生，我还想请你算算，我儿子命里有几个儿子？”炳福瞎子见阿开姆妈得寸进尺，卖起了关子，瞪着一双白多黑少的眼睛呆在那里。阿开姆妈马上补上一句：“算准了，我给你算两个命的钞票。”

炳福瞎子又掐起了手指头，阿开姆妈和阿开、菊香三个人都张着嘴巴睁大了眼睛，看着瞎子先生的嘴巴。

“好命，好命，恭喜你啊，你不但有一个文曲星下凡的大孙子，还有一个武状元投胎的小孙子！”

“真的？！”一家三个人都高兴得差一点要跳起来。

炳福瞎子见他们这么高兴，更来劲了，又掐了一回手指头说：“你儿子还有两个女儿呐！”

“啊？”阿开“啊”了一声，他姆妈和菊香一眼不眨地盯着瞎子的嘴巴。

“一个相貌比筱丹桂还漂亮，一个唱歌比周璇还好听。”

“戏子？我的孙女就是去当叫化子，也不叫她去吃这门下贱的开口饭！”阿开姆妈站起身，回自己房里去了，炳福瞎子、阿开和菊香都不知道说什么好。

三嫂更是三天两头来看菊香，经常拿一些老公阿平打来的野鸡、野鸭给菊香补身体，说“地上十只鸡，不如天上一只飞”。

野鸡是阿平从富春山上用枪打来的，当然是死的，野鸭可是活的，是阿平用“媒头鸭”去富春江新长出来的沙头上活捉来的。

阿水和菊花也一有空就来看菊香，阿水家因为旁边就是江田池，他从小就喜欢在水里捕鱼、捉鳖，每次来都是一鱼篓的鱼虾，说师母多吃些鱼虾生出来的儿子鲜龙活跳，聪明灵光。

因为每次给师傅师母送鱼来，师母总是说一些客气的话，阿水为了表示江田池里鱼多，用不到她这么客气，有一次他对菊香说："如果师母有本事穿着衣服、裤子跳到江田池去游一圈，你的衣服和裤子里肯定会钻进好多鱼。"

"那么多鱼钻进你的衣服、裤子里，不是要痒死了？"菊香笑着说。

每次三嫂和阿水他们送这些东西来，菊香还会同他们开玩笑，说："你们要把我吃得儿子大得生不出来才甘心呀？"

阿开姆妈听了这话，连忙扭着小脚来到菊香身边，轻轻在媳妇嘴巴上拍了几下："呸呸呸，乌鸦嘴！我的媳妇一定能顺顺利利地生出一个白白胖胖的儿子！"

"是孙子。"三嫂纠正说。

"同宏志一样，下面有一把小酒壶的。"菊花说。

"对对，阿开的儿子，我的孙子，有一把小酒壶的。"

三嫂和菊花每次来看菊香，带了自己的儿子，据说这是为菊香肚皮里的孩子"冲喜"，让她保证生出一个儿子来。

也不知道是谁教的，三嫂的儿子关根、关木、关林和阿水的儿子宏志，他们在关根的带领下，拍着手，跳着脚，唱起了儿歌：一箩麦，打荞麦，是大麦，变小麦，两麦箩里埋，生个弟弟笑哈哈！

9

三嫂是个直肚肠，有一点事情都要来告诉阿开和菊香的，前几天，因为她姆妈生病，带着儿子到娘家小坑坞去陪姆妈，只有阿平在屋里管家，所以阿开俩夫妻对外面的市面一点不灵通。

有一天，菊香正在草屋里给孩子做小棉袄，听隔壁小伯家突然热闹起来，一些陌生人走进走出，还有一些人又抬着箱子，挑着担子。

"是小伯儿子要讨老婆了？"菊香马上又摇摇头，因为开全还在读书呀。

"菊香，你知道不知道，有难民逃到小伯家来了。"三嫂刚从娘家回来，就风风火火地跑过来告诉菊香。

菊香莫名其妙地看着三嫂那张惨白的脸："什么……民？"

"难民！"三嫂有些急了，"说是从县城里逃到乡下来避难的。"

菊香想起来了，小伯家有份远房亲戚住在富春县城里，平时很少来往。可菊香弄不明白，为什么要逃到乡下来？乡下有什么好？还说是避难，避什么难啊？

"日本鬼子打进天堂城里了，富春县城也保不牢啦。"三嫂像放鞭炮似的噼噼啪啪说个没完，菊香像老鸭听天雷，似懂非懂。

菊香第一次听到日本鬼子这几个字，后来她又听三嫂说日本鬼子就是东洋兵，见到房子就放火，见了女人就强奸……菊香这才有些害怕起来，她担心地问三嫂："日本鬼子会不会打到董家村来？"

"只隔一条江，日本鬼子的汽船开起来是很快的。"

"那……杨郎中他们……"菊香看着阿开托人买回来的"状元包"，准备生了儿子去县城谢杨郎中。

"听说城里人都逃光了，我想杨郎中他们也一定逃走了。"三嫂看着呆在那里的菊香。

菊香接了一句："会逃到哪里去呢？"

自从有人从富春县城逃难到董家村以后，原来平静的董家村开始人心惶惶，可怕恐怖的消息又接二连三地传来：日本鬼子把九司的老百姓统统赶进了收茧站，先是用机关枪扫射，然后又放了一把火准备毁尸灭迹，只有一个老大伯子弹打断了一条腿，装死躲在死尸堆里才逃出来；一个大姑娘被日本鬼子集体强奸以后，正好隔壁是一家酿酒的作坊，几个丧心病狂的日本鬼子又把她手脚像缚湖蟹一样缚起来，放在蒸米的蒸笼里，惨无人道地把她活活蒸死了。

日本鬼子从天堂乘汽船顺着富春江开上来，想来占领富春县城，同驻扎在沙洲一带的中国地方部队打了一仗，打死了好多鬼子，鬼子后来来报复，把附近的一个村坊放火全烧光，逃出来的人也都被打死……

有一天，菊香正在给孩子做棉裤，阿开突然满头大汗地跑回来，身上是一身泥浆，菊香吃惊地问老公："出什么事了？"

姆妈也在自己房里追问阿开："出什么事了？"

阿开并不回答，却拿起了一把大铁耙，在草屋里原来放吃饭桌子的地方开挖起来。

"阿哥，你怎么啦？"菊香想去劝阻老公，又怕动了胎气，仍然坐在那张竹椅上问。

阿开已经把屋里的泥土挖开，才歇了一口气，又在手心里吐了口唾沫，边挖边告诉菊香："人家都在屋里挖地洞，小伯家前几天就挖好了。"

"挖地洞做什么？"

"藏东西。"

"日本鬼子真的要来了？"菊香心里格登了一下，她想站起来，但马上又坐到椅子上，因为肚皮里的孩子经常在用小脚踢她的肚皮。

姆妈那边又传来剧烈的咳嗽声和很粗的喘气声。

阿开挖得有些吃力了才停下来，走到菊香身边，深情地看着她高高的肚皮：“这几天儿子有没有老实一点？”

“还老实呢，刚才还踢了我一脚。”

姆妈在小房间提醒阿开：“快到月份了，你们两个都要特别小心。”这是姆妈第一次说了话后不咳嗽，心里欢喜，精神也好了。

“有种，像我！”阿开笑眯了的眼睛盯着菊香的肚皮。

菊香被老公看得有些难为情起来，说：“还不快去做你的事情。”

阿开嘿嘿地笑着，回到桌子边，捧起蝲蛳茶壶就“咕咚咕咚”地灌起茶来，直到把肚皮灌饱了，用手掌抹了下嘴巴，把计划告诉了菊香：“把粮食藏在地洞里埋起来，万一日本鬼子进村，我们人逃出去了，也不会被日本鬼子抢去或者用火烧掉。”

一股风似的，董家村的田里没有人了，纸槽也统统停了工，男人们都在家里挖地洞，女人们都在家里收拾东西准备逃难。

还有人家提早杀了猪、杀了鸡，准备在逃难的路上吃。董家村是一片猪叫声鸡叫声，听得人心里像油煎似的难受。

“我们也要逃难了？逃到哪里去呢？”菊香抚摸着一天比一天大的肚子，忧心忡忡地问阿开。

阿开看着老婆一副焦虑的样子，他担心起来：城里人可以逃到乡下来，乡下人往哪里逃呢？

“去问问三嫂，他们家准备逃到哪里去？”

阿开点点头：“等地洞挖好了再说。”他又在手心里吐了口唾沫，继续挖他的地洞。

肚皮里的孩子也好像害怕逃难，狠狠地踢了菊香一脚，菊香只是用手摸了摸，算是安慰儿子吧，却没有对老公说。

阿开家的那只空油篓，姆妈说是他们家的老祖宗做桐油生意留下来的，由于油篓是用竹篾编的，里外两层都有很厚的油纸，可以防潮防霉防漏，因为草屋在状元府第的高墙边上，一天见不到多少太阳，什么东西都容易潮湿，特别是霉雨天，阿开姆妈平时把容易受潮湿的东西放在里面。阿开一边把姆妈平时放在油篓里的那些杂七杂八东西搬出来，又一次告诉菊香，她小时候有一年江里发大水，睡在油篓里差一点被大水氽到江里去了。菊香打趣地说，氽走了到好，省得我吃那么多苦头。姆妈在房里接过话头说：“俗话说吃得苦中苦，方为人上人，只要把信福生出来，养大了，你就可以享福了。”

阿开把油篓里面搬空以后，再把它移到地窖边上，自己先跳进已经用脚踏实、铺了几层稻草的地洞，想把油篓搬过去，可是油篓太大太重，没法搬动。

过去移动油篓都是俩夫妻抬的，有时姆妈也来搭上一手，这几天姆妈的毛病加重了，俩夫妻尽量轻手轻脚想不让姆妈知道，但是草屋实在太小，真是螺蛳壳里做道场，还是把她老人家惊醒了，想出来帮儿子一把，刚走到房间门口，喘得透不过气来，只好退回床边去。菊香看看老公身上的汗水像珠子一样滚下来，站起来想去帮他一把，阿开马上制止了她："你坐着不要动，我一个人搬得动的。"接着，他又像老鼠拖祖宗牌位似的一点一点把油篓移到地洞里，才坐在油篓的口子上歇口气。当他看见老婆要站起为他去拿手巾，又跳上来，抢着拿了一块手巾，一边揩汗一边说："可以把粮食放进去了。"

田里的稻子还在拔节，家里的粮食不多，油篓里空了一大半，菊香想把两夫妻和姆妈穿的衣服，甚至棉被也塞进去，阿开接在手里想了想，问菊香："万一逃出去时间长，天一冷起来，我们穿什么，盖什么？"

这倒真把菊香问住了，这回逃难要逃多长时间？日本鬼子打进中国来要多长时间才肯退出去？他们什么时间才能回家来？

"还是去问问三嫂吧。"菊香又一次提醒老公，阿开终于去了，不一会儿，他又上气不接下气地跑回来说："三嫂他们一家昨天晚上就逃掉啦。"

"啊！"菊香又气又急又怕，自言自语地说，"她……怎么不同我们说一声呢？"

"是她阿弟昨天后半夜把他们一家接去的。"

10

董家村人凡是在大坑坞、小坑坞、太源山、小源山里有亲眷的，有的是山里亲眷来接，有的是自己去山坞里投亲靠友，大部分人家山坞里没有亲眷，就像关在笼子里的鸡，提心吊胆地守在村子里挨日子。

不知道是被吓了一下，还是儿子真的要出来了，这几天，儿子在姆妈肚皮里很不安静，总是动来动去的，好在小衣服小裤子小鞋子菊香全部做好了，按照姆妈的吩咐，都是双份的，随时可以替换，只等着孩子来穿。阿开也早早地同仙姑说好，请她来帮忙接生。

陈梅花不但会驱鬼，还会接生，村里人在驱鬼时叫她仙姑，在接生时改口叫她接生阿婆。

接生阿婆不但爽快地答应了，还开心地对阿开说："这一回呀，清明节去给你阿爸上坟，再不用烧纸糊的小人了。"

"我和菊香要抱着儿子到阿爸坟头上去，让他老人家好好看看自己的孙子。"阿开挺骄傲地说完话，又急急忙忙地跑回来。

那一天傍晚，菊香正在吃饭，突然感到肚子一阵痛，阿开忙放下饭碗，问老婆："是不是要生了？要不要去叫接生阿婆来？"

姆妈说："还是早一点请接生阿婆来好。"还提醒阿开，要早点做好准备。

菊香却摇摇头："不痛了。"又捧起饭碗吃起饭来。

菊香特别喜欢吃青南瓜炒黄蛤肉，青南瓜是自己家的南瓜棚上现摘的，黄蛤是阿开趁空去富春江里捞来的。

吃好饭，菊香又想去洗碗，阿开把菊香手里的碗夺下来："我同你说过多少遍了，不要你动，不要你动。"

"三嫂说，要动动的，这样生起来快，"菊香顾自己到床边去坐马桶，又自言自语："不知为什么，尿也特别多。"

还没等阿开把碗筷洗好，菊香又说肚皮痛，而且这一回是连续痛起来。菊香知道自己要生了，忙叫老公去叫接生阿婆，自己则照姆妈的吩咐，抱了一捧阿开在地窖里多下来的稻草，当她把第一捧稻草刚铺到地上，已经痛得很厉害了。

阿开和接生阿婆是跑着回来的，接生阿婆一见菊香的下身已经在流血，但他们家却什么东西也没有准备，生气了："你们怎么这样不懂事，你们以为生个孩子介容易，是生鸡蛋啊……"她一边埋怨一边麻利地烧热水，拿脚桶，还叫阿开赶快把菊香抱到床上去。

小房间里的姆妈咳嗽停了以后，也在说着什么，但阿开和菊香都没有心思、也没有时间去听。

菊香痛得混身被汗水湿透，滑溜溜的像刚从富春江里捞起来的美人鱼，阿开几次都抱不起来。

"我要拉屎，我要拉屎！"菊香用弱微的声音叫着。

阿开终于把菊香抱到床上。

"啊呀，不得了啦，怎么是一只手先出来的呀？"接生阿婆吓得脸色发青，她脱去了外衣，卷起了袖子，对阿开说，"快拿盐来！"

"要多少？"

"一点点，你儿子没有出来就要讨东西了。"

"拿来了。"从门缝里伸进来一只只剩了一张皮和一把骨头的手。

接生阿婆从阿开姆妈手里接过那一小撮盐，放在伸出来的那只小手里，又"吭哧吭哧"地把那只小手塞进去。

"小乖乖，你要把头先钻出来呀。"尽管孩子还在姆妈的肚皮里，接生阿婆却像吩咐懂事孩子似的边做边说。

菊香几次痛得昏了过去，阿开抱着她，不停地给菊香揩汗。

“我痛死啦，我下辈子再也不当女人啦！”菊香一醒过来就这样叫。

按照这里的乡风，媳妇生孩子，婆婆是不好在场的，说是要犯冲，会不吉利。姆妈看到媳妇要难产了，心神慌张地把头从门缝里伸进来，对阿开说：“告诉菊香，儿子生出来，就给她做一套新衣服。”

阿开鹦鹉学舌地说了，菊香却连听也不听，又在叫：“我早晓得生儿子这么痛，杀了我的头也不生了呀！”

“香，我的香，我的心肝，我的宝贝，不管是儿子是女儿，这一个生了就不生了，你只要把这个顺顺利利生出来。”阿开在旁边用上了他认为最好听、最让菊香开心的话来安慰菊香。

“哎唷，我痛死啦，哎唷！”菊香在拼命地叫，阿开急得满头冒汗，他突然把手臂伸到菊香的嘴巴旁边，说：“你熬不牢就咬我的手臂吧！”

菊香真的一口咬住了老公的手臂。阿开感到一阵钻心的痛，他咬着牙熬住，问菊香：“痛好一点没有？”

“……”菊香仍然死死地咬着老公的手臂。

“好！头出来了，拼气，小乖乖，拼气呀！”接生阿婆已经把孩子的一只手塞进去后，就看到一小块头皮，这样鼓励菊香。

一个血糊糊的肉团团终于出来了，接生阿婆动作利索地在肉团团嘴里挖了一下，又一把捏着孩子的两只小脚，把他倒过来，在屁股上拍了几下，一声清脆的哭声在草屋里响起来：“哇……哇……”

姆妈在房间里咳个不停，好容易不咳了，她用很微弱、但很坚定的声音说：“接生阿婆，你把他的小腿掰开来给我看看。”陈梅花虽然上了些年纪，但耳聪目明，她抱着刚出生的婴儿，朝着小房间、朝着阿开姆妈拉开的一条小门缝，小心地、轻轻地掰开婴儿的两条小腿，一把小酒壶一样的小东西正威风凛凛地对着阿开姆妈，阿开姆妈有些不相信自己的眼睛，用袖子揩去了眼角的眼屎，那把小酒壶仍然威风凛凛地挺立着；阿开姆妈还看到，在小酒壶嘴巴的尖尖上还冒出一颗晶莹透亮的珍珠，珍珠在慢慢变大，变成了一条银色的线，升向空中，又慢慢弯下来，变成了一条单一色的虹，直向阿开姆妈的身边射过来。阿开姆妈笑了，笑得那么开心：“哈哈哈，真的是一把小酒壶！我们家的文曲星终于下凡了，信福啊，奶奶终于等到这一天了！”她说完这句话，突然跪倒在地，双手合十，对着天空大声说，“国炎啊，我们家……不会断种了，不会当饿死鬼了，啊……啊……啊……”

阿开听到姆妈房间里有重东西倒地的声音，他冲进去，见姆妈一口气上不来，已经倒在地上，两只眼睛仍然睁得大大的，张开的嘴巴好像还有好多话没有说完，也好像还在同谁说着话；在她的身边，有一篮刚从谷壳里挖出来的鸡蛋，鸡蛋上面有一包红粉，是准备染红鸡蛋用的。

阿开抱着姆妈大哭大叫：“姆妈，你醒醒啊，你还没有享到信福的福啊，姆妈……”

菊香听到老公的哭叫，也哭着叫着：“姆妈，我还要为你生一个武曲星哩，快醒过来吧，姆妈！”她想爬起来去看姆妈，被接生阿婆按住：“你刚生过儿子，不好动，不好动。”

“我要姆妈，她是我的亲姆妈呀！”菊香刹霎时哭晕了过去……

11

阿开因为老婆刚生了儿子，又要料理姆妈的丧事，是董家村最后逃到富春山上来的。富春山大部分地方是悬崖峭壁，当然不能住人，既然是躲避日本鬼子，又要隐蔽些的地方，而富春山上凡是稍微隐蔽一点的地方，又要稍微有一点平整的地方，都已搭满了小草棚：四根竹竿两个叉子一根横樑，两边贴上几扇临时编起来的稻草帘子，人像猫狗一样地从洞口钻进去爬出来；每份人家门口一只黄泥灶：三块石头用黄泥一糊，黄泥灶里冒着黑烟，熏得人眼泪鼻涕流个不停，满山遍野咳嗽声、打喷嚏的声音，此起彼落，延绵不断。

阿开有些犹豫不决：让刚生出来的儿子住在一个大坟头前面（这是唯一剩下来的一小块平地），怕不吉利，从老辈人嘴里传下来说：这是他们的老祖宗董浩九十九座坟头中的一座；后来又一想：兵荒马乱的，也顾不了那么多了，只好祈求这位老祖宗原谅小辈无礼了。在阿水的帮助下，先割去坟头前的刺蓬杂草，然后用锄头削去了那些剩下来的篰头、草根，还把高低不平的地耙平整，再铺上稻草，就算是一张床了。因为菊香刚生过儿子，阿开把一条破被子垫在厚厚的稻草上，自己先睏上去，还来来回回地打了几个滚，感到身子下面再没有能硌痛身体的东西，先把那篮鸡蛋小心地放进草棚最里面，然后才和阿水把菊香和儿子弄进了草棚里，等阿水走了，他又到门口去捡石块搭灶头，准备烧饭。

阿开忙了一天，水也来不及喝一口。

阿开没有想到的是小伯一家，还有从县城里逃难来的客人一家，也住在大坟头这块地方，不过他们两家的草棚离大坟头稍远一点，也靠山里一点，不像阿开的草棚在路口，凡是上富春山的人都要走过这里。

听说菊香生了个儿子，小伯和小姆妈都赶过来看，还拎来了几个鸡蛋，亲人相见，对阿开姆妈的死也不免伤心流泪，不过小伯和小姆妈都说："还是这样好，兵荒马乱的，拖着一个病身子，吃苦啊。"然后，小姆妈把装在小竹篮里的六个鸡蛋送到阿开手里，阿开不要，说他姆妈给他们准备了一篮，带上山来了。小姆妈说："沙姆娘（产妇）也要吃的。"停了停，她又说，"兵荒马乱的，带得少，讨个彩头，六六顺。"阿开只好收下了。小姆妈还钻进草棚里，从菊香手里抱过儿子，眉笑颜开地说："像阿开，活脱活像。"回过头，突然问老公，"好像给他取过名字，叫……"

"信字辈，叫信福！"菊香满脸幸福地告诉小姆妈。

"信福就是幸福，我侄孙子满身是福气。"小伯蹲在草棚门口点头微笑，又从口袋里挖出五个铜板，递到小姆妈手里，叫她塞到侄孙子的包被里，说，"逃出来的时候还不知道信福出生，所以连红纸也没带。"还说，照道理呢，红纸上还要写"长命百岁、五子登科"八个字。

跟小伯小姆妈一起来的，还有从县城里逃难出来的那个小客人，他见小姆妈抱阿开的儿子，也爬进草棚想去抱抱，被小姆妈挡住："等小弟弟长大了你再来抱。"

阿开和菊香十分感激小伯和小姆妈，小伯和小姆妈要走的时候，菊香还想从草棚里爬出来，被二位大人挡住，小姆妈再三嘱咐菊香："兵荒马乱的，要注意自己的身子，不要落个毛病出来。"转过背，她轻轻地叹了一口气，对小伯说，"女人最怕月子里头得毛病，那是终生医不好的。"

小伯忙用手肘碰了老婆一下，意思是不要再说下去了。

菊香抱着儿子，安静地躺在稻草铺上，第一次感到当母亲的快乐和幸福，从她记事起，小伯小姆妈很少有这样亲热地同她说过那么多的话，还问她奶水多不多？儿子胃口好不好？

一天的喧闹又结束了，山坳里开始起雾，像被弹棉花师傅弹松了的棉花絮，白白的，一团一团的，半透明的，却又带着潮湿的水气，飘飘忽忽，幽灵似的到处游荡，在它们的身后，留下了一串串水珠，亮晶晶地挂在树叶和草叶上，又无声地落在草丛里。

"哇……哇……"路口的那个草棚里传出了阿开儿子的哭声。在远离村子的山坞里，在这安静的晚上，哭声是那么响亮，那么清脆，把正在旁边寻吃食的两只灰鼠也吓跑了，同时又把住在大坟头四周的逃难人也惊醒。

开始，他们迷迷糊糊猜想："谁家的孩子半夜三更在哭？"

"想不想让人家睏觉了？"

后来他们突然想起不是睏在自己屋里，在逃日本鬼子，旁边草棚里睏的是阿开家刚刚出生的儿子，于是从自己的稻草棚里喊出话来：“阿开，你们不好叫儿子不要哭的嘛？你们是存心把日本鬼子引上山来呀？”

“不要害人啊！”

“如果把日本鬼子引上山来，就来找你们算账！”

“哎呀呀，好容易逃难逃出来，又偏偏碰到了这么一份晦气人家。”

还有一些更难听的话。

阿开问菊香：“是不是没有给儿子吃饱？”

“我把奶头塞进他嘴巴里，他就吐出来……怎么办呢？”

“再塞塞看，叫他不要再哭了。”阿开几乎是在恳求菊香。

儿子的哭声不但没有小去，而且哭得更响了。

骂的人更多了，有的甚至跑到阿开家草棚门口来骂，还有逼着他们连夜从大坟头搬出去的。

阿开也急着对菊香说：“再怎样哭下去，真的会把日本鬼子引上山来的。”

菊香说：“我尽量把奶头塞进去一点。”接着又听到菊香对儿子说，“不要哭了，乖乖儿子，不要再哭了，小伯说你叫信福，长大了会有福气的……”

儿子的哭声果然小了，轻了。

富春山又沉浸在夜幕中，山雾一团接着一团地飘过，有的粘附在树叶片上，又慢慢地凝聚在一起，变成了水，像眼泪一滴滴地滴在岩石上，发出“嗒嗒”的声音，时断时续，如泣如诉，流到小溪里，小溪却唱出轻松愉快的歌声，跳跃着，急匆匆往山下奔跑，去寻找自己的归宿……

“儿子……信福……信福啊……我儿子怎么啦？”天刚朦朦亮，一个又尖又惊的叫声从阿开的草棚里传出来，逃难的人先后被叫声惊醒，男人、女人，一个个蓬头垢脸，衣衫不整地从自己的草棚里钻出来，一边骂骂咧咧，一边向发出哭叫声的草屋奔去。

叫声、哭声，在早晨的山坞里传出老远，仿佛整座富春山在震动。

人们想到的仍然是哭声会把日本鬼子引上山来，开始发狂、怒骂：

“你们这些害人精，真想把日本鬼子引上山来呀！”

“你们不怕日本鬼子，逃什么难啊，回到村里去算了！”

“……”

在阿开的草棚前面，人越聚越多。

草棚里，继续传出来菊香撕心裂肺的哭喊声："信福！儿子！你哭吧！快哭出来呀！你为什么不哭了呀？！"草棚门口，阿开在地上坐着，他身上的小布衫已经撕去了一只袖子，手臂正在流着血。他像祥林嫂一样，谁也不看，只顾自己自言自语："……听到菊香的叫声，我赶快起来用手一摸儿子的鼻子，已经没有气了……我把他抱出来一看，脸色青紫青紫的，全身绵软绵软的……"停了会儿，他又讲起来，"……听到菊香的叫声，我赶快起来用手一摸儿子的鼻子……"小伯连叫他几声，也没有一点反应。小伯说："阿开，你哭出来，不要闷在肚皮里，会把人闷坏的。"阿开看了一眼小伯，把头低了下去，重新讲起，"……听到菊香的叫声……"骂的人看到这个场面，开始震惊，他们闭上了嘴巴，内疚地低下了头，还有人流出了同情的眼泪，转过背，吸起了鼻子。

小姆妈听说菊香是因为怕儿子的哭声会把日本鬼子引上山来，把奶头塞进他的嘴巴里给活活闷死了，钻进草棚里，见菊香紧紧抱着儿子，仍然在痛心痛肝地哭着，她伸出手去想摸摸菊香的儿子，菊香像儿子要被人夺走似的赶忙躲开，她抱着儿子，摇着儿子，仍然不停地哭叫着："信福啊，儿子啊，快哭出来呀，怎么不哭了？怎么不哭了！哭啊，哭啊！姆妈叫你哭啊，大声地哭啊，哭得越响越好，哭给他们听听……"她的声音凄惨、痛苦、绝望，让人听了钻心地痛。

"唉，菊香也真是个苦命的女人，辛辛苦苦地生了个儿子，想不到……"好几个女人在稻草棚门口议论、叹息、流泪，有几个女人再也顾不得把阿开的草棚拆破，钻进去劝菊香，陪着菊香流泪，痛哭，还咬牙切齿地控诉："都是日本鬼子害的，这批千刀万剐的东西！"

"我要发疯了呀，阿水啊！"阿开突然跳起来，一头向大坟头的石碑上撞去，被阿水抱住，还有几个男人也上来帮忙。

阿开挣扎着，哭叫着："你们不要拦我，还是让我死了吧！没有了信福，我活着还有什么意思啊！"

"阿开，别这样，你和菊香都还年轻，等日本鬼子退了，再生一个。"小姆妈一边抹眼泪一边劝。

"小姆妈呀，你知道菊香为了生信福，吃了多少苦头啊？！"

"是苦的，是苦的，做女人嘛，谁叫我们是女人呢！"小姆妈陪着哭了起来。

小伯拍着阿开的背说："哭出来就好，哭出来就好。"

不过，仍然有人担心哭声会把日本鬼子引上山来，对小伯说："这样哭下去，日本鬼子真的上山来，可不得了。"

阿水也说："师娘再这样弄下去，神经真会错乱的，那就不得了啦。"他把这些话同阿开说了，阿开慢慢冷静下来，他呆呆地看了阿水一回，又回头看看已经被拆得不成样的草棚，蓬头垢脸的菊香，她仍然死死抱着儿子的尸体，不停地摇呀、亲呀、叫呀、哭呀……还有好多女人在陪她一起哭。

“信福再不好让师娘抱着了，师娘万一再哭出了毛病，师傅……你这份人家就完了。”阿水边哭边劝。

菊香的精神彻底崩溃了，她的脑子一时清、一时浑，一会儿像突然遇到了雷鸣电闪，暴风骤雨，一会儿被大风刮到了天空，一会儿又被雷电打进了地狱，一会儿脑子像要炸裂开来，一会儿又静得吓人。

菊香小时候很喜欢吃梦子，甜甜的、酸酸的，像红宝石，一粒粒，一朵朵，长在篱笆上，墙角边，阿开常带着她去采摘，有一次，在“状元府第”的高墙边、篱笆上，阿开发现了好多好多已经熟了的梦子，就带菊香去采摘，摘了好多好多，菊香吃不了，还用衣兜兜了一大堆，说：“拿回去给姆妈吃。”

两个人正在高兴，突然从墙洞里飞出一群大头黄蜂，嗡嗡嗡叫着，一齐向菊香扑去，阿开眼疾手快，跑过去用自己的身体遮住了菊香，结果，自己头上被黄蜂咬了两口，一刹那头肿得同面盆一样大，后来，肿退了，伤疤上却结起了白色的茄，有一段时间，还有人叫阿开是“癞子”。

“阿哥，黄蜂、黄蜂！”

“师娘醒过来了？”阿水高兴得跳起来。

当阿开想去同老婆说几句话的时候，发现菊香又迷糊过去了。

阿开看着一夜间突然憔悴的菊香，抱着她，呜呜地哭，轻轻地叫：“菊香，我的菊香，你快些好起来，等日本鬼子退了，我们再生一个，姆妈会开心的……”

“我的信福，我的儿子！”菊香把阿开当儿子抱了，却把信福搁在一边，当她发现抱错了，又赶紧抱起儿子，抱得紧紧的，不肯松开。

阿开是和小伯、小姆妈、阿水共同商量后，才把菊香儿子的尸体从她怀里换出来的。

因为菊香死死抱着儿子的尸体，神志时清时浑，真如阿水说的，再这样下去，菊香的神经要出大毛病，将来疯疯癫癫的，别说生儿子，养活她也难了；阿开从包袱里拿出了另一件一式一样的小棉袄，本来还想在里面裹一些东西，以迷惑菊香，小伯说，照菊香现在的样子，她是不可能发觉的，阿开就把那件小棉袄悄悄放在菊香枕头旁边，在菊香毛病又发作起来的时候，骗菊香要给儿子换尿布，把儿子的尸体换了出来。

当时，阿开抱着还有老婆奶香的已经死去多时的儿子信福，在草棚门前打滚，哭声震天，菊香在草棚里被阿开的哭声惊醒，说："老公，不要哭，我们的儿子不是好好的吗。"她真把那件儿子的衣服当儿子抱在怀里了。

小伯急忙把阿开扶起来，拉到离草棚稍远一点的地方，阿水已经等在那里，身边还带了一把锄头。

"师傅，你还不好离开，说不定师母什么时候醒过来找你。"

"阿开，还是照顾菊香要紧。"小姆妈也走过来劝说。

"那……"阿开还不肯放开儿子的尸体，还把他抱得更紧一些，因为在他的眼前，突然闪过了一个可怕的镜头：

有一次，他同几个老人抬着一具被富春江大水冲下来的男人尸体来到村西义塚地，突然看见一只饿得精瘦的野狗正用双脚扒开一座孩子的坟堆，见有人走过去，野狗连布包一起叼走了。

想为儿子做一口小棺材吧，大家匆匆从村子里逃出来，没木板、没钉子。阿开抱着儿子的尸体痛哭着，向四周打量着。

"师傅，把信福葬到哪里去好？"阿水性急地问。

"我的儿子死得够可怜了，不能再让他……落到豺狼野狗的嘴巴里啊！"阿开继续哭着，不肯放开儿子。

"菊香，菊香！"从草舍里传来了小姆妈着急的声音，阿开好像都没有听到，因为他想到了阿爸姆妈的坟头，能不能把儿子葬到那里去？这可要通过董家村，会不会碰到日本鬼子。"砰"，阿开耳边突然响起枪声，那是阿平在杨梅山上打雉鸡，阿开当时正在山上砍柴，明明看到雉鸡被枪打中，向杨梅山山沟里跌落下去，可是当他去寻找时，柴刺蓬里只留下了几根鸡毛和一摊血，却在更高的山崖上，看到一只豺狗嘴上叼着一只雉鸡，它后面跟着两只小豺狗。

"我想是不是能埋到……"阿开的目光转向了半山腰上的名字叫"皇帝帽子岗"的山岗上。

听老辈人说，当年薛仁贵征东归来，骑着白马到处云游，来到富春山的皇帝帽子岗上，见这里风景优美，站在山岗上不但可以看到整条富春江，还可以看到钱塘江以及他征东到过的地方，他陶醉了，留在这里不肯走了，听说，薛仁贵至今还睡在那个山岗上（也有的说后来他跟着别的神仙云游到别的地方去了），他那匹白马却还留在山岗上吃草，白马的马缰绳已经变成了一根很长很长的茅草，哪一个有福气的人如果能找到这根茅草，只要把它牵在手里，连喊三声：白马！白马！白马！那匹白马就会呼啸着向你跑来，听你指挥。如今，山岗下的山谷里还有一堆堆的白骨，听说都是为了寻找白马缰绳而从悬崖上摔下来摔死的。

到底是多年的交情，阿水从阿开的眼睛看出了他的心思，问师傅：“你是想把信福送到‘皇帝帽子岗’上去？！”

阿开说：“我听阿平说过，只有在那个山岗上，别说普通野狗，就连最会攀爬的豺狗的脚印他也没有发现过，因为爬上去实在太难了。”可他又叹了一口气，接着说，“可惜阿平不在这里，他过去打猎常常爬到岗上去的。”

“我也爬上去过。”阿水说。

“你？！”阿开有些吃惊地看了阿水一眼，正在这时，小姆妈和小伯又在呼叫：“菊香，菊香……”

阿开流着眼泪，拉着阿水的手，郑重地说：“我儿子信福死得够惨了，不要再落到豺狗的嘴巴里去呀！”然后，才把儿子信福交到了阿水的怀里，连再看一眼的勇气都没有，一头钻进了草棚。

12

董家村的老百姓逃日本鬼子出来已经有四五天了。

第一天逃出来，人们那个跑啊，前面的人听到后面人的脚步声，以为日本鬼子追上来了，后面的人听到再后面人的脚步声，也以为是日本鬼子追在他的后屁股了，于是，跑啊、叫啊、哭啊。就这样，你追、我追，原来准备带到山上去的东西：吃的、穿的、用的，散的散，掉的掉，一路上尽是散了包的玉米，成包的衣服，有的被后面的人踩在泥水里，有的被踢进了水沟里，还有东跑西飞的鸡，还有小孩子的哭声……那一副凄惨的景象，是会把人逼疯的。

后来，人们终于逃到富春山上，仍然觉得不安全，山洞里、树背后、溪沟里，每一个地方都像有日本鬼子躲藏着，用枪口对着你的脑袋，用刺刀对着你的胸口。山上只要有人稍微大声一点说话，甚至咳嗽一声，也会遭到旁边人的唾骂：你是想把日本鬼子引上山来呀？更不用说小孩子的哭声，让每个人听了都心惊肉跳。

再后来，人们那根崩紧的神经放松了一点，说话的声音大了一点，小孩也敢放开喉咙哭了；每个草棚门口的黄泥灶里发出来的烟火，就像古代万里长城的烽火台正在放烟火，还有烧火女人的咳嗽声，此起彼伏，像是一次大合唱，人们开始见怪不怪，习以为常，再没有人骂了。

自从发生了菊香闷死儿子的事件之后，人们好像才发现，董家村离富春山是那么远，即使日本鬼子进了村，也不会听到山上的声音（其实，烟火到是最能引来日本鬼子注意的，只是人们自己身在烟火中，不知道罢了）。

山上开始有了笑声、有了哭声，还有吵架声，特别是菊香和阿开的哭声，可以说震天动地，这是富春山从来没有过的。

另一个早晨又来了，但天还是乌蒙蒙的，像一个打瞌睡的耄耋老人，萎靡不振。后来还下起了雨，雨不大，像烟又像雾，鸟儿不再歌唱，人们仍在做着自己的梦。

阿开因为受了一连串的打击，又怕菊香太伤心，他连哭也不敢大声，一切苦水吞进自己的肚子里，一切委屈他一个人承担着。开头那天，他连眼也不敢闭一下，怕菊香出事，可是他实在太苦太累了，在这种情况下，就是铁打的人也熬不下去，阿开不知不觉睏着了……是一个孩子的哭声把他吵醒的，阿开睁开苦涩的眼皮，并习惯性地摸摸身边，空空的，他跳起来，大叫："菊香！菊香！"

听到阿开的叫声，人们从梦中惊醒，听到阿开在叫菊香，知道菊香又出事了，他们边穿衣服边来到阿开的草棚门口，有的想钻进草棚里来看看，刚刚修好的草棚实在太小，只能钻进一个头。

"菊香怎么啦？"

"不见啦！"

"菊香不见啦？什么时候不见的？"有更多的人向阿开的草棚围拢来，七嘴八舌地问。

阿开捧起被菊香丢在一边的、儿子信福的那件衣服，大声地嚎哭起来。

这不是他前天从菊香怀里换出儿子来的、一起带上山来准备给儿子替换的那件衣服吗？菊香一定发觉儿子被掉换了？那么她会到哪里去呢？她去做什么呢？

阿开不再去顾忌什么日本鬼子，就是日本鬼子站在他面前，用刺刀对着他的胸口，他也要大声地哭，大声地叫：一切都是这批狗强盗、下地狱的日本鬼子害的！如果真有日本鬼子这个时候上到富春山来，他会同他们拼命，就是子弹穿过了他的胸膛，他也会用最后一口气扑上去，咬断他们的喉咙！

听到菊香不见了的消息，小伯、小姆妈和从县城逃难来的客人也都赶来，他们陪着流泪，说菊香命苦，劝阿开不要心急，菊香一个女人，而且刚刚还在月子里，不会走远，也不会走人们想象的那条路的，因为她是一个好强的女人。

虽然还是早晨，人们都没有吃早饭，大家都自动行动起来，两人一组，三人一伙地先在附近的山洞里、树背后、小溪边寻找起来，开始只是默默地寻找，后来大声地呼叫，叫喊声和从富春山返回来的回声，混在一起，好像整个富春山都在呼叫着同一个声音："菊香！"

可是没有菊香回答的声音。

有人想到了半山腰的龙潭，这是历代董家族长们为了维持他们所谓的妇道，惩罚那些不守妇道女人的地方：关进猪笼，扔进龙潭，让她永世不得超生。他们为了宣扬那套封建道德，把本家一个女人从儿子三岁守寡一直到老死的事上报给皇帝，皇帝下了圣旨，在董家祠堂前面为她立了座贞节牌坊，却不能同孝子牌坊、状元牌坊那样矗立在大路中间，只能冷冷清清地竖在路的一边，虽然她为守节老死，仍然是一个女人。

这是一座用女人的痛苦和眼泪筑起来的牌坊，虽然只是一座牌坊，却不知压碎了多少妇人的幸福和梦想！

“菊香没有犯董家的家规，为什么要去跳龙潭？”有人提出了质疑。

“菊香不是那种人。”有人这样肯定。

那么，菊香到底到哪里去了呢？

人们虽然不相信菊香会走跳龙潭那条路，仍然向龙潭方向爬去。

龙潭四周一年四季都是水雾茫茫，何况又是雨天，人们小心地在又湿又滑的岩石上，四脚落地地攀爬着。

“鞋子？一只鞋子！”一个年轻人抢先来到龙潭边，不小心滑了一脚，爬起来发现了一只鞋子，是只绣着鞋头花的女人鞋子。

“给阿开去看看，是不是菊香的？”

富春山的龙潭，没有雁荡山大龙湫、小龙湫那么有名，但深不见底，曾经有人想测量一下它的深度，用了一大箩筐铅丝绳，在上面捆上了大石块，箩筐里的铅丝绳放完了，石头仍然没有沉到底。

有人说，富春山的龙潭是通富春江的。

六月大热天，人们上山砍柴，爬到龙潭边，就会凉得浑身起鸡皮疙瘩；十二月大雪天，龙潭四周不但没有一点雪，而且热气腾腾，像开锅的蒸笼。

阿开一见鞋子，立刻晕了过去。

人们站在龙潭边呼叫：“菊香！”

喊声好像被龙潭吸了进去，没有一点回音。

阿开醒过来，对着龙潭大哭大叫，甚至要跳进龙潭，被人们拉住。

人们继续陪着阿开大声呼叫。

回答大家的，仍然是瀑布发出的震天动地的“轰隆”声。

富春山的瀑布啊，你是在为人间的不公平而怒吼吗？瀑布啊，你是在为天下女人受到不公平而怒吼吗？瀑布啊，你怒吼了上千万年，人间仍然有那么多的不公平！富春山的瀑布啊，你要怒吼到什么时候，人间才能有公平，男人女人才能有公平？！

阿开是被几个年轻力壮的男人架回来的。

小伯和小姆妈要阿开到他们的草棚里去休息，阿开理也不理，朝着自己的草棚走去。

小伯不放心，又找了几个年轻人陪牢阿开，以防止他想不开。

可是第二天，他们还是发现阿开不见了。

因为草棚太小，年轻人守在草棚门口，阿开是在草棚后面挖了个洞偷偷地走掉的。那一篮姆妈从嘴巴边节省下来、准备给孙子满月时染红鸡蛋的，也被踏了个稀巴烂，到处是鸡蛋壳，蛋清蛋黄流了一地。

三嫂的娘家小坑坞，其实就是富春山的背面，三嫂在董家全村人逃避日本鬼子的前夜就去了娘家，一是逃难，二是服侍姆妈。三嫂是阿爸姆妈的大女儿，名叫翠凤，在她后面姆妈接连生了三个儿子，而且是一年一个，他们家没有田地，只有一片毛竹山，山上毛竹卖不起钞票，春天毛笋又不能当饭吃，吃多了反而会把肚皮里原来的一点油水也刮干，越感到肚皮饿。那一年又碰到春荒，没办法，只好把大女儿领到董家村，换了一担玉米，三嫂就成了董国民（阿平的阿爸）家的养媳妇。正当三个儿子嗷嗷待哺的时候，三嫂姆妈的肚皮里又钻出一个“关门狗”，而且是个女的，不到满月，就送了人。

三嫂来到阿平家，因为都是穷苦人，阿平一家并没有把她当养媳妇看，而且当女儿养，所以三嫂不但没有埋怨阿爸姆妈，而且体谅阿爸姆妈，孝顺阿爸姆妈，她姆妈生了一种死不死活不活的毛病，所以三嫂经常回娘家。

阿开姆妈看三嫂可怜，曾经给过她几件旧衣服，三嫂也特别感谢阿开一家。

三嫂对阿开家发生的一连串苦难，一点也不知道，是董家村有人要搭草棚到小坑坞买毛竹，才知道大姆妈死了，菊香刚生出的儿子给闷死了，菊香也跳了龙潭。

三嫂当时被一口气堵住，差一点昏过去，她捶胸顿脚，一路哭着走出了小坑坞。

三嫂从小到富春山砍柴，摘野果儿，熟门熟路，她把两个带子奶往肩上一背，就直奔龙潭。

三嫂到龙潭边的时候，龙潭边已经没有人，她在龙潭边选了一块平整点的石块坐下来，开始有门有调有声有色地哭起来。

别以为哭是最简单的事，不会说话的孩子肚子饿了要吃奶，就哇哇地哭；成年人有痛苦就悲伤地哭，这是人类自然感情的流露和表达；在哭声中，孩子的哭声最简单、最直接、最纯真，而成年人就不同，复杂了，因为太伤心而嚎啕大哭，有声有泪，有时还会顿脚拍手；因为悲伤而又无法直接表达，则采取暗自流泪，或者抽泣；另一种哭声是声音大，没有泪，是假哭，干嚎。在富春江南北两岸的农村，人老了，死了，小辈女人就要守孝，就要哭，要哭得有门有调有板有眼，让前来送丧的亲眷说一声："某某真孝顺，哭得真悲伤！"而且不是一场，一直要哭到老人下葬，这任务可是相当艰巨的，所以有一些做道场的道士事先会给守孝的女人们开出一张单子，只要照单子上面写的念，只不过念的时候要带拖音，比如"啊——""哇——"拖音越长越伤心，有时还真的引出一些人的眼泪来。

三嫂可是真哭，伤心地哭，而且声泪俱下。

她边哭边说边骂，哭中带说，说中带哭，哭中带骂，这在农村的女人中比较多，但要具备如此高超的技术，却极少见。

按照次序，她先哭大姆妈：

大姆妈喂，你死得好苦哇，日日想夜夜盼有一个孙子来给你传宗接代，总算给你亲眼看到了，你死得口眼也好闭了呀！

哎唷喂大姆妈喂，你是凤凰变草鸡呀，千金小姐落魄当佣人啊，老公待你不好嘛可菊香是一片孝心啊！她已经对得起你了呀！

……

接着哭菊香：

哎唷喂，我苦命的菊香喂，你为了生个儿子吃了多少苦哇，你为了董家不断根，办法都想尽，不惜自己身子想同财主去换身，如今却到龙潭来葬身！

哎唷喂，我可怜的菊香喂，男人女人都是一样的人啊，为什么单单要我们女人吃这种苦头？

哎唷喂，菊香喂，你有仇你有冤啊，仇人就是鬼子兵，冤家就是鬼子兵，你要去阎王殿上告一本，让十殿阎王惩罚那些鬼子兵，让这些杀人魔王下到十八层地狱，喂鳖喂虾喂乌龟，永世不得翻身！

……

再哭骂日本鬼子：

哎唷喂，日本鬼子喂，你们这些从十八层地狱放出来的恶鬼呀，我们上辈子又不欠你们的债，没有挖你们家的祖坟，却要千里迢迢、漂洋过海来杀人？

哎唷喂，日本鬼子喂，你们也是爹娘生爹娘养，却会变得同野兽一样没有人性，见了房子就烧，见了女人就睏！

哎唷喂，日本鬼子喂，你们也有儿女有老婆，做了那么多恶事，就不怕断子绝孙？！

哎唷喂，日本鬼子喂，你们一个个都要被枪毙，一个个都要倒路死！

……

三嫂的哭骂声有板有眼，一浪高一浪，在富春山上空来回飘荡，传到每个逃难人的耳朵里，又一次勾起了人们对日本鬼子的仇恨，觉得三嫂为他们出了一口恶气，进一步引发了每个逃难人对日本鬼子的仇恨，特别是年轻人，个个热血沸腾，咬牙切齿，磨拳擦掌。

小伯、小姆妈听到从龙潭方向传来的哭声，就知道是三嫂，他们怕三嫂把身子哭坏，叫人到龙潭边去把三嫂劝回来。

当三嫂听说阿开也不见了，她跳起来，立马停住哭，说：“他一定找菊香去了。”她也不顾逃难人的劝阻拦堵，用手掌把脸上的泪水抹去，又把带子奶往肩上一背，大步向山下走去。

富春山的磨刀坑，在山弯里，要从皇帝帽子岗再转过去，这里是陈家村逃难人住的地方。

陈阿水家的草棚就在进山弯的路边。

阿开上山的时候，阿水正抱着宏志在逗他说：“叫一声阿爸！”宏志甜甜地叫了一声阿爸，阿水笑了，的确，为了师傅家的事，他心里郁闷了好几天，人也瘦了一圈，如今看到儿子这么乖，他笑了，感到一身的轻松，他亲着儿子胖嘟嘟的脸蛋，说：“真乖。”

菊花正在烧早饭，因为没有干柴，黄泥灶又低，她趴在地上鼓起腮帮子用力吹火，却从灶肚里飞出来一堆泥灰，落在她的头发上，像黑色的土地上盖满了雪花；接着又是一股呛人的烟熏得菊花又是眼泪又是鼻涕地大声咳嗽起来。

第一个看见阿开的是阿水，他“啊”了一声，菊花也从地上跳了起来，夫妻俩呆呆地看着阿开。阿开看着阿水和菊花，嘴巴一憋一憋，牙齿咬得格吱格吱地响，显然，他是强忍着悲痛不让自己哭出声来。

阿水看到师傅怀里抱着他儿子没有穿过的那件棉袄，还有一只师母的鞋子，因为他把阿开俩夫妻接到山上来的时候，师母脚上穿的就是这双鞋头上绣着鸳鸯的鞋子，猜想一定是出了什么事，忙把儿子交到老婆手里，一边向阿开身边走，一边问：“师傅，出什么事了？”

“妹子怎么啦？”菊花也看着阿开怀里抱的东西。

阿开不说、不哭，像变呆了一样，眼泪却像溪水一样流淌下来。

阿水想把师傅拉进草棚里去坐一下，安安心，慢慢说，阿开仍然像木柱子似的呆站着不动，后来在阿水和菊花的再三催问下，阿开才边哭边用嘶哑的声音把菊香出事的事告诉了他们。

阿水呆了，菊花更呆了。

菊花比菊香大三岁，两个人相貌那么像，人们说她们是双胞胎，两个人好得像亲姐妹，前几天阿水回来告诉她菊香儿子被闷死了，她大哭了一场，要不是抱了儿子不方便，山路又不好走，菊花一定会赶去看菊香的。陈家桥一起逃难来的人以为阿水家出了什么事，纷纷赶来打听，听说她的妹子菊香好不容易生了个儿子，因为逃日本鬼子给闷死了，不少人流出了同情的眼泪，还有人批评那些埋怨孩子哭声会把日本鬼子引上山来的人，说："照他们这么说，响一点的屁也不可以放了？怕日本鬼子也不用怕到那种程度呀。"

"不会的，我妹子不是那种人，她是不会这么轻易去死的。"菊花把儿子往老公手里一塞，对阿开说，"我同你去找她。"

阿水看看菊花，又看看阿开，把儿子重新塞到老婆怀里，对阿开说："那里的山路我熟悉，我陪同你去。"

菊花也要跟了去，被阿开劝住："要爬山过溪的，你还抱着宏志。"

阿水也说："要是找得到的话，我们两个男人也够了。"

阿水和阿开已经转过山去了，还传来了菊花的吩咐："阿水，你要把师傅管牢啊，不要让他再出事情了。"

阿开是最不相信菊香会跳龙潭自杀的，在儿子被闷死，菊香哭得死去活来的时候，听小伯说了句："你们还年轻，可以再生一个。"小姆妈接上去补充了一句："还有个武状元投胎的儿子还没有生呢。"菊香的眼睛里突然像点起了一盏灯，"嚯"地亮了起来；当时，在阿开的心头也像黑夜里的天空，突然划过了一颗流星。他到磨刀坑来找阿水，是希望他能帮助一起去找菊香，多一个人，多一双眼睛。可是，他们把菊香可能去的地方都找过了，阿水甚至陪着阿开重新去了一趟磨刀坎，是怕菊香去磨刀坑找菊花，和阿开他们叉开了路，都仍然没有菊香的一点影子。后来，两个人又去了小坑坞，三嫂的儿子关根说，他妈妈一早就去大坟头，听说是去找菊香婶婶的，那就是说，菊香并没有到过小坑坞。

两个人爬山过河，人累了，两条腿像绑了石头，拖也拖不动，阿水叹口气说："师母是伤心过头了，这几天总是迷迷糊糊的，神志不清的人有时也可能会做出一些……"

“不可能！”阿开粗暴地打断了阿水的话。

“况且还有一只鞋子留在龙潭边。”

“你不愿去，我一个人去找！”阿开从原地跳起来，钻进自己家的草棚里，拿出一把砍柴的刀，往腰里一插，说要到山下去找菊香。

“你疯了，万一碰到日本鬼子，不是去送死吗？”

“你们都有老婆，有儿子，可我儿子死了，老婆没有了，我还做什么人啊！巴不得碰到日本鬼子，我要亲手杀了他们，为儿子、为老婆报仇！”阿开狂叫起来。逃难的人听到声音都来劝阿开，说到村里去实在太危险。小伯、小姆妈也赶过来，小伯甚至生气地说：“我大哥就留下你这么一根独苗，你难道也要把这根独苗拿去送死吗？”

小伯一番话，阿开呆了一下：俗话说，留得青山在，不怕没柴烧。小伯的意思很明显：只要留着我阿开，再讨一个老婆，生一个儿子，对呀，瞎子不是说我命里有两个儿子吗？文曲星死了，还有个武状元投胎的儿子呢。这时候，从董家村一起逃难出来的几个年轻人也告诉阿开，据他们打探到，驻守在富春县城的日本鬼子在几个和平佬的带领下到洲沙头找花姑娘，村里凡是女的，不管老的小的都逃到桑园林里躲了起来，日本鬼子放火烧房子，这时，从一间草屋里逃出一个女的来，日本鬼子高兴极了，一起拥上去要强奸她，再一看，是个七八十岁的老太婆，而且还是瞎子，因为是瞎子，没地方逃才躲进草屋的柴堆里。她可以当这些鬼子兵的奶奶了，鬼子兵大失所望，鬼子队长为了刺激士兵的兽性、杀性，命令鬼子兵把瞎眼老太婆轮奸后，还在老人的下身捅了一刺刀。

谁想到阿开听到这里，腾地一下从地上跳起来，把腰里的砍柴刀紧紧捏在手里，大步流星地向山下跑去，他好像看到自己的老婆正在遭受鬼子兵的凌辱，并伸出两只手在向阿开呼救。

小伯、小姆妈埋怨几个年轻人：“你们讲这些消息干什么？”

“我们以为会把他吓住的，没想到却把他逼急了。”

“你们这是火上浇油哇。”

阿水哭着，从草屋里拿起一把菜刀，想跟去，又怕师傅把他赶回来，只好悄悄地、远远地跟在他后面。

13

从富春山到董家村，是一条用两块青石板并排铺砌起来的大路，大路两边一半是水稻田，一半是桑树地，稻田里的水稻早的开始大肚灌浆，桑树上的叶子长得很茂盛，绿茵茵的一大片；桑树地里套种的是玉米，玉米蒲子已经成熟，那些牛角一样的玉米蒲子，有的挂着黑胡子，有的挂着黄胡子，有的挂着白胡子，它们都在冷冷地看着这个动乱的世界。

阿水看见师傅突然钻进玉米地，并向深处走去，以为师傅发现了什么可疑的情况，他看看前面路上，静悄悄的，一个人影也没有，可从师傅那边传来了卡卡的声音，好像有人在放小鞭炮。阿水捏紧了手里的菜刀，悄悄地跟了上去，只见有两只饿得只剩下一张皮的狗在偷吃玉米蒲子。

“唉，被日本鬼子弄得家破人亡，连狗也遭罪呀。”阿水见师傅看了一下是狗在偷吃玉米，摇摇头，重新又回到大路上。他也悄悄地跟了回来。

阿开突然又停下来，阿水顺着师傅的目光看去，见稻田里有两头水牛在打架，旁边的水稻不少已经给牛吃掉，大多数却被牛践踏，和泥浆拌在一起。

“师傅，要不要……”阿水的声音，吓了阿开一跳，他回头看了徒弟一看，说：“叫你不要来你怎么又来了？”他又看了一眼在稻田里打架的牛，苦笑着说，“连人都快死光了，还去管牛打架。”

阿开和阿水手里紧紧捏着菜刀和柴刀小心地、用猫捉老鼠一样的步子靠近村子。

越近村子，两个人的心跳是越加厉害，说不定哪个角落里会突然冒出一个日本鬼子来，给你一刺刀，或者一枪。

阿水的腿肚子抖得更厉害，并开始抽筋。看得出，师傅额头上也在冒虚汗。

“鬼啊……鬼啊……”叫喊声从村口传出，紧接着一个人从村里逃出来，向桑树林里钻。

阿水吓得全身一软，裤子也尿湿了，要不是由阿开扶着，真的快要倒在路上了。

两个人同时躲进了桑树林里，等着日本鬼子从村子里追出来，因为这个时候逃跑是来不及的，人跑得最快，也跑不过子弹飞得快。

在桑树林里，阿开像瘫了似的一屁股坐在地上，地上全是水，屁股上又是水又是泥，他好像没有发觉，因为他想象着菊香如果真的回到了村子里，又突然碰到了鬼子兵……他突然发疯似的大叫起来：“菊香，你千万不可以回村子去呀！”

这一声喊，把阿水的魂也差一点吓飞，他两脚一软，又一次倒在地上，阿开被阿水绊了一下，全身压到了他身上，阿水好不容易把阿开推开，自己从泥水里爬起来，又架起阿开，从桑树林慢慢向富春山靠近。阿水知道，只要走出这一片桑树林，再过一片水稻田，就是富春山的山脚，那里树多，柴草多，即使鬼子兵追来，他们也可以向山上逃。

“鬼啊……鬼啊……”阿开和阿水小心地、轻手轻脚地走着，一株矮桑树背后传来更吓人的叫声，这一回，阿开和阿水的胆子大了一点，慢慢走过去，见是一个穿着破烂衣服、蓬头垢脸、人不像人、鬼不像鬼的人，他混身在发抖，看到阿开和阿水，扑通一声跪在地上，一边叩头一边说："太君，我是大大的良民，饶了我吧，我家里有老婆有孩子，快饿死了，只想到村里去弄点吃的……"

阿水看见这个人身上背着个口袋，失望地说："原来是一个偷东西的贼骨头。"

阿开却在问："你碰到鬼子啦？"

"是……是……"

"鬼子在村子里？"

"是……是……"那个被阿水叫作贼骨头的人牙齿在打架，舌头也变大了，什么话也说不清楚，只是一个劲地叩头，他抱起身边那只口袋，又想逃走，看样子，口袋里是稻谷之类的粮食。他刚想走，阿开又叫住了他："村里有多少鬼子？"

"不……不是……鬼子……是鬼，鬼！"贼骨头边摇头边说。

阿开的心猛地一震，像打了一支强心针，回转身，快步向村子方向走，阿水像一个忠实的保镖，紧跟在师傅的身后。

那个贼骨头趁机逃走了。

阿开原以为村里的人都逃光了，除了几个日本鬼子，一定是很安静、很冷清的，想不到一走进村子，比过去任何时候都热闹：牛在叫、羊在叫、猪在叫、鸡在叫、麻雀也在叫，就是没有孩子的哭声、人们的笑声、夫妻的吵架声。牛呀、羊呀、猪呀、鸡呀、都无拘无束、大模大样地在村子里走来走去，在它们背后，留下了一堆堆的粪便和一汪汪尿液。牛棚被拆掉，羊栏也被撞破，羊在菜园里吃菜，牛在董家池里游来游去，原来可以当镜子照脸的池水，漂浮着树叶、枯草，甚至还有两只死狗和一只死猫的尸体，被水浸泡得鼓胀的肚皮，引来了大群绿头苍蝇……阿开和阿水都忍不住流出了眼泪。

阿开和阿水胆子大了不少，他们见多数人家的门是锁着的，也有的锁被砸落在地上，但没有看到被火烧掉的房子。

"鬼子兵到底有没有进过村？"阿水开始怀疑，他在问阿开，也像是自言自语。阿开提到胸口的心稍微安定了一些，他忐忑不安地向自己家的草屋走去。

草屋的门半开着。

阿开想不起那天逃走的时候门到底有没有关，因为他当时心里太难过、太乱也太匆忙，而且一只手里抱着儿子，一只手搀扶着菊香。

草屋门口有一袋东西，阿开用手一摸，好像是稻谷，他想起了桑树林里碰到的那个贼骨头，背的也是这种袋子，装的也是稻谷。阿开猛地推开门，看见床上躺着一个人，头发蓬乱得像个稻草堆，盖着一条破被子，正在自言自语："宝贝，我的信福，吃呀，快吃呀，姆妈的奶奶胀痛了，快吃呀……"

阿开的心要从胸口跳出来，他浑身颤抖，想扑过去把菊香抱在怀里，痛哭一场，又怕吓着了菊香，只好轻轻地、慢慢地走到床边，又轻轻地叫了一声："菊香。"

菊香是太专注了，仍然顾自己轻轻拍着怀里，含糊不清地说着话："信福，我的宝贝儿子，乖……乖，不……怕，姆……妈……在你身边……"

阿开再也忍不住了，他扑上去紧紧抱住了菊香，眼泪同富春江里的潮水一样涌出来。

阿水不忍心再看师傅师母这一悲惨的场面，跑到门口去哭开了。

突然，阿开又哇的一声叫了起来，阿水跳起来冲进房里，只见师傅正想把师母怀里那件小孩子衣服拉出来，师母却死劲地抱着，哭叫着："不要抢走我的儿子啊，信福他饿了，要吃奶了呀！"

阿水问："师傅，又出什么事啦？"

阿开把他带来的那件小孩衣服从怀里拿出来，放到菊香身边。

阿水也啊了一声，张大的嘴巴好久合不拢来。

这两件大小一样、颜色一样的小孩子衣服是菊香从肚皮里有了孩子之后，在她姆妈的亲自指导下做的，是用姆妈的一件红嫁衣改的；有一天，阿水和菊花抱着儿子去看菊香，菊香欢欢喜喜从箱子里拿出同样的两件小衣服让他们看，还问好不好看？菊花羡慕地说："你们真阔气，孩子没有出生就做好了两件衣服，谁家的孩子有这样的绸衣服穿啊。"菊香说："姆妈说了，做两件，可以给孩子替换着穿。"

从这一迹象说明，菊香爬到皇帝帽子岗上去过，并且把儿子的坟堆挖开了。

阿水简直不敢相信自己的眼睛，这难道是真的吗？

"师傅，你们……到底做了几件小棉袄？"阿水明知故问。

阿开看了他一眼，好久没有出声，后来被问急了，才吐了两个字："两件。"

"那么说师母她……"阿水面对着一个劲地在哄着"儿子"吃奶的师母，不知怎么说才好。后来，他摇摇头，自言自语："不可能，绝对不可能！"

富春山方圆几百里，东、南、西、北、中，各有奇峰、瀑布、龙潭，独有皇帝帽子岗最有名，不仅因为它生得奇特，像一顶皇帝帽子，薛仁贵和白马的传说，还有山岗下面的一堆"白骨"，使它成了既神秘又让人向往的地方，除了猎人董开平有时偶尔去光顾之外，很少有人敢上去；第三个上过山岗的可能算得上陈阿水了，而且上去过两次：他第一次上山岗，是受姨夫所托，因为他在给一个病人看病当中需要用一味草药，姨夫几乎爬遍了富春山大大小小的山岗，就是没有这味草药，可这是一味救命的草药呀。后来听一个老采药人说，皇帝帽子岗顶上有这味草药，他上去采过，如今他老了，再也上不去了，那一次，阿水是从皇帝帽子岗旁边的那个山岗上攀了一根很粗的藤，像荡秋千一样荡过去的，这可要有相当的臂力，不然，荡到一半，臂力不够摔下来，是要粉身碎骨的；最近一次，受师傅之托，因为他怀里还抱着师傅的儿子，就像猿猴一样，用手指扣着石头缝爬上去的，这也需要很大的臂力。一个女人能有这么大的臂力吗？如果师母真的上去过，她到底是怎么上去的呢？

阿水继续在摇头："师母她不会有这么大的臂力，再说她又怎么知道信福是埋葬在山岗上的呢？"

阿开相信菊香是知道皇帝帽子岗上有个大平台的，因为他和姆妈都给菊香讲过薛仁贵的故事；阿开记得有一次他带着菊香上山砍柴，菊香一定要爬到山岗去玩玩，她手攀藤，脚扣岩石，结果跌了好几个屁股墩才罢休，当时，还幸亏有阿开在下面保护，不然啊，屁股也跌成四片了。但他也是怀疑老婆能爬到山岗上去的，"不可能，我也相信不可能……"阿开也摇起了头，当阿开小心地、轻轻地拉起妻子的手，想帮她把抱在怀里的儿子衣服放舒服一点，却看到菊香的手指甲磨烂了，有一两个手指上还流着血水；阿开又捋起菊香的一只裤脚管，一只脚的脚板底也磨成血肉模糊……

事实已经明摆在两个男人面前。但她又是怎么上去的？难道真的是薛仁贵的白马被一个不幸母亲而感动，把她驮上去的？

阿开想问菊香，这到底是怎么回事？马上又熬住，从菊香的行动上看，她还不知道怀里的"信福"已经不在人世，万一她知道了真相，又会怎样的发疯，怎样的痛苦？

两个男人一时想不出办法来，三嫂却风风火火地赶来了，阿开先在草棚外面挡住了她，拿出身边的那件小衣服给她看，告诉她这是那一天阿水把信福埋葬在皇帝帽子岗上之前调出来的，现在她怀里抱着的是儿子穿到山岗上去的，衣服上还有黄泥点子。三嫂当时也吃了一惊，可她看看阿开，又看看完全变了样的菊香，反问阿开："你们是怀疑菊香爬到山岗上去把儿子的坟挖开了？"

阿水插嘴说："可这是皇帝帽子岗呀，除了阿平哥能爬上山去打猎，谁还会有这么大的本事呀？"

"那……你的儿子是谁把他葬到上面去的？"三嫂突然问阿开。

阿开看着阿水，阿水说："是我送上去的。"

"你能上去，菊香就不能上去？"三嫂反问。

"可她是……"不等阿开把话说完，三嫂接口说："是女人，是不是？女人就不是人啦？"三嫂把阿开拨在一边，说，"你们这些当男人的，难道都是木头投胎的吗？我也是当母亲的，当一个母亲要为儿子拼出性命的时候，旁人想不到的事情都会做出来。”

阿开看着阿水，阿水也看着阿开。

阿开在心里问自己：“一个女人为了儿子，真会变得这样厉害？”

阿水也在问自己：“一个女人为了儿子，能在胳肢窝生出翅膀来？”

两个人谁也没有从嘴巴里说出来，却同时在肚皮里问：这会不会三嫂在安慰他们呢？那么，信福的尸体到哪里去了呢？菊香从坟里挖出来的时候，总不会只是一件衣服吧？还有尿布，小背心……那些东西又到哪里去了？阿开先在菊香的身边仔细地找了一遍，后来又把箱子里的衣服倒出来找了一遍，阿水也帮着阿开在草屋的每个角落里、连门背后的垃圾也扒出来检查了一遍，就是没有信福的尸体、尿布和背心。

“会不会……遗漏在山岗上了？”阿开和阿水都有这种猜想，他们请三嫂暂时照顾菊香，两个人急匆匆地向皇帝帽子岗奔去。

阿水两次上过皇帝帽子岗，这一次又有阿开帮助，两个人又是攀藤，又是搭人梯，终于爬上了山岗。

他们爬上山岗，已都筋疲力尽，可他们谁也顾不得歇口气，连爬带走地向那个小黄泥土堆奔去。

黄泥土堆确实已经被扒开过，里面什么东西也没有留下，旁边的青草已被践踏得翻倒在一边；走出草地，是一片光滑的石板，天上的太阳，远方的山顶，还有阿开和阿水的影子，都能在石板上看到，石板上有许多模糊的脚印，有人的，好像也有野兽的。阿水一时也分不清是自己留下的，还是别人的脚印，因为他来去匆匆，谁会去管这些无关紧要的事，更不会想到会发生这么奇怪的事情。

阿开慢慢地跪下去，面对着山下的董家村：“菊香啊……”下面什么话也说不出来，嚎淘大哭起来。

阿水低垂着头，自责、悲痛。

两个男人又急匆匆下山来，一路走，一路仔细地寻找着，他们猜想菊香从坟堆里挖出儿子后，又匆匆地下山来，在恍恍惚惚之中，信福从衣服里漏出来她也没有觉察。

他们想尽量找得仔细些，在路上不漏掉每一条小沟，每一个草丛；却又心急慌忙地要往家里赶，说不定菊香把信福的尸体藏在一个十分秘密的地方，而不是掉在路上？

路上寻找过了，回到草屋以后，阿开和阿水又在草屋里的每一个角落重新找了一遍，仍一无所获。

阿开再一次去看菊香的时候，还发现她的两只奶胀得同面粉口袋一样，一碰到，菊香就会痛得大叫起来。

“没有孩子吃奶，把她的奶肿胀得这个样子，真可怜啊。”三嫂流着眼泪，轻轻拉着菊香的手，又接了一句，“不要发奶病就好了。”继续轻轻地帮菊香把奶水挤出来，一滴一滴地滴进一只大碗里。

大碗里已经有大半碗奶，这本应是刚出生不久儿子信福的营养品，可如今……阿开的眼泪大滴大滴地落进了碗里，和菊香的奶掺在一起。

菊香被找到的消息，像旋风一样在富春山逃难来的人当中传开，这消息同几天前有人说日本鬼子马上要进村了的消息一样的惊人，有人问：是在哪里找到的？有人问：是死的还是活的？更多人关心菊香有没有被日本鬼子强奸过？

曾经指责过菊香儿子的哭声会引来日本鬼子的那些人，怀着亏欠的心情，陆续回村来看望菊香，顺便也到自己家里去看看：日本鬼子到底有没有进村过，东西有没有被抢走？胆子大一点的人还在自己家里过了夜。

渐渐地，逃难的人一家一户地搬回了董家村。

“到底是哪一个说日本鬼子要打进村子里来的？”

有人开始埋怨那个说日本鬼子要马上进村的人：“他是看到大家生活开开心心，不服气，才造出这样的谣言来。”有人开始后悔：早知道日本鬼子不会进村，逃什么难啊？特别是那些稻苗被牛踏坏，牛栏被牛顶破，他们一边修补一边朝天骂人，好像自己一点也没有责任，全是被别人害的。

后来还有消息传来，投降日本鬼子的何乡长女婿许丰当了和平军的队长，他带领日本鬼子，在维持会长的陪同下，到江对面沙村来开村民大会，说皇军是来帮助中国的，为了东亚共荣，希望大家把蔬菜种好，挑到城里去卖，还说听皇军话的人，统统是大大的好良民。又说通富春县城的龙头山埠头的渡船也开通了，大家可以自由地到富春街上去买卖东西。

小姆妈说：“这叫自己人吓自己人，吓死人啊。”

小伯甚至敲着旱烟杆说：“真是三里路无实信，七里八里路，吐口痰变成一只鹅。”

14

又是一个秋高气爽的艳阳天，董家村的人同没逃避日本鬼子之前一样，日出而作，日落而归：男人做草纸，女人剥草纸，晒草纸；养蚕的人家摘秋桑叶，养今年的第二批蚕，原来只养一张蚕籽的人家，养起了两张蚕籽的蚕，要把逃日本鬼子没有养春蚕的损失补回来；有稻苗被牛糟踏掉了的人家，忍痛把半死不活的稻子耕掉，改种秋作物……

吃过中午饭，男人们都去田里、纸槽做生活，只有女人、老人和小孩留在家里，他们也都忙着在做自己的事情：为男人缝补衣裳，为纸槽剥草纸，有的在陪孩子玩耍。雄鸡在自己家的道地上昂首阔步地走来走去，母鸡刚生完蛋，“咯嗒咯嗒”地叫着，通知它的主人赶快撒下谷子来，我为你们又生了一个蛋；狗刚吃完主人家孩子的一泡屎，舔着舌头准备到另一个地方去玩；猫也眯缝起眼睛在打瞌睡，准备夜里为主人捉老鼠，这真是一幅典型的黄公望的《富春山居图》啊！

突然，在小伯家放牛的韦世汤上气不接下气地从江边跑进村来大叫：“日本鬼子的汽船在江边靠岸啦，日本鬼子来啦！”

有人听了韦世汤的话，哈哈大笑说：“你在骗谁啊？谁还会相信啊。”

“上次有人造谣，给我们村带来多少损失，多少苦难，这回你又要造谣啦，晦气鬼，讨债鬼！”

韦世汤急了，他跳着脚说：“真的，不骗你们！”他同时用手指指江边，当人们顺着他的手抬头看过去，果然看到几个穿暗黄制服的日本鬼子，在一群穿明黄制服的和平军的簇拥下，揣着装上刺刀的枪，向村子里冲进来。在他们后面还跟着一群头上只戴了顶鬼子的屁帘帽、有的连屁帘帽也不戴、穿着老百姓衣服的人，有长了胡子上了年纪的、还有看上去只有十来岁的小孩子，他们嘴里喊着：“冲啊！”跟在鬼子后面一起冲进了村子，样子有些滑稽，好像一群孩子在玩游戏。

刚刚在路上走的大肥肉猪，刹那间被一只只按倒在地，又被绳子捆绑起来，用刺刀押着刚刚被他们抓到的老百姓，抬进了停在送官埠的汽船里；羊从栏里赶出来，也被赶到汽船里；还有那些鸡串在竹竿上，挑在枪头上，扔进汽船里……还不止这些，日本鬼子还强奸妇女！

这一回，鬼子兵真的进村了。

阿开去三角田坰弄稻苗，菊香因为毛病还没有全好，小姆妈受阿开之托，把菊香叫到自己家里去，一是让菊香散散心，调养调养精神，小姆妈也好有个伴；二是儿子开全学校快毕业，该回家来娶一门媳妇，成家立业。按照本地乡风，有钱人家娶新媳妇讲究排场，新郎新娘新婚床上除了高级的被子、帐子，还要两块门帘，门帘是用上等大红绸缎作底，再在上面用彩色丝线（高级的还用金丝银丝）绣上各种图案。菊香从小由姆妈教会绣花，是村里绣花能手，这次也是一带两便：小姆妈趁菊香在家养病的时光，叫她为儿子绣结婚的帐子门帘，绣的是五子登科图。

鬼子进村时，小姆妈在状元府第的大门口喂鸡，菊香一个人在房间里绣花，小姆妈先是听到满村子鸡飞狗跳，有人惊叫日本鬼子兵真的进村了，她三步并两步登上台阶，又一口气跑上楼，推开门，来不及招呼，拉了菊香就走，刚走到她和小伯睡觉的房间门口，就听到楼下有人在说话：“太君，上楼的？”接着是一阵杂乱的登楼梯的脚步声。

已经没有地方逃了，她还没有关上房门，一个和平军已经领着一个日本鬼子，后面押着一个姑娘，进来了。

小姆妈忙和菊香躲在帐子后面。

鬼子兵押着那个小姑娘进了房，那个和平军却在房门外站岗。

“脱！”鬼子兵用生硬的中国话大声地命令，还用枪头上的刺刀在小姑娘脸上刮了一下，“不脱，死啦死啦的！”

小姑娘全身抖得厉害，她边哭边把衣服、裤子脱下来。

“上去！”鬼子兵把枪在床边一靠，脱去裤子，一把把小姑娘提起来甩到床上，小姑娘啊的一声晕了过去。

小伯家的帐子是亚麻布做的，青灰色，既能防蚊子，又透气，而且不用经常洗，这是老百姓最喜欢的。菊香从麻布帐的洞眼里看床上，一清二楚，但从床上看床背后，却很模糊，因为后面是灰暗色的板壁。菊香正好看到了小姑娘的那张脸，吓得还没有“啊”出声，被小姆妈的手掌给捂住。

小姑娘叫银妹，是忠泉家的小女儿，今年十三岁，她姆妈对金妹银妹两个女儿管得非常严，平时不准她们到处串门，说要像个大家闺秀的样子，还要她们跟菊香姆妈学绣花，同菊香也算是师姐妹了。菊香姆妈说，两个人都心灵手巧，而且学得用心，长大了一定是绣花能手。

菊香不忍心看着银妹被鬼子糟蹋，闭上了眼睛。可是，凭着楼板的震动和日本鬼子的淫笑，以及银妹一声又一声痛苦的呻吟，菊香的心像一把刀在一刀刀地割，最后，她全身麻木了。

不知道过了多少时候，小姆妈用手臂碰碰菊香，小声说：“走了。”

菊香已迈不开脚步，她的裤子湿了一大片，好一回，才勉强跟着小姆妈从帐子背后一步步移出来，看到楼板上尽是血，一滴又一滴，一直延伸到楼梯口。

鬼子刚走，小伯就回来了，他听说从城里逃难来的客人赵和生正好从外面回村，被日本鬼子看到，他躲进桑树林里，鬼子追到树林里，看见他手指上戴着个金戒指，鬼子要他拿下来，赵和生因为太害怕，怎么也拿不下来，鬼子上去对着他的手指就是一刀，金戒指连手指都给剁了下来。赵和生痛得在地上打滚，哇哇地叫，鬼子又看见他嘴里镶着一颗金牙齿，索性把牙齿也敲了去……

“强盗，强盗，天底下真有这样的强盗！”小伯拍着桌子狠狠地骂。

小伯想起了老祖宗董浩，说当年日本鬼子（当时叫倭寇）在我们中国沿海烧杀抢掠，武状元骑着大白马，举着大刀，追杀得他们喊爹叫娘，屁滚尿流，多少威风！

“朝代过了这么久，我们中国人反而受到这样的欺侮，这是为什么啊？”老人痛心疾首地对着老天呼喊。

这时，阿开跑回来了，他也来不及同小伯打招呼，找到菊香就问：“你怎么样？没有被鬼子……”见菊香摇摇头，他才松了一口气，还告诉她，永富的儿子被鬼子用刺刀刺死了，当时，永富老婆正在给儿子喂奶，日本鬼子要强奸她，把她的儿子从她怀里拉出来丢到地上，儿子一岁还不到，在地上大哭，伸着手叫姆妈，鬼子上去一刺刀刺死了永富的儿子，又把他老婆强拉到楼上……

菊花和阿水在田里做生活，听说鬼子兵真的进村了，连忙躲进桑树林里，才逃过了这次劫难。他们同时担心着菊香，等鬼子的汽船一开走，都赶过来，半路上碰到张先生，也跟着来看菊香。

小伯、小姆妈、阿开和菊香看见张先生和阿水两夫妻都来看他们，知道大家都平安无事，才放下了心。

阿水告诉大家，他在路上听人说，这次日本鬼子进村是什么东西都抢，连新媳妇的新马桶都抢。

张先生心里涌起一种说不出来的酸痛，他说：“其实这次来抢东西的不少是假鬼子，你们没有看到有的根本没有穿鬼子的衣服，只在头上戴了一顶黄帽子……”

小伯难过地说：“再这样下去，中国真要灭亡了。”

大家正在七嘴八舌地说日本鬼子和假鬼子的暴行，三嫂晃荡着两只带子奶，上起不接下气地跑来，说她儿子关根把他阿爸的那支猎枪偷走了。

所有人的脸色都变了，一个个急得说不出话来。

张先生更是急得满头大汗：“糟了，要闯大祸了！”说着就往外走，刚走了几步，回身又同跟出来的人说，“先在村里找找，找不到再想别的办法。”

张先生这么着急有他的道理，关根是学校里年纪比较大的一个学生，平常喜欢踢腿练拳，还常常带着一批大同学到董家祠堂门口练石锁、石柱，说练好本事去打日本鬼子。以往张先生也听三嫂也说过，关根平时又特别喜欢弄枪，还要他阿爸教他如何打“飞头”——正在空中飞的鸟。

“年少气盛，不知道厉害，万一对鬼子开一枪，董家村就完了！”想到这里，张先生额头上又一次冒出了冷汗。

正是谢天谢地啊，关根终于找到了，因为是星期天，他和几个同学去富春江里游泳，看到江中的小沙头飞来一群野鸭，同学们唆使关根去偷他爸爸的枪来打野鸭，谁想偷了枪刚来到江边，看到鬼子的汽船靠岸，从汽船里钻出那么多的鬼子，把几个同学的脸都吓白了，连忙躲进了桑树林里。

当然，关根被他阿爸狠狠地打了一顿，后来在姆妈的拦阻和关根的再三保证下，阿爸才把青竹棍在地上一扔，把那支猎枪埋到了地下。

15

有句话叫“贼出关门”，董家村的老百姓遭受了这一次洗劫，把没有被鬼子抢去的东西，收的收、藏的藏，以防第二次、第三次再来抢劫；年轻的女人每天脸不洗，头不梳，还用锅底灰把脸抹黑，换上了老太婆的衣服，白天躲在桑树林里，到天墨黑才敢回家。

菊香当然也不例外。

那一天，她刚刚回到草屋里，阿开已经给她准备了洗脸水，让老婆洗把脸然后吃夜饭。因为外面下着毛毛细雨，天也黑得同锅底一样，阿开为了让草屋里亮一点，在灯盏里添满了油，又用两根灯草点着，还把两碗玉米糊盛好，放在桌子上。菊香一进门就闻到油炒干菜的香气，感到肚子更饿了，当她刚捧起那碗玉米糊，还没有喝上一口，外面突然响起了同打雷一样的响声。

“又不是六月里，怎么会打雷呢？”阿开和菊香仔细一听，不是雷声，是人的声音，这声音又大又响，像从天上下来的。菊香吓得饭碗跌在地上，阿开忙上前抱住了菊香，两个人一起躲到灶底下。

“老天菩萨，我们从来不做恶事，要惩罚，就去惩罚十恶不赦的日本鬼子吧！”菊香双手合十，嘴里念念有词，同过去姆妈在观音菩萨面前念佛一样。

声音还在响，好像有一个看不见的人在天空说话，“唏里哗啦”，只能听到可怕的响声，却听不懂是在说些什么话？因为是黑夜，而且还下着雨，牛呀、羊呀吃饱了，蜷起腿脚在休息；鸡呀鸭呀也进了笼子，在安安静静地休息；小孩子吃饱了姆妈的奶，在温暖柔和的怀里幸福地睏觉。在这么一个安静的夜里，这声音显得更响，更可怕，更恐怖。

阿开感到灶底下不安全，又扶着菊香来到那个油篓的防空洞里，两个人互相抱着，蹲在下面，阿开还在防空洞上面盖了一张桌子。

“唏里哗啦，唏里哗啦”，声音继续从天空中传来，菊香因为好几天躲日本鬼子，太累了，软软地倒在阿开怀里。

菊香是被阿开从防空洞里拉出来的，菊香一听“唏里哗啦”声已被震天动地的爆炸声代替。

“阿哥，又出什么事啦？”菊香吃惊地听着比刚才说话声还响几倍的爆炸声。在爆炸声之前，先从天空闪过一道刺眼的亮光，还发出刺耳的尖叫声，随着爆炸声，董家村的地就猛烈地震一下，阿开家的草屋也在摇晃。

“日本鬼子在向我们村里打大炮啦！”小伯心慌慌地过来对阿开说。

“千万不要躲在房子里，日本鬼子的炮弹是对着房子打的，快到树丛里去躲躲。”阿开听了小伯的话，扶着菊香在前面，小伯、小姆妈俩老夫妻也互相搀扶着跟在后面，不约而同来到那株大香樟树旁边，想钻到洞里去躲一躲，它不是一株神树嘛，一定不会让日本鬼子的炮弹落到自己头上的，想不到里面早已挤满了人。阿开回头对小伯说：“还是到纸槽旁边的稻草堆里去躲躲吧。”四个人又来到稻草堆旁边，阿开拼出全身力气从稻草堆底下拉出好几把稻草，叫小伯小姆妈和菊香同穿山甲一样一个个钻了进去，自己却在稻草堆洞门口守着。

“弹片就是落下来，有稻草挡着，也伤不着人。”阿开安慰草洞里的人。

“炮……炮弹是不长眼……眼睛的，落……落在稻草堆上全家人全……全完了。”小伯全身抖得厉害，哆哆嗦嗦地说。

小姆妈在一个劲地念佛：“大慈大悲的观世音菩萨保佑，鬼子的炮弹不要落到稻草堆上……”

阿开感到有一只手从后面伸过来，他一摸，软绵绵的，就知道是菊香的手，还听到菊香从喉咙里发出来的声音：“阿……哥，躲进来点，再躲进来点……”

天渐渐亮起来，鬼子也不再向董家村一带打炮，但人们仍不敢出来。大家以为一阵大炮之后，会有更多的日本鬼子进村，看样子，鬼子真的要把董家村的人斩尽杀绝了。

“他们已经把东西抢光了，还要来杀我们人，我们欠了他们祖宗什么孽债了。”

“他们抢东西那一天，我们同鸡一样任凭他们宰杀，他们还想怎么样啊？”

“日本鬼子也是欺软怕硬的，看到我们董家人胆子小，是把我们当软柿子捏呀。”

人们在稻草堆里、树洞里、篱笆旁边三三两两地议论着。太阳已经老高了，日本鬼子还没有进村，人们先是探头，然后把身子也从稻草堆里、树洞里、篱笆旁边探头探脑地走出来。大家首先想到的是房屋有没有被炮弹炸掉，牛羊有没有被炸死，真是谢天谢地，除了村西头驼背木林家的一间牛栏屋和一头牛炸死之外，村子里其他的房屋都是好好的。

那么，打了一夜的炮弹又落到哪里去了呢？人们壮着胆子出村去一看，村前村后的桑树林里、麻栗树林里，还有稻田里，到处是一个连一个的炸弹坑，奇怪的是没有弹片，却有绿色油光纸包的麻酥糖，各种颜色的碎布片、死老鼠；还有一些白棉花一样的东西，沾在树叶上、树干上。那一个恐怖的夜晚过后，村子里的跳蚤也霎时多了起来，而且是红色的……

日本鬼子这一次大动干戈，在龙头山上装起大喇叭，向着董家村一带的老百姓“唏里哗啦”了一个上半夜，后半夜又打了一通大炮，难道就是为了送几包麻酥糖、几块破布片？送一些奇怪的跳蚤来？

有消息传来，说日本鬼子本来还要来抢东西，怕树林里躲着游击队，所以就朝着树林里打炮。

“打游击队？不用炮弹却用死老鼠、红色的跳蚤和纸包糖来打游击队？”老百姓不再被愚弄，他们开始动用脑子，“凭着这些东西能赶走游击队？他们把游击队当小孩子看？”

但是大家猜不出日本鬼子大动干戈的目的，董家村一带的老百姓，被一层神秘而又恐怖的阴云笼罩着。

富春江一带农村每年清明节除了上坟祭祖宗，还有一项重要任务：驱跳蚤。每家每户从店里买来百子炮，在清明夜晚上，一个人拎着一只空水桶，一个人手里拿着百子炮，点着一个，扔进水桶里，随着百子炮在水桶里的爆炸声，人们一边蹬脚一边喊：“嘎！嘎！嘎！”说跳蚤听到声音就会逃走。不知是谁家领的头，从小店里买来百子炮，不是清明节，却同清明节一样赶起跳蚤来。

“嘎！嘎！嘎！”整个董家村一到晚上，每家每户都传出驱赶跳蚤的声音。这声音不同于过去清明节驱赶跳蚤，掺杂着恐怖和担心……

董家村的老百姓感到真的要大祸临头了，那些血气方刚的小青年感到阿爸姆妈辛辛苦苦把自己养大，做人的味道还没有尝到呢，难道就这样白白地死了？日本鬼子根本不把我们当人看，随时可以开着汽船上岸来杀死我们，在鬼子的眼睛里，杀死一个中国老百姓同杀死一只狗一只猫一样。中国有一句老话：兔子逼急了也会咬人。“不能再当软柿子了！”年轻人中间悄悄流传着这句话，也不知谁领的头，争着到张铁匠的铁匠铺里去打尖刀。不到几天时间，从董家村慢慢蔓延到其他村，年轻人的袜筒里都插有一把尖刀，并以此为荣。连怕老婆怕得要死的阿平也偷偷把猎枪从地洞里取了出来，当时三嫂见到老公在擦枪，吓得脸色发白：“你真的想寻死啊？如果真的向日本鬼子打一枪，他们还不灭了我全家呀！”阿平头一回放肆地连看也不看老婆一眼，淡淡地说了一句：“枪锈了，再不擦以后就不好打猎了。”

董家村是富春江边的一个大村，日本鬼子没有来以前，每年过年要舞龙灯、跳狮子、跳竹马，每次龙灯、狮子、竹马出门，前面就有一支铁铳队，二十几个熊腰虎背的小伙子腰里缚着红带子，一人一支铁铳抗在肩上，就像上前线打仗的队伍，他们威风凛凛地走在前面，到一个村坊或者寺庙门口，向天空放起铁铳："通通通……"声音响得震耳欲聋，女人和孩子都捂着耳朵去看他们放铳，这些铁铳已经藏了好几年，又有人偷偷拿出来，还在火药里掺进了铁珠子，据说阿开是他们的头。

驱赶过了跳蚤，年轻人袜筒里插起了尖刀，铁铳队员在铁铳里灌满了带铁珠的火药，摆出一副要同鬼子拼个你死我活的架势，可是日本鬼子并没有进村，却从陈家村传来了消息，说有根他老婆那天一早去了趟自己的桑园地，还赤着脚在炮弹坑里呆了一会，回来后就开始发热、说胡话，三天时间就不明不白地死了；后来又有消息说，董寿民的老婆陈彩贞到富春江里去洗了几件衣服，回来后就开始上吐下泻，四肢麻木，不到半天就死掉了；还有张建一，那天早晨经过炮弹坑旁边，就感到双脚发痒，而且越抓越痒，还发出了水泡，不久就开始溃烂，两只脚从大腿以下的皮肉发黑，一快快地烂下来。还听说村子里的狗，不小心吃了地上的麻酥糖，立即就死在弹坑旁边……

董家村的人越死越多，到处是哭丧的人，有几户人家刚抬出一个，还没有来得及埋葬好，第二个又在家死掉了。

可怕的谣言还在一个接一个地传到村里，送进了惶恐不安的人们的耳朵里，说日本鬼子的汽船就停在董家村背后的送官埠，他们这次不是来抢东西，也不是来杀人放火，说杀人放火会引起更多中国人的反抗，这次是来装运中国人的灵魂，然后运到东海里去倒掉，再把日本人运到中国来"开荒"……

开始，阿开和菊香只是担心受怕地听听，陪着大家流眼泪，想不到邻居水泉的姆妈到门口去接了一盆檐头水，过了几天就莫名其妙地发高热死了；更想不到的是三嫂的第二个儿子关木去江边割羊草，觉得弹坑好玩，跳下去洗了洗脚，回来后也开始发热说胡话，第五天也不明不白地死了，三嫂哭得死去活来，几次要上吊，被老公和大儿子关根劝了下来。关根还告诉姆妈，张先生说，鬼子这次打的大炮里装的是细菌，他们是不用枪不用炮，想把整个中国人都消灭光。还说日本鬼子不是来抢过东西，还强奸了好些年轻姑娘吗？他们是想用细菌弹来消灭活着的罪证！

"不把日本鬼子赶出中国，中国老百姓就不得安宁！"人人咬牙切齿，年轻人更是同仇敌忾，董家村成了火药筒。

16

菊香受了一连串的刺激，从精神到身体彻底垮了，不再像以前那样爱打扮，她不梳头发不洗脸，人也瘦了不少，而且时不时地发呆，嘴里念念有词，但谁也听不清她在说些什么？

当然，菊香到底是怎么样爬上皇帝帽子岗去的，她儿子信福的尸体到底落在了什么地方，阿开不敢再在菊香面前提起，还嘱咐阿水和菊花、小伯和小姆妈，还有三嫂，都不准在菊香面前提起关于儿子的事，怕刺激菊香，使她的毛病更加厉害。

小姆妈不知出于什么原因，把菊香开始绣的那幅五子登科收了回去，口头上说是等菊香毛病好了以后还是要她绣的。

因为菊香生病，阿开做生活没了心思，小伯因为客户嫌憎他们现在的草纸厚薄不匀，韧度不够，颜色也不够白净，已经退了好几批货，几次提醒阿开："再这样下去，我们这张槽要倒闭了。"阿开也不再同以前一样当面顶撞，只是对着小伯苦笑。

阿开以前在外面受了气或者委曲，回家来就向菊香诉说。别看菊香比自己小那么多岁，说出来的话挺有分寸、有道理。阿开听了老婆的话，心也宽了，气也消了，即使有些事对阿开是一种压力，菊香也会帮老公分挑一半的担子。菊香还从戏文里学来几句戏文，是严兰贞唱给她老公听的："官人若是天上月，为妻就是月边星，官人若有千斤担，为妻分挑五百斤！"如今叫阿开对谁去说？对菊香说，怕加重她的毛病，憋在肚皮里，又是那么痛苦。阿开的精神快要崩溃了，但是他为了多卖几块钞票，把这份人家支撑下去，还是挑着一担草纸，冒险躲过好几道鬼子岗亭，走了四十多里路，来到天堂城。

他是第一次到天堂城，只见到处是高楼房、各种各样的车子，人也多得同正月十五的戏文场，有时连草纸担也挤不过去。

阿开一路走，一路叫卖，一担草纸快要卖光，这时才感到小肚皮胀得实在难受，想找一个拉尿的地方，东找西找，就是找不到，只好咬着牙，夹紧大腿坚持到大桥边，才找到了一个冷僻的地方，不知为什么，尿是拉出来了，但每拉一滴就像针刺一样地痛，这是从来没有过的。

原以为过一夜会好的，可是第二天，拉尿照样痛，尿里还带红红的血丝，阿开急了，偷偷问了几个老年人，说阿开是得了"热急病"（过了好几年碰到杨郎中，杨郎中告诉他：医生叫这种病为"膀胱炎"）。当时阿开急坏了：自己病倒了至多吃一些苦头，可菊香谁来照顾呢？再说……儿子……他们两夫妻还要生个儿子啊，瞎子先生和仙姑都说，他命里还有一个当武状元的儿子，将来长大了他会像老祖宗董浩一样去杀日本鬼子，为他的阿哥信福报仇，为中国人报仇。如果再这样熬下去，儿子……"老天爷难道真要叫我阿开断种吗？！"阿开想到这些，竟会从梦中哭醒过来。

本来阿开是瞒着菊香的，他这么一哭，菊香又看到老公一拉尿就痛得满头冒冷汗，她突然清醒了，因为她想到的不仅是老公的毛病，也想到那个当武状元的儿子……菊香头上像被什么东西猛击了一下，抱着阿开大哭起来："怎么办啊？怎么办啊？"

消息首先传到三嫂的耳朵里，她一边通知阿水和菊花，一边去找陈仙姑，陈仙姑一口咬定阿开是在路上碰到鬼，还说地点就是复船山附近。三嫂问阿开，阿开也觉得奇怪，说他是在复船山下的凉亭里歇过脚。陈仙姑叫阿开出去躲避几天，而且要在后半夜躲出去，躲到鬼找不到的地方。

天刚刚黑下来，阿水家的门悄悄打开，一个用被单包裹得严严实实、只露出两只脚走路的人，不声不响地被搀扶着进了阿水家的西厢房，然后又悄悄地关上门。阿水家是三间开的小平屋，东边一间是灶间，中间是堂前（客厅），西边一间原来是阿水两夫妻的房间，如今让给阿开两夫妻躲鬼，自己搬到了堂前去住。阿水还瞒着阿开和菊香，偷偷到长生郎中那里去开了几帖草药，由菊花煎了，白天送过去，说是一个过路的草药郎中开的，挺灵光。

说来也怪，菊香的毛病原来是好一阵歹一阵的，自从阿开生了"热急病"，她每次守住老公拉尿，每次看到阿开痛得嘴里发出了"丝……丝……"声，就心痛得手足无措，把自己的毛病给忘记了。有一次，三嫂偷偷来看阿开，还同菊香咬了一回耳朵，当时菊香的脸虽然红得同新鲜猪肝似的，但她还是咬咬牙，答应下来。

又到阿开拉尿的时候了，他忍着痛，可尿就是不出来，菊香想起了三嫂的话，她狠狠心，咬咬牙，红着脸跪倒地上，同小羊吃母羊的奶一样，用嘴巴帮阿开吸起尿来。当时，还真把阿开吓了一大跳，他想把菊香拉起来，可菊香就是不起来，只顾自己帮老公吸尿。一次、两次……阿开感到不再像以前那样痛了，他抱着菊香，呜呜地哭起来："我用什么来报答你呀？"

菊香却淡淡地说："老公老婆的，说什么报答不报答呀，都是为了再生个儿子，为我们养老送终，就心满意足了。"

三嫂后来对人说，菊香的毛病是被阿开的毛病一吓，吓走的，那么阿开的"热急病"又是怎么好起来的呢？三嫂没有说，只是对着菊香笑。

不过阿水和菊花也心知肚明，也跟着大家一起笑，什么话也不说。

17

阿开的"热急病"好了，也把菊香的毛病"带"好了，这是多么开心的事啊，想不到阿开却像变成了"呆"子，他一天同菊香说不上三句话。菊香心里明白：他又在想儿子了，但他们什么办法都用上，菊香的肚皮还是老样子。他们几次托张先生到县城里去再找杨郎中，可是他去了几次，每次回来都摇摇头，说杨郎中的诊所早被鬼子砸了，杨郎中也不知道逃到什么地方去了？

“唉，屋漏偏逢连夜雨。”阿开想起了姆妈常常说的那句话，这回却被自己碰上。

三嫂过去经常拿话刺激他，希望他争气一点，帮菊香生个儿子出来，现在她也为阿开的事经常唉声叹气，还对阿开说：“再这样熬下去，人老了，真的一点没有希望了。”

阿开听了三嫂的话，眼泪汪汪地看着三嫂，像一个孩子面对着姆妈，在祈求着什么。

三嫂的心也酸酸的，她突然问阿开：“你听到过那句话吗？”

“什么话？”阿开问。

“运气来推不开，讨个老婆带胎来。”

阿开凄凉地笑了：“董家村的人都知道，人家是吃得开心，乱说说的。”

三嫂神秘兮兮地走到阿开身边，同他咬起了小耳朵。

“什么？小伯的大女儿也是别人生的？”

“小声点。”三嫂忙用手捂住了阿开的嘴巴，“千万不好说是我说的。”三嫂向阿开使了一个眼色，向自己家走去。

阿开回到家，菊香无精打彩地坐在那儿，不烧饭，也不补衣服，就是坐着出神。

阿开走过去用手指帮妻子梳理了一下头发，心痛地说：“头发都这么干了，一点光亮都没有了。”

阿开平时剃的是光头，因为好些时间不剃，头发长了，菊香反过来摸摸老公的头发说：“又要剃了。”

“连剃头的钞票也没有啊。”

“哥哥，你的头发……”菊香突然发现了什么，吃惊地看着老公的头上。

“我的头发……”

“有白头发了。”菊香用悲哀的声音说。

阿开也震了一下，叹口气：“唉，真的老了。”

菊香像突然受了刺激似的跳起来对阿开说：“阿哥不老，我们还有个当武状元的儿子没有生呢。”

菊香向老公身边靠了靠，想给他一个安慰。

阿开“顺便”把三嫂刚才说的事情告诉了菊香。菊香十分吃惊，她呆呆地看着老公，猜测着他讲这话是什么意思。

菊香自小在董家村长大，不会生儿子的女人也见过好几个，听说张家畈的张生祥老婆阿珍儿子是陈家村陈大明生的，还有董浦生的老婆，结婚五六年没有生孩子，后来私下里约了个男人，但是到现在，浦生的老婆连屁也没有放一个，听说浦生准备把老婆休了，再去讨一个年轻的会生儿子的老婆。村子里还有人在说，女人只不过是男人身上的衣服，穿破了就换一件……过去，这些事菊香只当做笑话，从不放在心上，想不到如今轮到她的头上了，她该怎么办呢？

“一个陌里陌生的男人，怎么能同他睡觉呢？”菊香一想到这件事，就脸红心跳。

菊香是个极其聪明的人，老公告诉她这些，是在暗示她。

“这种事，我可做不来。”菊香的脸红得发紫，连连摇头。

“女人不孝有三，无后为大。”这是三嫂，还有小伯、小姆妈和姆妈活着的时候常常挂在嘴边的话。

突然，阿开跪倒在菊香面前，说：“阿爸姆妈只生了我一个儿子，如果我不生个儿子，就真的要断子绝孙了！”

“阿哥……”菊香也扑到了阿开怀里，两个人抱在一起，伤心地痛哭了一场。

可是第二天，菊香又反悔了：“以后……我还有脸走出去吗？大家都会看不起我的。”

阿开保证说：“只要我看得起你就好了，你为我们家生一个儿子，立了头功，阿爸姆妈也会喜欢你、保佑你的。”

菊香呆呆地看着老公，话已说到这分上，她还有什么可说的呢？

阿开家吃晚饭总比较迟，因为忙啊，可是今天，太阳还没落山就吃晚饭，一张小矮桌摆在门口道地里，桌上还有一把酒壶和一只小酒杯。阿开家的道地是附近人家去富春江边洗衣服洗菜洗脚的必经之地，看见阿开家这么早吃晚饭，都感到有些奇怪。

“阿开，你们这么早吃晚饭？”阿康嫂从江边洗菜回来，奇怪地问。

“唔唔唔。”阿开一反常态，闷着头，声音从鼻子里发出来。

“阿开，今天怎么这么想得开，喝老酒了？”又一个声音从后面传来，是关英从地里回来，路过阿开家门口。

不管有谁经过，谁问话，菊香都像一个犯了错的孩子，把脸埋在碗里，不敢抬起来看人家一眼。

这时，从江边又传来了哗哗的水响和锄头铁耙的碰撞声，这是在地里做生活的人收工了，阿开看着阿康嫂和关英转过背，身上像装了弹簧一样地跳起来，抱起矮桌子就向草屋里走；菊香一只手端着饭碗，用另一只手臂串过两把竹椅子靠背，提起来，紧跟在老公后面，逃难似的走进了草屋。

其实夫妻俩谁都没有心思吃饭，只是眼对着眼地看着，各自想着自己的心事。

“阿哥，都是我不好，那一年如果不把信福……”菊香突然抽泣起来，再也说不下去，拉起衣角揩眼泪水。

“怎么好怪你一个人呢，都是那批从十八层地狱里放出来的恶鬼日本鬼子害的！”提起日本鬼子，阿开总是咬牙切齿。

“阿哥，我做了这种事，你会不会看不起我？”菊香又一次这样问，因为这是她最担心的。

阿开呆了一下，看着老婆有些发白的脸，轻轻地摇了一下头：“是我没有用，是我叫你这么做的，如果生个儿子，连姆妈阿爸也会感谢你的。”

“可是……万一……生出来是个囡呢？”菊香是个细心的女人，她要担心的事太多了。

“囡？”阿开看着菊香，咬咬牙，“再生一个。”

菊香吃惊地“啊”了一声，眼泪挂了下来。

“我想……还是去回报他算了……”菊香想起即将发生的事情，她的心在发抖，不敢看老公一眼，像犯了错误的小学生。

“可我已经通知他了……”阿开的声音很底很轻，像是在哪条缝里挤出来的。

“那……你……”菊香终于抬起那张通红通红的脸，迟迟疑疑地看了老公一眼，又把脸埋了下去。

阿开伸出一只手，越过桌子面，用宽大的手掌拍在老婆的肩上：“都是我当阿哥的没有用，要你受委屈了。”他重复着这句话，眼泪大滴大滴地滴在桌面上。

“阿哥……”菊香把老公的手拉过来，让那些粗糙的老茧在自己脸上摩挲着。

好一会，菊香从桌子上拿起那把从老祖宗手里留下的锡酒壶，往老公面前的小酒杯里又加了酒：“再喝几口，心里会好过一些。”

阿开看看菊香，两行眼泪直唰唰地流下来，他把拿在手里的酒杯又放了下去。

“阿哥……”阿开听到菊香的叫声，抬起头，见草屋里渐渐地暗下来，他把杯子里的酒全倒进了肚子里，像吩咐孩子似的对菊香说：“你……不要……怕，我同他讲好的，只准帮我们生一个儿子，不准欺侮你。”他站起来想去拉草屋的门，菊香突然跳了起来，用两只手抱住了老公的脖子，全身开始发抖。

“不用怕，阿哥同他讲好的，不准欺侮你，他也保证过，说儿子生出后就不再来缠你。”阿开又补充了一句，“阿哥在外面守着你，他要敢欺侮你的话，马上叫阿哥，阿哥会冲进来教训他的。”阿开咬咬牙，还把捏紧的拳头在菊香面前扬了一下，以显示自己的威力，终于鼓起勇气拉开了草屋门，还没有走出去，菊香又一次扑在他的怀里，低声地哭起来。

阿开有些茫然了，他看看门外，天越来越黑，约定的时间快到了，万一他反悔，以前的工夫就会白花，阿开用微微发抖的手，抚摸着老婆的头发，抚摸她的脸，眼泪滴滴答答地落了一地，又重复着说过多少遍的话：“菊香，是阿哥没有用，要你受这样的委屈……”

“不……阿哥，是我没有用。”菊香的手终于放开老公，当她看到阿开回转身想走的时候，又突然说，“阿哥，要么……你在屋里等他，我到外面去守着。”

听了菊香这天真、幼稚的话，阿开不但笑不出来，甚至想大哭一场，他用手掌揩掉了菊香脸上的泪水，像逃难似的一脚跨出门，第二只脚还没跟上去，菊香又追出来，她手里拿着一件夹袄，披在老公的身上：“夜里……外面冷……”然后一步步倒退着回进草屋里，在一明一灭的灯光下，边哭边走向那个黑洞洞的房间。

这房间曾经给过菊香多少温馨，多少爱，在这房间里，阿开曾经把脸贴在她的大肚皮上，说听到儿子好像在动手动脚；也是在这房间里，她曾经生下了儿子，姆妈看了他两只大腿之间那颗小螺蛳肉，开心地哈哈大笑……可是现在，菊香觉得它将马上变成自己最受耻辱的地方，她将因此而抬不起头，甚至出不了大门……

“梯……拖！梯……拖！”一个熟悉的声音，从安静的夜幕中传进阿开耳朵里，阿开全身的血液沸腾起来，脑门的神经像崩紧了的弓弦，还能听到“扑扑”的血管跳动的声音。

他把拳头握起来，像一头要发威的狮子，他想走上去对那个人大喝一声：“滚回去，这里不是你来的地方！”但刚从毛坑边跨出了一步，马上又收了回来，强迫自己把涌到脑门的火压下去。

“梯……拖！梯……拖！”是皮拖鞋擦着地面的声音，不紧不慢，送进阿开的耳朵里。在董家村，只有他才穿这种很贵的皮拖鞋。过去，阿开听到过多少次这种声音，阿开还用羡慕的口气问他这种皮鞋要多少钞票一双？当他轻描淡写地向阿开报了个数字，阿开的嘴巴好久合不拢来，在心里说：“要一担玉米的钞票呀。”如今，他突然感到这种声音是那么刺耳，那么难听，每一声都刺痛了他的心，但为了生个儿子，还有什么更好的办法呢？“梯……拖！梯……拖！”一个瘦长的身影，鬼影似的向草屋靠近，他是那么从容，那么自然，就像在月光下散步。

“到底是个老手。”是赞扬，还是蔑视？阿开的心马上又被一阵自卑的心酸淹没，他一动不动地坐在毛坑的坐凳上，两只眼睛鹰隼一样地盯着那个人影一步步走近草屋门。

阿开好像还看到他那件米黄色的纺绸衫，因为他瘦骨伶仃，衣服穿在他身上好像棍子上套了一个纸壳，随着身子的移动一飘一飘地抖动。

那个影子越靠近草屋门，阿开的心跳得越厉害。“反悔还来得及……”阿开在心里这么说，身子却像钉在毛坑坐凳上一样。

影子终于登上了草屋的台阶，还站在台阶上回头看了一眼道地，又用手推了推草屋的门。阿开的心马上要从嘴巴里跳出来，他的手心里捏了两把汗，他想大喊一声：“快滚回去！我老婆可是董家村第一美女！”张了张嘴，却没有发出声音，额头上的汗水和泪水从脸上大滴大滴地流下来。

阿开终于看到那个人像小偷一样，轻手轻脚地闪进了草屋门，草屋门马上又被关上。阿开吃力地透了口气，像完成了一桩天大的事，身子却突然像面条似的软了下来，从毛坑的坐凳上滑下来，跌坐在踏板上。

阿开的两只耳朵始终同兔子一样竖得直直的，怕老婆菊香受欺侮而吃亏。

月亮也像害羞似的躲进了云里，草屋、道地，一切都变得阴暗，模糊不清。

夜又静得出奇，连树叶上的露水掉在地上，阿开也听得清清楚楚。

突然，阿开好像听到了一种声音，时有时无，时轻时重，阿开像被一根无形的棍子猛击了一下，他差一点昏过去。阿开听姆妈说过，他们结婚时是一张用红木雕的千工床，光木工就雕了一千多个工夫，后来因为阿爸赌博，把田地输光，走马楼的房子输掉，最后连那张千工床也输掉，所以，阿开同菊香圆房之前，姆妈不得不厚着脸皮向小伯家借来了几块木板，用两张长凳搁起来，就成了他们的婚床，由于板床厚度不匀，搁在凳子上就高底不平，人睡上去就会叽叽格格地响，弄得阿开和菊香上半夜不敢亲热，怕被妈妈听见。后来，细心的菊香想出了办法，每次要同阿开做那种事的时候，用衣服把木板垫起来，刚才，菊香怕老公在外面等的时间长、身上冷，临时把那件衣服抽出来，披在老公身上……

声音像一把尖刀，接连不断地刺进阿开的心窝，他全身的热血在往脑门上涌，所有的血管开始膨胀，好像就要炸开来一样，阿开一下子变成了一头发怒的雄狮，从毛坑草屋里冲出来，一脚踢开草屋门，冲进了房间……

被阿开从菊香床上拉下来的那个人叫张小海，是张家畈人，他还有一个阿哥，叫大海。

起初，因为家里穷，两兄弟给别人看牛，打短工，日子过得很苦。大海是个极聪明的人，他虽然没有读过多少书，可写得一手好字，村里有人结婚、做寿用的对联，都是他写的，还会画画，他画的牡丹、梅花，像活的一样。后来，兄弟俩开起了自己的纸槽，阿哥大海负责买稻草、踏料、卖草纸，阿弟小海专门负责做草纸。因为都是吃这门饭的人，两兄弟同阿开都是相当熟悉的朋友，平时还常在一起切磋提高草纸的质量问题。小海有事无事喜欢往阿开家里跑，菊香看小海是老公的朋友，也总是笑脸相迎，每次来都会泡一碗茶给他。

自从那次蚕花节之后，小海对菊香更有心了。

董家村（包括张家畈、陈家桥）每年要举行一次蚕花节，那一年菊香扮演蚕花娘娘，小海扮演蚕花童子，按照蚕花节的规定，蚕花娘娘和蚕花童子每到一份养蚕人家门口，蚕花娘娘要唱《撒蚕花》，执拂童子要有回音，当时菊香唱：猫也来狗也来，蚕花宝宝跟着一起来，天上落下蚕花来，蚕花落到伢蚕匾内，地上泛起银子来，大元宝从门角落滚进来；张小海接着唱：养蚕做硬茧，铁榔头敲勿扁，上不怕雷电刮闪，下不怕蜈蚣百脚，养蚕娘子喜笑颜开。小海一边唱，一边看着穿着红棉袄、绿裤子，擦着胭脂花粉的菊香，简直看痴了。过了蚕花节，小海找各种借口来接近菊香，他们家离菊香家隔着一个池塘，小海弄来一支喇叭，每天坐在后门口吱哩吱哩地吹，因为他家的后门正好对着菊香家的门。

小海姆妈知道小儿子犯了单相思病，警告儿子：“人家是有老公的，你别做那种白日梦了。”

他阿哥因为阿弟常常为吹喇叭耽误了做草纸，对小海说：“你就把吹喇叭当饭吃吧。”

小海嘴上不说，心里却在说：“你每天晚上抱着老婆开心，我可是睏倒一根棍子，爬起棍子一根，真是饱汉不知饿汉饥啊。”

大海是个很有经济头脑的人，由于日本鬼子侵犯，会稽有一批难民逃到了董家村、张家畈和陈家桥，难民中有不少就是织布工人，大海通过逃难来的织布工人，去会稽弄来了几台织布机，又在难民中挑选了一批工人，富春江两岸农民大都养蚕，他就地收购，于是，一家私人织绸厂就办了起来，而且生意兴隆。

阿哥办织绸厂，阿弟没事可干了，就同村里那些年轻人混在一起，到富春江里去捕鱼、到各个村子去追女人，特别是漂亮的小寡妇。小海因为条件比较好，虽然瘦了一点，个子长长的，皮肤白白嫩嫩的，被他看上的女人没有追不到手的。徐家棚有一个叫翠花的女人，因为她老公生理上有毛病，翠花同时好上了两个男人，而且每个男人上门的时候都要老公去为她的野老公买老酒款待，老公早有怨言，但在凶狠的老婆面前又只好忍气吞声。有一次，老公实在忍无可忍，他设法让老婆的两个野老公在同一个晚上到家里来，这一下，可有好戏看了，翠花的另一个野老公是徐家棚本村人，他叫来了几个哥儿们，把小海从翠花床上拖下来，扔进了一只臭毛坑里。

大海得知阿弟如此不争气，气得暴跳如雷。

“你再这样不争气，把我的名声都倒光了。”

“什么名声，你一个老婆不够，还讨小老婆，名气就好听了？”

“大海，早些给小海成亲，让他把野了的心收回来。”姆妈劝大儿子。

大海对阿弟说：“你在我绸厂里看中哪一个姑娘，只要告诉我一声，就把她取来给你当老婆!”

结果，小海娶了一个叫智娟的十八岁姑娘当老婆。

小海结婚后，确实安稳了一些日子，特别是老婆生了一对龙凤胎，更让他们全家开心，还办了十几桌满月酒。可是随着时间的推移，小海又有些不安分起来，他又拿起那支喇叭，“吱哩吱哩”地吹起来，这还不够，又去买来了一副鱼网，隔三差五地到菊香家后门那个小池塘里“捕鱼”，一天中，至少要去菊香门口走上三四趟。

小海被人五花大绑扔进毛坑里的事还没有在人们头脑中淡去，菊香的事又出来了，有人嫉妒小海：竟把董家村的第一美人弄到了手！更多的人同情菊香，可怜菊香：一个连自己亲生父母都不知道的孤儿，已经够苦了，为了给阿开生一个儿子传宗接代，吃了多少苦，受了多少罪！他们对阿开的那种出尔反尔的做法，让人哭笑不得。

“阿开一定是冲着小海会生双胞胎才选他的。”

“既然舍不得自己老婆给别人睏，为什么要叫人家上门啊？”

“想偷鸡又舍不得米，世界上哪有这么便宜的事。”

“今后叫菊香怎么做人啊？”

小海因为在做这种事情上是老手，脸皮厚得一面可以磨刀，一面可以切菜，他竟厚颜无耻地说：“我是看菊香漂亮才去的，换了别的女人我还不去呢。”

有人挑逗他说：“以后还敢去吗？”

小海抖起了二郎腿：“至少要阿开用香烟老酒来请我。”停了停，又补充了一句，“人家赶一只公猪去灌胎，还要给公猪吃两个鸡蛋补身体呢。”让他想不到的是“哗”一阵大笑，把他给笑呆了，莫名其妙地看着笑自己的人。

“小海，那么说，你是公猪啰？”小海在人们的笑声中溜掉了。

富春江的早晨最美丽，太阳从东方冉冉升起，江水从东头慢慢红到西头，江水变成了一幅巨大的红绸，在江风吹动下，上下起舞，几只白鹭在天空翻飞，像是在巨大的红幛上缀上了一片片白色的云。

董家村的女人们最喜欢在这个时候到江边来洗衣服、洗菜，早潮已经来过，晚潮没有来，水清又风凉；今天，又增加了一批洗蚕匾的女人，因为不久又要养蚕了。

菊香是来洗蚕匾的。

昨天傍晚，阿开就把蚕匾背出来，浸在江水里，怕被江水氽走，还用绳子把它们拴在江边的杨树上。

“菊香今年打算养几张籽的蚕呀？”是阿康嫂在问。

“阿开说，我身体不好，多养了怕吃勿落，从蚕种场只拿来了一张蚕籽。”菊香虽然为生儿子受了那么多的痛苦和折磨，可她像路边的一株小草，经过露水的滋润，阳光的照耀，又挺起腰杆，张开叶子往上生长，听了阿康嫂的话，天真地直起身子，用手指了一下自己的胸部，“喏，我把蚕籽都捂在这里了。”

菊香说完话还没有弯下腰来，只听“啪”的一声响，脸马上热辣辣地痛。她捂着脸，抬头一看，是小海的老婆智娟。没有等菊香开嘴，又是很响地“啪”一声，右脸上又是一记巴掌。

“你……你为什么打我？”菊香又气又恨，差一点跌到江里去。

“我就打你，打你这个不要脸的婊子、破鞋、烂货，竟敢勾引我的老公！”智娟嘴里喷着白沫星子，又扑上来要打菊香，被阿康嫂她们拉住。

“有话好好说，何必打人呢，当着这么多人。”三嫂也上来劝。

智娟嘴上的白沫星子更多了：“我今天就是要当着大家的面打这个不要脸的烂货，自己不会生，想叫别人的老公帮她生？”

菊香感到天旋地转，她想找个地洞钻下去，几步跑到江边，正想往江里跳，三嫂和阿康嫂及时把她拉住，随即又把她往草屋里送。

在菊香的身后，传来了幸灾乐祸的声音：生铁也是铁，熟铁也是铁，为何铁打铁？男人也是人，女人也是人，为何人压人？

阿开把自己的脸都打肿了，他一边打一边骂：“我不是人，我怎么会做出这种傻事来！”

他走在村子里，已经把头垂得很低了，有人却还要拿他开玩笑：“哈哈，阿开把头夹到自己的裤裆里了。”

“阿开，下一次该找我了，我会帮你生儿子……”

“还有我……”

要是在过去，阿开会上去一拳头把他的嘴巴打肿，如今，他赶忙往家里走，想躲起来；后来张小海的话又传到他的耳朵里，他简直要发疯了，想去找小海打一架，又一想，忍住了，这种事，像臭水毛坑，是越捣越臭的。

他只能打落门牙往自己肚子里吞。

阿开刚来到自家门口，见道地上站着一个人，他大口地喘气，还有一头汗水。

“韦世汤？”阿开觉得奇怪，因为他平时很少来他们家的。

韦世汤见了阿开，跳起来说：“阿开哥你可回来啦，我到处找你……”

阿开见他这么着急的样子，担心地问：“什么事？”

“阿……阿开嫂昏过去了？”

“在什么地方？”

“杨梅山！”

“她到杨梅山去做什么？”阿开问是这样问，他马上猜到菊香是到姆妈坟头上去的。可是既不是清明，也不是冬至，妈妈的祭祀日子还没到，这种不时不节的日子，到妈妈坟头上去做什么呢？

在去杨梅山的路上，阿开和韦世汤虽然走得上气不接下气，但还是从韦世汤有一句没一句的话中，知道菊香到姆妈的坟头就瘫倒在地的原因，阿开流着眼泪说：她太苦了，又没有地方去诉说，她只好向死去的姆妈去诉说……

菊香哭着说：“姆妈呀，我今后怎么做人啊……姆妈啊，只有来世做牛做马来报答你的养育之恩了……”

等阿开和韦世汤赶到，菊香已经醒过来，她看到阿开跑得满头大汗，埋怨韦世汤：“你怎么……把阿开哥叫来了？我只是头晕了一下。”

阿开想去扶菊香，菊香不要他扶，一定要自己站起来。可她站了几次，都跌倒了，全身软软的。

阿开叫韦世汤把他的牛牵过来，两个人一起，把菊香扶上了牛背。

韦世汤在前面牵牛，阿开在牛身边扶着菊香，防止她摔下来。

杨梅山是富春山的分支，从杨梅山到董家村，先要走过陈家桥，因为桥面很窄，且很长，韦世汤在桥上拉着牛绳，让牛从杨河里游过去，阿开背着菊香一步步地过桥，过了桥，菊香一定要下来，说自己走。

阿开拗不过菊香，只好把她放下来，扶着她。

菊香却往菊花家走去。

阿开拉了几次都拉不回来，也只好顺从了老婆。

18

菊花和阿水听到阿开把小海从床上拉出来的事，阿水的第一反应是："师傅怎么会做出这种傻事来？"

"难道他同我妹子事先没有说好？"菊花有些怀疑。

"不可能的，"阿水连连摇头，"这种事情两夫妻事先怎么会没有商量好的呢？"

"好像你有过经验似的。"菊花同老公开了句玩笑。

阿水却当真的了："我有什么事没有同你商量好就去做的？"

"啊，你也想去做这种事啊？"菊花半开玩笑半认真地看着老公。

阿水呆了一下，看着老婆："我敢吗？借我几个胆子我也不敢啊。"

"你这个老实头呀，"菊花在老公额头上戳了一下，笑着说，"我们不是有一个宏志了嘛，如果再生一个女儿，一男一女一盆花。"

"好呀，我们马上就去生吧。"阿水也同老婆开起玩笑，一把抱起了菊花，向房间里走去。

菊花挣脱老公的手，问老公："要不要去看看他们？"

"说什么呢？"

"他们做出这种事来，我的脸上也没有了光彩。"菊花皱起了眉头，又看一眼老公，"妹子从杨郎中那里回来不是马上就怀上了嘛，会不会是师傅生了一场'热急病'的缘故？"

阿水摇摇头："我去问过长生，他说这种毛病一般来讲是不会影响生育的。"

"会不会……阿哥真的老了？"

"你在说什么呀？师傅才四十出头，师母离三十岁还远呢，"阿水看了老婆一眼，"你不是常说，三十四十，如狼似虎嘛。"

"怪不得呢，你原来是只老虎啊。"菊花刚说到这里，见阿开扶着菊香来了，两夫妻急忙跑出门去帮阿开把菊香扶进屋来。

阿开原以为菊香是在气头上，在菊花家住几天就会回来的，他每次去看她，总像是陌生人似的，不理不睬，他也不放在心上。有一次阿开去看菊香，菊花把他拉到门外说："你还是把妹子接回去吧，这样下去，两个人越来越陌生……俗话说，夫妻没有隔夜仇嘛。"

阿开说："我也想早点把她接回去，可……她会不会又想起那天晚上？这都是我不好……"

菊花见阿开又在责备自己，同情地叹口气说："你也是没有办法呀。"

"谁叫我……"阿开看了菊花一眼，脸一下子红起来，"……没有用。"

"再去找个好一点的郎中先生看看。"

阿开把托张先生的事向菊花说了一遍之后，又摇头，又叹气。

菊花趁机把姨夫诊所的变化告诉了阿开。

原来，菊花姨夫自发生菊香的事情后，感到面子上有些落不下，把诊所的事传给了儿子长生。菊花也把妹子吃过姨夫的草药后没有怀孕，后来又到县城杨郎中那里去看了后就怀上了，还生了个儿子，因为逃避日本鬼子不小心被闷死了的事向长生说了一遍，其实，这些事长生早知道，不过他听了菊花的话，说："女人不会生孩子是相当复杂的，一般总以为是女人的原因，其实有好多都在男人身上。"

"所以阿开哥就……"菊花差一点把阿开借种的事说了出来，可她马上把话刹住，改口说，"所以我特地来问问你。"

长生郎中笑了，对菊花说："我又不是神仙。"

"那……怎么办呢？"

"还是请她来这里看看吧。"

"她还肯来吗？"菊花摇摇头。

长生哈哈大笑起来，说："表姐你再不要门缝里看人了。"告诉菊花他还到春光诊所里当过徒弟。

"就是杨郎中那个地方？"

阿开听了菊花的话，心头又像亮起了一盏灯，高兴极了，谁想到菊香却冷冰冰地回答说："我什么地方都不去，反正我命中注定没有儿子！"而且跟着阿开回到了自己的草屋里后，整天关在家里，真正到了步门不出。

菊香住在菊花家里本来是有些不想回去了，在自己家草屋里，一盏青油灯，四只眼睛，你看我，我看你，想起儿子信福，又会互相叹气，一起流眼泪，还不如在菊花家里热闹；再说菊花服侍得可周到了：一日三餐送到手里，连早上的洗脸水也送进房间来，菊香感动得几乎流出眼泪来。菊花的儿子宏志已经上学读书，阿水到田里去做生活，菊花也去富春山脚下割羊草，菊香就帮着菊花喂鸡、喂羊，空下来坐在房间里绣花（这是她叫老公从家里拿来的），过去那些烦心事可以暂时撇在一边，身心也轻松多了。因为绣花是个细心活，得专心一致，有时连宏志、菊花和阿水回来也不知道，有一天，一个影子在她面前一晃，菊香以为又是谁回来了，她随便问了一句："回来了？"并没有抬头，继续绣自己的花。

“嘿嘿，怪不得人家说你是筱丹桂呢。”

菊香听到声音有些陌生，抬起头，见面前站着个陌生男人，吓了一跳，手里的针线也掉到了地上。她见那个人色迷迷地盯着自己，大声问：“你是谁，想做什么？”

“我来帮你生儿子呀！”那个人开始动手动脚起来，正好菊花割羊草回来，那个人就贼一样地逃走了。

后来菊花告诉她，这个人是阿水的堂兄弟，叫有方，就住在自己家后面那间房子里，他好吃懒做，还是赌鬼，自己虽然有一个漂亮的老婆，却喜欢住在一个孤孀婆（寡妇）家里。

“怪不得好像在什么地方见到过？”菊香自言自语。

按照农村的习俗，生了儿子做满月，要给亲戚邻居分红鸡蛋，有钱的人家还会给儿子做周岁，办酒宴，以后每长一岁，做一次生日；穷人家的儿子没有那么讲究，宏志除了出生那天阿水菊花给亲戚朋友送过红鸡蛋之外，连周岁酒也不办。让阿开和菊香想不到的，阿水和菊花竟要给儿子做八周岁生日，还准备拜阿开和菊香做干爹、干妈。菊香再不好推辞了，答应和阿开一起去参加宏志的生日。

那一天，阳光明媚，风和日丽，阿水和菊花拉着儿子宏志早早地在陈家桥头等着。

阿开和菊香一走过桥，本来就有“小甜嘴”之称的宏志跑上去，阿爸、姆妈地叫个不停，阿开高兴地点头答应着，菊香好久不见的笑容也回到了她的脸上。

两户人家五个人，说说笑笑地进了屋，菊花更是忙得脚不点地，一会儿倒茶、送南瓜子，一会儿又忙着去灶间烧菜，菊香要去帮忙，她也不肯，说今天你们是客人，就坐着吃瓜子。菊香就是不走，说：“还是我们姐妹谈谈天吧。”

两个男人坐在桌子旁边喝茶、聊天，两个女人在灶间烧菜，宏志突然领进一个人来，大声地向阿爸姆妈报告：“表叔来啦！”

“表叔来啦？”阿水站起来，向阿开介绍：“是菊花的表弟，叫长生。”

“表……弟？”阿开看着菊花的表弟，呆在那里，他想起来了，那一年阿水带他们去姨夫家看病，一个年轻人在场地上晒草药，原来是姨夫的儿子啊。

听到有客人来，菊花先从灶头间走出来，菊香也跟了出来，当她看见长生，呆了一下，特别是他身上还背了只药箱，脸色一下子变了，一个人往门外走，边走边说：“我先回去了。”

菊花上去拉住她，说：“妹子，他到杨郎中那里去学习过……”

一听杨郎中的名字，菊香收住脚步，犹犹豫豫地回转身来，又同菊花回到了灶头间。

菊香真把杨郎中看成了神仙。

菊香好像猜到那些有真本事的郎中，不管是草头郎中还是洋郎中，讲话都像没有牙齿的老人吃芋艿：滑进滑出。这一回长生郎中也学起了杨郎中那种调皮滑脱的腔调："吃了我的药，试试看？"菊香是个聪明人，她猜得到杨郎中过去那句"还不好说"和长生郎中现在的"试试看"是一样的意思。

"有真本事的郎中就是用这种口气同病人说话，不肯一口咬死，不肯打包票。"阿水也这么说。

菊香忙叫老公跟长生郎中到他的诊所里去取了药，再来接自己回去。

阿开跟长生郎中前脚刚走，张家畈有人后脚就来找阿开，说寿昌麻子的大老婆死了，要阿开去帮助料理一下丧事。

"寿昌麻子的大老婆死了？"菊香猛吃一惊。

因为印象深刻，十多年前的事，菊香还记得清清楚楚。

那是一个春光明媚的日子，寿昌麻子要讨小老婆，阿开被他们家请去当厨师，菊香吵着要跟去，姆妈也对阿开说："就让她去看看热闹。"

寿昌麻子是张家畈的一个财主，因为大老婆至今连屁也不放一个，寿昌麻子急了：将来靠谁来传宗接代呢？这么大的家业谁来接替呢？这一回他娶的小老婆，听说还是个在读书的学生，因为阿爸同别人打官司输掉，房子也被没收，没有办法才把女儿嫁给比她大一半年纪的寿昌麻子。菊香是第一次看到这么热闹的场面：八个人抬的大红花轿，前面还有敲锣鼓、吹喇叭的开道，嫁妆呀什么的，排满了张家畈半个村坊。花轿到寿昌麻子家门口，寿昌麻子本来就胖得像一只肥猪，那天穿了一身新郎官衣服，好像正月里跳的狮子用大红绸子包装起来，滚到了轿子前面。他还想把新娘从轿子里抱出来呐，要不是由两个轿夫扶着，早把他压倒在地上了。

当时菊香跟着一批看热闹的孩子，往人多的地方挤，阿开也忙里偷闲，帮她抢了一手把"喜果"：三夹花生，十几粒玉米花。

当菊香从阿开手里接过"喜果"，几个男孩子眼红了，争着来抢菊香手里的"喜果"，菊香只好把"喜果"紧紧捏在手里、抱在怀里，躲到牛栏旁边去吃。

牛栏的门突然开了，一只手把她拉了进去。

"你是不是叫菊香？"把菊香拉进去的老女人问。

"你？"菊香打量着老女人，她衣服干干净净，头发梳得整整齐齐，就是有不少白头发，脸上的皱纹比她姆妈多。

“你姆妈我知道，是个富贵人家的千金小姐，可惜啊……”老女人不再说下去，从衣服口袋里挖出一大把“喜果”，送到菊香手里，说，“拿回去吃吧。”

“外面这么热闹，你怎么一个人躲在这里？”

不等菊香的话说完，老女人眼泪挂了下来：“我怕碍手碍脚，是自己要求住在这里的。”

菊香看到，她的身后还有一张床，稻草垫子上面还有一条被子，被面子是绸的。

当菊香把这件事回来告诉姆妈，姆妈流泪了，自言自语地说：“她不会生孩子，寿昌也不应当这样待她呀。”

“她说她自己要求住在牛棚里的。”菊香说。

“唉，你呀，年纪小，懂什么事啊！”姆妈叹口气说。

……

“她怎么就死了呢？”菊香坐在凳子上，一脸的心事，一脸的愁苦，连菊花进来叫了她一声，也没有听到。

阿开抱着药不是走回来，而是跑回来的。

菊香问老公，张家畈那个人碰到没有？阿开说：“我不想去啦，回去要给你煎药呢。”

菊花却在旁边打趣地说：“喔，阿哥这样巴结呀，想抱儿子想疯了吧。”

菊香是很希望老公回去帮自己煎药的，可又怕菊花再取笑她，对阿开说：“我什么时候变得那么金贵了呀，连药也不会煎啦？”

这时，张家畈那个人又来了，说：“其他几个人都来了，就差你了。”

阿开只好把药交给老婆，说：“你会煎的话，第一帖你先煎起来，不会煎呢，等我回来再煎。”

菊花把药从菊香手里夺过来：“我帮你们去煎！”

阿开走了几步，突然又回转身来吩咐菊香：“第一次水可以多放一点，先用文火煎……文火知道吗？”

“文火就是火苗小一点！”菊花笑着帮菊香回答。

菊香笑了，但她还是从菊花手里接过药，说要回家去自己亲手煎。

阿开也放心地跟那个人走了。

董家村人办丧事，有基本固定的一批人帮忙，包括为老人清洗身子，穿寿衣、盖脸纸，入殓、抬棺材等有一套程序，在这帮人当中，阿开是最年轻力壮的，所以是少不了的。

每次办完丧事回来，菊香总要先烧一锅热水，让老公从头到脚洗得干干净净，“把晦气洗掉”才准上床。

这一回，阿开一进门，第一句话就问菊香：“第一帖药煎起来吃了没有？”

“煎啦，用文火煎的！吃啦，你闻闻我的嘴巴！”菊香一边忙着给老公烧洗澡的热水，一边张开嘴巴，向老公面前凑过去。

阿开避开了，说：“等我洗干净了再来亲你。”

菊香把最后一勺子热水倒进桶里，又忙着去给老公拿换洗衣服，并娇嗔地说：“等一回，你要亲让你亲个够。”

不知道从哪一代传下来的，把结婚和办丧事都叫做“喜”事，不同的是结婚叫红喜事，丧事叫白喜事。不管是婚事还是丧事，东家对帮忙的人都要好好招待，但一般是没有工钱的，特别是办丧事，有句老话叫做“有吃没工钱，吃到三周年”，可这次寿昌麻子的大老婆办丧事，却额外送了“白包”。阿开因为心里高兴，喝多了酒，他一上床，先拿出白纸包，菊香拆开一看，哇，起码可以买两斗米的钞票呢。

“先吃一顿素豆腐饭，最后一顿全是荤腥：有鱼有肉。”阿开酒气冲天地说。

菊香问阿开：“寿昌麻子为大老婆办丧事还那么讲究呀？”

阿开向菊香身边靠了靠，神神秘秘地说：“我只告诉你一个人，千万别说出去。”

菊香看阿开一本正经，有些吃惊地问：“什么事啊？这么吓煞人的。”

“他大老婆是上吊死的。”阿开几乎是把嘴巴贴到老婆的耳朵上了。

菊香“啊”了一声，停了一会，又补问一句，“她为什么会这么想不通？”心里一酸，忍不住流出了眼泪。

寿昌麻子大老婆因为自己不会生孩子，向老公提出来要他及早讨个小老婆生儿子传宗接代，当时寿昌麻子不答应，说我少不了你，后来又说怕亏待了你。大老婆说：只要那个女人能为张家生个儿子，我给她做佣人、洗“骑马布”——月经带都肯。果然，小老婆第二年生了个女儿，第四年生了个儿子，大老婆同老妈子一样服侍她，不但帮她烧饭洗衣服，还帮助给小孩子洗尿布、倒大小便，小老婆还是嫌憎她服侍得不周到，当着寿昌麻子的面骂大老婆，说她到外面去讲小老婆的坏话，造谣说她如何如何风骚，一嫁过来就要寿昌麻子学《三国》里董卓的样子，在床的后档墙上装一面大镜子，他们两个人可以一边做事一边看；还说她同老公做那种事也不分场地，不管白天黑夜，要来就来，来的时候还像雄猫同雌猫在一起时那样“嘿咻嘿咻”地叫，叫得邻舍隔壁都听得到……“今后叫我怎么做人啊，我还有什么脸走出这个大门啊！”小老婆说着骂着，拍手顿脚地大哭起来，虽然大老婆再三申辩自己决不会说这种话，寿昌麻子还是打了大老婆一巴掌。这样的侮辱还不算，儿子满月、做周岁生日，不要大老婆插手任何事情，说她身上有晦气；特别是今年过年，寿昌麻子和小老婆带着儿女高高兴兴地吃团圆饭，却让大老婆一个人在牛棚里过年……

“这种日子真的还不如死了好。”菊香没有看阿开，这样说。

这一夜，菊香做了个可怕的噩梦：她住在猪栏里，那只猪正在咬她的脚，她问母猪：“你为什么吃我的的脚？”母猪说：“你还不及我，我会生小猪，你又不会生儿子，留在世界上有什么用？还是让我吃掉你……”菊香想叫阿开救她，阿开听到她的叫声，连头也不回。“阿哥……”菊香哭着叫着，醒来了，见阿开已经点亮了油灯，问她：“你做噩梦了？”

菊香只是呆呆地看着老公，眼泪同汗水混在了一起……

长生郎中开了五帖药，菊香感觉好像吃了几十帖，时间特别长；而且每帖药都是菊香自己煎、自己吃，连阿开也不要他煎。

阿开看着菊香，嘴巴上没有说，心里却在暗笑：“为了生儿子，连老公也不相信啦？”

菊香的脸，因为吃药变瘦，原来的鹅脸蛋成了刀把脸；菊香的头发，因为吃药变黄，像冬天枯黄的茅草。菊香照照镜子，自己也吓了一跳：我怎么会变得这么难看了？这还是我吗？

不过她想到马上就能生儿子了，心里也高兴了不少。

按照预先约定：五帖药吃完后再去复查。菊香早早起来，洗梳打扮，虽然没有头油，菊香还是在手心里倒了点清水，把两边鬓角的头发抹得光光的。

照阿开的意见，想去约菊花一同去徐家棚，菊香坚持先去徐家棚长生郎中那里复查，然后再转到陈家桥去看菊花。

到徐家棚的路已经走过好几趟，熟门熟路，从感觉中好像特别近，一眨眼工夫就到了。

长生郎中也在诊所里等着他们。

长生郎中同上回给菊香看病时那样，先看她舌苔，再搭脉；他虽然是个草头郎中，也同杨郎中一样让她睏到一张高高的台子上，同样用起了把两根管子插在耳朵里、用一面小镜子在病人肚皮上照来照去的机器，就是少一样：不要菊香脱裤子查她的下身。

一切做完了，长生郎中又重新做了一遍。

做第一遍的时候，长生郎中还问菊香胃口开不开，在做第二遍的时候，他的嘴巴闭得铁紧铁紧，脸也阴沉沉的。

阿开一个劲地在旁边问郎中：“怎么样？怎么样？”

菊香的心也扑通扑通地跳起来。

最后，长生郎中收起那些东西，往桌子上一放，在阿开背上拍了一下，小声说："到外面去说。"

菊香后悔死了，不该不叫菊花来，连帮她偷听的人也没有，她来不及穿鞋子，从台子上滑下来，长生郎中最后的那几句话，还是钻进了她耳朵里："因为月子里得的病，看样子……真的不会再生了。"

菊香脑子"嗡"的一声，瘫倒在地上……

19

听说菊香不会再生了，小伯、小姆妈急得在屋子里打团团。

"我可怜的大哥，这种事这么会落到他的头上呢？"小伯说。

"菊香也太可怜了，为了生儿子，把人都折磨疯了。"小姆妈说。

三嫂更是拍着巴掌说："怎么会这样呢？"她看了一眼坐在一边抽烟的老公，"我嘛，太会生，像老母鸡生鸡蛋一样，骨碌笃一个，骨碌笃一个，我是生厌了，菊香她……"

阿平不满意地横了老婆一眼，继续抽他的烟；三嫂又拍一下巴掌，问老公："我难道说错了？唉，老天怎么这么不公平，会生的生得讨厌煞，不会生的硬要它生也生不出来……"她看到老公立起身走出门去，才住了嘴。

阿水和菊花听到长生说菊香真的不会再生了，两个人都知道这对菊香的打击是多么大，他们马上带宏志来探望，而且事先同宏志说好，要像对亲姆妈一样地对干姆妈。

果然，菊香听了宏志一口一声的"姆妈"，稍稍有些开心起来，还把宏志抱在怀里，眼眶里强忍着泪水不让流出来。

其实她是强作欢笑，心里同油煎一样地痛，她想起了自己的儿子，又想起了寿昌麻子大老婆的下场。

三嫂听说菊花的儿子给菊香带去了一些安慰，同老公阿平说："干脆，我们把老三关林送给他们当儿子算了？！"

阿平吃了一惊，说："你要把关林送给他们？你身边还有几个儿子？又不是萝卜白菜，说送就送。"

"我们两家不是住在贴隔壁吗，把关林送给他们，还是可以回来的。"看样子，三嫂送儿子的决心是下定了。

"这……这……"阿平"这"了半天，终于找出了理由，"人家以为我阿平贪图他们家什么财产呢？”

“贪图什么财产？一间草屋两张嘴，谁肯过继给他们当儿子，谁去送好了。”

阿平见说不过老婆，他抓抓头皮：“反正儿子是你生的，你说送就送吧。”

“好，明天先去问问阿开、菊香同意不同意？”

正好，菊香从三嫂家门口路过，三嫂把菊香叫进屋里，当着阿平的面，打算把他们家老三送给阿开和菊香当儿子的事说了一遍，菊香吃了一惊，她知道三嫂是为了安慰，激动得眼泪在眼眶里打转，说：“好是好，可我们家太穷，关林过来要吃苦的。”

“我们家不是一样苦吗？这种朝代，我们穷人到哪里都是吃苦，关林要是有孝心，至少可以给你们当个伴，你们老来也有个依靠。”

菊香被三嫂俩夫妻的真情感动，但她没有马上应承下来，这么大的事，得同老公商量，先要得到他的同意，说白了，是为他传宗接代，她自己，连姓什么也不知道。

谁想到菊香同阿开说了以后，他怔怔地看着菊香，好久没有出声，这是从菊香和阿开圆房以后极少有过的。

因为自己老婆真的不会生了，阿开还高兴得起来吗？

最后，阿开说了一句董家村老人常说的俗语：“野生的麻雀养不活，别人的儿子养不熟！”顾自己睏觉了。

菊香一夜没有合眼，流了一夜的眼泪。

菊香是硬撑着给老公烧好了早饭，服侍他吃好，一个人坐在灶底下发呆。

“菊香！”一个声音从门口传来，接着走进一个人，是小姆妈。

在菊香印象里，小姆妈一般没有事是不会到这间小草屋里来的，虽然只有一墙之隔，而且是这么近的亲人；平时，菊香会很快站起来去迎接小姆妈，可是今天她实在不想动，不过她心里在想：小姆妈又来做什么呢？她不是把原来要她绣的花也不让她绣了吗，她还来做什么？

这是几天以前的事：菊香已经绣了一大半的《五子登科图》，因为鬼子进村才停下，小姆妈答应等菊香病好了后再继续绣；后来她从徐家棚看病回来，正在灶底下流眼泪，忠泉的大女儿金妹捧着两块大红绸子过来，菊香当时很高兴，问金妹：“是小姆妈让你来找我绣的？”

金妹尴尬地摇摇头：“是小姆妈要我帮她绣。”金妹见菊香呆在那儿，结结巴巴地说，“小姆妈说，这是她儿子结婚用的，要绣一幅《五子登科图》，说原来是你绣的……现在……因为……你……”金妹看到菊香的脸色越来越难看，再也不敢说下去。

菊香心里像有针在刺，但她是个聪明人，猜到小姆妈不要她绣的原因，装得心平气和的样子改口问金妹："是小姆妈叫你来问一些针法怎么绣？"

金妹高兴地点点头："这种花技术要求高，我怕绣不好，小姆妈说，叫我来请菊香姐指点……"

菊香深深吸了一口气，尽量让自己冷静下来，说了句"我明白了"，开始耐心地把绣《五子登科图》的针法教给了金妹。金妹满意地走了，菊香的眼泪又像下雨一样从眼眶里冒出来，问自己："难道我真的是个废人了？"

这一回，小姆妈竟走到灶底下，同菊香一起坐到烧火凳上，拉过她的一只手，动情地说："可怜的闺女，太难为你了。"看样子，她是来赔礼道歉的，特别是那一声"闺女"，菊香心里一阵暖和，勾起了她多少心酸和痛苦，突然扑到小姆妈怀里，哗一声大哭起来："我的信福啊，你为什么要走啊，叫姆妈今后怎么做人啊！"

小姆妈确实可怜菊香，想来劝劝她，让她想开一些，为了表示亲近，还用了"闺女"这两个她从来没在菊香身上用过的字，菊香这一哭，倒使小姆妈心里有些心慌乱，她本来是个少言寡语的人，菊香不会生孩子的事是郎中先生说的，老公在家里说过"大哥家从此要断种了"的话，她知道绝对不好在菊香面前提半个字，现在菊香既然提起了信福，她突然想起小时候听姆妈讲过的故事，想讲给菊香听听，叫她再不要开口闭口提信福，使自己伤心。

小姆妈告诉菊香，听老辈人说，老早老早以前，天堂里的神仙和人是住在一起的，大家一起过着和睦开心的日子，后来有的人做起了贼骨头，有的人做起了强盗，比如日本鬼子……神仙生气了，就把天堂搬到了天上，和人断绝了来往……小姆妈看看菊香，帮她揩去了挂在眼角的泪水，说："小神仙们有时候还是会到人间来看看、玩玩……"她见菊香睁大眼睛在看着自己，又接着往下说，"不过呢，他们到人间来，先要投胎变成人，不然被坏人看出自己是神仙，就麻烦了。"

菊香的眼睛渐渐明亮起来，她拉住了小姆妈的手问："小姆妈，我的信福会是小神仙来投胎吗？"

小姆妈为了让她开心，连忙点点头："当然，当然，为什么他叫信福，就是幸福嘛。现在这种世道，只有天上的神仙才幸福！"

"那……他为什么这么快就又回到天堂里去了呢？"

小姆妈皱起了眉头："他刚一到人间，看到日本鬼子那么凶，吓坏了，就逃回去了。"

"那么说我的信福不是我把他闷死的，是他看到地上有日本鬼子，自己逃回去的？"

小姆妈已经走了好久，菊香还在道地里站着，她是送小姆妈走出来的，抬头看看天上，虽然太阳还没有下山，好像看到了天上有两只眼睛在看着她，菊香脸上露出了欣慰和微笑。

后来有好几个晚上，菊香都会梦到儿子信福，他长得同宏志小时候一样：胖嘟嘟的脸，红红的，白里透红，真好看，真可爱。菊香问他：“想不想姆妈？”信福奶声奶气地回答：“想啊！”菊香问儿子：“哪里想？”信福伸出胖嘟嘟的小手，指了指自己的心口：“这里想。”他还问菊香，“姆妈为什么不来陪我玩，让我一个人孤零零的？”

那一夜，菊香的眼泪又把枕头打湿了。

20

让阿开奇怪的是菊香竟自作主张到长沙庙去为阿爸、姆妈和信福定做了一场道场。

“这不时不节的，又不是阿爸姆妈和信福的忌日，你怎么想起做道场来了？”阿开用吃惊的目光看着菊香。

“因为我亏欠他们太多，这一世没办法再回报他们了，”菊香眼泪汪汪地抬头看了阿开一眼，又补充了一句，“我已经把日子订好，这个月十五！”

“可……做道场要钞票，我们家饭也快吃不上，还有什么钞票……”

不等阿开说下去，菊香一副胸有成竹的样子说：“庙里的老和尚说，过去做道场收钞票，现在也可以用粮食来代替。”

“粮食不就是钞票吗？”阿开有些生气，声音也响了起来，在他的眼里，菊香除了小时候喜欢撒娇、调皮、要同阿开闹别扭之外，自从圆房之后，对阿开可是百依百顺的，如今变样了，变得他有些不认识了。

菊香放下了正在补的衣服，看了阿开好一会，放低了声音说：“小姆妈答应借给我们一担玉米。”

阿开后来冷静地想了想，菊香也是一片孝心，过去她不是受了委曲到阿爸姆妈坟头上去哭诉过吗，她对姆妈的感情太深了，只好停了纸槽，陪老婆到长沙庙去做了一天一夜的道场；日本鬼子进来以前，庙里烧香的人多，做佛事的人家也多，和尚忙得脚不点地，一般香客很少见到他们的，这一会阿开陪菊香刚走到庙门口，一清和尚就来接他们，一进入做道场的观音殿，一向在膳房里烧火的哑巴和尚还为他们送来了两杯茶。在做道场的时候，亲人要跪在菩萨面前，菊香更是哭得昏天黑地，几次昏倒在草蒲垫子上，弄得念经的和尚不得不几次停下来；阿开几次要菊香去旁边躺一下，她就是不肯，一醒过来，就同阿开并排跪着，伤心地哭着。

好容易做完了道场，在从庙里到家里的路上，菊香又说要给阿爸、姆妈和儿子念一桌十二生肖佛，说做道场是超度阿爸、姆妈和儿子早日升到天堂里去，十二生肖佛是给他们送钞票，免得他们在天堂里同我们一样过穷苦的日子。阿开真有些生气了：这样折腾下去，下半年我们两夫妻只好喝西北风了！可是他看着越来越瘦、越来越变态的老婆，心里是一阵阵地痛，好在念佛只是叫十二个不同生肖的老太婆念念，阿开只问了一声："谁去叫她们？是不是托三嫂？"

"陈仙姑会帮我们的。"菊香说。

照阿开的估计，菊香再这样折腾下去，不但会把从小姆妈家借来的一担玉米弄光，连她自己也会累倒，但他更知道老婆倔强的脾气，不睏倒床上爬不起来是不肯歇的，所以他也做好了长期服侍老婆的心里准备，是啊，一个连自己的阿爸、姆妈也不知道的孤儿，他看着她长大，而且成了患难夫妻，这是老天安排的，自己是一个大男人，比菊香要大一肖多呢，过去，他同妹子一样待她，现在，又是他的老婆，姆妈说，要修行千年才能共一个枕头。让阿开放心的是，菊香自从做完道场，念了桌十二生肖佛，她像办完了几件大事，不再愁眉苦脸，对阿开也更加关心，起早摸黑地把阿开那些破旧衣服一件件地洗干净，又一件件地补好，有时阿开见菊香太吃力、太辛苦，一次次地打哈欠，劝她早点睏，明天白天再补，又不赶着穿。菊香笑笑说：反正睏不着，你先睏吧。第二天阿开起来，见菊香把昨天晚上补好的衣服整整齐齐地叠在床头，有时候还像要出远门的姆妈嘱咐自己的孩子一样嘱咐阿开，冷热要当心、饭要吃饱……每次听到菊香这些关心的话，就有一股暖流在心里流淌，他越加要拼命做生活来回报老婆的关心，让菊香今后的日子过得好一些，所以阿开总是天蒙蒙亮出门，除了中间回来吃一顿中饭，要做到天黑下来才收工。他要把前段时间陪菊香看病，服侍菊香吃药耽误的生活补回来，欠张先生（其实是欠小伯）的债能及早还清。

因为抢着做完最后一塘草料的草纸，阿开回家来的时候已经上灯，菊香好像等急了，她把那盏菜油灯从一根灯草增加到两根灯草，草屋里亮堂堂的；今天的菜也特别好：一碗嫩南瓜炒黄蛤肉，黄蛤是菊香亲自到富春江里去摸来的；一碗白鲞蒸鸡蛋，白鲞是过年时省下来的；还有一碗鲜嫩的豆芽菜，是长脚阿龙挑担送上门来菊香买的；当然，那碗霉干菜已经蒸得时间长，油汪汪、香喷喷。

"今天……有客人来？"阿开一进门就闻到一股香气，又看到桌子上那么多菜，有些不相信地看着老婆。

"客人？"菊香回头看了一眼老公，笑着说，"就是你呀！"

菊香在给阿开倒老酒的时候，还说："这些天阿哥辛苦了，今天多喝点，好好睏一觉。”她的眼睛始终盯着阿开，久久地不肯离开。

阿开实在是太劳累了，他匆匆吃完晚饭，一倒在床上，就呼呼地打起鼾来。

不知道是阿开自己醒来的，还是被菊香弄醒的，阿开看到房里的灯还亮着，菊香坐在他身边，痴痴地看着他。

“你还不睏？”阿开再一看，菊香手里还捏着针线，好像还在缝补衣服。阿开翻了个身，刚想睏着，菊香突然对阿开说：“阿哥，抱我一下好不好？”

阿开第一次听到菊香用嘴巴说出来，用惊奇的眼光看了她一眼，是啊，两夫妻多少天没有亲热过了，可阿开一想到明天的生活，说：“我明天一早还要去犁秧田呢，这几天做生活实在太吃力，下次再抱好不好？”他刚说完这句话，鼾声又响了起来。

阿开实在是太累了。

菊香在灯光下久久地看着老公，还用手轻轻抚摸了一下老公的头发，她胸前的衣服早已经湿了一大片。

因为是春耕大忙季节，放牛的人天不亮就出门放牛，他们唱着放牛人特有的歌，骑在牛背上，向富春山脚有青草的地方走去，牛蹄子踏在官道的青石板上，发出“的的咯咯”的声音；公鸡也开始啼叫，先由一只领头，一只接一只地跟上来。董家村的女人听到鸡叫，点上灯为自己的男人烧早饭，菊香也不例外，她早早地为阿开烧好了早饭：碎玉米和白米煮成的“金镶白玉”，昨天晚上留下的菜又在饭架上蒸热，给阿开端到桌子上。

阿开一边吃早饭，想起昨天晚上的事，看了菊香一眼，不好意思地说：“昨天晚上我实在太吃力了，以后加倍补偿你。”

菊香端饭碗的手颤抖了一下，她看着正在低头吃饭的老公，大滴大滴的眼泪掉进了饭碗里，她几乎迈不开脚步了，硬撑着走到灶底下，一屁股坐在烧火凳上。

阿开要赶着去犁田，吃完饭，从衣架上拉下那块富春江男人特有的大手巾，在肩背上一搭，顾自己出去了。菊香捧着饭碗，从烧火凳上“嚯”一下站起来，一直跟到门口，她多么想阿开能够再回头看她一眼、自己也能多看老公几眼，可阿开在三嫂家的菜园边拐了个弯，看不见了。菊香突然感到有一阵寒冷向自己袭来，浑身发抖，心痛得蹲在草屋门口好久没有站起来。

三嫂一早起来想去看看菊香，问问她阿开答不答应她家的老三给他当儿子，早点定下来，也好让菊香早点开心。菊香家的门却关着，她叫了几声，没有人答应。一个放牛郎赶着牛从江边回来，告诉三嫂，阿开嫂到江边去了。三嫂心里在猜想：“菊香这么早到江边去做什么?”也向江边走去。

三嫂看到送官埠那块大青石板上站着一个人，吃了一惊：怎么这身打扮呢？穿得同新娘子一样，再仔细一看，这不是菊香吗？她穿的不就是同阿开圆房时的那套红衣服吗？菊香这个奇怪的举动把三嫂的心提到了嗓子眼，因为这些天来菊香的举动是那么出奇古怪：又是到长沙庙做道场，又是念十二生肖佛，她做这些事，也不同三嫂商量一下，她过去可不是这样的呀。她边叫边向菊香身边跑过去，却只见菊香两手举向天空，在大声地呼喊：“老天爷啊，你保佑阿开哥有个儿子吧！”

这时，江里正好有几只鱼船在捕鱼，他们也发现了菊香的行动有些奇怪，凭着他们以往的经验，知道要出事，一边把船飞快地向江边划来，一边大声呼叫：“小心啊，掉下去就没有命了！”

“信福儿啊，姆妈知道你一个人在天上孤零零的，没有人照顾，姆妈来陪你了！”

三嫂只差一步就可以拉住菊香的，却只见眼前红光一闪，菊香不见了。富春江里的水打着旋涡，向东流去，不断地流去……

“菊香……”

“有人落水了！”

“有人跳江了，快救人啊！”

听到叫喊声，村子里的人都赶到江边来，有的手里拿着长竹竿，有的手里拿着绳子，还有女人手里还捏着镬铲。后来，在田里做生活的人也赶回来，他们个个赤着脚，手里还拿着锄头、铁耙、牛鞭。

阿开跑到半路就听说菊香跳了江，他昏倒了，是阿水和阿平两个人架着他来到江边的。

是啊，自从长生郎中说菊香不会再生了，阿开的一切希望都破灭了，认为命运对他太残酷了，但每次想到菊香，阿开心里就有了安慰：人家一世讨不到老婆，结果老死在破烂的草屋里，也没有人知道，我阿开竟然大雪夜有观音菩萨给送来了这么好的一个老婆，还生了儿子信福，要不是日本鬼子，菊香还会生一个当武状元的儿子……

阿开用拳头敲打着自己的头，哭叫着：“菊香，菊香是我害了你呀！”

是啊，自从菊香听到说她不会再生了，她的一切希望都已破灭，那时候，她是多么要老公的安慰、爱抚呀，阿开应当加倍地关心她、照顾她，可老实得同木头一样的阿开自顾自己埋头做生活，认为只要生活好了，菊香也会高兴起来的，都忽略在行动上、精神上给菊香更多的体贴、爱护，甚至昨天晚上她要他抱抱，也没有在意，顾自己睏觉……

阿开在地上跳着、颠着，两个男人也按不住，他哭叫着：“菊香，你为什么要走这条路呀？”

自从听到菊香不会再生了，村里那些长舌女人又胡言乱语起来，说：“阿开要讨小老婆了，”还说那些从会稽逃难来的女人很便宜，只要有口饭吃就可以。阿开常常躲着这些人，还担心这种话会传到菊香的耳朵里……

阿开哭着、颠着、重复地叫着：“菊香，是我害了你呀！”

自从阿开为寿昌麻子的大老婆料理完丧事回来，有一天，在自己家的草屋门口碰到阿康嫂，她同阿开开玩笑：“阿开，你可不要同寿昌麻子一样啊。”菊香正好在门口听到，躲进灶底下，好一段时间不肯出来。“我当时知道你是听到阿康嫂那句话，以为阿康嫂只是开一句玩笑，你也不会把她当真的，也没有跟到灶底下来同你说明白，我的脑子怎么这样笨啊，我是猪脑子呀，菊香啊！”

自从那天以后，阿开感到菊香又变了，变得更“关心”阿开，为他缝补破衣服，整整齐齐地摆好，还像吩咐小孩子一样地吩咐他，连菊花、三嫂都看出一点苗头来了，她们为了安慰菊香，一个把儿子过继给她，一个要把第三个儿子送给她，可我这个当老公的、每天睏在一张床上的人却没有感觉到。

“菊香啊，我们冤枉做了半世的夫妻，我欠你太多太多了，来世再补上吧！来世啊来世啊……”

阿开又一次晕了过去。

听了阿开的哭诉，三嫂和菊花越加伤心，但她们已经哭不出声音，只能匍匐在地上抽泣，不断用手拍打着青石板。

菊香的死，震动了全董家村人，男男女女老老少少都赶到送官埠来，对着滔滔江水流泪，有嚎哭声，也有抽泣声；江水也开始咆哮，上下翻滚，像要把世上的一切污泥浊水冲刷干净；起风了，江面上飘过一团团白沙一样的雾，越聚越多，越聚越浓，雾变成了雨，这雨像富春人过年在筛年糕粉，无声无息地落到江水里，江水里又有雾升到半空里；天空的雾、江里的雾，互相交替，又互相交融。

从安定山顶爬上来的太阳，不知道这里发生了什么事，照样笑眯眯地解下自己的腰带，投向人间。

“彩虹，一道彩虹！”人们惊叫起来。

一条七色彩虹，从送官埠的江面上升起，慢慢地向上、向上，一直升到人们肉眼看不到的天上。

往常，在江水里捉了一夜鱼，肚皮已经吃得很饱的天鹅、白鹭、灰鹤、大雁……天一亮就到富春山上或者江田池里去休息，今天，它们却恋恋不舍地绕着彩虹飞舞：七色的彩虹，上下翻飞的天鹅、白鹭、灰鹤、大雁，它们映衬在绿色绸子一样的富春江江面上，成了大自然一幅美丽的、活的画。这道彩虹，也成了菊香去儿子那里的天桥！

“海和尚，海和尚来送菊香啦！”人们看到富春江江面上，有两个光秃秃的脑袋探出水面，在向大家招手。

21

董家村的人都自愿凑份子为菊香翻一场“九楼”，来超度菊香，其中不少人在富春山逃难时骂过菊香儿子的，这次为菊香“翻九楼”，以赎罪的心出了双份。

老辈人说，凡是溺水死的人，需要“翻九楼”来超度，先让她的灵魂脱离水牢，才能让她（他）到天庭成为仙女或者仙童。董家村的人都认为，像菊香这样漂亮、心地善良的女人，肯定能到天上去当仙女的，那一天的彩虹就是接菊香上天的梯子，还有两个“海和尚”陪侍。

那时在农村，除了做道场超度，“翻九楼”超度投江人是最隆重的仪式。“翻九楼”可不是一般的和尚、道士敲敲锣鼓、念念经这么简单，要用九张八仙桌，不用任何钉子，就一张叠一张搭起来（形式就像现在的杂技“椅子顶”，据说，这“椅子顶”就是从古代“翻九楼”移植过去的），一共要搭九层（九张八仙桌），“翻九楼”的人背上背着用红纸糊起来的象征菊香的纸人，在猛烈的锣鼓声中，从第一张桌子翻起，然后一张一张地翻，每翻上一张，做几个动作，念一回经，再翻上第二张……最后翻到第九张桌面上，才把身上背的纸人（菊香）卸下来，朝东南西北方向拜过之后，然后烧掉，让纸灰随着从富春江里吹来的风，向天空飞去，一直飞到人们看不到的地方。

因为菊香没有亲生的儿子，孝子帽和菊香的灵牌没有人戴、没有人捧，经过小伯和阿开商量，阿平和三嫂的小儿子关林，虽然菊香来不及答应就走了，难为三嫂两夫妻对菊香的体贴、爱护，就让关林戴了孝子帽，捧菊香的神灵牌位；阿水和菊花的儿子，是正式继拜过的，作为菊香的继拜儿子，也披麻戴孝，手执灵幡，同关林并排跪在“九楼”最下面那张八仙桌前面。

八仙桌上点着白色蜡烛，供奉着菊香的神灵牌位。

照老规矩，阿开是用不着在亡妻牌位面前跪的，可阿开第一个早早地跪在那里，他的嘴里已经发不出声音，凭着他的嘴形，就是一句话：“是我害了你！”人也同呆子一样，一动不动地趴在那里，一直等到“九楼”翻完，象征菊香的纸人化成灰，飞向天空，他还跪在那里，什么人也劝不进，什么人也拉不动。阿水就像忠诚的保镖，跟在阿开后面，一步不敢离开。

不少人说他们活了那么大年纪，没有看到过“翻九楼”，所以来江边的人不只是董家村、张家畈、陈家桥，还有胡家沙、徐家棚的，有些人是因为菊香死得可惜、可怜，来送她，顺便看热闹；有一些人却把“翻九楼”当成了一场演出，看新鲜，同正月十五赶戏文场一样。

“九楼”翻好了，人们开始渐渐散去，但有几个小“闹闹”觉得还不够过瘾，总想寻找点新鲜事情出来再热闹热闹，他们中有人发现了三嫂，打趣说：“三嫂，今天怎么没有听到你哭唱啊？”

另一个说：“‘翻九楼’有什么看头，还是听你哭唱好！”

三嫂在富春山龙潭边那场有声有色有门有调的哭唱，出了名。

三嫂一怔，上上下下打量着这几个小闹闹，都是老脸孔，突然挂下脸，一本正经地、用已经哭哑了的嗓子问：“你们真想听我哭唱？”

小闹闹以为又找到新的“乐”子，一个个喜笑颜开地点头，围住了三嫂。

三嫂用手指一个个点在他们的鼻头上，一个个地问：“真想听？”

小闹闹一个个嬉笑着，点着头：“当然想听。”

听说三嫂要为菊香的死哭唱，有些人已经走了，又走了回来。

三嫂看了一个个围着她的小闹闹，神情自若地先咳了一声，清理了一下喉咙，然后用了最后一点发声能力，一字一顿地说：“等你们的爹娘死了又没有人给他们哭丧，我再来哭唱。”说完，头也不回地走了。

几个小闹闹吃了一鼻子灰，正在哭笑不得，突然听到一个苍老而又嘶哑的哭声，由远而近，他们抬起头一看，是一个年轻人背着一个头发雪白、混身瘦得只剩一张皮和一把骨头的老太婆，向富春江边跌跌撞撞地奔来。

老太婆边哭边说：“老天爷啊，你为什么这么不公平啊，她已经够苦了，为什么还要让她遭受这种罪孽呀？”

听到哭声，菊花第一个跳起来，一脸疑惑地奔向表哥背上的姆妈：“姆妈，你来做什么呀？”

阿水跟在老婆后面，一边跑一边问：“姆妈，这到底是怎么回事呀？”

两夫妻手忙脚乱地从长生背上扶下姆妈，菊花姆妈却从地上爬着，爬向了那张曾经摆过菊香牌位的八仙桌，抱着桌子脚哭昏了过去。

阿开像从噩梦中醒来，他爬着跌着来到老妇人面前，神情木呆地看着对方，张了张嘴，但没有发出声音，因为他为哭菊香，嗓子全哑了。

菊花姆妈见阿开扑过来，她想迎上去，只觉得眼前一黑，又晕了过去。

阿开抱起她，朝自己的草屋奔去。

长生、阿水和菊花在两边帮忙捧头、抬脚、抬手。

已经散去的人重新又聚集拢来，互相打听："这是谁呀？"

从徐家棚来的人吃惊地说："这不是我们村的财旺阿婆吗？她已经疯了好几年了，全靠女儿菊花照顾着。"

一向冷清的草屋，一下子又热闹起来，里三层外三层地挤满了人。

幸亏陪同来的是长生郎中，在他指挥下，把菊花姆妈平放在阿开的床上，拿出银针，在她的人中上轻轻刺了几下，菊花姆妈终于哇一声哭了出来：

"我可怜的女儿呀，你连姆妈也来不及叫一声，就这么走了哇！"

"菊香原来是财旺阿婆的女儿呀？"有人在旁边惊奇地问。

"怎么瞒得这样牢，我们邻舍隔壁都一点不知道。"

"姆妈，菊香是我的亲妹子，你怎么连我也不告诉一声啊？"菊花哭着扑在姆妈怀里。

阿开和阿水你看看我，我看看你，也是一脸的疑惑。

菊花不止一次听姆妈说过，她还在娘肚皮里阿爸就死了，是在富春江里抢潮头鱼被潮头卷走的，当时连尸体也找不到，可是过了三天，当徐家棚有人再去江里抢潮头鱼，只见最高的那个潮头上有一个白白的东西，大家以为又是一条大鱼被潮头卷来，冒着被潮头卷走的危险，把它从潮头上抢回来，到了岸边一看，原来不是鱼，是你阿爸的尸体。

"他是不甘心离开我们啊！"菊花姆妈哭着说。

富春江的潮头是很有名的，它从钱塘江涌上来，虽然转过几个弯，但势头一点不减，如果碰到台风，潮头会变得更大更凶猛。住在富春江边的人，都知道抢潮头鱼，因为大潮会卷来各种各样的鱼，听人说，在董家村背后的沙滩上曾经卷来过一条一百多斤重的大鱼，所以，住在富春江边的老百姓，都喜欢在潮头来的时候去抢潮头鱼，发点小财，而且潮头越高，卷在潮里的鱼就越多，但危险性也更大，听说菊花阿爸是被从骆山嘴上返回来的回头潮卷走的。

本来家里已经断粮了，留下一个怀着孩子的女人，怎么生活呀？菊花姆妈好几次想跟了老公去，可都没有成功。

是一个光棍男人救了她（这是菊花第一次听到）。

他叫李如斌，是外地人在徐家棚大财主徐金荣家当长年的。徐财旺家正好住在徐金荣家长年屋的旁边，平时进进出出都是认识的，有时，如斌还向财旺嫂来讨茶喝，一来二去，就熟悉了。

是如斌帮助财旺嫂料理了老公的丧事，也知道她家已经没有了粮食，他每天从自己嘴巴里省下“一口饭”，偷偷包在大手巾里，路过财旺家门口，趁天黑夜深偷偷摸摸送到财旺嫂的手里。财旺嫂就把这“一口饭”，再加上麦皮，或者玉米粉，或者南瓜，或者野菜，不但养活了自己，还把女儿也顺利地生了下来，取名菊花。

眼看着女儿慢慢长大，菊花姆妈想，这样偷偷摸摸的日子要过到何年何月才出头呀？她想嫁给李如斌，李如斌也想把她娶过去，做一份人家，还说他会靠自己的力气养活她们母女两个人，也让自己活得像个男人的样子。

当菊花姆妈抱着菊花回到娘家，把打算嫁给李如斌的事同阿爸一说，阿爸的胡子也气得翘了起来：“你早点死了这分心吧，阿爸活一天就不准你嫁给那个当长年的坯子。”

菊花姆妈一听阿爸叫李如斌是“长年坯子”，觉得脸上被人打了一巴掌，大声说：“长年坯子怎么啦？是长年坯子救了我们母女，没有这个长年坯子，我们母女早就见阎王了。”

“他不配！”阿爸的声音比女儿更响，他说，“算不得我们也是书香人家，让女儿嫁给一个当长年的，会败坏我们家的门风！”

“那好，你来养活我们母女，我什么人也不嫁了！”菊花姆妈也是个硬脾气，索性住在娘家不走了，连她姆妈好劝歹劝也劝不进，就是住下不走。

菊花姆妈不久发现自己又怀孕了，她偷偷地告诉姆妈，姆妈吓得差一点背过气去。

“怎么办？这事要是传扬出去，你阿爸会活活气死的。”菊花外婆还从姐夫那里弄来一帖打胎药，逼着女儿把肚里的孩子偷偷地打掉。

菊花姆妈当着外婆的面把药洒了一地，抱着女儿回来了。

菊花姆妈回到家，盼着李如斌来看她，可是她等啊等，李如斌就是不上门，菊花姆妈在心里骂着：“这个没良心的东西。”后来她到徐金荣的长年屋里一打听，知道的人告诉她：“李如斌早已被老板回掉了。”

“他去了哪里？”菊花姆妈问。

那个人却摇摇头，把长年屋的门关上了，后来大概看菊花姆妈可怜，又开了一条门缝，悄声说：“听说回老家去了。”

“他老家在哪里？你为什么不去找他？”菊花问。

菊花姆妈流着眼泪摇摇头：“那个长年也不知道啊。”

“姆妈，你为什么不早告诉我们呀？也好让我们姐妹早些相认。”菊花捏着姆妈那只剩了一把骨头一张皮的手，流着泪说。

菊花姆妈沉重地叹了口气，说：“这又不是什么光彩的事，你妹子已经够可怜了，她从小没有了阿爸，你身体又瘦小，为了养活你，你妹子一生下来我就叫人偷偷送人了……”她看了一眼站在旁边的阿开，继续往下说，“有人要是知道了菊香是寡妇和长年轧姘头轧出来的私生女，她怎么做人啊？有些人的嘴巴可毒着哩，他们的口水比富春江里的潮头还要凶，一人吐一口口水，就会把我女儿淹死的。”

“姆妈，你要养活我，又要记挂菊香妹子，吃了多少苦啊！”菊花的头一直靠在姆妈的身上。

菊花姆妈扶摸着大女儿的头，说：“当寡妇已经够苦了，你小时候毛病又多，我还记挂你妹子，我是吃尽了人间所有的苦哇，我只盼着有朝一日菊香会领着儿子来叫我一声姆妈，想不到她……她……”菊花姆妈再也说不下去了，一个劲地叫喊着，“我苦哇！我苦哇，我是苦楝树下吃黄连啊，苦上加苦哇！”

菊花、阿水、阿开，还有长生劝了好一回，总算把她劝住。

阿开想起来了，他第一次陪菊香去徐家棚看雪标郎中，见郎中家的对门有一间瓦屋，后门站着一个女人，眼睛一直盯着菊香。看好病回出来，她还在后门口站着、看着，还向菊香招招手，菊香看一眼阿开，阿开就陪着菊香走到女人身边，当时女人好像很激动，在菊香身上摸来摸去，菊香急忙躲开了，因为她穿的比叫化子还破烂，手和脸好像几年不洗，阿开也趁机拉着菊香走了，他们还听到女人在自言自语地说：“观音菩萨保佑，终于长大了。”第二次去看长生郎中，又看到那个女人，不过她不再站着，而是躺在一张旧式的竹躺椅上，头发已经花白，她用眼睛看着菊香在微笑，菊香、阿开以为她是一个疯婆，急急忙忙地走了过去。阿开曾经把这件事同阿水讲起过，阿水也吃了一惊：“她看菊香做什么呢。”阿水还告诉阿开，她是菊花的姆妈，老公早就死了，因为生活过得很苦，落下了一身的毛病，神志也好像不大清爽，常常说一些别人都听不懂的话，有时菊花听烦了，埋怨她姆妈说：“姆妈，你烦七烦八烦什么呀，烦得我头都晕。”菊花姆妈当时真的不“烦”了，可菊花一转过背，她又在“烦”了，菊花也只好苦笑笑：“人老了嘛，让她烦去吧。”同以往一样继续照顾姆妈。

“原来她心里装着这么多的苦呀！”阿开看着躺在自己床上的丈母娘，慢慢地跪下去，连叫了两声“姆妈”，说前一声是代表菊香叫的，后一声是我阿开自己叫的。

菊香姆妈用双手支撑起来，把阿开搂在怀里，说：“要是菊香亲口叫我一声姆妈，该有多好啊！”

她哭了，阿开哭了，阿水和菊花还有长生郎中都哭了。

菊香姆妈说什么也不肯在阿开屋里住下去，说她夜夜梦到菊香，但也不肯到大女儿菊花家里去住，说在自己家住惯了。长生郎中说，老年人在一个地方住惯了，换一个地方不习惯，还是回老屋里去好。大家才把她又送回到徐家棚的老屋，当然又只能让菊花去照顾。

阿开回到自己的草屋里，眼看着一叠一叠补好了的、又洗得干干净净的衣服和裤子，边哭边抚摸，他不再下田做生活，也不去纸槽做草纸，整天呆在屋里。

这时，一个影子悄悄地走了过来，阿开回过头，见是小姆妈，她手里捏着一个戒指，对阿开说："菊香为了做道场、念十二生肖佛，向我们家借了一担玉米，怕我不肯，她就用这个作抵押，还叫我不要告诉你。"

阿开一看，这不是我们圆房那天姆妈送给菊香的戒指吗？他用发抖的双手接了过来，捧在胸口。

"真是一个有心计的女人啊。"小姆妈叹息着，又像影子一样消失了。

阿开一向认为自己是武状元的后代，是一个响当当的男子汉，他把痛苦和仇恨强压在心里，突然做出了两件让人想不到的事：

第一件，不顾小伯的坚决反对和再三警告，除了两块门板之外，凡是屋里所有的木板：床板、踏脚板、夹板，都拿出来，请了两个木匠，为菊香和儿子做了大小两口棺材，把菊香穿过的衣服、鞋子、袜子，用过的镜子、手巾、梳头用的梳子，甚至抹头发用的生发油，一古脑儿装进了大棺材里；又把儿子信福一件穿过的和一件没有来得及穿的小红绸棉袄，还有菊香做的、儿子还没有来得及穿的其他大大小小的衣服、裤子、袜子，甚至已经裁好的尿布，统统装进了小棺材里，在阿水和阿开几个朋友的帮助下，敲锣打鼓地抬到杨梅山上，在阿爸姆妈的坟头旁边挖洞开穴，埋在那里，还请石匠刻了两块石碑，一块是：儿媳董门徐氏菊香之墓，一块是董国炎孙子董信福之墓。

"你这个董家的不孝子孙，你这样做是违犯族规，要得罪老祖宗的！"小伯拄着拐杖赶上山来，指着阿开的鼻子，逼着阿开把菊香和信福的坟头平掉。

不知道这是哪个朝代哪位祖宗作出来的规定，只有正常病死在家里的人，才有资格埋葬在祖坟的旁边，上吊、跳江，或其他原因死亡的，或者不是死在家里的人，一律不准埋进祖坟旁边，只能葬在杨浦嘴那块乱坟堆里，又叫义塚地。

"菊香是阿爸、姆妈的媳妇，是我董开新的老婆，名正言顺，菊香也说过，她活着是董家的媳妇，死掉也是董家的鬼！儿子董信福，既不是偷生，也不是逃生，是我和菊香生的儿子，信福的名字还是你小伯给取的！"阿开义正词严，说得小伯顿着脚，连声说："不可理喻，不可理喻。"

阿开在阿爸、姆妈、老婆、儿子的坟前，跪着、哭着，要不是阿水、菊花、三嫂及亲朋好友的劝说，也不知会跪到什么时候，哭到什么时候。

第二件，阿开把家里剩下的粮食：五斗玉米，三升半白米，都挑到徐家棚菊香姆妈家里。阿开挑着玉米和白米刚走到菊香姆妈家的门口，门大开着，从里面传出来一阵又一阵的哭声，不是一个人的哭声，是两个人的哭声，阿开猜又是菊花抱着她姆妈在哭了，只听菊花边哭边说："姆妈呀，你为什么不早告诉我呀，就是不能光明正大地送过去，也可以偷偷地送过去呀！"菊香姆妈也边哭边说："我哪里想到会有今天这样的报应啊，这五对（代）蜡烛没送去，果然遭到了报应，一代也没有传下来呀！"

阿开看到菊香姆妈的怀里，抱着一个纸包，纸包已经被磨破，露出了早已烊掉的红蜡烛，它红得发亮，圆圆地一团，像一颗很大的心，阿开数了数蜡烛芯，大大小小十个，那就是说，菊香姆妈为自己女儿菊香准备了五对（代）红蜡烛！阿开看了一阵又一阵地心痛，但又不好表现出来，免得引起老人更多的悲伤，只是告诉她送来了多少玉米和白米，并对丈母娘说："菊香活着的时候，你老人家连水也没有来喝过一口，这些就算是菊香和我孝敬你老人家的。"

菊香姆妈一定要阿开把粮食挑回去，说："你都给了我，你吃什么呀？"

阿开苦笑着对菊香姆妈说："我是个大男人，是不会饿死的。"他一步三回头，离开了菊香的姆妈，往董家村走去。

自从菊香跳江之后，阿开的行动总是怪怪的，他像一个幽灵，满村子转来转去，但人们只见到他的影子，很少见到他的人，有人在背后猜测：阿开是不是疯了？

有一天，小伯家的小放牛韦世汤急急忙忙地从外面回来告诉小伯，说他在杨梅山阿开阿爸、姆妈的坟头看到阿开吊死在那株柏树上，小伯听了大哭起来："我大哥家真的断种了！"他不听小姆妈的劝阻，也不管刚刚下过雷阵雨，路上到处是水汪荡，深一脚浅一脚地赶到杨梅山祖宗的坟头，只见三嫂的老公阿平正把阿开放在地上，捏他的手、捏他的脚。小伯哭着说："阿开呀，你怎么会这样想不通啊，你……你……"小伯看到阿开的两只眼睛在骨碌骨碌地转动，不像上过吊的人，问阿平："阿开到底怎么啦？"

阿开不好意思地坐起来，说："我刚才是冻僵了，想不到六月里还下这么大的冰雹。"

"怎么大的雷，还下冰雹，你到这里来做什么吗？"

阿开回头看看菊香的坟头，上面已经长出了青草，青草在寒风中抖动，阿开的眼泪再一次流下来，一字一顿地说："菊香怕雷，我不放心，想来陪陪她。"

小伯也不得不承认："真是有情有义，难得，难得。"还陪着阿开流眼泪。

“要不是阿平哥从山上打猎回来看到，我真的要冻僵了！”阿开见小伯也动了感情，自我解嘲地说。

又是一个阳光灿烂的中午，三嫂一家人刚吃过饭，两个儿子到学校里读书去了，她原以为老公也出门了，她喂好猪，又往羊栏里添了一捧草，洗好碗，开始纳鞋底。三嫂家虽然无田无地，靠老公阿平打猎过日子，她却把一家人的生活料理得顺顺当当，干净利落，虽然还是夏天，她却在打算给老公、儿子做鞋子的事情：等年底卖了猪买来鞋面布，给每人做一双，俗话说，大人忙种田，孩子盼过年，关根大一点懂事，可关林早就盼着过年穿新鞋；老公呢，他脚上那双鞋已经穿了两年，早已是前头卖生姜后头卖鸡蛋啦，虽然他每次外出打猎，老是穿那双上山袜和草鞋，回家来只把那双破鞋子拖上一回，实在太难看，俗话说，不看男人妻，只看男人身上衣嘛。

“啊嗨啊嗨！”三嫂闻到一股烟味从门口飘进来，还有咳嗽声，她抬起头，吓了一跳，阿平竟低着头坐在门槛上，一边抽烟一边在偷偷地看她。

“你怎么还在这里呀？吃力啦？”三嫂停下手里的生活问。

阿平抬头看了老婆一眼，又假咳了一声，说：“我想……想同你说个事情……”

“什么事？”

三嫂看着老公，感到奇怪，阿平是全村出了名的“怕老婆”，可也没有怕到这个地步呀。

阿平又假咳了一声：“这个……我说了……你……你不要骂我。”

“什么？你有相好啦？”三嫂见老公摇摇头，把鞋底一拍，“到底什么事啊？”

阿平看老婆这副架势，从门槛上站起来，一只脚站在门槛外，一只脚仍旧在门槛里，回头又看着老婆，支支吾吾的，想说又不敢说。三嫂真的火了，上去一把拉住老公的耳朵：“快说，你是不是同哪个女人好上啦？”而且对着门外高声说，“我们董家村，哪个女人有这么大的胆子，敢同我三嫂的老公相好？”回头又看着阿平，“你到底有没有良心？“

阿平也急了：“我……我怎么没良心了？你又……又扯到哪里去了？”

其实三嫂是拿老公开心，她见阿平急了，自言自语地说：“我看你也没有那个胆子。”

因为阿平年纪轻的时候，个子矮小，又是一副娘娘腔，不少人取笑他是个“雌雄婆”。他自己也感到矮人一头，对什么人说话都是吞吞吐吐，说一句要藏半句的，三嫂多少次同老公说过，有什么话就说出来，人家不会吃掉你的，可他老是直不起腰来，仍然说一句藏半句的。这回三嫂真发火了：“你到底是不是男人啊？三竹竿打不出一个屁来。”

阿平一听老婆说他不是男人，点到了他的痛处，喉咙也响起来：“我不是个男人，你三个儿子是怎么生出来的呀？”

“那你怎么连一点男人气息都没有呢？”三嫂又把鞋底拿在手里，有意低下头去假装纳鞋底，说，“有屁快放，有话快说，不要这样黏黏糊糊的。”

“我猜……我猜……”

“猜什么？”

“菊香真的没有爬到皇帝帽子岗上去过……”

“你在说什么？”三嫂停了手里的针线生活，吃惊地看着老公。

阿平却没有直接回答，又说：“还有……我猜……阿开的儿子……是被豺狗吃掉的。”

“豺狗……”三嫂一针戳在手指上。

从三嫂懂事起，豺狗就在她小小的心灵里时不时地出现，小孩子哭闹，大人就会用“豺狗来了”来吓唬，小孩子马上不哭了。三嫂记得更清楚，她刚会走路的时候，阿爸姆妈就不准她一个人出门，特别是晚上，说豺狗要来吃小孩子的，还说，有时候小孩子在路上走，突然会有一只手在你的肩上拍一下，你会以为有人在背后同你打招呼，可当你回过头的时候，豺狗就一口咬住你的喉管，把你叼到窝里去吃掉。豺狗成了人们心目中无处不在的妖怪。

三嫂一边挤着手指上的血，一边问：“你是怎么知道的？”

“我看到富春山龙潭边山崖上有个豺狗的窝，爬上去一看，窝旁边有……有……”

“有什么？快说呀！”三嫂急得推搡起老公来。

“一块信福的尿布。”

“你怎么知道一定是信福的尿布？”

“有一天你带我到大婶婶（阿开的姆妈）屋里去，看到菊香就是用这种颜色的布在给儿子做尿布，像这样料子的布，一般穷人家是没有的。”

三嫂只觉得眼前一黑，差一点晕了过去，她问老公：“你是什么时候爬到豺狗窝里去的？”

“阿开他们从皇帝帽子岗回来，屋里角角落落又找不到信福，我就猜想可能是被豺狗叼去吃了。”

“那你为什么不早说呀？”

阿平看着老婆：“阿开菊香要是知道了信福被豺狗吃了，不是更加伤心了吗？”

三嫂看着阿平，心里却在想：“别看我老公人样不那么好，他的良心好着呢。”她问阿平："你不是说过豺狗也爬不上'皇帝帽子岗'的吗？"

"过去我也是这样想的，因为从来没有在山岗上看到过这种野物的脚印……"阿平停了一下，咽了一下口水，接下去说，"或者……或者这些年它们实在没有东西吃，饿急了，寻找到了一条毛狸野路上去的。"

三嫂的心里突然涌起一股酸痛，眼泪"哗哗"地流出来，她竭力扼止住自己的悲痛，用最低的、几乎是自言自语的声音哭起来："唉呀喂，我可怜的信福喂，你死得够惨了，死了还要被豺狗当点心……"

三嫂正哭着，嘴巴突然被一只手紧紧捂住，她一看是老公阿平，正想发火，回过头，看见门外的菜园子旁边站着一个人。

"阿开——"

三嫂跳起来，又被老公拉住："就是被你追上了，你同他说什么呢？"

三嫂呆呆地看看老公，又看看渐渐远去阿开的背影。

终于有一天，阿开在董家村消失了，连影子也见不着了。

董家村的人凭着自己的想象猜测着，有人说，阿开想想亲人都离开他了，孤零零地一个人活着没有味道，跟着菊香走了；还有人出来证明说，在富春江下游小东沙的江滩上，发现了一具尸体，是那里的好心人给他埋葬的，省得让他暴尸在露天，被野狗吃掉。

"唉，好人哪，过去他帮着埋了多少个被大水冲下来的尸体，如今轮到他自己了。"同阿开一起做善事的老人们这样叹息。

可不少人不同意，说阿开是个血性男人，他的仇还没有报，决不肯轻易去死的，而且还有人出来作证：在离这里不远的上中埠沙头上，曾经发生了一起袭击日本鬼子的事，说那一天有一支鬼子队伍从前线回来，一个受伤的鬼子兵落在了后面，这时从树丛里突然冲出一个拿铁耙的人，一铁耙把那个鬼子扎死，到如今，日本鬼子还在沿原路寻找，就是找不到，因为阿开把尸体埋在了稻田里。

第三种说法却叫人大吃一惊，简直让人无法相信，说阿开投降了日本人，当了和平军。

"我是亲眼看到的，阿开同几个和平佬在县城里大街上一起走，我本来想叫他一声，看到后面还有几个日本鬼子，连忙躲开了。"菊花的一个小姐妹这样说。这叫阿水和菊花无论如何也不相信，他为什么会到县城里去？还同和平军、日本鬼子在一起？

小伯听到这个消息，气得晕了过去，醒来后拍着桌子说："我们董家为什么会出这样倒霉的事情，不但坍了武状元的台，也倒了我们董家十八辈子的霉呀！"

"这件事杀了头也不好告诉你姆妈。"阿水虽然不相信，还是这样吩咐菊花。

菊花因为在为阿开担心，听老公这么吩咐，生气了，她狠狠地横了阿水一眼："你以为我的脑子进水了？！"接下去，她连自己也不知道怎么回事，哭了，哭得好伤心，连老公劝也劝阻不住。

第二部

磨难

1

这是一个春天的后半夜，富春江早潮刚刚来过，月亮已经西斜，整个董家村仍然笼罩在一片青白色的雾里，房屋、树林，时隐时现，若有若无，像一群调皮的孩子在躲猫猫，呈现出一片神秘而又陌生的感觉。

有一只饥饿的野狗，或许是闻到了这个人身上的什么气味，悄悄地跟在后面。

是阿开回来了！

他已经被折磨得不像人样，又黑又瘦，头发长得像“野毛鬼”，胡子拉碴的，可两只眼睛仍同以前一样炯炯有神。他一步步走近草屋，心酸的泪水同富春江里的潮水一样涌出，挂在他的嘴角和胡子上。

本来是多么温暖的一个家呀，屋前的道地里，每天都被菊香打扫得没有半根稻草，没有半张树叶，如今，已经被野草占领，有两只野猫正在草丛里寻欢作乐，“唔哗唔哗”地叫春，看见阿开的人影，吓得一声长嚎，分散开逃走了。草屋的门倒在一边，那把铁锁早已锈迹斑斑，却仍坚持地套在门环上。

阿开踏上台阶，一块台阶石已经摇晃，不小心会把人绊一跤；石缝里也长出了青草，草上的露水落在阿开的光脚梗上，凉阴阴的；散发着霉气的草屋，像一张黑洞洞的大嘴巴；从屋顶漏洞照进来的月光，更显出屋里的阴冷和凄凉。

“小春啊，我们到家了。”阿开把肩上的大布包卸下来，从包里抱出孩子，在他脸蛋上亲了一下。孩子大概被阿开的胡子刺醒，不耐烦地扭了一下，哼哼了几声，马上又睏着了。

阿开一只手抱着孩子，一只手去拉已经倒在一边的门，脚还没有踏进门，一根樑柱突然坍下来，幸亏阿开眼疾手快，把樑柱挡了开去，不然砸到了孩子，可要出大事了。

在阿开刚进村的时候，他就感觉到后面好像有人在跟踪自己，天这么早，又是冬天，村子里的人还在热被窝里享福，谁会注意阿开呢？所以阿开也不当一回事，可当他用手挡开坍下来的樑柱时，突然有人惊叫了一声：“当心啊！”

阿开吃惊地回过头，见道地上站着一个女人，她的身材、长相都像菊香。

“难道菊香那天没有跳江？”阿开甚至想叫一声菊香，但话到嘴边，马上又被卡住了。

“菊花？！你……这么早……”阿开上下打量着菊花，她好像换成了另一个人，原来漂亮、清爽的菊花，却变得头发枯黄，一身的破滥衣裳；原来白皮嫩肉的脸，变得又黄又瘦，颧骨凸出；她一手捏着根打狗棍，一手拉着儿子宏志。宏志也瘦得皮包骨头。

“你怎么弄成这样了？”阿开吃惊地问。

菊花没有正面回答，却说：“我是跟着阿哥从城里回来的。”

“你跟我一起从县城回来的?”阿开更吃惊了,他看看菊花,不像是在同自己开玩笑。

阿开是昨天下半日回到富春县城的。

原来漂亮美丽的城市已破烂不堪,房屋破了,街道中间的青石板断了、碎了,阴沟里的水是黑色的,几只老鼠大白天大模大样地在垃圾堆上爬来爬去,日本鬼子留下来的、用钢筋水泥修筑的碉堡,仍然十分刺眼地矗立在各个路口,碉堡上那些让过路人心惊肉跳的枪眼,仍然像一只只要吃人的鬼眼,人们见到它心就会“怦怦”地乱跳。

阿开来到龙头山渡口,他要从这里渡船到对岸,再回董家村去。

不少在龙头山过渡到江南去的人,都喜欢在大樟树下的石凉亭里先歇歇脚,阿开也拣了一张石条凳坐下来,轻松地吸了一口气,清清凉凉的,用手拍着凉冰冰的石凳,看着面前绿油油的富春江水,心里有一股说不出来的激动和开心。

富春江像一条绿色的长龙,弯弯绕绕从严州方向流来,半路被骆山挡了一下,又回头向南,一直到富春山脚下的董家村打了个大漩涡,然后又悠悠荡荡地向东流,来到龙头山脚下,又是一个大漩涡,听说漩涡下面住着条鳌鱼,两个大漩涡,就是鳌头上的两个“漩”,鳌鱼用背脊驼着龙头山和富春山。阿开小时候每到正月十五元宵节,除了跳竹马、跳狮子、舞龙灯,还跟着大人去江边放“浮灯”,有各种各样的“浮灯”:兔子灯、鸡灯、牛灯、羊灯……还有花灯:荷花灯、牡丹花灯、桃花灯、梅花灯……站在董家村送官埠上向东看,就像一条五彩的龙缓缓地向东方游动;富春县城里的各家商铺、住户,也在门口挂上了大红灯笼,这又是一条红色的巨龙,同五彩龙一起向东方伸延;两条龙在龙头山脚会合,龙头山上有高高的“春江第一楼”,这天晚上,“春江第一楼”的楼上和大樟树下的石凉亭里,都挂起了比脚箩还要大的红灯笼,听说灯笼里的蜡烛,每支都有四五十斤重,远远看去,一眨一眨地就像是龙的两对大眼睛,于是,两条硕大无朋的巨龙活了,正在冉冉向天空飞去,这时,东方的月亮也升起来,它由低到高,同银珠一样映衬在江里,水里的“龙”和岸上的“龙”在龙头山会合,一条水龙、一条陆龙,就像两条龙在戏耍着珠子,所以“双龙戏珠”成了富春江特有的奇观,是富春江十八景中的第一景。再一会儿,江潮来了,江里的五彩龙在起舞,岸上的火龙更漂亮,更迷人,两条巨龙共同拱托着“明珠”,由低向高,飞向遥远的天空……

日本鬼子来了以后,老百姓再也不敢放浮灯,大家也看不到飞向远方的巨龙;龙头山上的大樟树下,成了鬼子屠杀中国老百姓的屠宰场,日本鬼子还在“富春第一楼”上架起了大炮,把装有鼠疫和炭疽菌的炮弹,射向了董家村,射向了江南各个村坊,阿开家的邻居水泉的姆妈、三嫂的第二个儿子关木,还有那些数不清名字的人都在这一场灾祸中不明不白地离开了人世……

阿开是从商州搭汽车到天堂的，到了天堂，本来有一趟轮船可以直达富春县城，虽然他现在可以算是个小财主了，口袋里装有叮当响的银元，但他知道今后的日子更艰难，舍不得花船钱，好在从天堂到富春这条路他以前卖草纸走过几趟，很熟悉的，所以到县城，太阳已经挂到骆山顶上了。过去，菊香还小的时候，阿开到县城里卖草纸，总要给菊香买一根丝瓜筋，半块烤蕃薯，这是她最喜欢吃的，每次阿开从县城里回来，菊香就在门口等他，她那两只漂亮的大眼睛，总会忽闪忽闪地盯着阿开肩膀上那个大手巾包；阿开是最喜欢看菊香吃丝瓜筋和烤番薯了，她那张小嘴，两片漂亮的薄薄的嘴唇，一张一合，吃得津津有味，比阿开自己吃还开心；所以阿开这回也为小春买了一根丝瓜筋和一块烤番薯，他先把烤番薯的皮剥下来，吃进自己的嘴巴里，吞下肚之后，又咬了一小口，在嘴里嚼碎，再喂到小春嘴里。

可能是小春第一次吃到这样好吃的东西，小嘴还咂出了“巴巴”声。

“好吃吗？”阿开对着小春，像对一个懂事的孩子；他见小春的嘴巴又张开来，开心地笑了，“你知道吗？这是你姆妈小时候最喜欢吃的。”

半块烤番薯已经喂了一大半，小春也吃饱了，阿开一看太阳，已经下山好一回，幸亏最后一班渡船还没有开出，他又背起小春，刚想把剩下的烤番薯放进杯子里，突然从身后钻出一个小叫化子，把番薯抢了过去，狼吞虎咽地边吃边逃下山去，从他的背影上看，至多也才七八岁年纪；阿开怕又有人出来抢夺，他把那根丝瓜筋三口两口吃进肚皮里。

当阿开下到渡船的时候，船舱里已经黑压压地挤满了人：买东西回去的，到街上卖了菜回去的，还有空手回家的，阿开因为连落脚的地方都没有，只好站在船头上。

“船头上的人都进舱里来，天晚了，今天风又大，等一回潮头来，会出危险的。”船老板一边抽起跳板，一边对船头上的人叫喊。

阿开好不容易挤到舱里，人挤人，人贴人，由于两只脚站立不稳，只好用一只手撑在船篷上，一只手抱着小春。

船舱里黑乎乎的，阿开的身子快贴到船舱里坐着的那个人的脸上，因为他一只手要托着装小春的布袋，只能单手用力支撑着船篷，免得压在她身上。

凭直觉，他感到那是个女的，还领着个孩子。

阿开突然咳嗽起来，这是被香烟熏的。

“我帮你抱吧。”女人看阿开太吃力，轻声地说。

“这……”阿开犹豫了一下，还是把小春交到了女人怀里，因为他只靠一只手的力量，是无论如何支撑不到对岸的。

想不到渡船刚到江中心，早潮提前到来，先是潮头地动山摇的轰鸣声，由远而近，接着是船在潮头上猛烈地颠簸，好像吃醉了酒的醉汉，东摇西晃，同时有江水飞起来，溅到坐在船旁边的人，人们开始惊叫、骚动。

“大家坐好啦，不要动！”船老板一边提醒大家，一边更用力摇橹。

后来船不颠簸了，却不走动了，大家探头向外面一看，周围是一片白洋洋的水，船还在江中心呢。

人们这才担心起来：“船怎么啦？”

“搁浅啦！”船老板气呼呼地说着，跳进水里，想把船从沙滩上退回去。

在龙头山渡的上游、骆山嘴对面的江中心新长出了一个沙滩，大家叫它新沙，平时新沙是露在江面上的，潮水一来，沙滩被水淹没，船一不小心就会在这里搁浅。

“真晦气，明天我还要挑菜到城里来卖呢。”

“姆妈还在等着我从药店里买的药呢。”

“你这船是怎么摇的？怎么会到新沙上来的？”

“谁知道今天的早潮会来得这么早！我又不是神仙。”船老板的衣服已经湿透，他看着一动不动的船，摇摇头。

阿开记得有一次从城里卖草纸回来，渡船刚开到江中心，潮来了，船也被潮头冲到新沙上，搁浅了，是几个年轻人跳进江里帮助船老板把船从沙滩上推出来的，不过那一次是白天，又是个热天，现在是后半夜，虽然是个早春天气，风吹在身上还是相当冷，别说浸到水里去了，但他还是对大家说：“我们下去帮船老板推一下船吧。”

“天这么冷，下去不冻死啊？！”

“要么船老板把船钱还给我们？”

阿开不声不响地跳进江里在帮助船老板推船，一个年轻人也跟着跳进江里，说：“人家一个老叫化子还在帮助推船呢。”

这话还真灵光，跟着跳下来一个，又是一个……渡船终于被推出沙滩。船老板也有了教训，他尽量避开那些浅沙滩，继续摇，终于平安地靠了岸。天虽然快要亮了，但更冷了，从船上下来的人像逃过了一次劫难，都欢欢喜喜地上了岸。因为跳板被潮水打湿，还结起了薄冰，阿开站在旁边帮助老人和妇女上了岸，然后，才从那个女人手里接过小春，急急忙忙地往董家村赶，一是思乡心切，二是不想引起村里人太多的注意，因为他怀里多了一个孩子，三是天气实在太冷，刚才下水推船，裤子被打湿，快结冰了，更怕冻坏了小春。

“还是阿哥把我从跳板上扶过来的呢。”菊花骄傲地说。

阿开“啊”了一声，说：“帮我抱小春的是你啊？”

菊花点点头，调皮地看着阿开。

“你为什么不同我招呼一声呢？”

“你这副样子，谁还敢认啊？”菊花边说边重新打量了阿开一眼，继续说，“在船上听到你的口音，后来又看到你走路的样子，我就怀疑上了，可又不敢认，半夜三更的，我又是个女人家。”

“所以你就暗暗跟上了？”

“是顺路嘛。”菊花点点头。

因为草屋破烂得不能再住人，出门前连床铺也拆了，而且还是这么冷的天，阿开怕把小春冻出病来，他接受了菊花的建议，暂时先到他们家去安顿下来。

在路上，阿开几次问起阿水，菊花总是低着头顾自己走路，阿开以为菊花是太吃力，不再问了，当阿开第一脚踏进阿水家大门，他的两只脚像被钉子钉住，再也迈不开步了。

阿开过去曾经说过，在董家村，我第一熟悉的当然是自己家的茅草屋，第二熟悉的，要算阿水家的那间小平屋了。

阿开和菊香、阿水和菊花两对夫妻同日同时结的婚，菊花先生了个儿子，馋得阿开菊香两夫妻眼红手痒，阿开只要从纸槽里一出来，就会同徒弟一起去阿水家，抱抱宏志过过想儿子的瘾；菊香更是有事无事地去看菊花的儿子，抱在怀里久久不肯放下来。有时阿水家的瓦屋漏雨了，阿水阿爸又病在床上动不来，也是阿开帮着爬上屋顶去帮助修漏，特别是阿水阿爸病危的时候，他捏着阿开的手，说：“阿水从小没有了姆妈，是个苦孩子，我要是走了，你年纪比他大，你是他的师傅，又是大哥，你要同亲兄弟一样照顾他呀！”

阿开流着眼泪说：“洪生伯，别说你是菊香的救命恩人，就是凭着我和阿水的关系，我会同自己的亲兄弟一样帮助他的。”

阿水曾经闹过一次笑话，后来好长时间阿开还拿它同阿水开玩笑：阿水家靠近富春山，山下有一个很大的池塘，叫江田池，有人说江田池原来是一片水稻田，由于地势低，富春江一年要发两次大水，江里的洪水灌进来，却退不出去，天长日久，就成了池；还有一个原因是池底下有好几个泉水眼，从富春山上下来的泉水，终年不断，所以江田池的水和董家池塘一样，冬暖夏凉，池的四周水草丛生，鳗尾巴、野茭白、水葫芦、水花生……长叶的长叶，开花的开花，一年四季总是绿茵茵的。有水就有鱼，更何况一年两次从富春江里跟着洪水一起进来的鱼呀、鳗呀、虾呀，只进不出，又多又肥。

这里也成了白鹤、白鹭，灰鹤、灰鹭的天堂，听老辈人说，多少年以前，还来过不少戴眼镜、高鼻头、蓝眼睛的人，说是来看这里的鸟儿的，说有好几种鸟世界上已经不多，只有这里有。有水有鱼，当然也成了董家村（特别是陈家村）孩子游水玩耍、抓鱼的好地方，阿水家离池近，几乎每天要在江田池泡上个把小时，所以阿水家和阿开家的饭桌上，几乎不会断鱼腥虾蟹的，热天是刚从池里抓上来的鲜鱼鲜虾，冷天是鱼干虾干；有一次阿水在池里待得时间长，当他爬上来的时候，总觉得两只大腿之间多了个东西，他用手一摸，一个软软的皮球一样的东西叮在他那个东西上，吓得他“哇哇”大哭，他阿爸和阿开费了好大劲才把那个圆球一样的东西掰下来，原来是一条牛蚂蝗，由于吃饱了血，才变得同皮球一样大，当时阿水捧着还在流血的那个东西，哭着说：“我的血被蚂蝗吃光了，再也不会生儿子了！”不管大人怎么劝也劝不好，是阿开打了他一记屁股，阿水去追阿开，阿水才把哭给忘记了。

后来阿水长大了，还生了儿子，阿开总喜欢拿那件事开他的玩笑：“你是被蚂蝗叮了一口叮好的。”

“师傅，那你为什么不让牛蚂蝗去叮一口呢？”

有一天阿水还真从江田池里抓来了一条牛蚂蝗，比大拇指还粗，对阿开说：“我会生儿子是牛蚂蝗叮好的，你也让牛蚂蝗叮一口吧！”

阿开的脸红了，假装着要去打阿水，正当两个男人在阿水家的堂屋里打打闹闹的时候，菊香和菊花抱着宏志进来，当弄清楚了原因，把两个女人的眼泪也笑出来了。

而如今，屋里像遭强盗抢劫过一样，八仙桌的一只脚断了，用一根木头临时支撑着，地上也积满了灰尘。更让阿开吃惊的是原来好好的那堵墙壁，不知什么时候坍掉，可以一眼看到外面的竹园，风雨随时可以飘进来。

“阿水呢？”阿开猜到阿水家一定出了什么事，着急地问。

“阿……水……他……”菊花突然大哭起来，“阿哥，我好苦哇！”

一直跟在菊花身边的宏志也抱了姆妈，跟着大哭起来。

阿开慌了，他正想去劝劝菊花，怀里的小春被哭声吵醒，也哭了起来。

“这……哦，我的儿子你不要来凑这个热闹啦。”阿开哄着小春，走到菊花身边，菊花因为伤心过度，哭晕了过去，阿开再也顾不得小春，把他就近在一张竹椅上一放，忙把菊花抱进房里，放在床上，还用小畚箕一样大的手帮她捋胸口。

宏志在旁边不停地叫姆妈。

菊花是被一口气堵住，有阿开帮助捋了一回，终于回过气来，她又一头扑进阿开怀里，哭着说：“我的阿水……他死了！”

"阿水死了？他……怎么死的？"阿开跳起来，眼睛睁得圆圆的，盯着菊花。这时，宏志懂事地把已经哭成泪人的小春抱了过来，交到阿开手里。阿开一边接过小春，一边放大声音问菊花："阿水到底是怎么死的？快告诉我呀？！"

2

董家村的人看到县城里在放炮仗，才知道是日本鬼子投降了。

"日本鬼子要是早一点投降，我妹子就不会死了。"菊花看着江对面的炮仗烟火，又想起了菊香，忍不住流泪。

阿水怕老婆太伤心，找了个江边风大儿子宏志会受凉的借口，劝菊花早点回家，顺便又到阿开家的小草屋门口看了一下，看到草屋门仍然锁着，伤心地叹一口气，回到自己家里。

伤心归伤心，活着的人总算过起了安静的日子，人们也在茶余饭后猜测着蒋委员长会怎样处置那些作恶多端干尽坏事的汉奸和和平军？让大家做梦也想不到的是那个当过和平军队长的何乡长女婿许丰，还威风凛凛地住在县城里，不过，他过去穿的是和平军黄制服，这回换了国民政府保安大队的黑制服，他当的仍然是队长；还有他的丈人老头何乡长，日本鬼子的时候当了维持会长，现在又重新当了国民政府的何乡长，他还给董家村派了一个保长，叫何金生，是何乡长的亲侄子。

"这不是换汤不换药，变戏法给老百姓看吗？"董家村的老百姓都这么说。

何保长一上任，就带了两个乡丁到董家村来通知，说：接到上峰命令，现在是非常时期，凡年满十八岁到三十岁的男子，不管单丁独子还是家有三兄四弟，都是壮丁，要随时准备好抽去当兵打共匪。他还把每家每户男人的姓名都登记造册，在乡公所里备案。

"好铁不打钉，好男不当兵"，富春江一带老百姓最怕的是去当兵，听何保长这么一说，大家的神经又抽紧了，"日本鬼子的苦头刚吃完，委员长为什么不为老百姓想想啊？"

菊花曾经对阿水说："明年你就过三十岁了，菩萨保佑日子过得快一点。"

阿水笑笑说："担什么心事呀，人家二十几岁的人还没有轮到呢？谁要我这个半老头子去当胡子兵？"

阿水的话才说过几天，何保长叫一个乡丁来通知阿水，叫他去乡公所抽签。听到这个通知，菊花背上一下子凉起来，对老公说："好不好不去抽？"

"何保长不是说了嘛，不参加抽签的人要先抓去当壮丁。"

"万一抽着呢？"菊花是随口而出，想不到阿水生气了："你这张乌鸦嘴，我们天平乡那么多壮丁，怎么会单单抽到我阿水呢？"

菊花也知道自己说错了，忙抽打着自己的嘴巴，还向地上“呸呸呸”吐了三口口水。

那一天，阿水什么生活也不做，和董家村的一批“合格”的壮丁去乡公所抽签。

抽签是在乡公所的天井里进行的，一张八仙桌上放着两只大纸箱，右边一只，左边一只。何乡长坐在八仙桌上面的太师椅上，拿着杆白铜水烟壶，“呼噜噜，呼噜噜”地抽着水烟，他旁边坐着一个戴眼镜的老先生，面前摆着一本厚厚的簿子，是天平乡所有壮丁的花名册。再后边站着两个背长枪的乡丁，姓吴的乡队副还挂着木壳枪，在会场四周走来走去，用凶巴巴的眼睛监视着每一个进场去的壮丁。壮丁的名单是一个保一个保由各个保的保长宣读，每读到一个名字，就有一个壮丁走上前去，从一只纸箱里掏出一张写着号码的纸片，纸片是折叠着的，谁也不准打开来看，先交到何乡长手里，何乡长打开看过后，然后把那张纸片交给那位老先生，老先生翻开花名册，在壮丁的名字后面作一个记号，又放进另一只纸箱里，但不告诉那个壮丁到底抽到的是几号？因为事先何乡长宣布过，这是军事机密，谁泄露了，谁就会去坐牢，甚至吃枪子儿，全乡只能由他一个人知道，为的是防止抽到号的壮丁逃跑。

“陈阿水！”当何保长叫到阿水的名字时，阿水虽然不担心会抽到号子，但到底关系到他会不会去当兵的大事，心里还是跳个不停，伸出去抓号子的手也抖得厉害；当他从箱子里摸出一张只有儿子手掌心大小又是折叠在一起的纸片，交到何乡长手里时，何乡长看了他一眼，还对他笑了一下，阿水也像完成了一件大事，轻松地透了一口气，高高兴兴地回来了。

回到家，见菊花紧张地等在门口，一见阿水就问：“到底是几号？”

阿水摇摇头，对老婆说：“不知道。”

菊花以为阿水是在骗她，更着急了：“到底是几号呀？”

阿水仍然摇摇头，为了不让老婆着急，说：“那么多人，偏偏会轮到我？”他还把抽签的过程向菊花说了一遍，这反而把菊花急成热锅上的蚂蚁：“这叫什么抽签呀，还不是由他们几个人说了算，要把谁抓去当兵就说一声你号子抽到了。”

听菊花这么一说，阿水也恍然大悟：对呀，这不是等于不抽吗？但是作为一个小老百姓，又有什么办法呢？更何况阿水大字不识一个，给他看了也白看。

第二天果然有消息传来说有人开始逃壮丁了，有老婆孩子的，拖家带口到外地去投亲靠友；有的逃到一个陌生地方去打短工，反正只要躲到被天平乡的乡丁找不到的地方；实在逃不出去的，比如屋里有老人、小孩、病人要照顾，或者田里生活确实走不开，每天都像贼骨头一样偷偷摸摸地躲进躲出；特别是晚上，山上过一夜，树林里躲一夜；还有人想出了绝办法：说右眼瞎的人，或者右手食指断掉的人是不要的，因为右眼瞎的人打枪瞄不准目标，右手食指断的人打枪扣不来扳机。

菊花这几天吃不下饭，睏不着觉，因为她肚皮里的孩子已经有几个月了，宏志又还小，阿水放心不下他们娘儿两个，一个人不肯逃，拖家带口也没有地方逃。

有一天宏志从外面玩耍回来，一进门见姆妈手里捏着一支很粗的针正要向阿爸的一只眼睛刺去，他吓得冲上去一把抱住了姆妈的手："姆妈，你为什么要刺阿爸的眼睛啊？"

菊花的手一抖，那支针"叮"的一声掉在地上，阿水正把头昂得高高的，两只手掰着自己的右眼皮，听到声音，低头一看，哭笑不得地抱着儿子告诉他，阿爸是没有办法，他们说当兵打枪要用右边的眼睛来瞄准，如果右眼是瞎的，就不会抓去当兵了；阿水还告诉儿子，也有人说当兵要右手的食指扣扳机，阿爸做草纸全靠两只手的大拇指和食指，所以想想还是戳瞎一只右眼睛……

"不要，我不要阿爸当瞎子，他们会骂我是瞎子的儿子……"宏志抱住阿爸大哭起来。

菊花也对阿水说："你不是说他们不会要你这个胡子兵的吗？把一只好好的眼睛戳瞎，我怎么下得了手啊！"她也抱着阿水泪流满面。

过了几天，从胡家沙，还有对江陆家村传来消息，说有壮丁因为戳瞎了自己的眼睛，被政府抓起来坐监牢去了，罪名是"破坏剿共"。

阿水高兴地对菊花说："幸亏宏志挡了一下，不然也要去坐监牢了。"

乡公所抓壮丁的风声越来越紧，各种消息也越传越多，眼看着菊花的肚皮越来越大，阿水更不想往外逃了，因为乡公所抓壮丁一般是晚上来的，阿水白天偷偷摸摸在田里做生活，回家吃饭叫儿子在门外站岗，晚上悄悄地躲到停在富春江里的一只破船上去过夜。

菊花担心老公这么冷的天，上身只穿一件破棉袄，下身还是一条单裤子，这几天他正好染上了"四日两头"（寒热病、疟疾），她东拼西凑，甚至拆掉了棉被，连夜为老公缝了一条棉裤，正准备想办法给老公送去，只听门"吱呀"一声，一个雪人从门外面钻了进来。

阿水回来了！同时进来的是一片雪花和一股刺骨的寒风。

阿水也在挂念着老婆呀，这么冷的天，又快要生孩子了，没有一个男人在身边怎么办呀？

菊花看到老公突然回来，又惊又喜，可她又担心阿水的安全，小声问："外面没有人吧？"

"下这么大的雪，天又这么早，何保长他们……"阿水的话没说完，两个乡丁像饿虎扑食似的冲进来，用粗麻绳把阿水五花大绑之后，就向门外推。

何保长得意地走进来，对阿水说：“我知道你老婆快要生了，又是这么冷的天，一定不会逃远的，迟早会回来的。”回头又对乡丁说，“马上送到乡公所里去！”

菊花早已吓得全身发抖，但老公比她抖得厉害，知道他的寒热病又发作了，向何保长求情：“何保长，他‘四日两头’又发作了，你做做好事，放了他吧！”她不顾自己大肚皮跪倒在何保长面前。

宏志也抱住了阿爸的大腿，又哭又叫：“阿爸，你不能走啊，你一走，我就没有书读了。”他也跪在何保长面前，“求求保长，放了我阿爸吧，他有病，姆妈也快要生了，求求你了，我代阿爸去当兵吧。”

何保长冷笑一声，对阿水说：“你有一个孝顺儿子，福气啊。”回头又对菊花说，“你要我放了你老公，谁肯放了我呀？！”回头又大声地对两个乡丁说，“走哇，还等着给你们发红包啊！”

两个乡丁又推又拉，把阿水押出了大门。

菊花赶到门外，看着越走越远的老公，哭叫着嘱咐老公：“打完仗，早点回来呀！”

阿水回过头嘱咐菊花：“不要担心我，好好把孩子生下来！”又对跟出来的宏志说，“照顾好姆妈，用心读书。”

菊花和宏志站在雪地里，眼看着阿水被乡丁用枪押着，踏着厚厚的雪，深一脚浅一脚、摇摇晃晃地向乡公所走去。

菊花早饭也没有吃，挺着个大肚子，要宏志管好家，冒雪赶到乡公所去给老公送衣服。

乡公所在胡家沙，菊花赶到胡家沙，乡公所里人告诉她：陈阿水已经同其他壮丁一起，大清早就押到严州去了。

旁边有人小声地同她说：只要有钞票，可以帮她代买一个壮丁，把陈阿水调换回来。

阿水家原来有三亩桑园地，每年菊花养两季蚕，靠的就是这块地里的桑叶，还有一家三个人一年吃的玉米，也是靠这块地种出来的。

菊花心里想：只要阿水能回来，钞票总可以赚回来的，她咬咬牙，托人把三亩桑园地卖掉。

买主知道菊花急着用钞票，又被杀了瘟猪（压价）。

谁想到菊花把钞票送到乡公所，那个人又说国民党的钞票他不收，要“袁大头”，菊花又含着眼泪把钞票换成了银元，那个人连收条也不打，还对菊花说：“回家去等着吧！不过办这种事是违法的，第一你不能告诉任何人，第二手续是很麻烦的，不能心急。”菊花见那个人收了自己的银元，就像落水的人看见了一根稻草，虽然已经奔波得精疲力竭，只要她的屁股一挨到凳子边就会昏昏地睏过去，可她仍然坚强地站起来，在心里嘱咐自己：我不能睏倒，宏志还要我照顾，我还要等阿水回来！

但她还是累倒了，那一天大清早，宏志醒过来，无意间推了姆妈一把，要是往常，姆妈就会醒过来，或者对儿子说：你醒了，或者说：还早呢，再睏一会吧。可是这一回，一点反应都没有，宏志再推了姆妈一下，仍然没有反应，宏志慌了，他爬起来一看，床上有一大摊血，宏志连哭带推，见姆妈还是一动不动，他光着脚赶到徐家棚从床上叫起了表叔，表叔赶到一看，才知道表姐流产了，大出血，幸亏他自己是郎中，及时制住了出血，终于把表姐抢救了过来。

菊花姆妈知道女儿流产了，从病床上挣扎起来，硬撑着服侍女儿三天三夜，回到家里后，倒在床上就没有再醒过来……

“日本鬼子欠我们的账还没有算清，国民政府可是我们自己的政府啊，又欠了我们这么多新账，让我们老百姓怎么活啊！”阿开听到这里，对着苍天怒吼起来，因为声音太响，把怀里抱着的儿子吵醒了，他哇哇地大哭起来，阿开慌了，可他怎么抱呀摇呀哄呀，就是不停地哭。

菊花走到阿开身边，从他手里接过孩子，还用满是泪水的脸，轻轻地贴到了小春的脸上。孩子一到菊花的怀里，哭声果然小了、轻了，菊花说：“是饿了。”阿开说：“我的背包里还有洋芋艿，可是生的，要煮煮熟。”当他去背包里拿洋芋艿的时候，菊花已从镬子里拿出半碗煮熟的菜節头，她告诉阿开，这是人家菜园里丢了的菜節头，宏志去捡来的，她随手捡了一个比较嫩的，掰成两半，刚想把手里的一半往小春嘴里塞，被阿开接住，他先把菜節头放在自己嘴里嚼碎，然后对着小春的小嘴巴，用舌头一点一点地喂到进去。

小春不哭了，边吃边对阿开笑了一下。

菊花在旁边看呆了，她在心里想：天下竟有这样的男人，比女人还细心。她看看阿开，又看看他怀里的孩子，发现小春的右耳朵边有一个红点，再细看，上面大下面小，像一朵花。

“小家伙耳朵边还有个胎记呐。”菊花说。

阿开也看呆了，说：“我怎么没发现呢？到底女人比男人细心。”

菊花掰着手指头算着：三天了，七天了，十二天了……到了第十九天的傍晚，菊花听到胡家沙有一个壮丁逃回来了，说是同陈阿水一道被押解到严州去的。菊花再也等不到天亮，不顾自己身体虚弱，瞒着儿子宏志，从邻居家借了个灯笼，连夜赶到胡家沙。菊花为了把阿水保出来，去过胡家沙，不过以前都是白天去的，而且是乡公所，问一声就知道，这一回，她不知道那个逃回来的壮丁叫什么名字，住在哪一个村角落里？而且又是半夜三更，可是菊花心里像油在煎一样，她再也等不到天亮，也不管自己是个女人，一户人家一户人家地敲过去，问问他们有没有壮丁刚刚逃回来？知道不知道陈阿水这个人？她从进村第一家敲起，那家人以为发生了什么事，打开门一看是个蓬头垢面的女人，骂了一声："晦气！"还向菊花吐了一口口水，又"砰"一声关上了门，要是为了别的事，菊花早打退堂鼓了，为了老公，她咬咬牙，接着敲第二家、第三家的门，最后，在一个好心人的指引下，总算找到了那个逃壮丁回来的名字叫胡长贵。胡长贵一听"陈阿水"的名字，看着菊花的脸，沉痛地说："陈……阿……水？他死了！"

胡长贵见菊花昏死过去，急了，幸亏有瞎眼姆妈帮助，终于把菊花弄醒。菊花一醒来，抓着胡长贵的衣服，哭着说："你骗人，你是在吓唬我吗？"

胡长贵罚愿赌咒地告诉菊花："陈阿水真的死了，是我亲手埋葬的。"

胡长贵还告诉菊花，他同陈阿水是绑在一起的，阿水因为正在发"抖抖病"，是他扶着阿水一起走的，押解壮丁的人见他们走得慢，还用鞭子抽他们的脑袋，用枪篰头砸他们的脚后跟；有一次，阿水突然被砸昏，不能再走了，倒在路上，带壮丁的那个当官的说，不能让他拖后腿，万一耽误了这批壮丁到部队报到的时间，他要受军法处置，其他人也要受牵连。

"当时，我们几个人都为阿水求情，还有人说愿意背着他去报到。"

那个军官也没有办法，只好叫几个壮丁轮流背。可是，阿水就是不醒来，军官摇摇头说："实在没有办法，少一个就少一个吧。"

"是我把他埋在一棵大樟树下面的。"胡长贵流着眼泪痛苦地说。

菊花觉得有无数把尖刀在刺她的心，但硬撑着，她要去找阿水，就是只剩一把尸骨，也要把他背回来，她坐在长贵家的门口歇了一口气，问长贵："长贵哥，阿水葬在哪里？能不能告诉我一个确切的地方？"

长贵苦笑一下，摇摇头："我从小没有出过远门，连县城也没有到过，东南西北方向也分不清……"他看了菊花一眼，仍旧重复了一遍已经说过的那句话，"我是把他葬在路边一株樟树下的。"

最气人的是从乡公所传来消息说，陈阿水这个壮丁名额原来是何保长的侄子的，是何保长暗中调了包，菊花去乡公所找了好几次，都没有找到何金生，何仲春乡长还叫乡丁把菊花赶出来，说她是个疯女人，是在妨碍他们的公务，再去闹要把她抓去坐监牢，菊花再不敢去了，万一她真的去坐牢，宏志怎么办？他还小啊！

菊花决心忍下这口气，把儿子养大，俗话说：“石头瓦片也有翻身的日子。”

可是地没有了，坐吃山空啊！不多久，家里的粮食吃光了，幸亏儿子懂事，小小年纪，大冬天的，到江田池里去摸螺蛳，到富春江里去摸黄蝗儿，菊花去挖马齿苋，到别人割了菜的园地里去捡一些菜叶，挖一些菜根、菜箭头，烧在螺蛳和黄蝗肉里当饭吃。

后来，菊花又带着儿子去讨饭。菊花还告诉阿开，有一天，娘儿俩讨饭回来，宏志饿得走不动了，两个人在一个陌生的凉亭里歇脚，天黑了，忽然看到前面有一盏灯闪闪烁烁地过来，菊花以为有人走夜路呢，到身边才看见灯前面还走着一个人，他手里捧着件小孩子的衣服，一边走，一边叫：“阿囡，阿爸姆妈在屋里等着你，你要快回来，快回来……”

“这是在叫魂吧？”阿开问了一句。

菊花点点头，把儿子拉到身边继续往下说：“宏志眼睛尖，他看到灯笼后面还有一个人手里揣着木盆，木盆里有馒头。”

“是供土地神的。”阿开对这些请神送鬼的事太熟悉了，他看看宏志，只见宏志的两只眼睛好像猎人看到了猎物似的在发光。“后来，宏志把那个馒头抢过来吃了？”阿开再一次看宏志，宏志却在看着他姆妈的脸。

“……那几个招魂的人刚走，宏志一个箭步跑出去捡地上的馒头，谁知道突然从黑暗里窜出一只野狗，一口把馒头叼走了。”

“啊？！”阿开吃了一惊，还没有说什么话，刚才还安安静静站在他姆妈身边的宏志一下子激动起来，他一边做手势一边说：“我从地上捡起一块石头扔出去，野狗痛得汪汪汪地叫起来，把馒头丢下了。”宏志得意地看着阿开，像在讲一个英雄故事。

“你把馒头抢过来吃了？”

“他掰了半个塞到我嘴里……”菊花说这话的时候，手摸着儿子的头发，眼睛里含着亮晶晶的泪水。

“像一个男子汉！”阿开忍不住称赞。

听到阿开的称赞，宏志更是两眼发光，看了阿开一眼，大声说：“大阿爸也是个男子汉！”

“我……”

“你小时候听到有人喊大奶奶歪嘴巴，也不是一拳头把那个人的牙齿打下来了？！”

阿开追问宏志：“你听谁说的？”

“姆妈和阿爸都这么说的。”宏志得意地回头看看姆妈。菊花却拉起儿子的手，指着上面那个疤，告诉阿开：“这是被狗咬的。”

3

一阵西北风，从倒了的墙洞里刮进来，阿开怀里的儿子可能受了点凉，打起了喷嚏，宏志也躲到了姆妈的衣服底下，阿开把儿子交给了菊花，就动手修补起墙洞来。

阿开熟门熟路地从早已没有了绵羊的羊栏里背出来两张菊花养过蚕的蚕匾，在墙洞里比划了一下，然后搬来一张小凳子，站上去，菊花问阿开要不要扶一把？阿开摇摇头说：“不用。”他找来几颗钉子，把蚕匾钉了上去，屋里虽然黑了一点，但暖和多了。

宏志跳起来，拍着手说：“今后我在家里再不会冻得发抖了！”

菊花用感激的眼光看着阿开：“阿哥要是不离开董家村，我们母子两人也不会吃这么多苦了。”她又拉起宏志的另一只手给阿开看，当他看到宏志手上的冻疮开始溃烂流浓，心里有一股说不出的痛楚。

阿开对菊花说：“如果我还在董家村，何金生也不会放过我的。”

何金生同张先生是姑表兄弟，阿开听张先生说过，何金生仗着大伯是乡长，自己阿爸又有田有地，人虽然在外面读书，吃喝嫖赌样样来，他阿爸生气了，把他叫了回来。何金生回家以后，恶习不改，到处横行霸道，还动过菊香的脑筋，差一点被阿开打了一顿。

当阿开来到菊花母子俩睏觉的地方，眼眶又一次湿起来了：“这哪是人住的地方，简直是猪窝呀！”

阿水家也有一张八脚眠床，是他阿爸姆妈结婚时做的，阿水阿爸生病的时候，就躺在这张八脚床上，阿开和菊香常常来看他；后来，这张床又变成了阿水和菊花结婚的新床，阿水和菊花结婚时，阿开同菊香又来过，后来菊花生了宏志，阿开和菊香更是三日两头来看躺在八脚床上的菊花和她的儿子。

如今，八脚床还是八脚床，可床上的棉被没有了，只剩下了几片破布和一团团凌乱的棉絮，和一堆堆稻草混在一起。

“阿水要出去躲壮丁，他又没有过冬的棉裤，我只好拆了棉被给他做了一条，想不到他……”菊花在阿开身后说。

“大阿爸，我和姆妈躲在稻草堆里，比在外面暖和多了。”宏志是个懂事的孩子，从不在姆妈面前喊过一声“冷”。

阿开回转身，对菊花说：“你们受苦了。”

自从阿水被抓了壮丁后，菊花看到的是人们的白眼，听到的是冷言冷语，甚至用对待猫和狗一样的声音呵斥他们，现在听到阿开这样的安慰话，感到一身的温暖，她真想向阿开身边靠一靠，看见宏志在看着自己，忍住了。

阿开因为草屋破烂不堪，又没有床铺，要修理也要等过了多雨的春天，只好暂时住在菊花家里。

由于有了男人的支撑，菊花也开始过起了同阿水活着时那样的正常日子，每天早早起来烧早饭，好久不冒烟的烟囱开始冒出了淡淡的炊烟。阿开还背着菊花，用小惠送给他的银元为菊花家买了几只小鸡，每天大清早，菊花把它们放出去，让它们在门口道地上叽叽喳喳地奔跑、争抢食物；阿开还从徐家棚养羊的人家买来了一对小羊羔，宏志在去学校读书之前以及放学回家之后，负责割羊草，还兼管带弟弟小春的任务。

“哈哈，像一份人家了！”听声音，就知道三嫂来了，阿开和菊花忙放下饭碗，忙着想去给她倒茶，被三嫂止住了，“你们把我当客人呀。”她像看陌生人一样地打量着菊花，笑眯眯地说，“新做人家嘛，对上门来的客人是要客气一点的。”

菊花听三嫂话里有话，脸一下红了，连连摇头，问三嫂：“你在说什么呀？”

“还装什么正经呀，外面都传得沸沸扬扬了。”三嫂装出一副倚老卖老的样子，这儿转转，那儿看看，还特别去看了菊花和宏志、阿开和小春睏觉的地方，出来后竟吃惊地问阿开和菊花：“你们装什么假正经呀，装给谁看呀？”

菊花的脸又一次红了，说：“我们真是这样睏的。”

阿开也点点头。

三嫂还有些不相信，问宏志：“你晚上和谁睏一张床？”

宏志说：“同姆妈。”

“小弟弟同谁睏一张床？”

“同大阿爸。”

三嫂神神秘秘地把菊花拉到一边，悄声地问她：“是不是等孩子睡着了你们两个再那个……”

“三嫂，你说什么呀！”菊花笑着，躲到一边去了。

三嫂一本正经地先看阿开，然后又看菊花，摇摇头：“想不到，真想不到，在这种世道，你们两个人还都是‘吃素’的。”忽然她把两手一拍，对阿开和菊花说，“鱼挂臭，猫诱瘦！何苦呢？”她还拍着菊花的肩膀，问她，“谁会来给你造贞节牌坊呀？”

菊花站起来要去追打她，三嫂哈哈地笑着走了。

三嫂前脚刚走，又从外面传来一个苍老沙哑的男人声音：“阿开啊，你回来了，怎么不告诉我一声呢？”

阿开和菊花不得不第二次放下碗筷，回过头，一个老人拄着拐杖，还有人在一边扶着，一瘸一拐地从道地里走来。

阿开第一个跳起来：“是小伯呀，你怎么来啦？”三步并两步地来扶小伯，菊花也跑过去想扶小伯的，她的手没有碰到小伯，小伯就像避瘟神似的避开，弄得菊花很是尴尬。

见一个老头和一个陌生人走进来，宏志只抬头看了一眼，又低下头顾自己吃饭；小春开始学习自己吃饭，他看到一个陌生老人拿着根棍子走进来，觉得新鲜、好玩，他放下饭碗和调羹，好奇地看着那个陌生老人嘴巴上的黄胡子。

小伯摸一下小春的头，问阿开：“他就是你抱回来的儿子？”

阿开呆了一下，到底是菊花机灵，她抢着回答：“是阿哥的儿子，叫小春。”她又对小春说，“叫小太公，快叫呀！”小伯回头白了菊花一眼，好像在说：要你多嘴！菊花却装着没看见，仍对小春说：“快叫，小太公！”

小春奶声奶气地叫了一声“小……太……公！”

宏志乖巧地也跟着叫了一声：“小太公！”

小伯这才有了点笑容，说：“好，好，好！”可他的两只眼睛一刻也没有离开小春，像考古学家在审视一件有存疑的宝物。

阿开却和扶小伯来的韦世汤打起了招呼：“长高了，不放牛了？”

韦世汤开心地说：“自从小伯的脚跌伤以后，小姆妈就叫我专门照顾小伯。”

小伯回头告诉阿开：“其实我也不用专人照顾，医生说少走动，会好起来的。”

菊花已经为客人泡来了茶，放在桌子上。

小伯在旁边一张凳子上坐下来，对阿开说：“你们先吃饭。”

菊花向阿开打了个眼神，说：“我们吃好了。”快步向桌子边走去。

阿开也只好跟着说：“我们吃好了。”他想跟过去帮助菊花收拾碗筷，只见小春嘴巴瘪了一下，哇的一声哭起来，阿开忙把他抱起来，给小春喂饭。

小伯等阿开把小春饭喂好，由宏志领他去玩了，才严肃地跟阿开说：“阿开，不是我说你，你总还是我的亲侄子吧？离开两年多了，突然回来，不到我家来，而到别人家里来……”他看了眼正捧着菜碗向灶头间走去的菊花，顿了一下，转了话锋，大声说，“别人会怎样看我这个当小伯的呀，连一个亲侄子也接纳不了？！”他好像很生气，脸也涨红了。

阿开低着头，木纳地说：“因为……因为……我家的草屋破得不能住人了……”

“还有我家呀！就在旁边嘛，你出去了一趟，两只脚就那么金贵了，跨几个台阶都不肯了？”小伯越说越气，嘴上的几根黄胡子也在抖动。

“小太公，是你错怪你侄子了，”菊花从灶头间走出来，笑眯眯地说，“那天早晨我们一起从渡船埠回来，是我叫他临时住到我家来的，因为他……”

小伯的眼睛一下子睁大，上上下下打量着菊花，好像是第一次见到的陌生人。其实，小伯是多次见过菊花的，因为菊花常到菊香家里去，菊香投江后，在料理菊香的后事过程中，菊花因为伤心哭得死去活来，小伯和小姆妈还来劝过她，叫她不要伤心，说菊香已经走了，哭也哭不回来的，保重自己身体要紧。现在好像突然变陌生了？

小伯不相信地重新问了菊花一遍：“你和阿开是同一只渡船回来的？”

菊花点点头，嗯了一声。

阿开连忙向小伯解释：“我从外地回来，菊花在街上讨饭，正好赶上末班渡船……”

不等阿开把全部话说完，小伯冷笑了一声：“正是凑巧了。”他用厌恶的目光瞟了菊花一眼，回头又对阿开说，“不管你们过去是什么关系，我是决不会让你当上门女婿的！”

“什么，当上门女婿？谁告诉你的？”阿开呆了，两眼睁得圆圆地看着小伯。

“我们……”菊花气得话也说不出来。

小伯却根本不让他们说话，一口气还在往下说：“阿开呀阿开，你这样做，把我们老祖宗的脸皮都剥光了！你可要知道，你是武状元的后代子孙，她……又是什么人？”

阿开终于爆发了，他大声说：“我做什么了？怎么把老祖宗的脸皮剥光了？！”他回头看了菊花一眼，用责问的口气问小伯，“她是什么人？你难道不知道？她是我朋友陈阿水的老婆！”阿开说到这里，用手掌抹了一下嘴巴边的唾沫，继续说，“阿水是我的徒弟，好兄弟，他还从大水里救了菊香，现在，他被抓去当壮丁，死在半路上，留下孤儿寡母，活不下去了，我难道不能帮他们一把吗？难道我的良心被狗吃了吗？”

小伯见阿开眼睛发红，像一头要斗架的公牛，他没有再往下说，也不敢往下说，因为阿开的脾气他已经领教过多次，赶快叫韦世汤扶着回家去了。

阿开还要追出门去，被菊花拦住。

不过阿开还是听到了小伯一路上在悲叹：“……难道我们董家风水真的要倒了？阿开啊，她可是克夫命的女人哪！”

最后一句话幸亏菊花没有听到，不然，菊花也会跑出去同他拼命的。

阿开和菊花那天回家来，董家村还笼罩在晨雾里，又是冬天，人们还捂在暖和的被窝里，两个人在阿开的草屋门口只站了半袋旱烟的工夫就离开，而陈家桥离董家村有一里多路，中间还隔着一条河和一片桑树林，桑树林后面又是一片荒坟，平时是很少有人去的。

俗话说“没有不透风的墙”，没多少时间，阿开回来了，还同菊花住在一起的消息，像长了脚一样在董家村传开。

“阿开这个瘸子，还真交了桃花运了。”据说，这是阿水死了以后几次想“包养”菊花的那个人嘴里说出来的。那么，阿开做了菊花的上门女婿，菊花是个克夫的命，又是谁造的谣言呢？而且还告诉了小伯？

小伯老了，平时很少出门，有小姆妈和小长工照顾，本来可以颐养天年了，大概在阿开刚刚在董家村失踪的那段时间，突然从老朋友何乡长那里听来一个消息，说叫他小心些，县里已经有人盯上他了，因为他儿子董开全不在学校读书了，去延安投降了朱毛土匪，还改名叫董凯旋。小伯开始不相信，说自己的儿子自己最知道，是决不会做出这种有辱祖宗荣耀的事情的，后来，他接到了儿子的信，不过开全信中说的是“到延安，参加了革命”，小伯当场把儿子的信烧掉，边烧边说：“他中毒太深了。”气得差一点吐血，在床上躺了三天三夜，有一次晚上起来小便，下床时没有踩稳床前的踏脚板，跌了一跤，把骨头跌断了。

阿开已经回来并和菊花住在一起的消息，是小长工韦世汤告诉小伯的。

“他怎么同那个小寡妇住在了一起？”小伯在阿开回家来之前就听说过菊花的传言，说她是个不正经的女人，还是个克夫命的女人，谁当她的老公，谁就会提早去见阎王。

“他还当了菊花的倒插门。”当时韦世汤还加了这么一句，把小伯气得从床上跳起来，拿起放在床边的拐杖，敲着地面，“是不是我们董家的风水要倒了？一个当了土匪，一个当了上门女婿！阿开是被这个女人勾去了魂，连自己的命都不要了！”他不顾老婆的劝阻，一定要韦世汤扶他去菊花家亲自问问阿开，劝他早日回头，免得冤枉送了自己的性命。

一场风暴过后，屋子里暂时得到了安静，平时吃好饭喜欢打闹的宏志和小春，一个由阿开抱着，一个偎依在菊花身边，两个人，四只小眼睛，一会儿看着阿开，一会儿看着菊花。

菊花的泪水流下来，无声无息地滴在自己的衣襟和儿子的头发上。阿开看了菊花一眼，气愤地自言自语：“是谁在背后捣鬼？乱造谣？！”

菊花用手掌抹了一把泪水，她想对阿开说：“你还是回到小伯家里去吧，免得他生气。”可她话卡在喉咙口，没有勇气说出来，她太舍不得阿开离开了。她回想自从阿水被抓了壮丁之后的日子，好像风筝突然断了线，在风中乱飞乱飘；又好像船突然失去了舵，在大风大浪里颠簸，阿开来了，船有了一个停靠的港湾，她有了一个靠山。

菊花想起了村里人听到阿水死了的消息，表弟长生第一个来照顾她和宏志，三嫂也几次送来过麦粉和玉米，俗话说，救急不救穷，穷是无底洞，虽然靠这些救济养活不了母子两人，可在这年头，大家都穷啊，哪怕一小撮麦粉，一粒玉米，也是一份情啊；还有的邻居虽然没有能力来帮助，对菊花说几句宽慰的话，也是一份情谊呀。但有的人就不同，过去阿水在世的时候，看他们日子过得挺美满、挺滋味，眼红、嫉妒，可表面上还是见了面打个招呼，问一声：“饭吃了没有？”阿水死了，家里的土地也卖光了，有人开始看不起，有时明明在路上碰到也会绕个弯，好像菊花身上的穷气也会传染给他们。

阿水的堂兄弟有方，自从阿水被抓了壮丁，又在半路上死了的消息一传出，他像在村子里突然消失，好久见不到他的人影。有一天傍晚，宏志饿得又叫又哭，菊花抱着儿子，流着眼泪，看看天黑了，该怎么办呀？就是讨饭，也要到明天天亮呀。这时，门突然“吱呀”一声被推开，有方进来了，他手里提了一个小口袋，在菊花面前一放，说：“快给宏志去烧饭吧，不然会把孩子饿坏的。”菊花是感激又高兴，刚拿起米袋，有方却一把捏住了菊花的手，色迷迷的眼睛直盯着菊花的胸脯，说，“今天晚上我在你这里过夜了。”

菊花像被毒蛇咬了一口似的抽回手，指着那口袋对儿子叫起来：“这里面是毒药，宏志，把它扔出去！”不等宏志反应过来，菊花已经把米袋扔出了大门。

后来有好几次，母子俩睏得好好的，突然听到有人在撬门，幸亏，隔壁建新伯家有一只狗，汪汪汪地叫起来，建新伯也会背起一把铁耙赶出来。

菊花家的屋后有一个竹园，自从菊花把有方赶出大门之后，每到天黑，竹园里就有“沙啦啦，沙啦啦”的声音，村子里又传出了有“撒沙鬼”在向菊花家里撒沙子的吓人消息；有时后半夜，竹园里又会传来怪叫声，吓得宏志躲在菊花的怀里不敢向外面看一眼。

不久，又有人在外面传来传去地说，阿水死得不甘心，放心不下菊花和宏志，所以每天夜里都要回来陪老婆和儿子的，弄得菊花心里慌兮兮，晚上也不敢睏觉。

有一天傍晚，菊花到富春山下面的一块麦地里挖野菜，因为村子附近的野菜差不多被人挖光，菊花发现这里麦地两边有不少野胡葱，她小心地连胡葱箚头一起挖出来，分量可以多一点。

野胡葱这种野菜，确实可以充饥，但人吃了以后会全身发热，每次宏志吃了，肚皮就会胀得像只铜鼓，敲起来会咚咚响，还拉不出屎来，菊花只好用手指甲把它一点点从屁股眼里挖出来，她一边挖一边流眼泪。

但总比儿子天天哭着叫“饿死了”要好一些吧。

菊花在挖野胡葱的时候，好像听到麦地里有窸窸窣窣的响声，她担心着宏志，想快点挖完了早些回家。

突然，一个人向她扑过来，把她压倒在麦地里。

一个是身坯如熊、力大如牛的大男人，一个是身材娇小、加上一连串苦难的折磨，吃饭也常常是有一顿没一顿，一半野菜一半玉米糊，饿得骨瘦如柴的女人，根本不是他的对手，菊花只好拼命大叫：“救命啊，救命啊！”

可惜菊花手里的镰刀早被有方一脚踢飞，她就用手抓，用牙齿咬，有方像抓小鸡一样地把菊花的两只手牢牢捏在他簸箕大的手掌里，用另一只手来拉扯菊花的衣服和裤子。

菊花的衣服快穿烂了，补丁加补丁，哪里经得起他的拉扯，“嘶嘶”几声，只剩几条筋还挂在菊花身上，雪白、粉嫩的皮肉全露了出来，有方看得简直要发疯了，恨不能一口把菊花吞下去，他嘴里说：“今天你能逃出我的手掌心，我不姓陈！”他那只捏菊花手的手仍然紧紧捏着，怕她反抗，腾出另一只手去脱自己的裤子，有方高兴过头了，菊花趁势拼了全身的力气挣出一只手来，正好一把捏住了有方裤裆里刚刚露出来的两个臭蛋，而且越捏越紧，有方突然感到一阵钻心地痛，满头冒出了虚汗，他“哇哇”地大叫起来，急忙用双手护着裤裆，说：“姑奶奶，求求你啦，别把它捏碎了呀！”菊花趁机逃走，镰刀、篮子却丢在了麦地里。

回到家，菊花把门上了闩，还用桌子、凳子把门顶住，然后抱着宏志大哭了一场……

阿开听得浑身发抖，太阳穴里的青筋暴出来像蚯蚓一样在跳动，他的两只手也像要捏出水来。菊花却淡淡地说：“我真正体会到‘寡妇门前是非多’这句话了。”

阿开走到菊花身边，神情壮重地说：“我和阿水都发过誓，不管我们哪一家出了什么事，都要担当起两家的责任！”他还拍了一下菊花的肩，像大阿哥对小妹子似的，补充了一句，“我是不会离开你们家的。”

半懂不懂的宏志，突然抱住了小春：“我也不会离开你的。”

逗得两个大人都笑了。

每天早晨，总是菊花先起床烧早饭，把鸡放出去，再扫地，然后阿开和两个孩子起床，吃了早饭，阿开到田里去做生活，宏志去学校读书，小春在家玩。可是今天一早起来，菊花打开大门，门口却堆满了牛粪和狗屎。

“阿开，快来看！”听到菊花的叫声，阿开衣服往身上一披，走到门口一看，呆了，是谁恶作剧，把牛粪、狗屎堆到我们家大门口？

菊花看着阿开，用嘴巴向西边那份人家歪歪，正想大骂，阿开抢先开了嘴，大声说：“是哪个这么好的良心，知道我田里缺肥料，连夜送肥上门来啦？”

菊花马上懂了阿开的心思，接着说：“俗话说好事做到底，帮我们送到田里去多好，省得我们再花力气，阿开哥，你说是不是？”

“是啊，不过呢，这也好，省了我们不少钞票！”阿开拿来畚箕，把牛粪、狗屎向自己家的田里挑去。

菊花在后面亲热地叫着：“阿开哥，马上回来吃早饭啊！”

其实，自从阿开住进菊花家以后，可以说没有一个晚上安稳过，竹园里的“撒沙鬼”每天撒沙子，还有那个怪叫声，也没有断过，阿开对菊花说：“难道听到鬼叫，我们就不做人了？顾自己睏觉吧！”

不过他还是小心地在睏觉以前要查看窗和门是不是关好了？灶底下的火是不是灭掉了？果然，日子长了，那个“撒沙鬼”不撒沙了，怪叫声也没有了。

“原来鬼也怕人！”阿开对菊花幽默地说。

4

有一天傍晚，一家人吃了夜饭，菊花洗好碗，在灶头忙着，阿开走去一看，见菊花正在炒菜，灶头上还摆着已经炒好了的菜：油炒螺蛳、炒青菜，镬子里正在炒青南瓜和黄蛤肉。

阿开奇怪地问菊花：“明天吃的菜今天都炒好了？”

菊花没有抬头看阿开，她一边炒一边说：“这些都是菊香妹子最喜欢吃的菜！”

“你这是……又不是清明？”阿开看着菊花，心里突然涌起一股说不清、道不明的情愫。

阿开从回来那天起，就想去看看菊香、阿爸姆妈和儿子信福了，可小春没地方放，因为他是绝对不会把他带到菊香坟头上去的。现在好了，小春有菊花管着，他前几天悄悄去了菊香的坟头，先告诉菊香他回来了，还给她的坟头添了土，然后又祭拜了阿爸姆妈和儿子信福，也给他们的坟头加了土，这才办完了一件心事下山来。

刚才阿开听了菊花的话，在心里想：“大概有人告诉过她了。”

“其实，你早就该去看看他们了。”菊花是不知道还是有意这样说。

“我是想到清明节再去。”

“你有近两年没有去了，明天又是菊香妹子的忌日，还等什么清明节呀。”菊花有意装作不知道阿开去过菊香坟头的事。

“明天是菊香的忌日？”阿开是真的把菊香的忌日忘记了，他的眼泪流下来，用手掌拍打着自己的脑袋，说，“我这个没良心的东西，把她的忌日也忘记了。”阿开用感激的眼光看了菊花一眼，“真是难为你了，还记得这么牢。”他情不自禁地向菊花走近了一步，突然伸出手，抱住了她。

这是阿开第一次抱菊花，菊花脸红心跳，气也好像透不过来，她一边从阿开怀里争脱出来，一边说：“等一下宏志他们进来，难为情的。”

让菊花想不到的是第二天去上坟，她要带小春一起去，阿开说什么也不肯。

“他还小，不好带他到这种地方去的。”

“这种地方怎么啦？菊香是你的老婆，旁边是你阿爸姆妈，小春是你路上捡来的儿子。”

菊花的话刚说完，阿开的脸已涨得通红，他呆了一回，突然说了一句让菊花莫名其妙的话：“菊香看到会生气的。”

“菊香看到小春会生气？！”菊花看着阿开，直到阿开低下头，才又动手帮助阿开整理去给菊香上坟的东西，过了一回，菊花又用怀疑的眼光看看阿开，又看看小春，像是自言自语地说：“带不带小春去，还是你自己决定。”

有天晚上，刚吃过晚饭，当菊花去猪栏喂猪的时候，阿开笑眯眯地问宏志：“你想不想穿新衣服？”

宏志眼睛一亮：“想啊！”他马上又回头看了眼菊花的背影，“姆妈说我们刚刚有一口饭吃，哪有钞票做新衣服呀。”宏志拉了一下已经破了袖口的衣服，诉起苦来说，“张先生说了好几次，说这么冷的天，还穿着一件单布衫，要冻出毛病来的。”

阿开见菊花已经从猪栏里走出来，就在宏志的耳朵边咬起了小耳朵，宏志高兴得脸都涨红了，问阿开：“真的？不骗人？”

“骗你是小狗！”

菊花见儿子同阿开这么亲热，又鬼头鬼脑的样子，笑着问：“你们在说什么悄悄话呀？”

阿开向宏志眨了一下眼睛，说：“不告诉你。”

“对，大阿爸说是不可以告诉你的。”

菊花洗好了最后一只碗，从灶头拿来菜油灯，灯盏里的油快烧干了，只有一根灯草的火苗，半明半灭的，因为是熟门熟路，她走进自己的房间，脱掉了衣服，拉开被子，刚躺下，两只大手突然抱住了她，菊花吓得“啊”的一声，又被一只大手捂住了。

“别把宏志他们吵醒了。”阿开说。

“怎么是你？”菊花又惊又喜，一头钻进了阿开的怀里。

干柴碰到烈火，两人激情过后，菊花问阿开：“宏志……怎么肯同小春睏了？”

阿开在菊花脸上又亲了一下：“宏志答应永远同小春睏一张床了。”

“你……真狡猾，真有本事。”菊花把头钻在阿开宽大的怀里，她想说：其实我早就看相你了，就是没有勇气说出来。

阿开紧紧地抱着菊花，说：“我真想把你一口吞进肚子里。”

菊花来劲了，她说：“好呀，你把我吞下去呀，我要永远在你肚子里当一根肚肠。”

“不，当我的心肝。”阿开说着，把菊花抱得更紧。

菊花叫起来：“轻一点轻一点，要闷死了！”

紧接着是两个人幸福的笑声。

阿开还没上四十岁，老婆死掉这么多时间，现在同菊花住在一个屋檐下，她每天在自己面前晃来晃去，她是老婆的亲阿姐，相貌一样，身材一样，甚至声音也非常相像，而且一个没了老公，一个没了老婆，有时正想去摸她一下，碍于宏志，他熬住了。宏志对他很亲热，每天大阿爸大阿爸地叫，但只要见到阿开贴近菊花，他的眼睛里就有一种异样的光，有好几次，阿开想到他们房间里多坐一会，宏志就会烦躁不安，阿开只好失望地回到自己的房里。

菊花是二十刚出头的女人，正需要男人的呵护，一个身材魁梧，英气十足的男人，每天在自己隔壁的床上翻来覆去睏不着，她会没有感觉？！况且他是自己早就动心过的男人；老公阿水是个好人，爱老婆可以说是爱入骨髓了，他对菊花百依百顺，体贴入微，但菊花总觉得他缺少一点男人味，阿水的个子比三嫂老公阿平要高，但同阿开比，又相差了一截，人们常说“身高力不亏”，不然，为什么女人都喜欢身高力大的男人呢。有好几次，菊花有意让阿开在自己的房里多坐一会，可儿子总是虎视眈眈地看着他，这让菊花想起儿子断奶以后，当阿水要同她亲热时，儿子就会把他从姆妈身边推开去，说：“姆妈是我的，你不能碰！”两个人哭笑不得，只好等儿子睏着了才亲热。有一次，阿水好容易等儿子睏着了，正在同菊花亲热呢，他感到屁股上突然一阵剧痛，原来儿子正在咬他的屁股呢。

“你到底怎样把宏志骗过去睏的？”菊花不依不饶地要问个究竟，因为她担心说不定儿子什么时候会推门进来。

“这怎么是骗呢？”阿开得意地眨着那双单眼皮眼睛，怀里抱着菊花，舒服地靠在枕头上，告诉她：明天他要去一趟县城，为菊花、宏志、小春和自己，每人做一套新衣服，还要菊花明天一早给大家量好尺寸，他可以去把布买回来。

菊花有些不相信自己的耳朵，他同阿水结婚时才做过一套新衣服，后来阿水又给她买过一条裤子；儿子宏志从出生到现在，也只做过一件新衣服，他一直是穿阿爸姆妈穿破了的、经过改制的衣服，如今阿开竟说给全家人都做一套新衣服，又不是过年，这到底是怎么回事，他哪里有那么多钞票呀？

菊花用手掌在阿开额头上贴了一下，笑着说：“你不要为了今天晚上的事，热昏了头喔。”

阿开把菊花的手从自己头上拉下来：“你一定以为我在吹牛说大话，对吧？”他从枕头底下拿出一个手巾包，打开来，菊花一看，脸都吓得发白了，小声问阿开：“你身边还有那么多银元？到底是哪里弄来的？”

在那个年代，纸币流行已经很久，银元很少很少（铜板还是相当普通的），在菊花的眼里，银元只有像小伯那样的财主才有，菊花为了把老公阿水保出来，三亩旱涝保收的桑园地也只卖了四十块银元，阿开怎么会有那么多银元？菊花突然用陌生的眼光打量着阿开，因为她想起了“阿开当了和平军”的传说，而且还抱回来一个来路不明的小春。

阿开也猜到菊花为什么吃惊，对菊花说：“我阿开是怎么样一个人，难道你还不放心？！”他把手巾包里的银元收了起来，又信誓旦旦地说，“我阿开决不会做出对不起列祖列宗的事情来！”

见菊花有些相信了，阿开把从劳工队逃出来，在半路上捡到了小春的事又说了一遍，这回却又多了在半路碰到司马母女的事情。菊花的眼睛睁得更大：“她们无缘无故地会给你那么多银元？”

“她们想买我的小春。”

“可你没有卖呀！”

“我怎么好把他卖掉呢，我是亲口答应……”阿开突然把话刹住，菊花不知道有没有听出来，追问一句：“她们既然没有买你的小春，怎么会白送你那么多银元？”见阿开没有再回答自己，也不再追根究底地问下去，因为菊花是个聪明的女人，她想起阿开常有一些有头无尾的话，知道阿开还有许多秘密没有告诉自己，但她相信阿开的人品，“总有一天他会告诉我的。”菊花自信地这样想。

5

阿开不仅给一家四个人都做了新衣服，本来还打算办一桌喜酒，把小伯小姆妈、三嫂、张先生，还有那个有方都请来吃喜酒，除了对张先生和三嫂是真心的请，对其他几个人他是要气他们一下：我阿开不是随便好欺侮的！

是啊，那一天小伯到他们家来发那么大一场火，而且当面奚落菊花，当时菊花真想大哭一场，但她眼泪往肚里落，还是装得什么也不在乎似的。阿开看在眼里，痛在心里，他是想为她出一口气。菊花也回想起落难的日子，除了三嫂、张先生帮助过她，有方却想趁火打劫霸占她，她和宏志讨饭到小伯家门口，小伯却叫韦世汤关上了大门，换了一般女人，是会记仇一辈子的，可菊花不是那种女人，她想起自己从小没了阿爸，姆妈为她吃了多少苦，结果没有享过她一天福，就离开了她，她要想尽孝也没地方尽。没有老人，哪有小辈？！老人都有一套自己的老规矩，做小辈的觉得老皇历行不通，不听就行了，没有必要去顶撞他，更不应该去气他，她劝阿开说："何必当真，还是把钞票省下来吧。"

听说阿开回来了，而且就住在阿水家，陈传祖就来找他，两个人一见面，亲热得像好久不见的老朋友，有说不完的话，但最后还是三句不离本行，仍然是请阿开去帮他做草纸。当然，阿开也一口答应了。

董家村出的草纸在富春县可以挂头牌，这全靠富春山下来的那股泉水。由于几年不做，传祖家纸槽池里的水需要全部换过，把从富春江发大水涌进来的水全部换出去，全换上富春山的泉水。

这天一大早，传祖在清理从富春山下来的那条水沟，阿开用水车把纸槽池里的水车到杨河里去。

那天正好是星期天，宏志带着小春也去了，他们是去抓鱼的。果然，当阿开把纸槽池里的水快抽干时，有两条乌鲤鱼在浅水里跳来跳去，宏志高兴得顾不得水凉，扑进水里抱起了一条，小春见水里还有一条乌鲤鱼在跳，也跳下去一把抱住了它，小春人小力气小，乌鲤鱼力气大，又是跳又是蹦，把小春掀翻在水里，弄得他一身水一身泥，宏志笑他变成了"泥菩萨"，阿开跳下去帮小春把乌鲤鱼抓上来，放到鱼篓里，对着都已经变成"泥菩萨"的小春和宏志说："快送回去，叫姆妈养在水桶里，不要让它们死掉。"

在吃中饭的时候，阿开以为有乌鲤鱼吃了，菊花揣上桌子的却是一碗清蒸鲫鱼，问菊花："今天不吃乌鲤鱼？"

菊花看看阿开，说："你……不要骂我。"

“骂你？我为什么要骂你？”阿开觉得很奇怪。阿水还在的时候，有一次不知为了什么事，菊花惹得阿开生气了，但他没有骂她，因为她是徒弟和朋友的老婆，轮得到阿开骂吗？现在，她已经是自己的老婆了，爱她都来不及，还舍得骂她？

“我像个会骂人的人吗？”阿开笑着说。

“我把两条乌鲤鱼送给小伯了……”菊花说。

“你……”阿开眼乌珠凸出地看着菊花，“就是让狗吃了，我也不送他们吃。”他还把筷子拍在桌子上。

“大阿爸，你刚才还说不会骂人的？”宏志见姆妈红着脸，马上帮上了。

菊花见有儿子在帮着自己，把送鱼的理由告诉了阿开。

菊花知道乌鲤鱼（也有叫黑鱼的，富春县城的饭馆里还有“黑鱼三吃”这道名菜）可以补骨头，小伯不是脚骨跌伤了吗？她就送去了。

菊花送去的时候，正好张先生也在小伯家里，他一见菊花，开心地说：“听说阿开回来了，住在你家里，我正想抽空去看看他呢。”他看着菊花，对小伯说，“真难为菊花，遭受了多少苦难，现在有了阿开，终于熬出头了。”

小伯听张先生这么一说，碍于面子，也只是皮笑肉不笑地点点头。本来，他想把菊花送去的鱼叫人扔出来的，也只好叫小姆妈收进灶间里去。

菊花也趁机说：“听说乌鲤鱼是补骨头的，阿开刚刚抓到，就叫我送来了。”

“多孝顺的阿侄啊！”张先生一边赞扬着阿开，一边又劝小伯说，“别为开全担心了，他是有志气有骨气的青年……”张先生说了一半，突然想起身边还有个菊花，马上把嘴闭上，看着菊花。

小伯却坦然地对张先生说：“菊花是自己人，没关系的。”

菊花听了小伯这句话，吃了一惊，小伯突然把她当自己人？她心里淌过一股暖流：到底是知书达理的人，人们常说宰相肚里好撑船，小伯的心里好宽阔哩。

张先生继续往下说：“其实，开全去延安的事情，我早就知道了，怕你担心，不敢同你说，要是早一点同你打个招呼，那一天你也不会生那么大的气了。”

“你这就见外了，我还会信不过你吗？当时姓何的要我小心些，说县里有人盯上我了。”停了一下，小伯又补了一句，“我也是因为开全的事，怕吃眼前亏呀。”

张先生冷笑了一下，对小伯说：“什么县里，还不是他那个保安大队长许丰吗？”他同老朋友一样拍了一下小伯的肩膀，说，“我们的人也不是吃素的，他敢动你一根汗毛？！我想他还没有这个胆子。”

阿开只知道堂弟开全在外面读书，听了菊花的话，他才知道开全已经投奔了共产党，他想小伯也是够苦的，大女儿开玲失踪多年至今没有消息，只盼望儿子早日把书读出来，回到富春县来谋一个差事，也把这份家业管牢，如今他又远走高飞，怎么不叫老人烦心啊！

吃好中饭，阿开就去看望小伯，当时小伯很激动，还叫小姆妈为阿开泡茶。言谈中，听说张先生已经帮他在县城里联系好了一家骨伤科医院，想等小长工韦世汤从他姆妈那里回来再送他去医院，阿开一听，马上叫了帮手把小伯抬到县城住进了骨伤科医院。富春的骨伤科医院因为有一个土郎中特别有本事，跌伤、打伤、伤了皮肤、断了骨头，他都能医治，好多外地人都到这里来医治。阿开又回来同菊花商量，两夫妻轮流着去照顾小伯（白天菊花去服侍，晚上阿开去服侍），一连五天，两夫妻给小伯喂饭喂水，倒屎倒尿，更让小伯感动的是菊花为小伯剪脚指甲，差一点要流眼泪了，他说："人老了，骨头硬了，身子弯不下去，手就够不到脚指头，脚指甲嵌进肉里，走路也痛啊。"

小伯看着正在底头帮自己剪脚指甲的菊花，叹口气，接着说："人老了，没有用了，开全他姆妈眼睛也花了，帮不了我的忙。"

菊花也被小伯的真情感动，她说："今后小伯小姆妈有什么事，只要吩咐一声就行了。"

在阿开和菊花把小伯从医院里接出来那天，小伯小姆妈不但留他们一家（宏志和小春是韦世汤去叫来的）吃了一顿饭，小伯还拉着阿开和菊花的手说："以前都是小伯听了别人的谗言，错怪你们了，不要记在心里啊。"

阿开从记事起，从没有听到过小伯这样对小辈说自己错的。

菊花嘴巴甜，会说话，她说："谁在背后说我的坏话，我心里都有数，只要自己守本分、守规矩，怕什么？俗话说：身正不怕影子歪嘛。"菊花见小伯在不停地向她点头，又说，"大人都是为了小辈好，小辈怎么好记在心里呢。"

小伯更开心了："还是菊花懂道理啊。"

从那以后，阿开和菊花常常抽空去看望他，每次去都不是空手，不是鱼，就是鳖。这些都是宏志从江田池里抓来的（当然少不掉小春，每次去池里抓鱼，他都背着鱼篓跟在后面，宏志从水里抓了鱼，从池里甩上来，小春就把鱼抓到鱼篓里）。

"别的本事没学到，抓鱼的本事很像阿爸。"每次宏志从江田池抓鱼回来，菊花总是眉开眼笑地对阿开说。

阿开也拍着小春的脑袋，开心地说："还带出了一个小徒弟。"小春听了，更来劲了，他把衣服掀起来，挺了一下肚皮，说："我长大了要到富春江里去抓鱼，抓一个比房子还大的鱼！"他把两只手张得长长的，还真有那么一回事似的，逗引得阿开和菊花都大笑起来。

这一天，阿开和菊花又去看望小伯，不但有鲤鱼，还有一条鲶活狼，阿开说过，小伯年纪大了，要吃刺少的鱼，鲶活狼只有一根直骨，他就把它送去了。

小伯像对客人一样叫小姆妈泡了两碗“盖碗”茶，还端出来一盆南瓜子。

“小伯，你……把我们当客人呀？”阿开从来没有受到过这样的款待，因为他知道小伯家只有尊贵的客人来，比如张先生、何乡长，才泡盖碗茶。他见过但没有喝过，所以弄得手脚也像没有地方放。

菊花更是站也不是，坐也不是，经小伯再三叫她坐，才在阿开身边的凳子上坐下来。

小伯突然叹了一口气，竟讲起了阿开阿爸的事情，他说：“要是没有我大哥支撑我们这个家，我这个当阿弟的也不能安心在外面读书呀。”他说着，眼睛里开始发潮。

阿开和菊花互相看着：小伯今天到底怎么啦？他们想劝劝小伯，却不知从何说起？

正当菊花和阿开在猜疑的时候，小伯突然从八仙桌的香炉边拿过一个四只角上包着铜边的木匣子，小心地打开，从里面拿出一张发黄的纸头，摆在阿开面前，说：“这是三角田的地契，我今天还给你。”

“小伯……这……这……”这突如其来的举动，让阿开不知所措，更不知道说什么才好？菊花也在旁边张大了嘴巴，呆呆地看着。

在阿开的记忆里，这块三角田是阿爸还赌债典给小伯的，后来一直由阿开租种，每年向小伯交租。

“当时大哥典给我，今天我还给你。”小伯的样子很诚恳，一点不像是在骗阿开的样子。

“可……这典当的钞票我……我……”阿开结结巴巴地说不下去，还连连地摇着头。

“阿开，你这就见外了，自己的亲侄儿，还讲什么典当的钞票呀。”小姆妈在旁边也劝起了阿开，她叹了一口气，未说话眼睛先红了起来，“我们两个儿女，老大至今没有消息，老二……又去了那么远的地方……”小姆妈伤心得说不下去。

菊花忙在一旁劝慰：“大姐大哥他们一定会平安回来，再说……眼前有阿开照顾你们两个老人呀。”

“是嘛是嘛，我们老起来，就靠你和阿开来照顾了。”小姆妈说完，小伯又接下去说：“我和你小姆妈都老了，见你们两个这样贤惠、懂事、有孝心，阿开又有了儿子，有一天我们在九泉之下见到大哥大嫂，也好有个交代呀。”

阿开用发抖的双手，从小伯手里接过那张发黄的纸。

这是一张印书用的纸，有阿开小时候读过的那本“小小猫，跳跳跳”书的两本大，纸的颜色已经变黄，拿在手上简直掂不出分量，它却像一座大山一样压得阿开和姆妈喘不过气，他多么希望读书啊，可他不能，因为没有自己的土地，小小年纪只能到小伯家放牛、做草纸，辛辛苦苦种出来的稻谷，哪怕自己家已经揭不开锅，仍然把稻谷一粒不少地挑进小伯家谷仓里。

小伯真的是良心发现了，还是另有什么别的原因？阿开是一个粗人，直爽人，他也想不了那么多，用两只手捧着那张地契，就像抱了一个亲生儿子那样高兴，心也在“怦怦”地跳。

“是不是我们在医院里照顾了他几天，他在还我们的人情呢？”阿开在回家来的路上问菊花。

菊花用怀疑的眼光看着阿开：“就照顾他几天，还给我们这么大的人情？！”小伯的小气是董家村出了名的，一块小小的绍兴霉豆腐也要吃三天。

“小伯怎么一下子大方起来了？”阿开自言自语。

“这还是旱涝保收的谷仓田啊！”菊花想起那一年为保老公把三亩桑园地贱卖了，心就痛。

6

小伯家的小放牛韦世汤回家去看姆妈，在菜园里种菜，突然听到“砰”的一声响，响声比炮仗、铁铳响多了，韦世汤吓得一屁股坐在地上，他养的那只看门狗“汪汪汪”地尖叫着，拖着一条鲜血淋淋的腿，冲进菜园，躲到他的身后，一边流眼泪，一边“呜呜呜”地哀叫。韦世汤从地上爬起来，拿着把锄头冲出菜园，叫着：“谁敢打我家的狗？！”正好同一个手拿木壳枪的国军碰上，对方的枪筒里还冒着烟。国军一见韦世汤，问：“老乡，有一只野狗跑到你菜园里去了，帮我把它找出来。”

韦世汤一听，火冒三丈，扬起锄头说：“什么野狗？是我养的看门狗！”

“看门狗也可以吃，狗肉挺香的。”国军嬉皮笑脸地说，“煮熟了我分给你一条腿。”他看到被自己打伤的狗正在菜园的篱笆边发抖、哀叫，从身上掏出一把匕首，但没等他的匕首落到狗身上，一把锄头打过来，把他的匕首打落在地上。

国军发怒了，用枪口对准了韦世汤。韦世汤姆妈正坐在门口晒太阳，一见这个情形，吓得大哭大叫起来：“国军杀人了！国军杀人呀！”

听到叫喊声，村里的人都跑出来，也一起惊叫起来：“国军真的要杀人了？！”

有个胆大的人冲上去责问国军：“你怎么可以把枪口对着自己人呢？”

国军一见这个架势，忙收起枪走了，嘴里还骂骂咧咧的。因为他操的是外地口音，所以没人能听得懂。

日本鬼子投降以后，董家村的老百姓总算轻松地透了一口气，过上了安定的日子。有一天傍晚，在富春江边洗衣服的女人一个个脸色发白地逃回来，说送官埠来了好多当兵的。人们觉得奇怪：日本鬼子不是说投降了吗？怎么开到这里来了呢？正在人心惶惶的时候，有胆子大一点的男人偷偷地看了一下，见这些兵的帽子上都有一颗圆圆的青天白日徽章，才明白这是国军，是自己的军队。人们这才放心地关门睏觉了。

第二天何保长的声音又从村东响到村西，说国军部队到这里来守防，每户人家要出一个劳力到江边去修工事。这一下人们又议论开了："日本鬼子投降了，还修什么工事呀？"

"这是军事秘密，谁也不准问，就老老实实地去修工事。"何保长这样说。

刚刚安定的日子又被打乱，不管你正在插秧种稻，还是在纸槽里做草纸，凡是轮到了，最要紧的生活也得停下来去修工事，不然，何保长会罚你：轻的一工罚两工；重的，到乡公所去坐几天监牢，还得由家属每天送饭。

富春江边原来好好的土地被挖得东一条沟西一个堡，原来平整的土地被挖得高高低低，还筑起了一条长长的防线。由于工事的需要，碰到树，砍掉；碰到河，填平。

阿开家的三角田正好在江边，是一块平整的旱涝保收田，被这么一挖，成了东一条沟、西一个堡，一半被荒废了。阿开还不得不放弃纸槽去修工事。还有田埂上的那些桑树，也砍掉不少，菊花的养蚕计划也泡汤了一大半。

田地损失了，每年收入减少，用何保长的话说："国军驻扎在江边，是为了保护老百姓的安全。"村里人虽然还有些想不通，也默认了，因为国军驻扎在江边，村里还是安静的，想不到从那天韦世汤家的看门狗被国军排长枪打之后，人们经常听到狗凄惨的叫声，跑出门去一看，又是一个国军正从一只狗的身上把刺刀拔出来，狗在他的刺刀下挣扎、哀叫，国军抓起狗的一条腿，得意洋洋地向江边的军营走去，嘴巴里还哼着董家村人听不懂的小调。

之后，人们经常见到国军到村子里来打狗：有用刺刀刺，有用匕首刺，常常把狗刺得半死不活地就往军营里拖，狗在哀叫、在挣扎，人们经常可以看到路上一长条一长条的血迹。从此，狗见到穿军装的人就拼命地逃，或者早早地躲起来。

刚开始，人们见到国军打狗杀狗，有些震惊，后来开始愤怒：狗和猫不是人的朋友吗，怎么可以这样对它们呢？

村子里的狗越来越少，何乡长、何保长还经常来村子里教训老百姓：要尊重国军，不准对国军说三道四，因为他们是保护老百姓的。

一些聪明的狗开始逃到富春山，由于它们养成了由人喂养的习惯，失去了老祖宗的野性，没有能力去捕杀其他野物，一只只饿得皮包骨头，奄奄一息，有的在山上实在饿不过，又眷恋养它的主人，悄悄地溜下山来，结果也成了国军的美餐。

一个太阳快下山的傍晚，小伯家的牛回来了，看牛的韦世汤并没有同往常一样跟在后面，看样子，牛进栏之前也没有去给牛放水，一路上又是尿又是屎的。

“这小鬼头怎么懒惰起来了啦？”小伯拄着拐杖来到牛栏边，生气地说，“这样偷懒，今天要饿他一顿饭。”

谁想到第二天韦世汤还没有回来，小伯又气又急，叫人带信要阿开去一趟。阿开听小伯说了韦世汤偷懒的事，也觉得有些奇怪：“他平时挺勤快的呀？”

因为韦世汤同他姆妈住在董家祠堂后面的一间披屋里，阿开去找他的时候，韦世汤的姆妈在屋门口喂鸡，听说韦世汤一夜没在小伯家，也急起来：“他会到哪里去呢？这孩子是很老实的，不会去犯混的。”

韦世汤是被国军关起来了。

那一天，韦世汤在江边放牛，在桑树林里发现了一个同小坟头一样的新土堆，韦世汤觉得好奇：“谁家会把坟头做在这里呢？这里面葬的是死人还是死狗死猫？”一般的小男孩看到新坟头，吓得逃开去也来不及，韦世汤因为从小没有阿爸，姆妈又管他不牢，比较野，胆子也大，他拗了一根桑树枝去捅了一下，里面软软的，他用一根更粗的桑树条用力一捅，坟头里露出黄黄的一团布，挖开来一看，是一套国军穿的制服，当时韦世汤吓得尿也出来：“这一定是逃兵葬在这里的。”他急忙又把制服藏进坟头里，牵着牛换了一个地方去吃草。

牛在低头吃草，韦世汤的眼睛一刻不停地去看那个“坟头”，心也扑通扑通地跳得厉害。

韦世汤已经是个毛头小伙子了，天马上又要冷起来，他却还穿着一条半短的、露出屁股的破裤子，还是小伯给的。他多么想有一套自己的衣服呀！韦世汤看看四周，除了牛吃草的声音，还有野鹁鸪的叫声，其他什么声音也没有。他像当小偷一样蹑手蹑脚地走到“坟头”边，又向四周看了一下，确实没有人影，飞快地挖开“坟头”，拉出那套沾满泥沙的制服，偷偷地藏到江边一个水沟洞里。当他做完这一切，太阳已经下山，牛也吃饱了，他牵着牛回到村里，给牛去小池里放了水（喝水、拉尿拉屎），关进栏里，这时，小伯家的晚饭也好了，他胡乱吃了几口，等天一黑，就背了一只割牛草的竹篓，悄悄地来到水沟边，把制服塞进竹篓，上面用草盖好，连夜送回到董家祠堂的披屋里。

韦世汤姆妈看到这套制服，用发抖的声音问儿子："你从哪里偷来的？"

"不是我偷来的，是逃兵埋葬在地里的。"韦世汤把经过讲给姆妈听，姆妈的心才放下来，后来一听儿子要把制服改一下给自己穿，姆妈心里又慌起来："这种颜色的衣服只有国军有，你能穿出去？"

"不能染一染吗？"到底是年轻人，脑子活络。儿子的话提醒了韦世汤姆妈，是啊，她在董家村已经有些年头了，也过惯了这里的生活，她见儿子个子一天天长高，可那条裤子又破又短，就照当地女人常用的办法，去柏子树底下捡了一些乌柏子壳，先在镬子里煎出黑水，然后又把那套制服放进去煮，当她再把那套制服捞出来时，已经变成了褐色，她开心地把制服晒干，给儿子改了改，让他穿上。

江边的国军发现少了一个新兵，正在追查，有士兵发现韦世汤穿的那套衣服是用国军制服染的，报告了排长，排长马上叫士兵把韦世汤抓了起来，一定要他交出那个逃跑的新兵，不然，就要他顶上。尽管韦世汤哭着说制服是他在土坟里挖出来的，排长就是一口咬定韦世汤是逃兵的共谋犯，按照规定逃兵抓回来是要枪毙，看在他年纪小，不懂事，就顶上那个逃兵的名额。

听说儿子被国军扣押起来了，韦世汤姆妈先是哭晕了过去，醒来后又哭哭啼啼来到兵营里，又是那个排长接见她的，排长在走出兵营之前，先整理了一下自己的军装，拍了一下身边的木壳枪，挺神气地对韦世汤姆妈打官腔："这里是兵营，是你女人来的地方吗？"

韦世汤姆妈抬眼一看，脑壳"嗡"的一声："这一下，我儿子完了！"

原来他就是那天打狗的人。

韦世汤姆妈两脚一软，跪了下去，哭着说道："我就一个儿子，靠他给人家放牛养活我，他当了兵，我就会饿死的。"

排长两只眼睛一刻也没有离开韦世汤姆妈，因为韦世汤姆妈是跪着的，排长从她雪白的项颈往下看，一直想看到她破衣服里面去，恨不能透过那件破烂的衣服，看到她身上更隐蔽的地方。他嘴上继续打着官腔："你儿子犯了军法，是一定要处罚的，不过呢……"他走到韦世汤姆妈身边，想把手伸出去摸摸她的脸，见旁边有士兵站着，用脚轻轻踢她一下，"办法嘛，总是有的，就看你当姆妈的态度啦。"

"老总，只要你肯放我儿子，叫我做什么都愿意。"

正好，连长过来了，排长马上放大声音说："我们国军是保护老百姓的部队，这算什么体统，快回去，过几天再给你回话！"

韦世汤姆妈见又来了一个当官的，他腰里的枪比刚才那个要小。听儿子说"官越大，枪越小”，她怕给儿子惹出更大的祸水，只好爬起来给两个当官的叩了一个头，回来了。

可是她日盼夜盼，只要门口有一点点响动，她都会打开门去看看，可每一次都让她失望，实在等不下去了，只好求小伯到兵营里帮她去求情，不然，她只好等着饿死了。

其实，小伯也正为韦世汤的事在犯愁呢。

韦世汤几天几夜连个人影也不见，小伯叫人去他家里找，他姆妈说没有回来过，去问和他一起放牛的同伴，才知道因为他捡了一套逃兵的制服，被国军扣押了起来。

本来小伯是很少和军政界的人物来往的，在这种兵荒马乱的时代，安分守己的人还会突然飞来横祸呢，前几天国军进村打狗，弄得人心惶惶，怨声载道，他是董家村的老长辈，怕年轻人血气旺，惹出祸水来，正准备去找兵营里的最高长官连长，还没出门，连长自己找上门来，连长开口第一句话就说：“我是代表部队道歉来了！”

连长姓赵，是个热血青年，他中学没毕业就报考了保定陆军军官学校。“本想为党国效力，想不到……”赵连长叹一口气，“连军队里也这么腐败，一层层克扣军饷，我的士兵已经好久闻不到肉腥味了，所以……请老前辈原谅我治军无方。”他向小伯敬了个标准的军礼，当时小伯十分感动。

这一回，又出了小长年韦世汤的事，他准备亲自到江边去找赵连长，他刚走出门，被张先生挡在了大门口。

富春县是天堂市的大门，几年前日本鬼子是从富春江迂回包操才进入天堂市的，日本鬼子投降，蒋委员长下了命令：原地待命，等候国军来接受投降，不准把武器和地盘交给共产党。虽然共产党的部队大部分按照共同协议调到北方前线去抗日，还留下少部分在原地打游击，比如四明山游击队、山北部队、金萧支队。本来，鬼子投降了，国民党和共产党可以坐下来好好商量如何弥补战争创伤，共同合力，建设一个强大的新中国，蒋委员长不但撕毁了原来的协议，还大肆进攻解放区，扬言要几天内消灭共产党。为了防止地方游击队扩大势力，连杨河口这么一个不起眼的小地方也驻扎了一个连的军队。

“他们还派军队围剿游击队，金萧支队的一个领导就是被他们杀害的，”张先生对小伯说，“对像你这样有儿女在共产党部队里的家属，他们还通知了当地乡保长要加强监视。”

“我和何仲春是好朋友，我也好几次帮助过他，你过去提醒过我，我是注意了，可人家是国军，同他会有什么关系呢？”小伯有些不大相信地看着张先生。

张先生摇摇头笑了：“真是书生之气啊，防人之心不可无，他们本来就是一条绳上的蚱蜢嘛。”张先生还特别关照，“他们是抓不到你的小辫子啊！”

小伯听懂了，他点点头，说：“看样子，我是老了。”

韦世汤是在何保长的帮助下被放出来的。

他虽然关在军营里，由于排长的关照，并没有吃什么苦，反而更清闲了，一天三餐白米饭，吃了饭什么事也不用做。他开开心心地回到董家祠堂旁边的披屋里，门关着，韦世汤推了一下，是从里面向外闩的，敲了几下，又叫了几声，门才被打开，那个以前在他家门口用木壳枪打狗的、后来又是他把自己关起来的排长，一边系裤子皮带，一边骂着：“老子玩得正高兴，是哪个小子打搅了我的好事？”一看是韦世汤，皮笑肉不笑地说，“小子回来啦？以后咱们是亲家啦。”

韦世汤怔怔地看了一眼门背后的姆妈，她正低垂着头，在扣衣服纽扣，头发也是乱乱的，他正想问这到底是怎么回事？姆妈一把抱住了儿子，哭着说：“这都是何保长的主意，说我要是不接待姚排长，他就把你拉去当兵……”

“我宁愿去当兵！”韦世汤感到受了欺侮，气呼呼这样说。

“你姆妈就得饿死呀！”韦世汤姆妈不等儿子说下去，坐到床铺上哭开了。

韦世汤母子是小伯几年前在长沙庙年三十夜守岁，一早在庙门口看到他们快冻死了，才领回来的，平时，他姆妈帮人家做小工，还学会了牵草纸，韦世汤又当了小伯家的放牛小长年，日子苦是苦了点，比到处流浪讨饭好多了，也安稳多了。韦世汤姆妈还把祠堂边上的空地开出来，种上菜，养了鸡，为防止小偷来偷她家的鸡，还养了一只狗。那天姚排长打伤了韦世汤家的狗，韦世汤同他吵闹的时候，他姆妈正在门口晒太阳，被排长看到，几次托何保长牵线，都没有成功，却发生了制服事件，姚排长趁机让何保长威逼利诱，终于得手。从那以后，姚排长隔三差五地来小屋，还向韦世汤许愿，等打完了仗，要把韦世汤母子带到四川去享福，还要韦世汤辞掉了小伯家的生活，于是，韦世汤开始过起了游游荡荡的日子。

阿开刚从田里回来，没有进门，就听到菊花用很响的声音在责问宏志：“拿不拿出来？”

“不拿出来！”宏志用倔强的声音回答。

随着“啪”的一声，菊花的声音更响了：“不拿出来就打死你！”

“打死我也不拿出来！”

阿开把锄头在门口一丢，冲进屋，只见菊花手里拿着根竹货梢，扬得高高的，宏志不但不躲，还把头抬得高高的。

这是阿开来到菊花家后第一次看到菊花这样凶地对儿子，在他的印象中，菊花是一个温柔、爱儿子比爱自己性命还重要的女人，今天这是怎么啦？

再看看小春，他胆小地躲在一边。

阿开走上去从菊花手里夺下竹货梢，又看了宏志一眼，问：“什么事闹得这样僵？”

“你问他！”菊花气得脸发青，嘴唇发紫。

“姆妈要阿哥把子弹拿出来。”小春告诉阿开。

“子弹？”阿开一听也大吃一惊，走到宏志身边，见宏志的一只手紧紧地捏着拳头藏在背后。照阿开的脾气，他可以一把夺过来，可他没有这样做，一是宏志是阿水的儿子，第二，自从进了这个家，由于小春比宏志小，又是自己既当爹又当娘养大的，有时候不免会对小春多关心一些，菊花倒没有什么，宏志心里却不舒服，总是说大阿爸喜欢小春，不喜欢他。

阿开想把宏志拉到一边去坐下来说，他伸出去的手还没碰到宏志，宏志一扭身，把背脊朝着他。

“子弹是谁给你的？”阿开问。

大概是阿开没有责备他吧，宏志把脸转过来：“韦世汤。”

“什么，韦世汤！你竟然和这种货色在一道？”菊花又一次跳起来，被阿开拦住了。

当时阿开也着实吃了一惊：“他为什么给你子弹？”

“阿哥向他讨子弹壳……”

“要你多嘴！”宏志横了小春一眼，自己告诉阿开，他想用子弹壳做一把打麻雀的火药枪，还说学校里好几个同学有这种火药枪。

“张先生会让你们带进去？”菊花也平心静气了一些，问儿子。

宏志又横了姆妈一眼，没有理睬她。

阿开问宏志：“你听没听到过有人把子弹放在火熄里炸瞎了眼睛的事？”

宏志点点头。

“那你还要向人家要子弹？！”

“我不是向他讨子弹，是向他讨子弹壳。”

“他给了你一个子弹？”阿开问。

宏志点点头。

“万一子弹放在身边炸开来，命都没有了。”菊花加了一句。

宏志这才把藏在背后的手挪到胸前，并张开了手掌，把子弹送到了姆妈面前。

7

三嫂的老公阿平比她大了整整“一肖”（12岁）。在阿平的前面，还有两个阿哥，都没有养大，阿平的个头比三嫂矮半个头，身体也瘦小，虽然是个大小伙子，却不能挑起一家人的生活担子，是董家村出了名的“软柿子”，加上阿公阿婆体弱多病，一家人的担子就压在三嫂一个人身上。幸好，三嫂年纪小，个子却长得高大，从小村里人就叫她“泡大海”，连老公受人家欺侮，也由她出面打抱不平，成了村里出名的“野婆”。三嫂听老辈人说过，阿平的祖上原来也是个董家村有名的大财主：“董三百。”

“董三百”的儿子董继业虽然不会读书，可家里有银子，他阿爸不但为他捐了个官，还生了七个儿子一个女儿。当时的房子也有状元府第那样大，光天井就有五个；可惜他家教不好，兄弟、妯娌、姑嫂之间明争暗斗，有一年突然遭了一场大火，房子烧光了，田地卖光了，兄弟们四分五裂，有的搬到别的地方去了，有的光棍一世，落得个无人收尸的悲惨局面。董家村的人有一句口头禅：“三兄四弟一条心，门口的泥土变成金，三兄四弟各条心，屋里的黄金变成粪！”好在没有人去追查三嫂的阿公是“董三百”的哪一代子孙？反正他们和董国权是同一个祠堂的。

也因为这层关系，阿开姆妈同亲生儿子媳妇一样照顾着三嫂，三嫂十七岁生了关根，幸亏大姆妈（阿开姆妈）送给她一件旧棉袄，三嫂夏天把棉袄里的棉花取出，冬天又把它装进，夏天当布衫，冬天当棉袄，把儿子兜在怀里，除了拉屎拉尿、吃奶、睏觉，三嫂都把他兜在棉袄里，因为她要起早落夜地为别人剥草纸才能换点买粮食的钞票，但没有人替换帮助抱一下，儿子也有个怪脾气，一离开她的棉袄（怀里），就会没命地哭，就这样，从养第一个儿子之后成了董家村出名的“带子奶”（也有人说三嫂的奶子不是被儿子吃奶拉长的，是生来就长的，另一种说法是三嫂的“带子奶”是饿出来的，小时候吃不饱，生了儿子还是饥一顿饱一顿的），曾经有女人为这个取笑过她，她索性把带子奶在肩上一背，说：“谁能比过我的奶子长，我就叫她一声姑奶奶！”从那以后，村里人不敢再用“带子奶”来叫三嫂了，又因为她平时爱打抱不平，能讲公道话，不但女人，连男人也叫她“三嫂”，但由于没有田没有地，腰板仍然硬不起来。

最让三嫂担心的是生了关林以后，一家人仍然挤在鸡笼一样的小屋里，“没有房子，将来连老婆也讨不到。”三嫂几乎把这句话挂在嘴巴上。

为了儿子，三嫂咬紧牙齿，省吃俭用，老公白天黑夜到富春江上捕野鸭，到富春山上打兔子、打雉鸡，每次从江里捕来野鸭，从山上打来兔子、雉鸡，一拿进门，三个儿子就会像过年一样地高兴，围着野物指指、摸摸，一个接一个地问阿爸：野鸭肉好不好吃？野兔肉好不好吃？雉鸡肉好不好吃？三嫂最懂儿子的心思：他们是想尝尝鲜！有一次，阿平还背着儿子问三嫂："这回打来的野物多，留一只给儿子们尝尝吧？"三嫂常听老人说：地上十只鸡，不及天上一只飞，她多么想留一只给三个儿子尝尝，可一想到为了给三个儿子买一间稍大点的房子结婚，咬咬牙，叫老公把野物一只不留地送到街上去卖。"我们的钞票硬是从牙齿缝里省下来的呀。"正好，张家畈的张松山生肺病死了，他们家的房子比较大，他老婆带着两个年幼的儿子，日子过不下去，想把多余的一幢三间两弄的房子典掉，当时讲好典档期限是五年，价钱是五十块大洋，如果典档五年到期，房主还不出五十块大洋，房子就归三嫂家了。"当时是三头六面讲好的，还请了刀笔师傅写了契约，我家阿平同松山老婆都在上面按了鲜红的手印。搬房子那一天，我们一家人像过节一样，老老小小都动手，欢欢喜喜搬进了新买的房子……"三嫂每次说到这里，总要伸出两只手，"我是掰着手指头算日子——四年零十个月，四年零十一个月，五年终于到了，我和他阿爸正在盘算儿子结婚的房子如何分配的时候，张寡妇在她大儿子陪同下，来问我们什么时候搬房子？"

"搬房子？！我当时像听到了晴天里的响雷，呆了，房子已经到期了，应当归我们了，怎么……怎么……"三嫂说得口也干了，她捧起桌子上的蝲蛳茶壶，咕咚咕咚吃了个饱，告诉菊花说，张寡妇的大儿子从身边拿出那张当年写的契约，张寡妇也从口袋里挖出五十块金元券钞票在三嫂面前一放，说："契约上写好的是五年零五个月……"

"明明讲好的是五年，怎么变成五年零五个月了？"三嫂急得脸红脖子粗。

张寡妇却不慌不忙地指着那张契约，对三嫂说："上面写得清清楚楚，怎么好乱说呢？"

三嫂是个睁眼瞎子，她从箱底翻出那张契约，当时老公也在场，三嫂拿给他看，他拿着契约横看直看，自言自语地说："你拿给我看也是白看，我还不同你一样，看看花，摸摸平。"

夫妻俩又去找小伯看，小伯告诉他们，上面写的是五年零五个月。

小伯叫他们去找写契约的刀笔师傅，一打听，刀笔师傅原来是张寡妇的堂娘舅，已经死了。更叫三嫂伤心的是当时付给张寡妇的银元是袁大头，有十几担白米好买呢，如今张寡妇只还给她五十块金元券钞票，连一个富春草纸也买不来。"我……当时给你的可是袁大头呀！"三嫂手脚发抖，嘴唇哆嗦，说话也不利索了。张寡妇的大儿子又指着那张发黄的契约，说："上面只写着'五十元'，没有写出是袁大头呀。"

为了这件事，从来不生毛病的三嫂生了三个月的毛病，连老公阿平也咬着牙齿说："都是吃了不识字的亏，三个儿子中一定要读书读一个出来。"

"关根个子小，身体瘦弱，将来务农一定是吃不落的。"三嫂补充说。

别人家的孩子七岁或者八岁去上学读书，关根一直挨到九岁才去读书，是三嫂送他到张先生的学堂里去的。从那以后，一向死气沉沉的小屋里，天不亮就传出了朗朗的读书声；因为买不起灯油，关根趁星期天到富春山去砍柴寻找陈年的松树篰头，把它挖来，阿爸帮助劈成一小片一小片，还给他做了一个铁丝笼；关根把小片的松树篰头放进去，松树篰头上的油一点就会亮起来。关根就在松油灯下读书、写字。松油发火，烟煤也多，关根的脸每次都被松油烟煤熏得同黑脸包公一样，两个弟弟常常取笑他，说阿哥又变成包龙图了！三嫂和老公也开心地笑，老公说："我们家说不定真出一个包龙图呢。"三嫂是又痛又爱，她还对关木、关林说："你们都要像阿哥一样有志气。"一边打来热水帮关根洗脸。

张先生每次到三嫂家来，总是夸奖关根有出息，成绩年年第一不说，还懂事，因为他比其他学生年纪大，还帮助张先生照顾小同学，是张先生的一个好帮手。

一眨眼，关根已经读五年级了，有一天他回来，很神秘地在三嫂耳朵边说："我要去参加游击队。"

三嫂当时以为听错了，她看看儿子："你……你在说什么？"

"我要去当游击队！"关根斩钉截铁地说。

自从日本鬼子退出以后，董家村又进驻了国军（因为他们喜欢打狗，村里人背后叫他们打狗队），说是为了防止共产党的游击队占领县城，因为离开县城不远的黄州，经常有游击队出来活动。

"是谁叫你去的？"三嫂的眼睛乌溜溜地盯着儿子。

"我自己要去的。"关根把头一歪说。

三嫂的气从鼻子里出，她冷笑了一声："又是你那个张先生吧？"

"不是他……"关根摇摇头，再一次说，"是我自己！"

"你是我儿子，你肚皮里那几根花花肠子，当姆妈的还会不知道？你整天听张先生说那些延安呀、毛泽东呀，入迷啦。我问你，你才几岁呀？你看看自己的个子，比罗豆稍微大一点，就想……就想去参加游击队？"

"听说他们还要小孩子，小孩子当探子，不会引起敌人的注意。"关根说。

三嫂像抓着了什么把柄，说："自己招了吧，他们不就是那个张先生吗？"三嫂眼泪汪汪地看着儿子，"关根啊，我和你阿爸要你把书读出来，为了争口气，不再吃白墨头的亏，可不是叫你去做这种犯法的事情呀！"

关根听了姆妈的话，急了："这怎么叫犯法呢？是革命，是……"

"好了好了，姆妈说不过你，反正一句话，我和你阿爸坚决反对你去做这种……这种要杀头的事！"最后，三嫂斩钉截铁地对儿子说，"今后，不准你同那个张先生在一起。"

想不到过了几天，和张先生一起教书的骆先生上气不接下气地跑来告诉三嫂，说关根作死作活吵着要去找游击队，骆先生的意思是关根人太小，游击队流动性大，吃不消，让他们去劝劝。三嫂后悔那一天没有立马去找张先生，警告他不要再用那些话去鼓动关根了；现在，事情已经出来了，没办法，还得先去找张先生。有人说张先生有事到县城去了，三嫂就把正在写字的儿子一把拉出来，拖死拖活地把他拖回了家，还将他关在房间里，一定要他答应不去参加游击队，好好读书才肯放他出来……

关根因为姆妈的拦阻生了一场毛病，有半年时光没有去学校里读书。三嫂也死心了："或许我们家的儿子就没有读书的命！"可关根病好了后除了劳动，就是捧着一本书不肯放。他还从同学家里借来了一本又一本的书，《三国演义》、《水浒传》……只要一有空就看。张先生知道三嫂对自己有些误解，动员小伯去劝三嫂。三嫂最能听进去的那句话是："关根肯读书，你们千万不要让他荒废了，将来后悔都来不及。"

关根又回到张先生那里去读书，读的是六年级。有一天，他阿爸问儿子："能不能跟上？"

关根告诉阿爸姆妈，语文还可以，就是算术跟不上。可他还是凭着自己的努力，顺利地毕了业。这一次，是张先生亲自上门来劝三嫂，无论如何要让关根去考中学，不然，这块好材料就会浪费了。三嫂和老公再三商量，让关根跟同学去县城参加考试，结果竟然考了全县第六名。这一下，三嫂夫妇俩开始从心里感激张先生，对培养儿子的决心也更大，用家里的两担玉米换了八斗白米，关根背着铺盖，阿爸挑着米，成了一名富春中学的学生。

一个月后，关根突然回来了，他说他不在县中学读书了。当时急得三嫂跳起来责问儿子："你知道这八斗米是怎么来的吗？是我们一家人熬吃熬省节省下来的呀！"

关根见姆妈这么着急，急忙说："我又考上了富春简易师范学校了。"

关根还告诉姆妈，他在县中学读了不到一个月，学校后勤处有人来通知，说他的八斗米除了交学杂费，留下的口粮到月底就完了，叫他赶快写信要家里挑米来，不然就得停学。关根急了，他知道自己家里穷，在这次来读富春中学的同学中，他是穿得最破烂的一个。在排座位时，不少同学都不愿意和他同桌，有同学甚至在背后叫他"叫化子"。每次下课，同学都拥到门口小摊上去买零食吃：花生米、炒核桃、绍兴香糕、盐炒罗汉豆、油沸臭豆腐干……关根口袋里掏不出一个铜板，他怕同学讥笑自己，假装去小便，有一次在回来的路上碰到了一边吃着东西一边跑回来的同学，那个同学厌憎他躲得慢，竟用英语对他骂了一声"桃格"，关根刚学英语，听不懂，后来有同学告诉他，英语“桃格”就是“狗”。

正好，关根听到消息说富春简师招生了，因为是新办的，招生迟，而且学校在乡下，他从县中学教室的窗口偷偷爬出去报考，还果真考上了，不但饭可以白吃，还可以不抽壮丁。

最让人高兴的是张先生也调到了富春简师。

“我的好儿子，真懂事！”三嫂终于称赞起自己的儿子来。

富春简师是借了湖溪村一个王家祠堂当校舍，又是初办，校长就带着大家开荒山种地，关根是从小劳动惯了的，样样生活拿得起，进校第一学期就被选为学生会主席。

第二年开学不久，关根写信回来说校长室贴出了布告，下个月县里的督导组要来检查，学校规定那一天每个学生必须穿黑色的制服。这可把三嫂难住了：关根自进了简师，吃食调匀，个子也长高了，一套黑制服起码得半担玉米的钞票，去年因为富春江里发了两次大水，收成不好，留下的一些粮食明年还要渡春荒。

三嫂是从来不肯向人求靠的，那几天，她急得如同热镬子上的蚂蚁。

关根后来又写信告诉姆妈，说他去问过张先生，想不做，张先生说这是学校规定的，万一没有钞票，他可以给他一些帮助。关根的信里还说，有钱的同学制服原料是黑哔叽，我们家里穷，可以用最便宜的粗布做一套黑制服。

“懂事的儿子呀。”三嫂咬咬牙，卖掉了五斗玉米，买来一块比黑哔叽便宜好多的名叫“线呢”的粗布。

关根知道姆妈给他买来了粗布，开开心心地赶回来做制服，一看布是灰色的，还有白点子，有些扫兴。三嫂再三向儿子解释，懂事的儿子要姆妈把“线呢”布用乌桕壳染黑。第二个礼拜天回来，关根总算做了一套“黑制服”。

又过了些时候，儿子回来流着眼泪说，黑制服被人偷去了。

“啊？要五斗玉米哪！”三嫂心痛得向儿子发火。

关根告诉三嫂，有一天他穿了那套制服去上课，迎接县里的督导组来检查，晚上回来脱下制服一看，吓了一跳，全身的皮肉都变黑了，原来染上去的颜色染到他的皮肉上了，当时关根还暗暗高兴：幸亏那一天他只穿了一身脱壳制服，不然自己唯一一件白小布衫就糟蹋了，因为学校又下了通知，下个星期要到县里去参加运动会，他是全校“八段锦”体操队队员，学校规定，每个体操队员必须穿黑裤子白上衣。

“我把黑制服脱下来洗了，晒在厨房门口绳子上，想不到下午上完课去收衣服，只剩下一根绳子了。”

还有什么可说的呢，三嫂默默地帮助儿子抹去了流下来的眼泪。

关根几次告诉过三嫂，他初进学校的时候，饭是能吃饱的，就是菜少一些：八个人一桌，一只面盆里说是黄芽菜，其实只有很少一点菜皮，被八双筷子一捞，只剩下一盆汤，所以关根也同其他同学一样，自己带菜，他每隔两个礼拜就回来拿一次菜；事先三嫂给儿子蒸一钵头霉干菜，霉干菜窝猪肉，是春江老百姓常说的、听了就叫人流口水的下饭菜，三嫂家没有猪肉，菜油是用自己家种的油菜籽打的，三嫂每次都把油浇得足足的，油汪汪、香喷喷，不比霉干菜窝猪肉差；有时关根实在学习忙走不开（来去要跑六十里路），就由他阿爸送去。关根还告诉三嫂：一些新来的同学，开始以为饭吃不饱，所以第一碗饭只盛半碗，囫囵吞枣地把半碗饭装进肚子里，然后赶紧去装第二碗，第二碗饭装得满起满倒还冒一个尖，然后再慢慢地吃，后来，看到饭是可以吃饱的，第一碗不再装半碗，第二碗也不再冒尖了，可惜只能吃“白”饭；再后来，上面突然派来了一个训导员，他是专门管学生纪律的，规定学生每次吃饭只有十分钟，同学们到了饭厅，先一个个盛好饭，放在自己面前，八个人就像八根筷子，笔直地站在自己的饭碗面前，眼睛乌溜溜地盯在饭上，一口又一口地咽着口水，可谁也不敢去碰一下，不然，将要受到不准吃饭的处罚。等训导员一吹叫子，大家就像刘秀抢饭似的捧起饭碗，狼吞虎咽地吃起来；训导员在旁边看着手表，当他吹第二次叫子，不管饭碗里还有没有饭，马上把筷子放下，一个个离开饭厅……有些女同学由于饭吃不饱哭了，有些同学的家里开始给儿女带小点心，可关根除了叫姆妈带点霉干菜，其他什么也不叫带，说有时候肚皮实在饿，在嘴里放一筷子油蒸霉干菜，也能饱肚皮。

儿子已经有两个多礼拜不回来了，趁今天又是礼拜天，三嫂叫老公把已经蒸出油的一钵头霉干菜送去，顺便看看儿子最近好不好，哪想到老公回来告诉她：儿子被警察局抓进局子里去了……

“是什么时候抓进去的？”三嫂眼泪汪汪地问坐在门槛上抽闷烟的老公。

阿平没有抬头，闷声闷气地说：“听说……刚刚这个礼拜……”

三嫂一听跳起来：“这几天我眼皮一直跳，晚上也睡不着，知道要出事了！”

她又问老公：“关根是在什么地方被抓的？”

“学生会办公室里。”

“哎呀喂，读书嘛就读书好了，当什么学生会主席噢！”

“他们说因为县政府经常在克扣学生的伙食，关根带着一批学生到县里去请过愿，警察局早已注意上他了。”阿平总算抬起头看了老婆一眼，补充说，“听说富春简师有共产党在活动。”

“关根是共产党？”三嫂一听到共产党三个字，全身抖了一下：儿子不是老早要去投游击队吗？这次被警察局抓进去，会不会同他想去投奔共产党的游击队有关系？“你不问问关根是什么事被抓进局里去的？”

阿平摇摇头：“先生同学都躲着我，我去哪里问呀？”

“你不好去问张先生吗？”

“张先生也一起被抓进去了！”

“我儿子被张先生害了！”三嫂只觉得一阵头晕，眼睛也黑了。

三嫂的儿子关根被警察局抓进去的消息先是在董家村传开，接着附近的几个村坊也传开，最早来看三嫂的是阿开和菊花，小伯和小姆妈上了年纪，是在临时雇来帮忙的张大妈搀扶下来的，三嫂一看到小伯，哭着说：“我做人做得这么浑啊，早知道儿子有今天，就不该叫他去读书的呀，我们董家村的老百姓，没有读书，不是活得好好的吗？”

小姆妈劝三嫂：“如今关根已经被抓进去了，后悔也没有用，还是想想办法先把他保出来。”

“叫什么人去保呢？是不是去找找张先生……”不等阿开说完，阿平说：“他也被抓进去了。”

“张先生也被抓进去了？”小伯吃了一惊，问阿平，“你知道关根关在哪个监牢里？”

阿平摇摇头：“我一听说关根被警察局抓进去了，全身都像着火一样，赶快回来……”

“你这个死人啊，回来干什么？你不问问关根被关在哪个监牢里！”三嫂又冲着老公发起火来。

阿开说：“阿平哥是怕你担心才赶回来报信的。”

“报个屁信！他不来报信，我眼不见耳不闻，一来报信，差一点把我的苦胆都吓破！”说到这里，三嫂突然两只手在大腿上一拍，一把眼泪一把鼻涕地大哭起来，“哎呀，我可怜的儿子呀，早晓得有今天，姆妈为什么要送你去读书！哦哦哦……”

还是小伯的话有分量，他说：“这样急是没有用的，大家还是静下心来想想办法，先要打听到关根关在什么地方，然后再去问问警察局，为什么要抓他？”

经过商量，由阿开和阿平到富春简师去问问关根和张先生是被哪里的警察抓去的？

因为快到吃中饭的时候，菊花就在三嫂家里动手给两个人摊了几张麦饼，让他们一边吃一边赶路。临出门小伯又交代他们：“先去找他们的许校长。”

大概到了后半夜，两个人才满头大汗地赶回来，说许校长也不见了，问老师，一个个都摇头，像躲避瘟疫似的逃开去。

“那么说……你们这一趟是白去了？”菊花问老公。

小伯小姆妈因为年纪大，熬不起夜，先回去睏了，阿开对三嫂和阿平说：“等明天天亮，我们再问问小伯，还有什么办法？”

三嫂因为急火攻心，脸色煞白地躺在床上，只有出的气，没有进的气，阿平急得两脚一软，跪倒在老婆床前，捧着她的手，流着眼泪说：“关根他姆妈，你不能走哇，我们这份人家全靠你啊，还是我代替你去吧！”

三嫂用微弱的声音说：“他们都说国民党对共产党是刻骨仇恨的，凡是抓进去的共产党十有八九死在那里，我要去照顾关根，他还没有讨老婆，谁烧饭给他吃？谁给他补衣服啊？”她微微睁开眼，看了老公一眼，接着说，“我把关林托付给你，他可不能再有闪失，我为你生了三个儿子，现在只留下他一个，他是我们家的种啊！”

三嫂大概也知道自己的日子不长了，叫老公把关林从学校里叫回来，不准他离开一步，说：“你是我们家的独苗，再有闪失，我们家就断种了！”

关林一边哭一边姆妈姆妈地叫着。

三嫂后来能坐起来喝一点薄粥汤了，又从天堂传来消息，说有一个大学的学生会主席被杀掉了，国民政府说他是自杀，同政府没有关系，校长和学生说他是在监牢被杀害的，校长还亲自领着学生在天堂大街上游行。

“他们连大学生会主席都要杀哩，关根这个小学生会主席更要杀了！”三嫂一口气憋不过来，又昏了过去。果然，第二天就有消息传来说，富春县的保安队连夜把关在监牢里的犯人都杀了……

从那以后，三嫂常常梦里看到儿子关根，他拎着个血淋淋的人头逃回家来，说：“姆妈，我死得冤枉啊！”

菊花叫来了长生郎中，他给开了几帖药，吃了也没有用，长生郎中说：“三嫂是急火攻心，得的是心病，只要关根回来，毛病就会好的。”

眼看着三嫂的毛病越来越重，经常说胡话，还从梦里哭醒过来，小姆妈说不妨给三嫂冲冲喜，说不定会冲好的，办法是给她做一个棺材，摆在门口。

阿平是个没主张的人，他一听就说：“只要我老婆的毛病好起来，叫我做什么都可以。”他自己家里没有那么多的木料，同阿开商量，阿开虽然并不主张这么做，但又想不出救三嫂的办法，把自己家可拆的板壁也拆下来，背到三嫂家小屋的道地上，又叫来棺材匠，锯的锯，劈的劈，凿的凿，乒乒乓乓为三嫂做起棺材来。这下阿平是更忙了，要照顾生病的老婆，又要为棺材匠烧饭。他把菜园里的菜割光了，米桶里的米吃光了，再也烧不出饭来了，他只好拿了只淘米箩，准备去阿开那里借米，刚刚一脚跨出门，小伯领着一个人向他走来，那个人的打扮有些怪七怪八：一身长布衫，还戴着副眼镜，脚上却穿着一双草鞋。小伯先向阿平介绍说："这位是富春简师的校长许先生……"

阿平多次听儿子讲过许校长的事情，一听说是许校长，马上回转身跑进屋，大声地告诉老婆："许校长来啦，关根的校长来啦！"

三嫂正在昏昏迷迷之中，听到儿子的校长来了，像打了一支强心针，猛地睁开眼睛，想爬起来，可是身子软绵绵的，不听使唤。

许校长三脚两步走到三嫂床边，说："我是特地跑来告诉你，董关根同学已经转移到部队里去了。"

"什么，他死都死了，还移到哪里去了？"

"董关根同学还活着，活得好好的，已经参加解放军了！"

"真的？"这一回，三嫂听清楚了，睁开眼睛盯着许校长，"他不是被警察抓起来枪毙了吗？"

小伯在旁边说："是许校长掩护他走了。"

"那么说，我的儿子关根没有死？"

"他不但没有死，而且还参加解放军去打国民党反动派了！"

听说儿子没有死，阿平马上跑到门口去对棺材匠说："不用做啦，不用做啦！"

"那么说三嫂的毛病是'冲喜'冲好啦？！"大家赶快收拾工具，帮阿平整理那些木板和废料。

富春简易师范学校校长许佩文，也是富春人，他有一个阿哥叫许重文，还是阿开小伯大学里的校友。

许佩文曾经当过南京一所大学的教授，因为他是陶行知的学生，重视乡村教育，想到富春这么一个美丽的地方，不识字的人却那么多，特别是农民，国家怎么能富强起来？就回到富春来想为国家的富强出点力。若要国家富强，首先要办好教育。他创办了富春县简易师范学校，准备培养一批能教书的先生，从基础做起，想不到富春县政府相当不重视，报上去后，就是压着不批；最后政府知道了许校长又是民主促进会里的一个领导，怕引起公愤，感到有点压力，才勉强批准，所以招生工作比县中学迟了一个月。

许校长告诉小伯，他们学校里有共产党员，他是老早就知道的。他原以为这同学

校里有国民党党员一样，信仰不同目标一致：为了富国强民。谁想到国民党县政府把共产党员看作眼中钉，还把他们上了黑名单，几次警告许校长不准共产党在学校里开展活动，说是要把学生教唆坏的。

“我看共产党员个个都是很优秀的，就说董关根，学习成绩好，品德优秀，尊敬老师，不然怎么年年能选上学生会主席呢？”许校长说。

小伯连连点头，说：“我看关根确实是个好孩子，因为他家里穷，孩子多，吃口重，他阿爸又做不来重体力生活，关根五岁就去割草喂羊，进了学校，放学一回来就跟他阿爸到地里去劳动，星期天上山砍柴……”小伯突然把话锋一转，问许校长，“我听说那天晚上是你叫工友去通知张先生和关根逃走的？”

许校长有些吃惊：“你是怎么知道的？”忽然，他又哈哈大笑起来，“是张亮先生告诉你的吧？他现在在哪儿？”

“许校长，让你受惊了。”从另一个房间走出穿着一身灰制服、小腿上裹着绑腿布、脚上穿着一双草鞋的人，他一看，这不是张先生吗？两个人一见面，忍不住抱在一起，激动得眼睛里都在闪泪花。

许校长问张先生：“你是什么时候来的？”

张先生回答：“我们俩是前后脚，我本来也想到董关根同学家里去看看的，听说他姆妈为了他急出毛病来了。”

小伯突然插嘴：“一家人以为她要死了，还在为她做棺材呢。”

张先生和许校长都一脸凝重地相互看了一眼，好久没有说话，直到小姆妈为张先生泡来茶，三个人才一边喝茶一边谈起那惊险的一幕：

那天晚上，同学们正在上自修课，老师们有的在自己的办公室里备课或批改作业，有的在教室里指导学生做功课。许校长也在校长办公室处理一些行政事务，突然闯进来几个穿黑制服的警察，还没等许校长反应过来，领头的那个把一张逮捕证在校长桌子上一拍，命令说：“你马上带我们去逮捕这两个人！”

许校长吃了一惊，他看了一眼逮捕证，上面写着张亮、董关根两个人的名字，心里“咯噔”了一下。他早就听说这两个人是共产党员，也想到迟早会出事，因为省城里好几所大学都在逮捕人，这是国民党政府最后的挣扎。许校长拖延着时间，想着用什么办法去通知这两个人，让他们早些离开。他责问领头的警察：“我是学校校长，你们到我这里来抓人，事先为什么不同我打个招呼？张亮先生在学校书教得好好的，董关根同学是我们学校的优秀学生，全体同学选出来的学生会主席，你们逮捕他们，不知道他们犯了什么法？”

来抓人的警察原以为许校长会很听话地领他们去抓人的，因为许多老百姓见了警察都会吓得发抖，想不到这个半老头根本不买账，他们呆了半天，这才想起这个校长也是有来头的，得罪不起：“我们不是要抓他们，是想请他们到局里去协助调查一些事情。”

“有这样请人的吗？”许校长指指警察手里的枪和桌子上的逮捕证。

正好，校工秀堂进来为许校长的暖水瓶里灌开水，许校长一边向秀堂眨眼睛，一边对警察说：“你们先在我这里坐一坐，我叫工友去看一看张亮先生在不在教室里指导学生上自修课？再到三年级教室里去看看董关根同学在不在教室里……”

那个领头的警察大概看出了许校长的心计，要秀堂当场领他们去抓人。许校长急了，在自己学校里有先生和同学抓走，当校长的在社会上的名声会受到多大的损害；更重要的还是让这么两个优秀的人落入国民党的手里，要活着出来是难的，这是国家的损失啊！他对警察发火了：“我知道你们为什么晚上来抓人？是不想让更多的人知道你们又在抓人了，同学们都在上夜自修，你们突然闯进去把正在上课的先生和学生抓走，万一学生闹起来，还会影响到富春县中……”

许校长的最后一句话果然起了作用，因为省城里的学生正在闹学潮——罢课，上街游行！

抓人的警察一看工友早已不在，知道他们要抓的人已经逃走，也只好灰溜溜地走了。

“许老弟这一手真灵光！”小伯听到这里忍不住称赞起来。

“许校长是摸透了这些人的心，一句话点到了他们的‘死穴’！”张先生又一次握住了许校长的手，“谢谢你，许校长！”

“如今张先生当上了人民政府的副县长，如果再不重视家乡的教育，可说不过去呀。”

“那还用说，许校长为家乡培养教书的先生，人民自己的政府再不重视，老百姓会打你们屁股啰。”小伯看着张先生说。

张副县长连连点点头。

“张先生，张先生……”一个高八度的女高音，风风火火地从外面传来，大家一听声音不见人就知道是三嫂。因为她毛病刚好，怕她受累，大家都站起来迎出去，见三嫂在门口摇晃了一下，张副县长和许校长急忙把她扶住，又搀到椅子上坐下；阿平揣着一个圆木盆跟了进来，木盆里有两碗正在冒着热气的糖氽鸡蛋。

三嫂等老公把木盆放到桌子上，又想站起来去捧鸡蛋碗，张副县长和许校长两个人同时站起来，张副县长先说：“我们自己来。”许校长接着说：“你这么客气做什么？”

三嫂见张副县长和许校长把鸡蛋碗捧到自己面前，却不动筷子，便一只手扶着桌子，先把许校长面前那碗鸡蛋往他面前一推，说：“这一碗鸡蛋是感谢许校长救了我儿子。”又把张副县长面前的鸡蛋向前推了推，说：“这碗是请张先生的，谢谢张先生，培养我儿子有了出息。”

“三嫂，还有我那一碗呢？”小伯笑眯眯地问三嫂。

“……”三嫂一下呆了，她看看小伯，又看看全屋子的人，大声说：“等关根当了大官再补上。”说着，她自己也笑了，完全看不出刚才还在替她做棺材的病人。三嫂还在大家的笑声中听到了好几个人的声音：“关根是个有志气的孩子，一定会当大官的。”她更是一脸的满足和得意。

8

早几天的一个早晨，到富春江里去挑水的男人回来说，杨河嘴上的国军没有了，有人猜：可能是调防了？可是有人说：连那些帐篷也拆光了。

“难道又要变世道了？”

“不是说朱毛部队要打进来了吗？”

“是那些红头发绿眼睛要共产共妻的土匪？”

“不是土匪是解放军！”人们回头一看，说话的是董关根的阿弟董关林，人们知道自己说漏了嘴，连忙纠正说：“是解放军，不是土匪。”

正当大家七嘴八舌议论的时候，突然听到一阵铜锣声。

韦世汤在大声叫喊：“大家注意啦，子弟兵昨天晚上进村啦，要各家各户派一个代表去董家祠堂里开会！”

阿康嫂看了一眼耀武扬威的韦世汤，首先发问：“怎么是这个货色呢？他姆妈不是说要跟姚排长一起去享福的吗？怎么把儿子留下啦？”

“谁要这种擂倒嫲嫲啰？”有人不屑地插了一句。

“她也没有走？！”

“姚排长也是一只箩里的货色，一个人冷清，玩完了，拍拍屁股走了。”

“唉，说起来……这个女人也好可怜。”

阿康嫂扬扬手，对大家说：“你们刚才听到没有？韦世汤在说什么？子——弟——兵？又弄出一个新部队来啦？”

“看样子老百姓又要吃什么苦头了。”

出于好奇，不少在屋里空着的人都去了，女人抱着孩子，姐姐拉着弟弟，老人拄着拐杖，去看热闹嘛。

祠堂好些年没有开门，里面是霉气加阴气，让人身上起了一阵鸡皮疙瘩。

戏台上站着个拿枪的人，他穿的是灰布制服，脚上穿着草鞋，见大家像看戏文一样嘻嘻哈哈，他一边说话一边用手掌向下压，意思很明显，是叫大家不要说话。可台下的人不知道是因为听不懂他的话，还是根本不想理睬他，仍然顾自己谈天、说笑话。

这时，从戏房里走出一个头发花白的老人，大家一看，这不是小伯吗？

小伯今天精神特别好，满脸红光，一脸的笑，拐杖也不用了，小伯本来就是董姓家族的族长，大家一看到他，一下子静了下来。

小伯提高了嗓门，说："告诉大家一个喜讯，我们董家村解放啦！"还带头拍起了巴掌。

"解放啦？"这是大家第一次听到的新名词，又一次交头接耳地议论起来，连小伯还在戏台上说了些什么话，后来又上来一个同样穿着灰制服、脚穿草鞋、腰里挂着木壳枪的人咿里哗啦说了什么，一句也没听懂，直到他说了声"哗啦"（完啦），小伯也向大家挥挥手，大家又像戏文散场似的各自回家去。

由于阿开和菊花分工合作：一个管外场——做草纸、做田里生活，一个管屋里——养猪、养鸡、养羊、养蚕；儿子宏志除了读书，还帮着带弟弟小春，所以这一年过年，阿开家过得特别红火、热闹、丰富：杀了一头猪，给小伯家送去了蹄髈、火腿，留下猪头请年菩萨，余下的菊花把它腌了，到六七月新鲜菜少了再吃；阿开为了讨个吉利——年年有余（鱼），特地到富春江边鱼船上去买了一条大包头鱼（这么大的鱼江田池里是不会有的）。

照菊花原来的意思，过年只给两个儿子做新衣服，两个大人的衣服还挺新的，不做了。阿开不肯，说今年过年特别有意义，都要全新的，而且还另外买了十个大炮仗和一串百子炮，说年三十夜请菩萨和明年正月初一开大门时放。

这是解放后的第一个新年。

对小孩子来说，过年不仅仅是穿新衣、放炮仗，年三十夜分压岁钱对他们的吸引力更大。刚解放的头几年，国民党的钞票是不能用了，可那些银洋、铜板市场上还是通行的，阿开为了让两个儿子高兴，在去县城办年货的时候，特地到南货店换了六个铜板准备给他们当压岁钱。请过年菩萨，吃好年夜饭，阿开开始给儿子分压岁钱，他从口袋里挖出两个红纸包，先给宏志一包，第二包还拿在手里，却被小春一把抢了过去，把阿开和菊花都逗笑了，阿开说："别抢啊！"菊花说："看小春这个猴急相！"

宏志、小春拿到压岁钱，再也不像刚才吃年夜饭那样老实，拆开红纸包，就在地上玩起来。第二天天刚亮，阿开放完开门炮，宏志带着小春在大门口的石狮子身上玩起了滚铜板的游戏。后来，学校开学，宏志去读书，小春一个人玩厌了，常把铜板衔在嘴里，有一次被小姆妈看到，说铜板不好衔在嘴里玩的，正好菊花从外面回来，听到了小姆妈的话，就叫小春把铜板从嘴里拿出来，见小春听话地把铜板拿出来了，才放心地去忙自己的事情。

一转眼，又到了清明节，富春江的老百姓有一句老话："吃过清明酒，蓑衣笠帽不离手。"男人要做秧田落谷子，女人要洗蚕匾、捂蚕籽准备养蚕，忙得脚不踮地；菊花为了让阿开和两个儿子都吃得好些，想尽办法给他们弄一些喜欢吃的菜，正好卖豆芽菜的叫上门来，菊花准备买一碗豆芽菜给大家换换口味，由于身边没有带钞票，就对在门口玩的小春说："把压岁钱借给姆妈用用，等阿爸回来还给你。"小春听话地从口袋里挖出两个铜板，交到菊花手里。菊花问："还有一个呢？"小春睁大了眼睛，茫然地看着菊花。菊花以为还有一个铜板小春没有挖出来，在他口袋里摸了一下，没有，再到他的裤子口袋里一摸，只有几张香烟纸牌，去小春刚才玩的地方找了一圈，也没有，菊花问小春："还有一个呢？是不是给阿哥了？"小春摇摇头。

"那还有一个铜板呢？"菊花的喉咙响了起来，因为一斤豆芽菜要三个铜板。

三嫂正在菜园里割菜，听到菊花的声音走过来，帮助菊花找那个铜板，小春见两个大人很着急的样子，吓得"哇"一声哭了起来；听到哭声，小姆妈也走出来，一听说小春的一个铜板不见了，也急了，因为她看到过小春喜欢把铜板衔在嘴巴里玩，叫他把嘴巴张开来看看，小春哭得更厉害，小姆妈的脸一下子变白了，对菊花说："小春会不会把铜板吞进肚子里去了？"

三嫂一听，拍着巴掌叫起来："铜板吞进肚子里可是吸血的呀！孩子的血一吸干，命就……就……"

"铜板吞进肚子里会吸血？"小姆妈看着三嫂，三嫂说："金戒指吞进肚子里还会把肠子坠断哩。"

听三嫂这么一说，气氛更紧张起来，菊花豆芽菜也不买了，先到学校里去问宏志：有没有拿过阿弟的铜板？宏志生气地回答菊花四个字：我没有拿！

这可是人命关天的事呀，菊花忙去田头把这件事告诉了阿开，阿开一听铜板会在小春肚子里吸血，丢了锄头回家来寻找那个铜板，屋里屋外，凡是小春可能去玩的地方都找了一遍，仍旧没有那个铜板的影子，三嫂提醒阿开："会不会小春吞下去又拉出来了？"

阿开和菊花也顾不得脏和臭，把毛坑里的陈年旧粪都掏出来查了一遍，仍然没有那个铜板的影子，菊花看着满头大汗、全身臭气的老公，安慰说："说不定小春把那个铜板滚到哪个角落里去了？"

阿开回头看看也是满头大汗、一身臭气的菊花，叹了口气说："反正再找下去也是白找。"同菊花回屋去了。

可阿开仍然不放心，一天要问儿子好几次："小春，肚子痛不痛？"

每一次，小春会莫名其妙地看着阿爸摇头。

阿开终于放心了。

有一天，宏志突然被小春的哭声吵醒，他马上去敲阿爸姆妈的房门，告诉他们小春肚子痛，菊花第一个跑到儿子房间里，接着阿开跟了进来，两夫妻为了不影响宏志睏觉，把小春抱到自己房间里。

"哪里痛？"阿开问小春。

"我来帮小春揉揉！"菊花想去抱小春，小春的两只手死死抓住阿开的衣服不放，哭得更响了："阿爸抱，我要阿爸抱！"

菊花只好收回手，无可奈何地看着小春。

小春有这么一个怪脾气，每次跌倒了，就趴在地上大哭大叫，菊花或者宏志去拉他，他总是赖在地上不起来，只有阿开才能把他拉起来，才能让他不哭。

菊花问阿开："要不要到长生郎中那里去看看？"

阿开实在没有办法，听了菊花的话，抱起小春就往门外走，被菊花拉住："这么晚把小春抱出去要伤风的，还是我去叫他来吧！"说着就往门外走。

阿开从钩子上摘下了那盏灯笼，好在正月里闹元宵的时候刚点过，红蜡烛还插在里面，他用洋火把它点上，交到老婆手里，还吩咐她："三更半夜的，路上小心点。"

菊花点点头，刚要出门，宏志突然从房间里走出来，说："我陪姆妈去。"

阿开看了宏志一眼，高兴地说："我们的宏志长大了。"

菊花骄傲地拉着宏志的手，消失在黑夜里……

陈家桥到徐家棚的路并不远，长生郎中很快赶到了，他用手摸了摸小春的肚皮，皱起了眉头："小春肚皮里好像有一个包块。"

"包块？"阿开和菊花同时想到了那个铜板，"会不会那个铜板在吸血了？！"

菊花把小春过年的压岁铜板吞到肚皮里的事告诉了长生，长生皱起了眉头，说："铜板会不会在肚皮里吸血我不大清楚，但是金属的东西是不消化的，千万不要给孩子当玩具。"

"那……小春的包块怎么办？"阿开急得额头上冒冷汗，菊花也把眼睛睁得大大地盯着长生。

长生说：“像这么小的孩子又不大肯吃中药，而且好起来的时间也比较慢，最好去看看西医，先查出包块的原因。”

“西医？”阿开想起了给菊香看过毛病的杨郎中，叹口气说，“可惜杨郎中不知道搬到哪里去了？”

“你说的是那个杨光医生吧？”

阿开说：“叫什么名字我们不知道，反正他给菊香看过毛病的。”

“他就是杨光医生，日本鬼子投降后，就在城东医院上班了……”长生的话没说完，阿开高兴得差点跳起来，说：“真的？！”他又看看窗子外面，已经有亮光透进来，说明天快亮了，他看了菊花一眼，说，“马上到杨郎中那里去看看。”他抱着小春就向门外走，被菊花拉住：“就这么走啊？”

阿开看看自己，差一点笑起来，他上半身只披了件脱壳棉袄，连小布衫也不穿，下半身只穿了一条短裤。

一会儿，菊花送来了小布衫和夹裤，阿开心急慌忙地穿上了，抱起小春往门外走。

菊花吩咐儿子吃了早饭去读书要关好门，不要让野狗闯进来，自己头不梳脸不洗，拿了长生写的一张纸条，随手又拿了几个冷清明团子，跟了出去。

“见到杨光医生，把字条交给他……”长生在后面对菊花说。

阿开抱着小春，踏着凌晨青白色的月光，一路小跑。种田的农民都知道：清明断雪，谷雨断霜，清明刚过，地上还有薄薄的霜，可阿开额头上冒出了汗珠子，棉袄里的小布衫也被汗水粘在了背脊上，身上那件棉袄像一团火把阿开紧紧地裹在里面。阿开几次想停下来脱衣服，一看怀里的小春，仍然咬着牙，一步不歇地跑着。菊花几次想上去接一手，但是又不敢接，只好在后面一步不落地跟着。

小春因为从小没有吃姆妈的奶，阿开从老远的地方把他背回来，一路上又是饥一顿饱一顿的，营养不良，虽然快满四岁，但比同龄的孩子矮小，但要抱着他跑这么多的路，阿开真有些吃不消，但他仍然坚持着，跑跑走走，走走又跑跑。

菊花心痛阿开，她拿出一个清明团子，赶上几步，塞进了阿开的嘴巴里。

阿开虽然嘴巴干得快要冒烟了，但还是用力把它咽下去，因为他还没有吃早饭。

刚出门，小春还叫肚皮痛，到外面被凉风一吹，不叫了，还半闭着眼睛。

突然，小春一下子睁大了眼睛，还张大了嘴巴，好像要呕吐的样子，菊花忙跑上去拍着小春的背说：“小心肝，要吐就吐出来！”小春又把嘴巴闭上了。

看到小春病得这副样子，阿开和菊花越发急了，阿开抱着小春在前面奔跑，菊花在后面跟着跑，终于赶到了龙头山对岸的渡船埠头，这里早已排起了长龙：有挑着菜担进城去赶早市卖菜的，有挑着空粪桶到城里去买粪、然后又要赶回来给昨天种下去的菜秧施肥的，还有提着篮子、篮子里装着鸡蛋或者活鸡活鸭上街去卖的……等渡船的人像一群鸭子，脖子被一只无形的大手提着，伸得长长的，在等着上渡船，可是因为时间太早，渡船还在龙头山脚下停着。有人开始发出怨言："太阳也快出山了，渡船还没有开过来？"

"摇渡船的人可能睡着了？"

有人还直着喉咙向江对面喊叫起来："快把渡船摇过来！"背后却有人说："喉咙喊破也没有用，隔着这么宽的江面，顺风耳也听不到。"

没有渡船，可把阿开和菊花急得团团转："怎么办呀？怎么办呀？"

等渡船的人听说孩子生了急病，一个个都让出来，叫阿开和菊花排到最前头。

"连一只渡船也没有啊！"阿开看着雾茫茫的江面，心急火燎地看着怀里的小春，他的个子好像更小了，脸上也没有一点血色，阿开忍不住心酸得流下了眼泪，在心里暗暗祈祷：洋子，保佑你的儿子吧！

早晨的江面上风很大，阿开回头看着菊花，她只穿了一件夹袄，在寒风中发抖，还打起了喷嚏，阿开一只手抱着小春，一只手去解开棉袄的钮扣，他的动作被菊花看到，知道他想做什么，忙上来制止说："你刚才出了一身汗，把棉袄一脱，受了风寒，要生病的。"

阿开却把菊花往自己身边一揽，把脱了一半的棉袄裹在菊花身上，菊花感到一股热流传遍了全身，她紧紧地偎依在阿开身边，伸出手同阿开一起抱着小春。

小春哭累了，静静地躺在阿开和菊花的怀里，还打起了呼噜。

有几个上街去卖菜的女人在旁边问菊花："是你儿子生病了？"

菊花点点头，"嗯"了一声。

又一个女人接着问："几岁了？"

"……"菊花被问住了，她看着阿开，几个女人同时用奇怪的眼光看着菊花。阿开连忙回答："快四岁了。"

有一个女人听了阿开的话，追根究底地接着问："几月份生的？"

菊花又看看阿开，阿开一时也说不上来，幸亏渡船开到了，阿开和菊花第一个上了渡船，为了防止女人再问七问八，阿开和菊花抱着小春躲进船舱里，到了龙头山脚下靠岸，等船上的人走光了，两个人才急急忙忙地下船上岸。

阿开从北方回来那天，因为急着想回家，只在大街上路过，又在龙头山脚下的大樟树底下的石凉亭里坐了一会儿，几年不见，县城的样子变了，变陌生了；菊花虽然就住在县城对面的董家村，可她长这么大，还没到过县城，两个人抱着小春，东问西问，才找到了杨郎中的那个医院。可是医院的门还没有开，菊花拿了长生写的字条上去敲门："杨郎中，杨郎中……"

门开了一条缝，一个看门的老伯从门缝里探出头来，上下打量着菊花，又看见后面有个男人怀里抱着个孩子，马上把门打开，问："你们找哪个医生？"

"杨郎中！"阿开和菊花异口同声地回答。菊花还把长生写的字条塞到他手里。

老伯笑了："你们要叫医生，是杨光医生，他还没有上班……"老伯忽然高兴地叫起来，"杨医生来了！"

阿开和菊花回头一看，一个戴眼镜的男人一边吃着烧饼夹条丝瓜筋，一边向医院门口走来，见有人叫他，他加快了脚步。

杨医生先看了长生的字条，再打量着站在他面前的一男一女，男的怀里还抱着个小孩。

突然，男的抱着孩子跪了下去，哭着说："杨郎中，杨医生，你救救我的儿子吧！"

女人也跟着跪了下去，说："求求医生，救救我们的儿子吧！"

杨医生马上把手里刚吃了一半的烧饼交给了老伯，扶起了阿开和菊花，说："你们放心，既然送到我们这里，我们会尽力的。"

阿开接着说："你是我们家的救命菩萨……你不记得我了，我是阿开呀！"

杨医生摘下眼镜，上下打量着阿开，还抬头想了一回，先对阿开笑了一下，高兴地说："记起来了！"他回头看了菊花一眼，又看了眼阿开怀里的小春，问，"这是你们的第几个孩子？"

"……"阿开哑了，看着菊花。

菊花也呆了一下，不过她马上猜到一定是杨医生把她当菊香了，忙用手指着小春，把话拉了开去："杨医生，我们的孩子从昨天晚上就开始肚皮痛，长生郎中叫我们来找你。"

杨医生知趣地不再问"第几个"了，他马上把阿开和菊花带进自己医务室，穿上了白大布衫，给小春看起毛病来。

杨医生在小春的哭喊声中检查了他的肚皮以后，又叫来两个刚上班的女医生，对阿开和菊花说："还要用机器去检查一下。"当阿开抱着小春要跟女医生走的时候，杨医生说："阿开，你等一下，还要登一下记。"

杨医生去门口把一张表拿回来后，见只有菊花等在他的医务室，问菊花："你老公呢？"

“他抱着小春去检查了。”

杨医生把那张登记表在菊花面前一放，说：“请你把表格填一下。”

菊花的脸红了，说：“我不识字，不会填。”

杨医生看着菊花，说：“我帮你填吧。”他拿起一支钢笔，问，“你儿子叫什么名字？”

“小春！”

“姓什么？”

“姓……”菊花呆了一下，才吞吞吐吐地报上了那个“董”字。

“家长姓名？”

“董阿开！”这回菊花报得很顺口。

杨医生一听“董阿开”三个字，好像记起了什么？又好像发现了什么秘密？突然回头看了菊花一眼，又回头一边写，一边念：“董阿开，董阿开……”

登记表填好了，杨医生回转身问菊花：“你们是不是住在董家村？”

“对呀，杨医生的记性真好。”菊花认定杨医生是记起菊香来看病的事了，一股心酸涌上心头，她准备在杨医生再问她小春是她的第几个孩子的时候，把阿妹的苦难告诉他，谁想到杨医生再也不理睬菊花，仍在一个劲地自言自语：“富春县……董家村……董阿开……真有这么巧的事情？”

当杨医生发现菊花在呆呆地看着自己，才有些不好意思地问菊花：“你儿子还有没有另外的名字？”

“另外的名字？”菊花被问糊涂了，她只知道阿开把小春背回家的时候告诉她，儿子名字叫小春，是半路上捡来的，她摇摇头：“我不知道。”

“你不知道？”杨医生非常吃惊，“难道小春不是你的儿子？”

菊花点点头，老老实实地回答：“是阿开哥捡来的。”

“是捡来的？”杨医生听了菊花这句话，好像吓了一跳，后来菊花告诉杨医生，她阿妹菊香是在逃难时把儿子闷死的，后来，又……菊花不再往下说了，因为她感到杨医生根本不在听自己的话。

终于等到检查结果出来，阿开和菊花两个人都紧张地看着杨医生手里那张纸头。

小春由于检查时又哭吃力了，安静地躺在阿开怀里。

杨医生看看阿开，又看看他怀里的小春，好久好久没有说话。

“杨医生，有什么话你尽管说，只要把小春的毛病医好，就是卖田卖屋我也心甘情愿。”阿开估计杨医生是为了小春的毛病，怕多花钞票，他先向杨医生作出了保证。

菊花虽然没有说话，也跟着点头。

阿开接着有叹了口气说："都是我不好，不知道铜板会吸血，不该把铜板给他做压岁钱，"

杨医生终于回过神来，对阿开说："你儿子的肠子里是有个包块，但到底是什么东西还查不出来。"他看了一眼手里的纸头，笑了一下说，"金属的东西吃到肚皮里是不会消化的，但是……"

"杨医生，那怎么办呢？"阿开打断了杨医生的话。

杨医生看着阿开，笑着说："……铜板会吸血的事，没有听说过，像小春这样又小又瘦弱的孩子，肠子比较薄，最好吃些容易消化的东西。"

菊花再也忍不住了，她问杨医生："那……小春肚皮里的那个包块是不是铜板？"

"我想给你们请个更好的医生来看看，不知道你们……"杨医生看着阿开和菊花，阿开不等杨医生再往下说，连忙接上去说："我刚才说过了，只要把小春的毛病医好，就是卖田卖屋都心甘情愿。"

菊花仍然跟着阿开向杨医生点头。

杨医生说："我的意思不光是钞票问题，小春可能要在这里住下来。"

"要住多少时间？"阿开和菊花同时问。

杨医生摇了一下头："还不好说。"他看了眼阿开，说，"刚才我说了，孩子比较瘦小，体质也弱，我想请一个好一些的医生来看看，说不定要动手术。"

"手术？"阿开还是第一次听到这个名词，眼睛瞪得大大地看着杨医生。

"说不定要开刀……"

"什么，要开刀？这么小的一个人还要把他的肚皮剖开来，怎么吃得消呀！"阿开急得要哭出来。

菊花也说："医生，可不可以不开刀，这么小的孩子，吃不消的呀！"她的眼泪先挂了下来。

杨医生还在想另外的事情，听了阿开和菊花的话，笑着说："你们放心，就是开刀，也是个小手术。"他看阿开和菊花两个人急得脸孔煞白，流着冷汗，特意装得轻松地说："你们放心，既然送到医院里来了，我们当医生的是要对病人和你们家属负责任的。"

阿开和菊花这才稍稍宽心了一些，两个人各自拉着杨医生的一只手，连声地说："谢谢医生！"

杨医生也像办完了一件重要的事情，轻松地透了一口气，再一次安慰阿开和菊花："这是我们当医生应该做的。"

菊花是昨天晚上乘最后一班渡船回家的，因为家里还有那么多事要她去安排，给蚕宝宝喂桑叶的事托给了三嫂，留下的还有喂鸡喂猪喂羊，安排宏志的吃饭、睏觉……所以，昨天晚上她忙到后半夜，只在床上打了个瞌睡，今天又赶上第一班渡船来到医院，大门还没有开。

仍然是老伯开的门，他还客气地对菊花说："你又来啦？"

"我儿子住在这里。"

老伯看着菊花，忽然问："你们同杨医生是亲戚吧？"

菊花一下子被问住了，她见老伯在好奇地看着自己，说："过去……我们到杨医生这里来看过毛病。"

老伯"哦"了一声，说，"怪不得杨医生昨天晚上还从家里黑灯瞎火地赶来看小病人呢。"

菊花从老伯的话里，知道杨医生很尽心地在为小春的毛病着急，更放心了一些。因为记挂着阿开和小春，她没有再同老伯多说话，急忙来到小春的病房。阿开先告诉菊花，昨天晚上杨医生给小春吃了一点药，小春睏得很安静，不哭也不闹，到现在还在睏呢。菊花也告诉阿开，小伯和小姆妈、三嫂，听说小春生毛病送到城里来了，都连夜到屋里来打听小春的消息，还叫她带口信给阿开，只要把小春的毛病医好，钞票总是有办法想的。阿开又从小春的枕头边拿起一个拨浪鼓，告诉菊花，昨天晚上杨医生来看小春，还拿来了一个拨浪鼓，说是他儿子小时候玩过的，特地送来给小春玩。

阿开突然看着菊花的脸，问："你有没有对杨医生说起过小春的事？"

菊花愣了一下，看着阿开那副紧张的样子，以为自己说错了什么话，闯祸了，结结巴巴地说："杨医生……他问我小春是……是我的第几个孩子，……"

"你怎么回答的？"阿开追问了一句，那情形更紧张了。

"我说，不是我生的，是阿哥捡来的……"

"后来……杨医生又问了些什么？"

菊花摇摇头，用奇怪的眼神看着阿开："他没有再问什么，怎么啦？发生什么事了？"

阿开好像透了一口气，还自言自语地说："本来就是我捡来的嘛。"

菊花看到阿开这副样子，脑子里的疑问又一次出现：阿哥心里到底还有多少秘密？对我也不肯告诉？

这时杨医生来了，他后面还跟了一个医生，两个人都穿了白大布衫，嘴巴上戴着个白布笼头，阿开和菊花忙站起来。杨医生先向阿开和菊花介绍跟在他后面的医生："这是杜医生，今天一早从天堂赶过来的。"接着他又把阿开和菊花介绍给杜医生。

阿开和菊花各自用两只手握着杜医生的手，久久不肯放开。杜医生更关心的却是小病人，他见小春瘦小又缺少血色的脸，忙从阿开和菊花手里抽出自己的手，当他的手去扶摸小春的脸蛋时，大家都看到他的手在微微地颤抖，而且在小春脸上摸了又摸，直到杨医生催他去外面吃早饭，才恋恋不舍地收回手，跟杨医生走到病房门口，还要回过头来看小春一眼。

女人的心总比男人要细，菊花虽然是第一次见穿着白大布衫的医生，她发现杨医生是那么热情，心里很感动；这个姓杜的医生对一个陌里陌生的小病人又这么爱恋不舍，除了感激，还有点好奇，特别是他快走门口又回过头来看了小春一眼之后再回过头去的时候，菊花差一点叫出声来：太奇怪了，难道天下真有这么巧的事情？

杜医生从小春肠子里开出来的不是铜板，是一块没有消化的清明果，因为小孩子肠子薄，清明果没有完全嚼碎，在肠子里卡牢，后面那段肠子同前面那段肠子叠在一起，用杜医生的话说叫“肠套结”，当时菊花听了就“啊”了一声；原来是自己闯的祸啊！那一天，她正要急着到桑树地里去摘桑叶，小春说要吃东西，顺手从饭篮里拿了个冷的清明果给他，小春大概太饿了，就囫囵吞枣地边吃边咽。

这回菊花是真正体会到“屋里有病人，外面有仇人”这句话的分量，阿水在的时候，他在外面种田做草纸，自己在屋里养蚕管儿子，生活虽然不富裕，两夫妻恩恩爱爱，甜甜蜜蜜，从没有一件让她揪心的事；本来以为同阿开在一起，小伯又把那块三角田还给了他，还同陈传祖并开了一张纸槽，照阿开的打算，今年就要让自己家过上吃穿不用愁的日子；宏志读书用功，接替张先生的骆先生常常夸他大起来一定有出息，小春也一年比一年长得快，菊花还想给阿开生一个儿子，想不到自己粗心大意，给小春吃了个冷清明果，竟闯了这么大的祸，阿开虽然没有埋怨菊花，可从小春生病那天起，他是一心扑在小春身上，什么事情都不管，两个医生也说，小病人的伤口很小，在医院观察几天就可以出院，不用那么着急。菊花和阿开两个人原来也说好了的，轮流调班看护小春，特别是白天，阿开可以回家去做一些田里生活，因为田里生活是耽误不起的。但从小春开刀以后，阿开白天、黑夜地守在小春身边，连去大小便，只要菊花在，他会交代她：“不要让陌生人进来。”好像有人会突然把他的宝贝儿子抢走似的；如果菊花不在，他会把小春抱起来去大小便。唉，也怪小春脾气不好，只要阿开在身边，就要赖在他的怀里，阿开不在身边，他就会哭个不停，谁也哄不好，骗不好。

杨医生再三同阿开和菊花说：“幸亏是杜医生给小春开的刀，刀疤很小，将来长大了，肚皮上的伤疤也会慢慢被自己的皮肉长满，不注意是看不大出来的。”阿开和菊花当然高兴得不得了，再三地要谢谢杜医生。这个杜医生也真好，早早晚晚地来看小春，而小春很奇怪，只要看到杜医生来了，不是大哭，就是躲到阿开怀里，杜医生几次想抱抱小春，但他每次伸出去的手，总是空着收回来。阿开和菊花再三同小春说：“是杜医生医好了你的毛病呀！”小春只是把眼睛睁得大大的、呆呆地看着杜医生，当杜医生再次伸出手想去抱抱小春的时候，他又把脸躲进了阿开的怀里，阿开连忙向杜医生解释：“大概是你给他开的刀，他对你记仇了。”

“对我记仇？”杜医生的脸上是一副尴尬、难过的表情。

杨医生也在旁边打圆场，对杜医生说：“孩子大起来懂事了，会谢你的。”

杜医生在回天堂医院去之前，又到病房里来看小春，他知道小春不要他抱，想去亲一下他的脸，小春又把脸躲到了阿开的怀里。菊花看到杜医生走出去的时候，眼泪竟滴滴答答地落下来。

更让阿开和菊花想不到的是到账房先生那里付钞票，账房先生告诉他们，已经有人为他们付过了，阿开又去问杨医生，杨医生告诉阿开：“是杜医生付的。”

“我们同杜医生无亲无故，他为什么对我们这样好？”

杨医生笑笑说：“可能是杜医生太喜欢小春了。”

阿开同菊花说：“这笔债我们一定要还的。”

穷人最怕生病，这话一点不错，自从小春生病住医院、开刀，耽误的生活更多了，阿开回来以后，白天黑夜地到田里、纸槽里想把生活抢出来。菊花怕他太吃力，几次劝他少做一点，阿开就是不听，像一头老黄牛，只顾埋着头做！做！拼死拼活地做！这回终于病倒了吧！

因为天下雨，又是星期天，菊花早饭烧得很迟，阿开躺在眠床上对她说：“你和宏志、小春他们先吃，给我留一点在镬子里好了。”

宏志和小春不管天下雨不下雨，两个人吃好早饭就到处去找玩伴，不到吃中饭不回来。菊花因为忙着给两个儿子缝补衣服，直忙到快要烧中饭，才想起阿开还没吃早饭，她放下手里的针线活，跑到房里一看，见阿开闭着眼睛仰天躺在床上一动不动，菊花以为他生病了，用手掌在他额头上摸了一下，阿开侧过脸对菊花笑了一下，说：“今天下雨，生活做不来，我在床上养养力气。”

“你早饭还没有吃啊，”菊花问阿开，“要不要我去拿来，就在床上吃？”

阿开点点头，坐在床上吃了早饭，又躺下，还对菊花说：“中饭你们三个人吃，我到吃晚饭的时候爬起来。”

“那……中饭呢？”

“我不做生活，省一顿！”

菊花看着阿开，她想起了菊香曾经告诉过她，阿开出的是牛力，吃的是鸡食，每次下雨下雪不出门做生活，屋里也没有事做，就会这样躺在床上，说是养力气，其实是为了省一顿饭。

菊花又想起，过去阿水每次做田里生活回来，总是把锄头或者铁耙在门口一放，不管了，最多回来以前在河沟水里冲一下，拿回家以后，就在墙角落里一甩，再不去管它们了，所以他们家的锄头铁耙用得比别人家费，常常锈得不能再用了，只好去铁匠铺打新的；自从阿开进门以后，他每次回来，总是把锄头铁耙洗得亮晶晶，像新的一样，他还在墙壁上做了个架子，把锄头铁耙挂得高高的，下面一排是镰刀、柴刀、种刀……他对菊花说过：“这些铁的东西不挂起来，上面沾了水，就会生铁锈。”

阿开还喜欢捡东西，在路上、在道地里，哪怕是一根稻草、一个绳子头，都会捡回来放在一定的地方，他说：“有些东西虽然小，当时派不上用场，要用的时候就可以派上用场。”

菊花透一口气说：“我还以为你生病了呢。”

菊花回想起同阿开在一起的短暂时间，不但有了安全感，更充满了幸福感，她心满意足地安慰自己：“这是我前世修来的福啊！”

9

眼看着自己一天比一天老起来，儿子在外面工作，女儿至今还没有音讯，阿开和菊花为了照顾他们，董家村、陈家桥两个地方跑，太劳累了，小伯和小姆妈商量，把他们空着的西厢房给阿开一家住，当小伯把这事同阿开和菊花一说，两个人当场就同意，菊花又是个贤惠媳妇，手勤脚快，一个人料理两份人家的事，井井有条。小姆妈家不养鸡不养猪，每天菊花先帮小姆妈把菜洗好、切好、米淘好，只要小姆妈落落镬，或者炒或者蒸或者煮，要省力多了，菊花家鸡生了蛋，也会送几个去，两个老人很开心。

宏志和小春刚搬到这么大的屋里，觉得很新鲜，很好玩，两个人常常玩躲猫猫，嘻嘻哈哈的，小伯是清静惯了的，说太吵了，宏志可是个聪明又懂事的孩子，碰到小伯休息，他就把小春带出去玩，有时候小伯开心了，他就“小老伯、小老伯”地叫个不停，当然，小春也跟着叫，要是同小姆妈在一起，一个“小老伯”，一个“小阿婆”地叫得两个老人开心得眯眯笑；小伯要抽烟，为了节省洋火（火柴），喜欢用煤头纸点烟，点一筒烟，煤头纸常常要吹好几次，小伯因为牙齿掉了几颗，嘴巴不关风，吹起来很吃力，宏志和小春抢着为他吹火，而且一吹就着，小伯高兴得哈哈哈大笑："两个小家伙比小老伯能干！"更让小伯高兴的是宏志和小春争着为小伯抓痒，小伯由于上了年纪，皮肤干燥发痒，过去，他用张先生送给他的"抓痒婆"来帮忙，如今骨头也硬了，手弯不到背后去，"抓痒婆"当然帮不上忙，有时候实在没办法，只好叫老婆帮忙，小阿婆也老了，手伸不进小伯的棉袄里，让他脱下棉袄再抓痒，又怕他伤风感冒……正在为难呢，宏志和小春来了，小伯每次背上痒起来，就让宏志帮忙，宏志的手小，又灵活，每次抓得小伯眉开眼笑的；后来，小春也争着要帮小老伯抓痒，小伯只好让他再抓一遍，有一次，小伯说宏志给他抓过了，不痒了，小春只好找到小阿婆，说要给她抓痒痒，小阿婆说她不痒，不用抓，小春急得要哭了："阿哥给小老伯抓过痒了，我没有得抓了。"

小伯、小姆妈哭笑不得，小伯只好让小春再抓一次。

小伯还关心宏志的学习，他每天晚上要在油灯底下练习写字，菊花为了节省灯油，每次只准用一根灯草。小伯说小孩子的眼睛娇嫩，太暗了会把眼睛弄坏的，一定要菊花再加一根灯草。小伯每次看宏志写完字，总要称赞一番："宏志的字写得好，个是个，行是行，同士兵出操一样，将来一定会有出息。"

小春听到小老伯夸奖宏志，也要写字给他看，阿开和菊花在旁边说："你还没有上学读书，等将来上学读书了再写给小老伯看！"

小伯却从宏志手里拿过笔，教小春怎么样握笔，怎么样写字："一直——一划——一勾——哈哈，小春会写字了。"

阿开和菊花坐在旁边，乐滋滋地看着，心里充满了幸福和甜蜜。

更让宏志和小春难忘的是在状元府第过的第一个夏天，他们一家人和小老伯、小阿婆在后花园里乘凉，萤火虫像星星一样，一闪一亮的。小阿婆还给他们念儿歌：一颗星，亮晶晶，两颗星，扁担星，三颗星，点油灯，四颗星，卜啉噔……小阿婆念一句，宏志和小春跟一句。阿开和菊花还弄来许多麦草管，叫宏志和小春到花丛里去捉萤火虫，装进麦草管里，一只、两只、三只……麦草管全亮了，长长的一根又一根。阿开把装有萤火虫的麦草管插在亭子上，放在小桥的两头，还插在高高的塔尖上……两个孩子跳啊笑啊，小伯和小姆妈、阿开和菊花，大家的心里乐开了花。是啊，对小伯、小姆妈来讲，这样的日子多年不见了；对阿开和菊花来讲，终于苦尽甜来，看到出头的日子了。有一次，小伯突然走到阿开和菊花身边，用手轻轻拍了两个人的肩膀，阿开、菊花同时回过头，顺着小伯的手指，见小姆妈低垂着头，用手巾在揩眼泪……

“又在想开玲和开全了。”小伯用很低的声音说。

他还告诉他们，开玲和开全小的时候，他们家有一个老长年，是从小伯阿爸手里留下来的，名字叫土根，同自己人一样，每年夏天到这里乘风凉，他会捉来好多好多萤火虫灌进麦草管给开玲和开全玩……

那时，小伯和小姆妈都还年轻，他们不但陪着女儿、儿子一起玩，还拿来洋油灯在南瓜棚和丝瓜藤之间，循着纺织娘“啧啧”的叫声去寻找它们，把它们捉了来，土根用络麻秆做成小笼子，把纺织娘关进笼子里，挂到开玲和开全的房间里，开玲和开全会听着纺织娘的叫声甜蜜地睏着……

此时的阿开和菊花，也悄悄把宏志和小春揽在自己怀里，听小伯讲他年轻时候的故事，讲开玲和开全小时候的故事。

又一个春耕大忙季节开始了，阿开把纸槽暂时停掉，他既要种好自己的三角田，又要帮小伯照顾和分配短工们的生活，忙得日夜都不分，可心里还是乐陶陶的。

该是回家来吃中饭的时候了，菊花把饭菜都捧到桌子上，宏志和小春一边叫着“饿死了”，一边伸手想去抓碗里的菜吃，却被菊花拍了回去，说等你们阿爸回来一起吃。可阿开却迟迟没有回来。

“平常这个时候早就回来了。”菊花不得不到状元府第的台阶上，想看看阿开回来了没有？同时又抬起头看看头顶上的太阳。

“菊花，要开始烧点心了？”是三嫂的声音，她在菜园地里割菜。

“阿开到现在还没有回来吃中饭哩。”菊花心焦地说。

“啊？到现在还没有回来吃中饭？”三嫂一只手里拿着刀，一只手里拿着一株刚割起来的黄芽菜，吃惊地问，“到什么地方去做生活了？”

“他今天一早就出门，说是去那块三角田做秧田。”

“他没有叫你送饭去吧？”

“他说今天做秧田比较省力，只要把秧田再做些平就好落谷子了。”

三嫂也曾听阿开说过，他为了种好这块三角田，不让小伯失望，特地到里山一个朋友那里换来了新的稻种，这种稻秆子硬、不会倒伏，稻头长，谷粒又饱满，还抗虫害。谷种子几天前就浸好，今天下午就可以把种子撒到秧田里去。

“他本来说很快就会回来的，所以连早饭也没有吃，怎么到现在还不回来呢？”

“会不会帮小伯去料理其他事情了？“

“我刚才到小伯屋里去过，小姆妈说他们家的短工老早吃了中饭到田里做生活去了。”

三嫂抬头看看快偏西的太阳，说：“会不会出什么事了？”

听了三嫂的话，菊花心里急起来，她忙回到屋里去叫两个儿子先吃饭，想不到宏志饿着肚皮在小桌子上做功课，小春却趴在桌子上睏着了。菊花一边把小春抱到床上去，一边叫宏志一个人吃饭，回出门来又对三嫂说：“你帮我看一下门，我到田头去找找他。”

菊花没有等三嫂回音，急急忙忙向三角田走去。

自从小伯把三角田还给阿开以后，菊花常常给阿开送饭到田头去，很熟悉，可是三角田里没有阿开，做秧田的工具却放在田埂上。

“阿开——阿开——！”菊花着急地叫起来。

这时，一个鬼影似的人不紧不慢地从三角田的桑树背后走出来，菊花一看是有方，连忙拔脚想离开三角田，有方却亮着他的雄鸭嗓子、阴阳怪气地开嘴了：“叫得好亲热呀。”

菊花抬头看了他一眼：“我叫自己老公，关你什么事？！”

“那么阿水就不是你的老公了？”有方一脸幸灾乐祸地奸笑。

“阿水是我的老公，他已经死了！”

有方叹了一口气，说：“是啊，这么好的一个老公怎么说死就死了呢，多么可惜啊！”他突然问，“是谁说阿水死了？”

菊花觉得根本不用去理睬这种人，顾自己寻找老公阿开。

看到陈有方又是叹气又是摇头，他还看了菊花一眼，说：“要是他还活着就好了。”

菊花听到有方话里有话，脑子里像雷电一样闪了一下：“阿水……还活着？”菊花回头看看有方，他仍旧是一副阴阳怪气的样子，菊花知道这个色鬼想得到她简直是想疯了，特别是她和阿开做了夫妻，可以说恨得咬牙切齿，恨不得把菊花一口吞了进去。在她和阿开拼床前，董家村造谣说阿开要当上门女婿，还说她是一只“破鞋”，弄得小伯也上门来责问阿开，菊花恨不得咬他几口肉。现在，菊花跟阿开住到状元府第去了，他要想作弄菊花的机会少了，又想借阿水的名义玩什么阴谋诡计，菊花刚想教训他一句：“别在死人身上打鬼主意！”可话还没有说出口，有方又像影子一样在桑树林背后消失了。

过去，阿开和有方认识，但不熟，没有交往，那次听了菊花的哭诉及后来自己亲身经历的几次恶作剧，阿开以后再碰到有方，心里极不舒服，甚至厌恶，每次都是绕开路走，省得让自己的乌珠骨头痛。

今天，阿开正低头在做秧田，有方背着把锄头绕过了好几条田埂，来到阿开面前，阴阳怪气地问："在做秧田啊？"

阿开心里想：这不是放屁吗？你又不是瞎子。

"小日子过得有滋有味，还住进状元府第的大屋里去了？"

阿开仍然顾自己做秧田。

"菊花也越来越漂亮，我看她每天脸上红彤彤，你阿开一定是在夜夜用功夫啊……"有方刚说到这里，突然听到"啪"的一声，同时脸上感到一阵热辣辣地痛，一个趔趄还差一点跌到田沟里。他好容易站住，见阿开像庙里的金刚一样圆睁着两只眼睛，站在他的面前。

"你……怎么打人？！"有方脸上忽然闪过一阵幸灾乐祸的阴笑，说，"托你给菊花带个口信，长沙庙有个年轻的和尚在等着她。"

有方怕阿开再打他耳光，捂着脸逃走了。

阿开却一下子掉进了云里雾里。

阿开对菊花太了解了，做姑娘的时候因为长得漂亮，追她的人如同蜜蜂见了花朵一样，一个又一个，可菊花就认定阿水一个人，对那些追求她的人连正眼也不看一下。阿开记得姆妈活着的时候，当着菊香的面称赞菊花是"眼睛里除了老公儿子，再没有第三个人"，更不用说同长沙庙里的和尚有什么瓜葛了。

长沙庙是富春县有名的寺庙，老百姓平常形容影响面广，常用"四面八方"四个字，长沙庙却是有名的"十方庙"，比"四面八方"范围还大。阿开小时候常跟姆妈到庙里去烧香，那里的房子大、菩萨多，一走进庙门，就到了四大金刚殿，再进去是弥勒菩萨殿、韦陀殿、大雄宝殿、十八罗汉殿、观世音菩萨殿……脚走酸了，殿还没有走完。听小伯说，庙里还有地下室，庙里的一些奇珍异宝，统统藏在地下室，地下室还有暗道机关；庙里香火最旺盛的时候有200多个和尚，和尚每次外出化斋，都有会武功的和尚一路保护，防止强盗抢劫。

这些和尚武功都很好，是少林寺教出来的，董家的老祖宗董浩，就是因为拜了少林寺和尚为师，才考上了武状元。

在阿开的脑子里，长沙庙不仅庙大和尚多，规矩更严格，一年四季，虽然有各路男女香客去拜佛烧香，可连小偷小摸的事也没有发生过，更不用说和尚同民女之间有什么事发生了；日本鬼子进了富春县城，香火不再像以前那样旺盛，只留下几个年老体弱的老和尚看守庙门，那一年阿开陪着菊香去给阿爸、姆妈和信福做道场，除了一个烧火的哑巴和尚年纪轻一点，出来念经的都是七老八十的老和尚。

原来长沙庙里是没有这么一个哑巴和尚的，听张先生说在日本鬼子还没有投降以前，一清老和尚到一个地方去化缘，在回来的路上碰到了一个人，好像饿了好几天，精瘦精瘦的，他脸上还有伤，被人打过，一清老和尚问他话，他只是“啊啊啊”地点头，或者摇头，原来是一个哑巴，出家人以善为本，看着这么个受伤又饿得快昏倒的哑巴，把随身带的干粮给他吃了，还把他带回庙里，叫他帮助庙里的伙头僧挑水、烧火。

“难道菊花会同哑巴和尚有什么牵连？”阿开从鼻子里“哼”了一声，冷笑着摇摇头，“这个有方缺德缺到这种程度，连造谣也造不像样啊。”

但阿开再没有心思做秧田了，坐在田梗上抽烟：“简直不是个东西，他想欺侮菊花没有得逞，又想在她脸上泼粪，我饶不了他。”

阿开把烟蒂扔在水沟里，拿起锄头，却又呆住了：“他为什么不说菊花同村里的年轻人有什么瓜葛，偏偏说庙里的和尚呢？”他想着，不自觉地向长沙庙方向走去。

长沙庙坐落在富春山的一个山坞里，阿开走过两边种着高大松树的松树岗，来到庙前面的放生池，正好有一个老和尚在池边扫地，他上去打了个问讯，原来对方就是长沙庙的一清和尚。阿开问一清和尚：“师父这么大年纪了，还来做扫地生活？”

一清和尚双手合十，告诉阿开：“庙里留下的师父不多了，而且都是上了年纪的老人，但庙门还得开，不然，施主们上门来就会埋怨我们懒惰，菩萨也会生气的。”

“没有年轻点的师父了？”阿开试探地问。

“等世道平安了，会回来的，”一清和尚告诉阿开，“几天前还真是来了一个年轻人，要求出家当和尚。”

“叫什么名字？”

一清和尚摇摇头：“他说自己没有名字。”

“一个人会没有名字？”阿开觉得奇怪，他心里想，“这个没有名字的人是不是有方说的那个‘和尚’？他会同菊花有什么关系？”阿开问一清和尚：“师父，我可以去看看他吗？”

一清和尚上下打量着阿开：赤着脚，半身的泥和水，问：“施主是？”

“董家村，董阿开！那一年我还陪老婆来庙里做过道场。”

一清和尚好像一时记不起来，阿开又补充说：“我小伯叫董国权。”

一提董国权三个字，一清和尚马上向阿开施了一个礼，告诉阿开：“新来的人正在膳房里帮助烧饭。”他还想领阿开去伙房，阿开说：“这庙里我常来，熟悉的。”

正好哑巴和尚出来挑水，一清叫哑巴和尚把阿开领进后大殿后面的膳房里，阿开看到一个人正在灶底下忙碌，因为屋里烟雾弥漫，看不清这个人的脸，但从长长的头发看，一定是个女的。“这可是和尚庙啊，怎么弄出一个女人来呢？”阿开问哑巴和尚，哑巴和尚“咿咿呀呀”地说不清楚。他正在犹豫，突然听到一阵咳嗽，听声音，又不像是个女的，这让阿开更为难了：如果是女的，自己一个男人这么好随便去打扰她呢？如果是个男的，为什么又是这副打扮？

阿开站在门口，看着那个人的动静。一股烟从门口熏出来，阿开忍不住咳嗽起来，听到阿开的咳嗽声，那个女不女、男不男的人回转身，又突然“啊”地尖叫一声，向膳房的后门逃了出去。

阿开听到他那一声喊，脑子突然闪过：“阿水还活着？”就追了上去。

三嫂也风风火火地赶到三角田头来，一见菊花正在那里打呆儿，问她：“阿开怎么啦，他在‘口’什么？”

菊花被三嫂问得一头雾水：“阿开……口什么啦？”

“我在路上碰到有方，他说阿开在演什么口？”

三嫂和菊花你看着我，我看着你，像在猜一个谜。

“哦，我想起来啦，有方说，阿开在演一出戏文，叫做‘三岔口’。”

“三岔口？”菊花也想起来了，过年的时候，村里请来了绍兴大班，演一尺叫《三岔口》的戏，那个武功啊，看戏的人巴掌都拍红了。

“有方还说戏文在长沙庙里演出。”三嫂补充说。

菊花越发觉得蹊跷，阿开又不是演员，怎么会到庙里去演《三岔口》？

“到长沙庙去看看。”三嫂是个急性子，她把两个带子奶在肩上一搭，领头向长沙庙走去。

路上又碰到好几个村里人在向长沙庙方向走，有人还在问：“这戏班子是谁请来的？”

“在长沙庙里演戏文，真是大姑娘上轿，头一回。”

“这不时不节的，田里生活马上忙碌起来了，还演什么戏呀？”

“你不想看戏就不要来。”

“演到家门口的戏不看，是呆子。”

“……”

听了这些议论，三嫂和菊花更糊涂了，有方不是说阿开和什么人在演三岔口嘛，怎么又有戏班子呢？

来到长沙庙门口，只听一个老和尚在对大家说：“这里没有演戏。”这一下大家生气了："又是有方造的谣，让我们白跑一趟，找他算账去。"

等人走散了，菊花和三嫂才上前去问老和尚："师父，有没有一个叫阿开的人来过庙里？"

老和尚看了菊花和三嫂一眼，双手合十，说："阿弥陀佛，施主阿开正在后大殿旁边的膳房里。"

"他去膳房做什么？"菊花和三嫂还没到膳房，就碰到了从里面跑出来的哑巴和尚，他一见菊花和三嫂，"咿咿呀呀"地领着她们来到膳房，两个人只听到阿开的叫喊声，却不见他的人影。哑巴和尚又把她们领到地宫门口，才看见阿开边拍门边呼叫："阿水，你开开门啊，我是阿开……"

"阿水他还活着？！"菊花只觉得一阵头晕，要不是三嫂在旁边扶住，一定跌倒了。

一清老和尚告诉菊花和三嫂，前几天他正在大殿做早功课，突然闯进来一个男不男、女不女的年轻人，一头跪在他面前说："老师父，你收我当和尚吧。"

当时一清和尚吃了一惊：自从日本鬼子打进中国来之后，长沙庙的香火远不如以前了，年轻和尚出去化缘，一个个有去无回，这个人怎么肯来当和尚呢？他请年轻人站起来一看，吓了一大跳：是一个奇丑的怪人，从这人的相貌上看，猜想一定不是善良之人，回报说："我们庙里现在不收和尚。"

"那让我帮助庙里烧火、扫地都可以，只要有口饭吃。"

和尚都有一副菩萨心肠，他想即使是坏人，只要放下屠刀，也能立地成佛，和尚问他："施主的家在什么地方？"

"我没有家。"

"叫什么名字？"

"我没有名字。"

一清和尚为难了，他见这个人饿得已经成了一把骨头，就把他领进膳房，给了他一钵头饭食，他狼吞虎咽地吃完，就留在膳房里同哑巴和尚一起烧火、挑水。

"阿开，你怎么知道他是阿水呢？"三嫂问阿开。

菊花也说："明明死了的人，怎么又会活过来呢？"

阿开罚愿赌咒地说："我同阿水这么多年，他就是烧成灰我也认得。"阿开又继续拍打着地宫的门，叫着，"阿水，我是阿开呀，你开开门，菊花也来了！"

菊花也上去拍打关得严严实实的门，边哭边叫："阿水，我是菊花呀，如果真的是你，快把门开开吧！"

哑巴和尚也帮着拍门，嘴里“呀呀呀呀”地叫着。

终于从地宫门缝里传来嗡声嗡气的声音：“我没有家，也没有老婆……”

菊花一听真是阿水的声音，她伤心地大哭起来：“都是胡长贵骗了我呀，这个杀头坯胡长贵，你为什么要这样骗我呀？！”

三嫂猜想阿水的脑子一定在什么地方蹩牢了，也上去帮菊花“嘭嘭嘭”地拍门，用她高八度的嗓子喊叫：“阿水，你听着，不要以为只有你一个人苦，你老婆菊花比你苦十倍、百倍！你被何保长当壮丁抓走了，你老婆为了保你出来卖光了土地，肚子里的孩子流了产，你丈母娘也死了，菊花只好带着儿子去讨饭，他们吃的苦比你多！”

有这么多人又是拍门又是呼叫，一清老和尚不得不几次来劝阻：“佛门是清静之地，不可以这样大声喧哗的。”哑巴和尚站到一边去不做声了，阿开、菊花和三嫂仍然我行我素，继续拍门、呼叫，而且拍得更重，叫得更响。一清和尚只得帮着劝阿水：“施主，你还是回家吧，不要再打扰佛门这块清静之地了。”

“……你儿子饿得同狗抢食吃，你老婆差一点被坏人强奸……”三嫂继续喊着。

阿水不再说“没有家”、“没有老婆”之类的话了，就是不开门。

阿开用拳头敲着自己的脑袋，骂自己：“我不是人，我不是人，我怎么会做出这种事来呢？我要早知道这样，我……我怎么会……”他看了菊花一眼，把头低了下去。

不知道谁去通报的消息，听说阿水死而复生突然回来了，董家村、陈家桥的熟人都来了，有的原来是阿水的朋友，想来看看死而复生的老朋友，有的是来看阿开和阿水笑话的，比如有方，他看了阿开后悔、痛苦的样子，还火上浇油、幸灾乐祸地说：“自古说朋友妻不可欺，这是给董家村人脸上抹黑呀！”

三嫂听了肺也气炸了，她正想去骂他一顿，一个孩子的尖叫声突然从人背后传来：“阿爸——阿爸——”

是宏志，他身上还背着书包，他一头扑到地宫门口哭着叫着，那副凄惨的情景感动了在场的每一个人，不少人在流眼泪，不少人开始七嘴八舌地议论：

“老婆嫁人了，儿子总是自己生的呀。”

“菊花以为他死了才嫁人的，这能怪菊花吗？要怪去怪把他抓去当壮丁的何金生。”

“这个说阿水死了的人也真缺德，这种事怎么好乱说的呢。”

“菊花不嫁人，老早饿死了。”

“……”

就在这时，从地宫里冲出一个人来，他脸上只有一只耳朵，鼻子也歪到一边，可是凭着多年夫妻生活的感觉，菊花认定这个人真是她日思夜想的老公阿水，一头冲了上去，把他紧紧抱在怀里。

宏志却在一旁吓呆了。

三嫂在一旁对宏志说："真是你阿爸回来了，快去呀！"

宏志迟迟疑疑地向阿水走去，突然，他用手指着阿水，哭着叫着又逃开了去："我阿爸不是这样的，他是个丑八怪！"

这时，阿水挣脱菊花，冲过来一把抱住了儿子，哭着说："宏志啊，我是你的阿爸呀，我的脸是在战场上炸伤的呀！"

父子俩终于相抱在一起，菊花再次来到阿水身边，抱住了老公和儿子，三个人都哭成了泪人。

阿开尴尬地站在一边，想走过去，又不好意思。

宏志哭了一回，又从阿爸的怀里钻出来，说："阿爸，你身上怎么这么臭呀？"

菊花想制止儿子不要乱说，三嫂对她说："你先回去给阿水烧一镬热水，让他好好洗一洗。"

菊花刚走出后大殿，三嫂又大声吩咐："顺便通知一下剃头师傅，帮阿水剃个头。"她还指了一下阿水头发里的白虱。

阿水是大前天后半夜回到陈家桥的，走到自己家门口，门关得铁紧铁紧，外面还加了一把锁，阿水不知道菊花他们到什么地方去了，仍然不死心地敲门。夜深人静，敲门声惊动了附近的陈有方，他从床上爬起来，推开窗，伸出头，在灰白色的月光中看到菊花家门口有一个披头散发的影子在晃动，他吓得叫起来："鬼——"马上又关上了窗门。

听到叫声，阿水来到有方家门口，一边敲门一边说："有方哥，开开门，我是阿水呀！"

俗话说"不做亏心事，不怕鬼敲门"，有方听到"阿水"两个字，吓得尿了一裤子，用发抖的声音说："我……我没有欺侮菊花，是阿开他……他……"

"阿开和菊花怎么啦？"

"他把她当老婆霸占了，领到状元府第去啦。"有方刚说完这句话，就听到"砰"的一声，有方过了好一会才打开门，这时阿水已经苏醒过来，他坐在地上，有气无力地说："有方哥，我真不是鬼，是人……"阿水刚说完这句话，突然"啊"地叫了起来，原来有方在他的大腿上掐了一把。这是有方在赌场上听来的，说鬼是不怕痛的，所以他趁阿水不注意偷偷掐了他一把。

"有方哥，告诉我，菊花和我儿子到底到什么地方去了？"

有方冷笑一声说："你老婆年纪轻轻，她熬得牢吗？你前脚走，她后脚就嫁人了。"

“嫁人啦？嫁给谁啦？”

“你的师傅，好兄弟呀。”

“阿开？”阿水吃惊地看着有方，“阿开哥不是不见了吗？”

“你前脚走，他后脚就回来了。”

“不会的，菊花说会等我的，她不会嫁人的；阿开是我的师傅，比亲兄弟还亲的兄弟，他不会夺我老婆的。”阿水自言自语地又回到自己家门口，又一次举起手，可门上的那把铁锁好像在讥笑他：“这里已经不是你的家了。”

阿水又冷又饿，又气又恨，又伤心又可怜，在快要下山的月光下，在一声接一声的鸡叫声中，像游魂一样离开家门，他要当面责问菊花：原来说好等他回来的，这么快就变心了？他还要去责问阿开：夺人家的老婆，算什么师傅，算什么兄弟？

阿水在一团团的雾气中，晃晃悠悠地来到三嫂家的菜园边上，突然站住了，因为他看见阿开背着把锄头从状元府第的台阶上走下来，菊花拿着一件衣服从门里赶出来，亲热地说：“当心着凉！”然后把衣服披在阿开身上。阿开走远了，菊花还站在台阶上，提高嗓门吩咐，“早点回来吃饭噢！”

阿水的心里像被捅了一刀，他趁着早晨路上人少，急急忙忙离开了那里……

菊花是小跑着回来的，她先打开自己家的门，一股霉气冲进她的鼻子，那只镬子也开始铁锈。她先把镬子洗刷干净，加满水，就坐到灶底下为老公烧起热水来，又把搁在木架子上的那只木脚盆拿下来，这是她和阿水结婚时做的，好久不用，漏水了。菊花在木脚盆里边放水边自言自语：“不知道阿水愿不愿意在木脚盆里洗澡？”

在农村，男人除了热天在江里、河里、池里洗澡外，冷天是不洗澡的；女人是不到江里、河里、池里去洗澡的，结婚以前她们很少洗澡，夏天，面盆里装点水，搬到自己房间里去揩揩，冬天，连揩也少揩了；嫁了老公，才像模像样地洗第一次澡，到老公家里就开始经常洗澡，因为嫁妆中的四圆六方，就包括一只洗澡的木盆。那时候，作兴男女有别，上下有别，女人洗澡的木盆，男人是不好用它来洗的，说洗了会倒运的。但是清明刚过几天，天气还那么冷，阿水又是这么个身体，是绝对不能到江里去洗澡的，可身上又脏又臭，不洗洗干净，熟人见了都要捂鼻子；还有他那一头一身的虱子，传开来这还得了！但木脚盆是菊花洗澡用的，阿水肯坐进去洗吗？菊花正一边烧水一边想，阿水被人搀扶进来了，她抬头一看，搀扶阿水的人不是阿开，却是有方，后面还跟着个三嫂。菊花马上赶上去，冷冷地对有方说：“我来。”从他手里接过老公，把他扶进了房间，又“砰”一声关上了房门，大声说：“三嫂，谢谢你把阿水送回来。”就开始帮阿水脱衣服、裤子，想不到阿水十分听话地任凭菊花帮自己脱光了衣服，乖乖地坐进木脚盆里，让菊花把他从头洗到脚，他却像孩子似的玩着水，感叹地说："想不到我阿水还能有这么一天啊。"

菊花一边为阿水洗澡，眼泪却"哗哗"地流下来，滴到脚盆里，和从阿水身上洗下来的污水混在一起。

菊花从老公身上看到他吃了多少苦：不说一只耳朵没有了，鼻头也歪了，脸上像火烧过似的高一块低一块的肉疙瘩，他原来一身强壮的肌肉也不见了，瘦得只剩下一张皮，肋骨一根一根地露出，简直可以当梯子爬了，原来两个滚圆的脚肚子，也只剩了两根直胴骨……

洗好澡，菊花还赶到徐家棚叫来了剃头师傅，给阿水剃光了头发，一直忙到宏志叫起来："姆妈，我饿了。"菊花才感到天黑了，又赶忙去为老公和儿子烧夜饭。

这一夜，菊花混身骨头像拆散了一次似的又酸又痛，可她却在记挂着阿开：他今天怎么没有陪阿水一起回来？她刚离开长沙庙的时候还对阿开说过："等一回你陪他回来，我先回去了。"当时阿开还点点头，后来怎么还成了有方呢？阿开到哪里去了？

阿开听了菊花的话，准备上去把阿水搀扶回家，有方不知从哪里钻出来的，从阿开手里接过阿水，说："夺了人家的老婆，还来当好人。"

有方的一句话提醒了阿水，他的眼睛里霎时要冒出火来，抬起手，"啪"一个耳光打在了阿开脸上，并且歇斯底里地骂起来："狗屁师傅，猪狗不如！"说着，他跌跌撞撞地向前走去，一个趔趄，要不是陈家桥的一个熟人把他一把扶住，就跌倒了。

阿开有生以来连姆妈也没有打过他巴掌，今天受到这样的侮辱，而且当着这么多熟人的面，他真想赶上去扭住陈有方，好好教训他一顿，可看到阿水被折磨成这副样子，咬着牙齿一忍再忍，最后，从长沙庙后门的另一条路，向东面走去。

阿开赶到胡长贵家的时候，天已经暗下来，因为他又回家去转了一下。

阿开来过胡长贵家，熟门熟路地走到那间破草所门口。草所门关着，门口已长起了草，阿开从长贵邻居那里打听到胡长贵当壮丁逃回来以后，因为穷得过不下去，又去卖了一次壮丁，后来又逃回来，哑巴姆妈已经饿死，他一直住在阿姐家里。邻居还告诉阿开：胡长贵阿姐嫁在大源山里。

阿开认识胡长贵阿姐和姐夫，可没有到过他们家，所以当阿开好容易找到胡长贵阿姐家，已经是后半夜。在这深山老坞里，又是深更半夜的，这么风风火火地敲人家的门，不是土匪强盗来抢劫，就是解放以前保甲长来抓逃兵、抓壮丁，胡长贵先跳窗逃到山上去躲了起来，长贵姐夫手里拿了根杉树棍，才打开门。

“长贵呢？”阿开粗声粗气地问。

“你找长贵……”长贵姐夫“啊”地叫了一声，因为长贵阿姐已经点亮了油灯，他看清楚进门来的是阿开，忙放下手里的树棍，说，“阿开啊，有什么急事半夜三更来找长贵？”

“长贵呢？”阿开心里窝着一股火，仍然是粗声粗气的。

胡长贵并没有逃远，一听是阿开，又从窗洞里跳进来，开心地说：“是阿开哥呀，这么晚……”他刚说了一半，胸脯突然被阿开扭住，并且大声地责问他：“你为什么说阿水已经死了？”

“阿水是死了呀，是我亲手把他葬在一株大樟树下的。”

“你敢再说一遍？”阿开已经举起了拳头。

姐夫急忙抱住了阿开的拳头，说：“有话好好说，动这么大的肝火做什么。”

胡长贵把自己的脸贴上去，说：“叫我说一万遍也是那句话：阿水是我亲手把他葬在一株大樟树底下的。”

“那好，你跟我走！”

“到哪里去？”

“董家村陈家桥！”

“干什么去？”

“去见阿水！”

“阿水他没有死？”不但是胡长贵，胡长贵的姐夫、阿姐也张大嘴巴呆在那里。

“死了的人还会活过来，杀了我的头也不相信。”胡长贵穿好衣服，跟着阿开就走。

“吃了早饭再走呀！”长贵阿姐赶出门来，见阿弟和阿开已经走远，摇摇头，“这是什么世道啊，好好活着的人不明不白突然死了，明明死了的人又突然变活了。”

一夜没有睏好的菊花天不亮就起来去叫长生郎中，因为阿水从后半夜起就咳嗽、头痛，特别是头像劈开来一样地痛，还几次要去撞墙，把菊花吓死了，直到快天亮才睏着。谁知道长生前天到县城里去，昨天夜里没有回来，她给诊所里的人交代说：长生回来无论如何到阿水家来一趟。又急急忙忙地赶了回来。

菊花还没进门，就听到屋里三嫂高八度的声音，好像正在同阿水说着什么？阿水却气呼呼地说：“不要同我说，我不听！”三嫂正没有办法，菊花回来了，三嫂拍着手掌告诉她：“小春不见了！”

菊花吃了一惊："小春不见了，怎么不见的？"

这时，三嫂已经头也不回地跑了出去，还自言自语："只知道自己吃过苦，别人吃的苦怎么不关心关心？"

菊花回过头，果真见阿水气得像要吃人似的在看着自己。

菊花知道阿水是误会了，可心里又惦念着小春，刚向门外跨出一步，阿水像狮子一样吼起来："给我滚回来！"

菊花第一次从老公嘴里听到了那个"滚"字，可她连头也不回，还用同样响的声音回答："寻人要紧，回来再同你说！"她走出门，又回过头来告诉老公，"长生过一回就来。"然后紧追几步，赶上了三嫂。

三嫂告诉菊花，阿开昨天晚上突然跑回来，说有要紧事出去一趟，担心小春没人管，他是很早就要睏的，托小伯、小姆妈临时管一下，可他们两个年纪都大了，小姆妈把小春领到三嫂家里，要三嫂帮助管一管……三嫂说到这里，抬头看了菊花一眼，说："你同阿开一起生活了这么长时间，小春的怪脾气比我更清楚，一下子让他睏到陌生的床上，怎么能睏得着呢？小春哭死哭活地作了一夜，天亮的时候总算睏着了，可我刚刚喂好鸡，从菜园里割菜回来，小春不见了，我和小伯、小姆妈满屋子都找遍了，就是没有他的影子。小伯还去查看了通后花园、通隔墙弄的门，门都关得好好的。"

"小春会跑到什么地方去呢？"菊花自言自语，跟着三嫂一起去找小春。

听说阿开捡回来的儿子不见了，董家村、陈家桥的人都十分关心，因为他们都同情阿开：这么好的一个人，自己的儿子闷死了，捡回来一个儿子又不见了。他们帮着寻找，有人甚至拿了竹竿到董家池里去打捞。可小春就像春天草叶上的露水，在阳光下亮了一下就不见了。

三嫂和菊花的脚走软了，不得不在董家池边的石墩上坐下来。本来是想歇口气再找的，菊花却对着董家池哭起来："是我害了阿开哥呀，要是没有我，他和小春会活得好好的，他都是为了我呀……我原来以为自己的命比阿妹好，想不到我的命比阿妹要苦三分啊……"

听到哭声，正在用竹竿帮着打捞小春的人，停止打捞来到菊花身边，以为小春的尸首捞上来了。

这时，从人堆背后挤进来一个男人，他手里牵着一个孩子，因为人多，他挤不进去，那个孩子却挣脱手从大人的大腿缝里像老鼠一样钻了进去，又一头扑进了菊花的怀里，叫了一声"姆妈"。

三嫂第一个跳起来："小春，你跑到哪里去了，把我们都吓死了。"

菊花紧紧抱着小春，一会儿哭，一会儿笑，小春却看着这些围在一起的大人，奇怪地问菊花："他们在看什么呀？"

把小春送回来的骆先生告诉菊花："小春一早跑到学校里去找宏志，因为宏志要上课，我又怕大家担心，先把他送回来了。"

阿水没有见过小春，他从菊花这么急地跟着三嫂跑出去寻找的情形，猜想一定是菊花和阿开生的，他越想越气，想问问宏志，宏志到学校去读书还没有回来，阿水的气实在没地方出，不顾自己头痛、咳嗽，把床上的棉被扔到了门外，把阿开买来的一些东西砸了个稀巴烂，他一边砸一边骂菊花是个"烂婊子"，一直砸到砸不动了，才坐在地上喘大气。

阿水刚喘过气来，听到门口响起了脚步声，以为菊花回来了，又歇斯底里吼叫起来："你死回来做什么？找你的姘头老公去吧！"随手拿起身边的那只蛐蛳茶壶扔了出去，只听"砰"的一声，却见儿子宏志莫名其妙地站在门口，用吃惊的眼光看着阿爸，看着地上被砸碎的东西。

"宏志，是……是你回来啦？"阿水想站起来，本来身体就很虚弱，刚才这一气一怒，使得他眼前一黑，又坐了下去。

"阿爸，你怎么啦？"宏志要来扶阿水，阿水却把儿子推到一边，说："你阿爸还死不了！"

宏志到底还是个孩子，他以为姆妈在烧饭呢，一边叫着"姆妈"，一边向灶头间走去，背后却传来了他阿爸的吼声："你没有姆妈，你姆妈死了！"

宏志回头看看阿爸，又看看地上被砸碎的东西，哭了起来："我要姆妈，我要姆妈……"

宏志想跑出去找姆妈，被阿水一把抓住，他上下打量了宏志一番，问："我问你，你是不是阿爸的儿子？"

宏志点点头。

"是阿爸的儿子，就要老老实实地告诉阿爸，那个不要脸的阿开，是怎么勾引你姆妈的？"

宏志已经是小学四年级的学生了，说他懂事吧，有些事却似懂非懂，说他不懂事吧，有些话说出来是让人哭笑不得，他听了阿爸的话，突然睁大了眼睛盯着阿水的脸，眼泪"哗"地挂了下来，大声说："阿爸，你怎么变得这样小气了？"

阿水被儿子的话问得噎住了，想不到儿子竟会说出这样的话来。他又想起了儿子小时候，只要他有意无意地用手去摸一下菊花的大腿，儿子就会把他的手推开去，说：“姆妈是我的，你不能碰。”当时，阿水还对儿子说：“你这么小气。”如今，儿子竟用这句话来说阿爸，可是，从自己回到董家村，亲耳听到的，亲眼看到的，还会有假吗？他用温柔的语气反问儿子：“我怎么小气了？”他却在心里说，“这可不光是你小时候阿爸用手摸你姆妈的大腿这么简单呀。”

宏志先走到西厢房，指着那堵新修的墙：“这是大阿爸出钞票帮我们修的。”他又告诉阿水，那一年冬天，墙塌了，他和姆妈躲在稻草堆里，雪一直盖满了他的脸，是姆妈从雪堆里把他挖出来，才没有被冻死。宏志又指着被阿水扔到外面的棉被，告诉他姆妈怕他躲壮丁冻出毛病来，拆了棉被给他做了一件棉裤，他们母子两个人互相抱着躲在稻草堆里牙齿也打抖……”

“这些棉被也是大阿爸买的。”宏志说。

宏志又把手指伸到阿水面前，告诉他，这是自己和野狗抢送夜头的馒头被狗咬的伤疤……

阿水再也听不下去了，他把宏志抱在怀里，竟然呜呜地哭了起来。

阿水这么一哭，宏志心里也难过起来，他流着眼泪说：“阿爸，我不说了，再也不说了……”

阿开昨天不吃早饭就出去做秧田，到如今水米没有进肚，腿肚子软软地拖不起来，头也晕晕乎乎的，眼睛里冒出了一阵阵的金星，可他咬着牙坚持着，阿水这一巴掌不仅打在他的脸上，更是打在了他的心上，他的心也被打碎了：“我阿开是武状元的子孙，从懂事起姆妈就叫我要堂堂正正做人，不能同董浩一样出大名，起码不要做对不起祖宗、让人看不起的事。”

阿开像押犯人似的押着胡长贵，生怕他逃掉。

“阿开哥，我早饭也没有吃，走不动了，歇一回再走吧。”胡长贵的话音刚落，从背后传来了阿开更凶的声音：“我已经四顿没有吃了！”胡长贵回头看一眼阿开，见阿开瞪着眼睛在盯着他，叹口气，只好继续往前走。

从大源山出来到陈家桥，需要经过董家村，阿开押着胡长贵刚走到董家池塘，见那里聚集着一大堆人，正在叽叽喳喳地说些什么。阿开叫胡长贵停下，自己刚挤进人群，小春突然跳到他面前，得意洋洋地告诉阿开：“我认得宏志阿哥读书的学校，今天一早就把他找到啦。”

“你到宏志读书的学校找宏志去了？”阿开刚抱起了小春，想对他说一句“小春真能干”！三嫂却拍着巴掌对阿开说：“你这个宝贝儿子呀，把大家的心都吓掉了！”

当阿开知道小伯、小姆妈还有三嫂和菊花为了寻找小春，早饭都还没有吃，心里又涌起了一股酸甜苦辣掺杂在一起的滋味，他对小春说：“怎么好一个人到学校去找宏志阿哥呢？”

小春却把头一歪，挺有理由地说：“他晚上不能陪我睏，我想他了呀。”

菊花心里一阵酸痛，看着小春正在想：“今后阿开哥的日子怎么过下去？”忽然看见了胡长贵，便冲了上去，扭住他又咬又打，边打边哭：“你为什么要骗我？我和阿水同你无冤无仇，为什么要说他死了？”

阿水在家里听了儿子一番哭诉，惊呆了，他正看着被自己砸掉的东西，菊花回来了，后面还跟着个胡长贵，他马上猜到胡长贵是来做什么的，再看看菊花的脸，想缓和一下紧张的气氛，劈头就问了一句：“长贵哥，你是不是把我也当成鬼，要在我大腿上掐一把呀？”

不知道胡长贵没有听清楚阿水的话，还是因为太激动，他冲到阿水身边，一把抱住了他：“阿水，你是怎么活着回来的？”

一听胡长贵问自己是怎么活着回来的？阿水的眼泪水像六月里的暴雨，哗哗哗地流出来，打湿了昨天晚上菊花刚给他换上的衣服（这是阿开的衣服，阿水不知道还是不计较），过去那些黑暗的日子，就像昨天刚发生的一样……

他被五花大绑押进乡公所，第二天天不亮，又被拉出来，像端午节串粽子一样几个人串在一起，上路了，天还在下雪，地上的雪堆得连路也认不清，可押解壮丁的乡丁和带兵的军官总嫌他们走得慢，对他们像牲口一样吆喝着，时不时用枪托砸他们的脚。

在一个地方休息的时候，阿水认识了胡长贵，原来是胡家沙的，阿爹早死了，家里有一个哑巴姆妈，还有一个阿姐早已出嫁，平时就靠给财主做长年、打短工养活姆妈。

“也好，反正在屋里也是饿一顿饱一顿地过日子，到队伍里饭总可以吃饱的。”胡长贵对当壮丁无所谓，因为他走了，反正阿姐会来照顾姆妈的。

阿水一直没有开过嘴，像一个“哑巴”，他怎么放得下儿子、老婆？老婆不久就要生了，谁照顾她呢？儿子、老婆今后的日子怎么过呢？

阿水的“四日两头”病在半路上又发作起来，全身冷得发抖，带兵的那个官说他是装的，用鞭子夹头夹脑抽打了他一顿，说叫他发发汗，毛病就会好的。阿水怕第二次挨打，勉强支撑着，跟着队伍一步一步地向前挪动。

阿水走着走着，突然像掉进了冰窖里，加上伤痛，头一晕，眼一黑，什么也不知道了……等他醒过来的时候，见自己睏在一张木板床上，虽然是下雪天，却很暖和，木板床上铺着厚厚的稻草，旁边还烧着一个火堆。

“你醒来了？”一个老大伯的声音在他身边响起来。阿水感到嘴巴里有一股酒味，身上也暖和了不少，想坐起来，可浑身筋骨酸痛。老大伯说：“你身体虚，还是再睏一会吧。”他还喂阿水喝水，后来又拿来一碗玉米糊，让他喝了。

阿水喝了玉米糊，身上暖和多了，力气也有了，老大伯帮他坐起来，靠在枕头上，告诉他是怎么把他弄回来的。

老大伯说，因为雪下得日子长了，牛在栏里被关得烦躁不安，用牛蹄子踢牛栏，好容易今天开了太阳，他就把牛牵到山溪里去走走，放放水，回来的时候，走过一株大香樟树，看到一个浑身泥浆带雪的人睏在树底下，他用手一摸，身上还有一点热气，鼻头里也还有进出的气，知道他还活着，就把他弄到牛背上驮了回来，又给他灌了几口米酒……

“这回总算醒过来了，”老大伯高兴地说，“看样子，你是被他们当壮丁抓来的？”

阿水点点头。

“这里是一条到严州去的官路，每个月都有一批壮丁走过这里，被押到司令部去。”老大伯叹口气说，“我儿子也被他们抓去当壮丁了，到如今死活都不知道，就留下我一个孤老头。”

老大伯昏黄的眼眶里，转动着泪水，这更引起了阿水的伤心，他记挂着菊花和宏志，刚能下地就要回家去。老大伯看阿水可怜，特地为他做了几个玉米饼，还再三交待：不要走大路，怕碰到押壮丁的军官，他们会把你当逃兵抓的。

阿水从小在家里务农做草纸、做田里生活，没有出过远门，连东南西北也分不清楚，刚走出老大爷家不远，还没转到小路，就碰到了一批押壮丁的队伍，那个当官的不管三七二十一就把阿水抓了起来，又像前次一样，五花大绑着，又用粗麻绳像粽子一样把他同其他壮丁串在一起，押走了……

“你啊，是苋菜籽落到针线眼里了。”当阿水把自己的遭遇告诉了刚同他一道被押解的壮丁，他们这样挖苦他。

阿水和他的同伴被汽车装到一个山坞里，说是新兵集训，每个人发了一套制服，一支枪，四颗手榴弹。原来说是训练三个月，可是还不到十天，半夜里听到紧急集合的哨子声，大家到操场上集合，连长告诉他们，说有一支兄弟部队被共匪军包围了，上司命令他们去营救。

阿水和同伴又在汽车上过了一天，已经能听到枪炮的声音了，连长要大家下了汽车，将他们带到另一个地方。

这里已经集合了不少部队，黑压压的一大片，阿水他们又被带到一个山头上。

这里原来有一支部队，壕沟里还有不少子弹箱子，听说部队已经调到前沿阵地上去了，那个军官要他们原地待命，先熟悉熟悉战场。

因为是晚上，虽然还有零零星星的枪炮声，子弹在天空飞过也看得见，像小时候夏天晚上阿水和姆妈坐在道地上，姆妈会指着天空突然划过的一道道亮光，说：流星！所以还不是那么叫人害怕。可是第二天一早，又是枪又是炮，声音比老百姓在年三十夜放炮仗还要密还要响，还要震耳朵，阿水和同伴们用手捂着耳朵，像煨灶猫一样蜷缩在壕沟里。那个军官看见大家被吓得这副样子，从腰里拔出手枪朝着天“啪啪啪”开了三枪，叫大家插上刺刀，子弹上膛，说敌人马上要冲上来了，准备好战斗……

“我的手抖得厉害，怎么也拉不开枪栓……”阿水看了大家一眼，脸上的肌肉一刹那抽搐起来，“我耳朵边突然‘轰’的一声，什么也不知道了。”

菊花见阿水说得吃力了，要他休息一下。阿水看看自己身边的那些熟悉的、不熟悉的听众，抹了一下脸上的泪水和嘴巴边的口水，菊花又及时递上一碗茶，他咕咚咕咚喝完了，接着又告诉大家，原来是他旁边的一个壮丁听错了也不知道是吓昏了，拉开了手榴弹的弦，却不知道向哪里扔，结果，他自己当场炸死了，阿水被炸掉了一只耳朵，鼻子也炸歪，脸烧得不像人样……

“是共产党的军队把我救到医院里，我还能活着回来。”阿水说到这里，又一次流起了眼泪，在场的人陪着他流眼泪。

胡长贵开心地说：“阿水，你大难不死，必有后福。”

阿水突然叫了一声：“师傅！”大家回转头，见阿开正站在门口，看样子，他想走了，因为他一手牵着小春。

阿水不知从哪里来的这一股力气，摇摇晃晃地站起来，几步冲到门口，一头扑进阿开怀里，大哭着说：“师傅啊，难为你了，原谅徒弟吧！”

胡长贵莫名其妙地看着这两个大男人。

三嫂拍着手，说：“这就对了。”

这时，从隔壁传来伤心的哭声，不用猜，肯定是菊花躲到房间里去哭了，她要哭个畅快，她受的委屈太多了。

菊花突然听到灶头间传来菜刀、锅铲的响声，她走进灶头间一看，三嫂又是烧火，又是炒菜，忙得额头上直冒汗。

“三嫂，你？”菊花呆在那里，眼泪又一次流了下来。

三嫂边炒菜边说：“我看太阳这么高了，有些人还没有吃早饭呢。”

菊花看着已经切好的黄芽菜，打好在碗里的鸡蛋，说：“我将来会还你的。”

“嘿，你这个人呀，难道还不知道我三嫂的脾气！”她见菊花过来接手，连忙在围身布上揩干了手，说，“我是得回去了，关林读书要回来吃饭了。”就把两只带子奶夹着衣服往上托了一下，风风火火地刚走出门，突然又跑回来对菊花说，“两家人在一起，好好吃一顿团圆饭。”

在饭桌上，小春看着阿水，问菊花：“姆妈，他是谁呀？”

不等菊花回答，宏志抢着说：“他是我阿爸。”

小春看着阿开，问宏志：“你不是有一个阿爸了吗？”

阿开连忙告诉小春：“我是宏志阿哥的大阿爸，你不是听到他叫我大阿爸了吗？！”

“那我也叫你大阿爸。”小春一本正经地看着阿开，阿开、阿水和菊花都笑了。

菊花用筷子指着阿开，告诉小春：“他是你阿爸……”回头又指着阿水，“他是你小阿爸。”

“那……我就没有大阿爸了？”

“因为你比我小。”宏志说。

小春的两只眼睛转动着，先看看菊花，菊花向他点点头；再看看阿开，阿开也在向他点头。小春对着阿水叫了一声：“小阿爸！”

阿水很激动，他没有什么好表示，看到菜碗里还有一块煎鸡蛋，用筷子夹到小春的饭碗里。

宏志马上叫起来：“他已经吃过一块了，那一块是我的！”然后从小春的饭碗里把那块鸡蛋抢到自己碗里。这一下小春不肯了，他想去把鸡蛋抢回来，结果，兄弟俩吵起架来，最后还是菊花说了好话，说宏志是当阿哥的，阿哥的气量就要大一点。宏志很不情愿地说：“当阿哥就要吃亏的吗？以后我再不要当阿哥了。”可他还是把碗里那块鸡蛋又还给了小春。小春却把宏志刚刚夹过来的鸡蛋重新又夹回到宏志的碗里，说：“阿哥吃，姆妈说，你吃了，会读书。”

菊花、阿开、阿水都很感动，是阿水先提出来的，说小春和宏志睏同一张床上已经习惯了，是不是让小春留在这里，白天由菊花照顾，晚上同宏志一起睏。

当时阿开没吱声，等饭一吃好，还是把睏着了的小春抱走了。

菊花看着阿开渐渐离去的背影，悄悄地抹了一次眼泪，到灶头间洗碗去了。

阿开回到状元府第的屋里，一推门，几只鸡从桌子上飞跳起来，“砰”的一声，那把用了多年的蛐蛳茶壶滚到地上跌破了，茶水流了一地，再一看地上、桌子上，到处是鸡屎，连脚也踏不进去。

小春被吵醒了，阿开忙又把他哄睏了，因为他也一天一夜没有好好睏觉了。

“阿开，你们家的羊啊猪啊快叫死了，该给它们喂食了。”小姆妈轻轻地走进来，提醒了阿开一句，马上又回去了。

阿开看着空荡荡的屋里，突然感到一阵凉气向他袭来，他怕冻着了小春，抱着小春，连衣服也没有脱，倒在了床上。

是小春的哭闹声吵醒了阿开，阿开糊里糊涂地不知道自己怎么会和衣服睏在床上的。当他的头脑清醒过来，看看天气，外面已经暗下来，连忙给小春烧夜饭，吃好，想让小春脱衣服睏觉，小春却吵着要同宏志阿哥睏，阿开怎么哄也哄不好，阿开正急得没有办法，门“吱”的一声响，抬起头，看见宏志背着书包站在他的面前。阿开吃惊地问宏志：“是你一个人来的？”阿开知道宏志是最怕坟头，特别是夜里，从陈家桥到董家村，要经过好几个坟头。

“姆妈送我来的。”宏志一边卸书包，一边同小春玩起来。

阿开赶出门来，只见状元府第的石头台阶上，晒满了青白色的月光，春天的雾，像白色的纱布，又像富春江里的潮水，慢慢地铺摆开来，漫延开来，台阶两边树叶上的露水，滴到了石头上，发出了“嗒嗒”的声音，像长沙庙里老和尚在敲木鱼，重一声，轻一声，有一声，没一声，一个长长的影子，在慢慢地远去，远去……

阿开又想起了去年他刚回到董家村，在自己家的草屋门口碰到菊花的情景，又想到菊花怕走夜路，更怕夜里走有坟头的小路，他快步跑下台阶，却在空旷的道地里站住了，站了好久好久，叹了一口气，才重新回到自己的屋里。

这一天晚上，菊花服侍阿水睏到床上，自己坐在老公身边，问：“胡长贵刚刚进门的时候，你叫他先在你大腿上掐一下，不要把你当成鬼，是什么意思？”

阿水内疚地看着菊花的脸，深深地叹了一口气，说：“是我太相信别人的挑唆了。”

“是不是隔壁那个赌博鬼？”

阿水点点头，又叹了一口气，犹犹豫豫地抱着菊花，像吃奶的孩子依偎着姆妈一样。

10

还真给菊花说对了："别看小春眼前像小姑娘一样服服帖帖地粘在你身边，照我看，小春不用长到宏志这样年纪，淘气得狗都会讨厌他。"

阿开种在三角田里的水稻开始灌浆拔节，不久就会抽出稻头来，阿开心里充满着丰收的希望，谁也没有想到不知从哪里来了一批稻包虫，这批虫不吃稻叶，也不钻稻芯，只把稻叶子几张一丛几张一丛地包起来，它们自己就舒舒服服躲在里面做茧化蛹，稻叶子被包起来，晒不到阳光，稻头还抽得出来吗？这一年辛苦不是白花了吗？阿开心里那个急呀，幸亏他会想办法，用毛竹片做了一个像梳子一样的工具，把稻包虫的窝一只一只地挑开，让它们结不成茧化不成蛹，稻叶可以晒到阳光，稻头就可以顺利地抽出来了。

阿开起了一个早，顺着稻垅，一边挑一边走，一切都很顺利，从稻田旁边走过的人都称赞阿开的办法想得好。到底是种田的好手。

听到称赞声，阿开好像又长出了力气，他"嗖——嗖——嗖——"地挑得更起劲了。

稻叶子里的稻包虫，样子像二眠的蚕一样，不过是青白色的，阿开每挑开一个包，就有一只青白色的虫子露出来，有的落到稻田的水里，被溺死了，有的被甩到了田埂上，这一下可热闹了，飞来了好多鸟：八哥、乌春、白头公公，它们一群一群地飞上飞下地吃着虫子，开心地鸣叫着，像在过节一样。

阿开自己也好像变成了鸟司令，手脚更利索，还唱起了山歌：六月里种田火一样热，田里草多虫多不敢歇，汗水当茶口干渴，只盼着金黄的稻谷进仓门，哎呀嗨！

阿开挑着唱着、唱着挑着，突然间，从头上落下了一块又一块湿答答的东西，有的掉在了头上，有的掉在了身上和衣服上，阿开用手一摸：烂踏踏的，放到鼻子底下闻了一闻，一股鸡屎臭，真恶心。

"哪里来的鸡屎？"阿开抬头一看，呆了：七八只乌春正轮番往他的头顶上飞，它们一飞到阿开的头顶上就拉下一泡屎，然后飞走，接着又是第二只、第三只……

阿开不得不停止了手里的生活，躲到了附近一个管瓜人的草棚里，又想起了淘气的儿子小春……

那是前几天的事了，宏志因为要考试，阿开不要他晚上再来陪小春睏，由他自己陪着小春睏，白天又叫小伯、小姆妈管一下。三嫂因为上次管了一下差一点出事，她再也不肯管了，对阿开说："你要三嫂做更重更苦的事我都肯，帮助管你这个宝贝儿子，我吃不消。"菊花不但养蚕忙，还要照顾阿水吃药，阿开不忍心再去托她。

当时，小伯心里特别高兴，因为县里来了一个人到他家里来看他，听小姆妈说，那个人是共产党里的大官，是来富春县当书记的，他还带来了开全的口信，说他很好，也很忙，等空了的时候会回家来看他们。听说小春没有人管了，就叫阿开把他领到他们屋里去，还教小春读诗、描红写字和背《三字经》。小春记性好，教过几遍，就能背出来，晚上回来还背给阿开听。阿开又想起了炳福瞎子给自己算过的命：有一个文曲星下凡的儿子！可他不是我生的，也算吗？

阿开抱着小春，想起了信福，又想起了小春的姆妈……

这样的日子没过几天，小姆妈突然来找阿开，说："小伯每天吃过中饭都要睡一两个钟头的，自从小春来了以后，他不能再睏了，这样下去会把身体弄坏的。"

阿开只好把小春带在身边。

有一天，阿开在田里拔草，把小春放在田边让他玩，好在这里只有几条小水沟，水沟里有许多小鱼，就让他在水沟里抓小鱼玩吧。让阿开想不到的是刚做了一半生活，忽然听到田头树上的几只乌春叫得厉害，阿开抬头一看，小春正爬在一株苦楝树上，他大概是看到了树上的鸟窝，想去捣鸟蛋吧。大家都知道乌春是一种很凶的鸟，而且很有团结心，五六只乌春正轮番向树上的小春发起攻击：在他头上拉屎，用嘴啄他的眼睛、耳朵。小春一只手抱着树枝，用一只手来抵挡乌春们的攻击，还真一拳头打着了一只乌春的翅膀，乌春怪叫一声，飞了开去。阿开的魂也吓丢了：万一失手从树上掉下来……他不敢大声喊，怕小春一失手从树上摔下来，悄悄地爬到小春身边，找了个树叉子坐稳，一手抱住了小春，用另一只手帮小春把乌春赶走，然后才把儿子从树上接到地上。小春看到阿开脸上头上也有几堆白色的鸟屎，一到地上就拍着手开心地笑着说："阿爸变成大花脸了！"

"乌春还记得几天前的仇呢。"阿开躲在瓜棚里，等乌春飞远了，到河里去洗了一个澡，才回家来。今天他是把儿子关在状元府第不让他出来，小春也保证不出大门一步，谁想到阿开一推开大门，一只麻雀从他头顶上飞了出去，脚上还拖着一根长长的麻线，同一时间，小春也大哭大叫起来："你把我的麻雀放走了，我要你赔！要你赔！"

阿开再一看，又有一只麻雀在屋子里飞来飞去，它的脚上也系着根长长的麻线，另一头却牵在小春的手里。

小春身边放着一个网戽，是绑在一根长竹竿上的，阿开拿起网戽，气得头毛痱子也扎出来：这不是他刚从街上买来的那副新渔网吗？怎么被剪成这样了？！

董家村地处富春江边，是个典型的水网地带，一到春耕大忙，池塘里的水浅了，不管男女老少手里都拿着各种各样的渔网去捕鱼，阿开本来有一副渔网，留在阿水家里，又不好意思要回来，就在一次上街的时候顺便买了一副回来，想不到还没有捕过一次鱼，却被儿子剪来捕麻雀了。

阿开还来不及向儿子发火，小春牵着那只麻雀拿着地上的那个网戽告诉他："阿爸，我们家的老墙洞里麻雀可多了，我悄悄地走到下面，用网戽把麻雀洞罩住，只要在墙壁上敲几下，哈哈，麻雀就飞进了我的网戽里……"

"是谁教你的？"

小春振振有词地回答阿开："宏志阿哥。"

"谁叫你把我新买的渔网剪破的？"

小春觉得阿开的问话太笨了，他看了阿开一眼，拿起原来那张渔网的大架子，反问阿开："这么大的网，我拿得动吗？"

阿开倒真的给儿子问住了，他摇摇头，苦笑了一下，摸摸小春柔软的头发，问他："肚皮饿不饿？"不等儿子回答，又接着说，"阿爸马上给你烧饭吃。"

阿开为了防止小春再想出什么花样来弄坏其他东西，答应小春给他抓两只小八哥，正巧三角田的田头有一株苦楝树，苦楝树上有一个洞，阿开在田里做生活的时侯，看到有两只八哥从树洞里钻进又飞出，猜想里面有小八哥，他爬上树去一摸，果然有两只小八哥，眼睛还没有睁开，嘴巴也是黄黄的。阿开用竹枝给小八哥做了个鸟笼，每天大清早带着儿子去草地里捉蚱蜢，还教儿子怎样喂。

不久，小八哥睁开了眼睛，慢慢学会了飞，也同小春建立了友情，只要小春在屋里一出现，小八哥就竞相往他身上飞，或停在他的头上，或停在他的肩膀上。

阿开说等它们长大了，还要教它们说话。

这一天早晨，阿开没有田里生活，一塘草纸也刚刚做完，他同小春领着八哥在菜园里捉蚱蜢。

"阿爸，我捉到一只了。"小春高兴地叫起来，两只八哥像听到命令似的一齐飞到小春身上来，一只停在他的头上，一只停在他的肩膀上，对小春"咽咯咯，咽咯咯"地叫着；正当小春想不好蚱蜢该给哪只八哥吃的时候，阿开也拿了蚱蜢走过来，父子俩同时给两只八哥喂了蚱蜢，八哥满意地叫着，飞到其他地方去玩了。

就在阿开回转身来的时候，看到了路上站着一个人，他呆了一下，突然叫起来："是杜郎中……哦哦，杜医生啊。"

杜医生也几步走进了菜园地，说："真是一幅美丽的父子欢乐图啊，让我羡慕死了！"他想去拉小春的手，小春却躲到了阿开的背后，奇怪地看着这个陌生人。

“他就是给你医好毛病的杜医生呀，”阿开把小春从身后拉出来，向杜医生解释说，“小孩子记性不好，有点陌生了。”

“孩子还小，不懂事……”杜医生从口袋里拿出手巾，擦起了眼泪，嘴里却说，“早晨的风真大。”

阿开有些奇怪地看着杜医生：“刚才没有风啊，他怎么说有风啊？”

杜医生告诉阿开，他已经从省医院调到富春县来了，在城西医院里工作，本来早就想来看他们的，一是因为医院刚开业，二是病人多，特别是烂脚的病人。

“你还会医烂脚的毛病？”阿开问。

杜医生点点头，谦虚地说：“至少能减轻病人的一些痛苦。”

像在回应杜医生似的，从阿开家的隔壁，传来了痛苦的叫声：“唉唷……唉唷……”声音很凄惨。

阿开告诉杜医生：“这是我的一个堂伯，烂脚已经好些年头了，他的叫喊声谁听了心里都难过，可恶的日本鬼子。”

杜医生听了也是一脸的愤怒，最后竟嘀咕了一句，却让阿开吃了一惊，因为这句听不懂的嘀咕，有点耳熟，像在什么地方听到过。

杜医生见阿开一副怪异的样子看着自己，不好意思地向阿开点点头，马上又补了一句：“真是太可恶了。”

当然，这句话阿开是听懂了，他却用更异样的眼光打量着杜医生，因为他刚才做的那个动作，又有点眼熟。

杜医生也感到阿开对自己特别注意，正在尴尬的时候，从菜园门外有人叫进来：“杜医生……杜医生……”阿开一看原来是住在杨河边上的成标，也姓董。

“杜医生，我到城西医院去找过你了，医院里人说你到我们村里来了，所以我又回来找你。”阿开见儿子领着八哥回屋里去了，也陪着杜医生往家里走。在路上，成标奇怪地问阿开：“阿开哥，你是怎么认识杜医生的？”

“我给小春做过手术。”杜医生不等阿开回答，抢着告诉成标。

成标高兴地说：“早知道这样，我也不用去县城白跑一趟了。”

“他老婆也是烂脚。”阿开告诉杜医生。

当年，董家村曾经有“村中美女有菊香，村西美女有桂香”的说法，其实，两份人家的房屋也只隔了一个竹园和两个菜园，不同的是菊香是土生土长的养媳妇，桂香是从富春山一个小山坞里嫁到董家村来的。据说成标家原来也是一份大户人家，后来成标阿爸学会了抽乌烟，把家产败了不少，桂香嫁过来的时候，还有不少田地，经过桂香的料理，本来一份败落的人家又开始兴旺起来，到他们家走动的人又多了起来，特别是本村的男人，喜欢找个借口到成标家去坐坐，谈谈天；桂香也很客气，不管男人女人，凡到家里来的，都泡上一碗茶，由成标陪着谈天，她顾自己做事情。自从日本鬼子向董家村打了大炮之后，她去弹坑附近的水池里洗了一次脚，第二天脚就开始红肿、溃烂，连楼也下不了，整天痛苦地喊叫，叫得成标没有办法，把阿爸留下的田地卖给了张大海，原来一个漂亮的女人，成了坐在楼上的怨妇。

“村里人都在说杜医生本事好，我几次动员桂香去城里看看，她不肯，说这种钞票是白花的。”成标痛苦地说。

“你是想……”阿开的问话刚开了个头，杜医生把带来的几包糕点之类的东西交到阿开手里，对成标说：“先到你家去看看？”

“真的？”成标有些受宠若惊，他看看阿开，又看看杜医生。

杜医生背起药箱刚走了几步，小春也吵着要跟去，阿开看看杜医生，杜医生摇摇头：“这种地方小孩子还是少去的好。”想不到小春竟对着杜医生大叫了一声：“坏蛋！”阿开和杜医生都吃了一惊，阿开对小春说：“杜医生医好了你的毛病，他是最好的好人。”

俗话说童言无忌，小孩子不懂事，想不到杜医生听了小春那一声“坏蛋”，全身震了一下，一脸的痛苦与悲伤，低垂着头，轻声地对阿开说：“既然他要去，就让他去看看吧。”

成标虽然有些为难，看了一眼杜医生，也只好答应了。

成标的家房子很大，从台门进去，要穿过三个天井，过了最后一个天井，成标推开门，只见苍蝇乱飞，好像来到了毛坑旁边，小春在阿开背上叫起来：“臭死了，臭死了！”还用手捂住了鼻子。

杜医生笑着看了小春一眼，说：“杜叔叔叫你不要来，你却要来。”

小春调皮地向他吐了一下舌头，做了个鬼脸，杜医生竟是那样的开心，他亲热地摸了一下小春的脸蛋，说：“快回家去，那几包糕饼是杜叔叔买给你吃的。”

菊花听说杜医生来了，同阿水打了一声招呼，赶来看杜医生，她手里还提着一条儿子昨天抓来的鲶活狼，还在自己家菜园里割了青菜、韭菜，拔了萝卜，在路过三嫂家的时候，还到三嫂家去借了几个鸡蛋，在阿开家烧了满一桌子菜，等着杜医生回来吃中饭。

可是等啊等啊，太阳快偏西了，杜医生还没有回来，菊花看着杜医生给小春买的大包小包糕饼，问阿开："你同杜医生有没有说好，叫他回来吃饭？"

阿开说："成标的事情是临时冒出来的，我以为他到成标家里去看一看，马上会回来的。"

"那你去成标家看看呀，说不定成标留他吃饭了？"

阿开去了不到一袋烟的工夫就回来了，说："成标家的大门关着，问了邻居隔壁，说成标陪着他老婆到县城里看烂脚去了，县城里还有个郎中来接她的。"

菊花看着已经冷了的一桌子菜，又失望又感动，对阿开说："天下哪有这么好的医生，你总得去谢谢他呀。"

"我们还欠他一笔钞票呢，我是一直挂在心上的，"阿开说，"以前，他在省城里难找，现在晓得他在县城里了，我抽空会去谢他的。"想了想，又说，"我还想叫杜医生来给堂伯看看他的老烂脚，他的脚已经烂得只剩一根骨头了。"

"顺便也把小春住医院的钞票还给他？"菊花见阿开在点头，又补了一句，"你无论如何要带小春去。"

"还要带小春去？"阿开用奇怪的眼神看着菊花。

菊花又添了一句："他救了你儿子，还为你垫付了这么多钞票。"

阿开连忙解释："我是怕小春对杜医生没有礼貌。"他把小春刚才骂杜医生"坏蛋"的事对菊花说了一遍，菊花也很生气，把正在道地里玩的小春拉回来，问他："你下一回敢不敢再骂杜医生'坏蛋'了？"

想不到小春生气地看着菊花，突然对着她大声说："你不陪阿爸睏，去陪宏志阿哥的阿爸睏，也是'坏蛋'。"说完，他逃得远远的，还回过头对菊花吐了一下舌头。

阿开看着菊花，菊花也看着阿开，两个人都摇摇头，苦笑着。

阿开准备了好一些日子才去城里看杜医生的：一只鸡、一竹篮冬笋、栗子、芋艿……少说也有十几斤，想到路比较远，怕小春走不动，阿开先把鸡装进竹篮里，用一只手提着，把小春背在背上，另一只手托着小春的屁股。走着走着，阿开觉得有些吃不消了，对小春说："阿爸背不动你了，自己走一会吧。"他把小春从背上放下来，活动了一下有些发酸的手臂，提着鸡、拎着竹篮往前走，满以为小春会跟上来的，可走了几步，没有听到儿子的脚步声，回过头，见小春正顾自己往刚来的路上往回走。

"好好好，阿爸背你。"阿开哭笑不得地又把鸡放进竹篮，背着小春一步步往前走，手酸了，背上的汗把衣服打湿，粘在背上。他又一次对儿子说："阿爸实在背不动你了，你自己走一段路吧！"又把小春放在地上，小春在原地站着不动，两只大眼睛骨碌碌地盯着阿开，不说自己走，也不说不走，等阿开向前开步走，他又回转身往回走。

“唉，我的小祖宗喂，我算服了你了。”阿开又背起儿子，一步一步地往渡船埠头走，他手里提着的竹篮，像个大尾巴似的在他的屁股后头摇摆着。

小春是第二次进城，第一次阿开把他背回来，还睡在大布口袋里，当时，街上的店门大部分都关着，却有不少讨饭的人，还有垃圾遍地，污水横流，臭气熏天，喂小春剩下的半块烤番薯也被小叫化子抢去吃了。如今，虽然还有一两个讨饭的人，可他们一见到穿灰制服、手臂上挂着红布条的人，就悄悄地躲了开去。店门都开了，“叮叮当当”响的打铁店，大声吆喝买主的小吃店，还有剃头店、蜡烛店、竹器木器店，路边又有卖盐炒豆、油沸豆腐干、卖花线的小摊。阿开刚才在路上又提东西又背人，这一回总算轻松了，因为小春一上岸就从阿开背上滑下来，连手也不要他牵，一个人往人堆里钻。阿开一个疏忽，小春不见了，他又是叫又是追，来到打铁店门口，小春正想进去看人家打铁呢，幸亏被打铁师傅看见，一颗火星飞过来，被师傅一挡，才没有飞到小春的脸上。

“你要死啊！”师傅发火了，他一边抹着衣服上被火星烧出来的洞，一边对小春吼叫，看到阿开进去拉小春，师傅又很凶地对阿开吼叫，“你是吃屎的，怎么好让这么小的孩子钻进打铁店里来?！”

小春也吓坏了，他回到阿爸身边，再也不敢乱跑乱窜了。

走过大街，又上了桥，这是富春江有名的一座石拱桥，叫恩波桥，杜医生告诉阿开，过了大桥，就可以到医院了。

大桥上人来人往，除了一些摆小摊的，特别显眼的是混在当中的几个光着背脊的男人，有的坐在桥栏上，有的在人堆里晃来晃去。阿开从小就听大人说过，恩波桥上这种人千万碰不得，也不好走到他们身边去，弄不好你刚走到他身边，他会突然一个翻身跌到富春江里去，其余的人又会呼啦一下把你包围起来，硬说是你把他推下去的，你就是有一千张嘴巴也说不清楚了，识相一点，当场赔出一些钞票马上走人，不然，祸水闯大了，说那个落水的人已经被水溺死了，或者说被潮头冲走了，于是男的吵，女的哭，你倾家荡产也赔不够。其实那个落水的人老早从另一个地方上岸了，因为这些人水性好，同梁山上好汉张横、张顺一样，不但会在水里钻来钻去，还会骑着潮头一直到富春江的七里垅。

阿开背着小春小心翼翼地在桥中间走着，还是有人向他身边靠过来。

“老哥，鸡卖不卖？”

“这些栗子这么大？个个都油光铮亮的。”

阿开装聋子，只顾自己走路。

“阿爸，我要吃油沸豆腐干。”小春突然说。

“阿爸过了桥再给你买。”

“不，我要吃！”小春撒娇哭起来。

桥栏两边有人围过来，有的还用话刺激他：“这个不肉痛儿子的老倌，儿子要吃块豆腐干也不肯买。”

“小气鬼！”

小春哭得更厉害了，而且用两只小拳头捶打阿开。

又有几个光背脊的人趁机起哄，正当阿开手足无措的时候，那些人一下子不见了，阿开回头见有两个身穿灰制服、手臂上挂着红布条的人从桥上走过，阿开趁机一把挟起小春，走到桥墩下，才把小春放下来，给他买了一块油沸豆腐干。小春不哭了，把臭豆腐干拿在手里，看着满头大汗的阿爸，把豆腐干送到阿爸嘴边，说：“阿爸先咬一口。”

阿开对小春笑了一下，说：“阿爸不吃，小春吃。”他坐在桥墩下的石板上，看着小春吃豆腐干，脸上充满了幸福和满足。

杜医生的医院原来是一个木材行改建的，开医院的头笔钞票也是木材行老板拿出来的。听杜医生说，医院里生意很好，特别是点名要杜医生看病的病人，排队排到了大门外，可阿开来到医院门口，看病的人并不多，当阿开去一个窗口问杜医生在哪个房间里看病？那个人先用奇怪的眼神看了他几眼，接着又站起来，把头从窗洞里伸出来，看着阿开手里提的竹篮和鸡，又看看站在他身边的小春，然后又把头缩回去，坐在凳子上，摇摇头，说：“不知道。”

阿开急了，“你怎么会不知道呢？杜医生说只要在这个窗口问一声，你们会告诉我的。”

“不知道就是不知道！”那个人马上凶起来，还要阿开走到旁边去，别挡住了别人挂号子，然后又把头伸出窗外，向排在后面的人说，“来，下一个！”

阿开无可奈何地走到一边，又在过道里看了一遍，还到一个一个的小房间门口去看了一遍。他看到每个房间里都坐着一个穿白布衫的医生，有的在给病人看病，有的只有一个穿白布衫的医生呆呆地坐在那儿，好像在打瞌睡，见阿开把头伸进去，又不像是来看病的，问他：“找谁？”

“找杜医生？”阿开说。

“这里没有杜医生。”那个医生冷冷地回答了一声，又呆呆地坐在那儿，眼睛看着桌子上。

有一个医生倒是看了阿开一眼，回话说：“你到院长室去找找。”

“院长室在哪里？”阿开追问了一句。

那个医生不愿意再回答了，用手向后面指了一下。

阿开来到最后一间房子门口，门半开着，有一股烟味从里面飘出来，阿开领着小春走了进去。

那个人正闷着头在抽香烟，忽然看见了阿开，吃了一惊，声音很响地问：“你找谁？”

“我……找杜医生。”

“你是……”那个人穿着一般老百姓平常穿的衣服，但比种田老百姓要光鲜得多，年纪大概比阿开大一点，因为嘴巴上有胡子。他上下打量阿开一回，又看看小春，问阿开：“杜医生是你什么人？”说着把香烟灭了。

“我和儿子想来看看杜医生。”

“他是你什么人？”那个人又重复问了一句。

“我儿子在他这里看过毛病，是他帮我儿子开的刀，又为我们……”那个人不愿再听阿开啰嗦下去，打断了他的话，问：“在什么地方给你儿子开的刀？”

“在杨医生那里。”

“城东医院？”那个人皱了一下眉头，“那你到城东医院去找他吧。”

“杜医生前几天还来过我家里，告诉我他在你们这个医院。”

那个人不耐烦了，放大声音说：“我再告诉你一次，我们医院没有姓杜的医生！”他站起来，把阿开推到门外，“砰”的一声关上了门。

阿开看看被关上的那扇门，在心里问自己：“杜医生明明告诉我他在城西医院的，前几天成标的老婆不是也送到这里来的吗？”

阿开一连吃了几个“喷头”，他不敢再去问其他人，他后悔自己出村之前，没到成标家去问问，他老婆到底住在哪个医院里？

阿开太阳落山才回到家，一进门，小伯和三嫂前后脚来看阿开，而且都是一脸担心地问阿开，是不是在县城里犯了什么违法的事？问得阿开莫名其妙：“我领着小春去看杜医生，能犯什么违法的事？”

三嫂轻轻拍着自己的胸脯说：“不犯违法的事就好。”

阿开问三嫂：“到底出什么事了？”

小伯说：“你和小春走了大约几筒旱烟的工夫，有两个穿制服的人就来找你，说是富春县公安局的，有一些事想问问你。”

“公安局的人来问我？”阿开一头的雾水。

在人们的眼中，同公安局搭界总没有好事情，不是强盗就是贼，而且公安局的人都是一批不会笑的人，好像每个人都在前世欠了他的债没有还，所以不管什么人，见了公安局的人，好躲则躲，好避则避。

“你老实说，到底犯过什么违法的事？”小伯仍然不依不饶，他的眉头皱得紧紧的，两只眼睛死死盯在小春身上。

阿开见小伯这样盯着小春，他的心也“怦怦”地跳起来，不过他还是让自己镇静下来，并且对天发誓：“我一年三百六十天在董家村种田，能犯什么事？”

三嫂也觉得阿开是不会犯什么事的，他看看阿开拎回来的竹篮里，一点东西都没有少，只是那只鸡因为缚了大半天，头耷拉下来，眼睛也一会儿闭，一会儿开，像在打瞌睡。问阿开：“你去找杜医生没有找着？”

阿开把进城找杜医生的事向小伯和三嫂说了一遍，两个人都觉得奇怪，叫阿开去问问成标。一会儿阿开回来说，邻居告诉他成标陪老婆仍旧住在城西医院里，中途回来过一次，想来借钞票的，借不到，想把老婆弄回来，是杜医生给他们担的保，说让他们住了再说，以后就再也没有回来过。

“杜医生会到哪里去呢？”三个人同时这样问。

“我这个人做事情就这么毛里毛糙，当时去找找成标就好了。”阿开很后悔，“等生活空一些，再去问问杨医生。”

11

阿开和小春正在吃饭，只见小伯领着一个人进来。小春人小眼睛尖，他放下饭碗跳下凳子迎了上去，又跳又叫：“粪桶叔叔来啦！”

小伯吃了一惊，回过头去，只见小春已经扑到了跟在他后面的于政委怀里。

阿开一看于政委来了（他就是那天在董家祠堂讲话的那个人），也放下饭碗站起来，并且揣了凳子请他们坐。

小伯看着小春同于政委那副亲热样，却又叫他“粪桶叔叔”，问阿开：“你们认识？”

阿开点点头。

“你儿子怎么叫他这样一个难听的名字？”

听小伯这么一问，阿开和于政委都哈哈大笑起来。

阿开讲起了那天于政委在台上讲完话，突然来到阿开的家里，问阿开：“你们家是贫农？”

阿开虽然被日本鬼子抓去当劳工到过北方，毕竟时间那么短，他把于政委的话听岔了，摇摇头："屋里没有粪桶。"还领着于政委来到大门外，指着那只毛坑说，"要拉屎拉尿到这里。"

小伯一听就明白了，哈哈大笑起来，阿开和于政委跟着笑起来。

小春却一本正经地指着于政委说："是他让我这么叫他的。"

于政委走后，小伯告诉阿开，于政委的名字叫于太白，原来是开全的一个老部下，在部队里担任团政委，老家在山东，由于国民党的军队节节败退，解放军势如破竹地一路南下，许多地方需要派人去接收、去领导，于太白被派到富春县来。他还告诉阿开，为了把当地一些恶霸地主勾结土匪掀起来的歪风邪气打下去，准备召开一个批斗大会，因为这是全县土地改革的试点，又是第一次开这样的大会，于政委要亲自督阵参加。

批斗大会本来定在董家祠堂里召开，考虑到近来土匪活动猖狂，决定改在状元府第里面，这里四周是两层楼高的围墙，只有一个台门进出，大台门外面包着铜皮，听说以前强盗几次来抢劫，用檀树大炮轰了好几次也没有轰开过。

董家村的老百姓还是第一次参加这种会议，大家像过年看戏文一样，拖男带女，扶老携幼，说说笑笑地进了状元府第。董家村人虽然都姓董，可有不少人还是第一次进状元府第，他们东看看西望望，像《红楼梦》里的刘姥姥进了大观园。至于住在陈家桥、张家畈的人，更少有机会进这幢大房子了，他们这里走走，那里看看，他们不像是来参加一个大会，而是在参观一个展览会。

县里来参加会议的于太白和通信员小王，在状元府第大门没开之前就来了，他们先由小伯陪着喝茶，阿开带着小春也来作陪，阿水和菊花因为是苦主，由工作组领到另一个地方去和其他准备上台控诉何仲春罪行的苦主集中，他们把儿子宏志留在小伯家和小春一起玩。宏志已是一个半大孩子了，小春虽然也长高了一些，还是那么又瘦又黑。阿开交待他们说："今天人多，千万别乱跑。"宏志回答说："这屋里我们老熟悉啦。"拉起小春去玩了。

马上要开会了，工作组组长老赵站在临时搭起来的台子上，要临时调来做保卫工作的区中队员们把来参加大会的人往台子方向集中的时候，突然听到很响的枪声，好像房子坍了一样，把好多人吓得跌倒在地，紧接着，枪声、哭声、叫声响成一片，人们拼命向外面逃，人挤人，人踏人，惨不忍睹，在一片混乱中，还能听到有人在喊："抓住共党头子于太白！"

在混乱中，阿开在寻找小春和宏志，他几次被人挤倒，爬起来又向人群里边叫边找。

阿水和菊花也在寻找宏志和小春，菊花的鞋子被人踩掉，阿水一边咳嗽一边跟着老婆呼叫儿子。

区中队的一部分队员去追击土匪，小王因为受了伤，也被救出去了，却不见了于政委。

“这帮土匪是冲着于政委来的，快找！”区中队长大声命令。

他们找到关押何仲春的小屋里，只有何仲春和几个押解人员，没有于政委。何仲春听说于政委不见了，他阴笑着说：“你们马上放掉我，我保证把你们的政委放出来。”

那么说，于政委真的被土匪劫走了？区中队长一下子感到事情严重，但他不相信于政委会被土匪劫走的，因为他一直守在大门口，没有看到于政委被押出去。

听说于政委不见了，小伯也十分担心，他拄着拐杖来到状元府第大厅，就在这时，小伯突然看到旁边的墙好像在动，他高兴地叫起来：“找到了！”

中队长在小伯指点下，移开那块活动墙，从一个小弄里走出三个人来：领头的是宏志，于政委拉着小春的手。

小伯问宏志和小春：“是谁告诉你们这里有暗道机关的？”

小春首先把头一歪，看着小老伯说：“是你。”

“我？”

“是你在讲董状元故事的时候告诉我们的。”宏志补充说。

中队长笑了，阿开和阿水两夫妻也笑了。

小春还骄傲地说：“上次我和宏志阿哥躲猫猫，就是躲在这里的。”

小伯告诉于政委，这是他们的武状元为了防强盗特别设计的地下室，想不到今天派上了用场。

于政委感动地抚摸着宏志和小春的头说：“幸亏这两位小同志机灵，才救了我，我要谢谢他们呀！”

他又看看阿开和阿水两夫妻，深情地说：“你们培养了两个好孩子，也谢谢你们啦。”

刚解放，在当地打游击的、从事地下工作的、南下的、各路人马加起来，还不能满足县、区、乡各级政府的需要。上级指示，凡是国民党留下来的旧职人员，表现好又愿意留下来的，基本上都让他们坚守原位，继续工作；在县、区、乡中队的人员当中，除随大军下来的子弟兵为骨干，同时也吸收了一些旧警察和保安队员。天平乡那次斗争地主恶霸何仲春大会之所以失败，就是区中队队员中隐藏了几个许丰的亲信，他们里应外合，内外夹攻，他们的目标是枪杀于太白，抢劫何仲春，幸亏区中队的战士勇敢抵抗，虽然于政委身边的通信员小王受了伤，宏志和小春却机智地把于政委领进了地道，让于政委安全脱险。

几天之后，刚刚从朝鲜战场上受伤转业回来的董关根，成了于太白的得力助手，他在为富春简师同学作抗美援朝英雄事迹报告的时候，动员同学踊跃参军参干，为建设新中国贡献自己的青春。

听说“吃桑叶的英雄”董关根要来学校作报告，同学们高兴得欢呼雀跃，他们早就想见见这位从自己学校出去的抗美援朝战斗英雄了。

刚开学的时候，许校长在开学典礼上拿着一张报纸，讲了董关根在朝鲜战场上带领一个突击队为后续部队扫清沿路的敌人，当他们来到一个山坳里，正准备向高地的敌人碉堡冲锋，敌人发现了他们，用大炮飞机连续轰炸，结果，一个班的人都牺牲了，董关根也被埋在泥土堆里，幸亏有几株桑树和泥土同时被炸了下来，而且桑树同房屋的樑柱一样盖在了董关根的头上，给董关根留下了空间。他虽然受了伤，神志还是清醒的，喝自己的尿，吃树上的桑叶，终于坚持了下来。敌人以为这里没有人了，大模大样地来到山坳，董关根射出一梭子仇恨的子弹，把敌人消灭在坳地上，志愿军后续部队也顺利地夺取了高地。

“这是我们富春简易师范的光荣啊！”许校长把报纸举得高高的，这样说。

结果，富春简师的一百多个同学中，有百分之七十五的人都报了名，经过挑选，把出身成分好，阶级觉悟高，对反动派有刻骨仇恨的青年吸收进来，还请野战军派人来对这些新成员进行军事训练。

有一天，关根正在办公室里，突然闯进来一个小叫化子，关根正要把他轰出去，小叫化子却塞给关根一封信，关根拆开一看，是许丰写来的。关根叫人找到了那个小叫化子，他说是一个在龙头山脚下摆摊的人叫他送的，再到龙头山脚下去查看，摆小摊的人早已不见。“我估计到他会上门来的。”关根看完信，自言自语。

许丰在信中说要同董关根单独谈谈条件。

能不能及早剿灭许丰这股土匪，关系到富春及附近周边县、市老百姓的安全和群众对共产党的信任，也关系到富春县能不能顺利进行土地改革的最重要一环，所以于政委特别重视，当他看完许丰的信，说：“敌人往往会过高估计自己的力量，谈什么条件，缴械投降，向共产党低头认罪，这就是条件。”他接着问董关根如何对付？

关根首先向于政委介绍起富春山的基本情况：它是富春县一座主要山峰，方圆200余里，一部分还延伸到邻县，山的走势奇特，有的地方一马平川，树木葱绿，有的地方奇峰突起，瀑布一泻千丈，富春山成了游方僧人最喜欢光顾的地方，他们选地址、化缘建寺庙，就说那座被称为“十方庙”的长沙庙，香客来自全省上八府下三府，一年四季香火旺盛。

“许丰在富春县经营多年，他的耳目众多，我们一有行动，马上会传到他那里，如果调动大部队进山围剿，肯定会扑空，弄不好还会中他的埋伏。”

见于太白点了一下头，关根又补充说：“就是进了庙里，也不一定会赢，里面房间多，隔墙弄更多，就像钻进死胡同里。许丰就是靠这样的地形优势，来同我们讨价还价。山上还有其他寺庙和尼姑庵，听说许丰把几个尼姑庵都霸占了，把那些年轻的尼姑分给了他手下的大小头目，却把老尼姑赶出了山门……”

“下流，无耻！”于政委气愤地说。

关根点点头，又看了一眼许丰的来信：“我想先同他见见面。”

“有把握吗？”

“他的老丈人在我们手里。”

董关根在认识许丰之前，是非常崇拜他的，认为他是一个了不起的英雄，因为他打日本鬼子。听说有一次许丰和几个同伴潜到富春县城里准备刺杀一个鬼子队长，后来被一个汉奸认出，几个同伴逃了，鬼子把许丰追到富春江边要活捉他，他一头跳进江里，鬼子向江里开了几枪，并且守在江边，准备等他再爬上岸来抓活的，谁知道他已经上了南岸。原来他的家在富春江边上，从小就泡在江里，潜水本领特别好，听说只要嘴里衔着一根麦草管，在水底下可以待上好几个小时。董关根和村子里的几个小伙子也常常到江水里去学潜水，说长大了去打日本鬼子，想不到有一次差一点被闷死在水里，被姆妈扎扎实实地打了一顿，才不敢再到江里去学潜水了。

董关根曾经两次见到了许丰，不过这时候他已经是国民党富春县的保安大队长。

关于许丰过去的事情，关根是听张先生说的，他阿爸是富春江里捕鱼的，由于家里吃口重，他不得不在何仲春家做长年，因为长得人高马大，皮肤白净，五官端正，被何家大女儿何玉玲看上，说要嫁给他。开始，何仲春说什么也不肯，说我们何家的小姐嫁给一个当长年的，成何体统，我的脸往哪里搁，何玉玲却寻死上吊，非要嫁给许丰不可。没有办法，许丰答应给何仲春当上门女婿（因为他没有儿子），才同意他们结婚，还把他送去日本军事学校读书，回来后，先在丈人老头的乡公所做个小职员，许丰因为聪明能干又会看风驶舵讨好上级，步步高升，日本鬼子来了后又当上了和平军队长，日本投降了，又变脸回到富春县保安队长的位置上。

董关根第一次见到许丰，还是在董家祠堂里读书的时候。那一天，张先生正在上课，有人慌慌张张地进来报告说，保安队抓到了一个共产党游击队的暗探，正绑在旗杆上呢。同学们跟着张先生一起跑了出去，看见一个只有十多岁的孩子，一条破裤子连下面那个东西也遮盖不住，那件衣服只剩了几条筋挂在他的肩膀上，被保安队双手反绑地吊在旗杆上，许丰正威风凛凛地一边用鞭子抽打一边审问，给共产党通了多少情报？小孩哭着说：“我不知道什么是共产党，我是阿爸姆妈生毛病，出来讨饭的。”

许丰又狠狠地抽了小孩一鞭子，说：“不老实，把他挂到旗杆上去。”

手下的队员马上把挂在旗杆上的绳子用力拉，先是把“暗探”的两只手在背后提起来，小孩又哭又叫：“饶了我吧，我痛死了，我不是共产党的暗探啊……”

许丰还在叫喊：“拉——拉——”

小孩两只手臂的骨头发出了“格格”的响声，他痛得满头大汗，一会儿就昏了过去。

张先生凭着自己教过许丰，想叫许丰把这个苦命的孩子放下来，许丰横了张先生一眼，凶声凶气地说：“张先生良心太好，这可是共产党的暗探呀。”

这时围在旁边看热闹的人也在私底下议论：“这么小的人就去当共产党的探子？”

“共产党都是一批红头发绿眼睛的妖怪，他们来了我们就要遭灾……”许丰一边抽打着小孩，一边向大家这么说，嘴角挂着白沫。

“呜——”有一个女人实在看不下去，忍不住哭出了声。

张先生看了小伯一眼。其实小伯早就看不过去了，他走到许丰身边：“许队长是要务在身，为党国效劳无可厚非……”他用手指指挂在旗杆上的小孩，说，“我们董家有个规矩，旗杆是为族里有人当了官升旗用的。”

许丰知道站在自己面前那个人的分量，不但是他丈人老头家里的座上客，还帮过自己的大忙：许丰当了富春县保安大队长之后，不再满足于只守住一个女人，开始寻找新的“野食”，富春县有一个制造“四日两头丸”的药厂厂长，他最近又讨了一个小老婆，是县城里有名的美人，后来同许丰勾搭上了，厂长为了寻找靠山，也是开只眼闭只眼。许丰已经是接近三十岁的人了，却继拜才二十岁的美女当了“干娘”，当时县城里街头巷尾在传诵着一句民谣：干娘干娘，自己解裤带。消息传到何玉玲的耳朵里，她又是寻死上吊的，连阿爸姆妈都劝不好，弄得许丰很是尴尬，他托小伯去做了工作，一场风波才平息。这时，许丰见小伯这么说了，他皮笑肉不笑地问小伯：“伯父是怕得罪了你们的祖先？”

小伯点点头：“贤侄真是个深明大义的人。”

许丰回过头对大家说：“我这么做是给对共产党有幻想的人一个警告，千万不要相信共产党那些骗人的鬼话！”

他指挥手下把那个小孩放下来，押走了。

关根第一次知道游击队里还有“暗探”。听张先生说，因为是小孩子，才不会引起敌人的注意。但是他又说，刚才那个孩子肯定不是什么暗探，也不是许丰说的是为了警告那些对共产党有好感的人，而是为了显示他自己的淫威。

第二次见到许丰，董关根已经在富春简师里读书，那一天，许校长刚好到县里开会去了，富春县国民党县党部新派到学校里来当训导员的吕国民，在同学们刚刚上完课准备进食堂吃饭的时候，突然把大家召集到操场上，说县保安队长许丰要向大家训话。在许丰训话之前，先押上来一个人，衣衫破烂不用说，人也饿得只剩下了一把骨头一张皮，许丰说这是他们刚抓到的共产党的游击队员，可那个“游击队员”说他是安徽来讨饭的，因为他说的是外地话，董关根听不大懂，但他还是明白了他是因为淮河决口，淹死了好多人，他们村子里一起逃出来的人不少在半路上饿死了。

后来，许丰还是把他押到学校附近的一个坟堆旁边砍了头，有几个胆子大一点的男同学跟着去看，有几个女同学则躲进了宿舍，连中饭也不敢出来吃。

这一天，董关根只觉得吃饭没有味道，先生上课也听不进去，好像失掉魂似的，连要好的同学也说董关根变了个人。是啊，原来心目中的英雄，竟变成了杀人不眨眼的魔鬼，他想不通啊！

……

为了慎重起见，董关根同队里的几个骨干几次商量谈判地点，离富春山太近，土匪可能会暗中埋伏，太远，土匪又会起疑心，选来选去，最后选在江田畈的凉亭里，这里地势开阔，四周是一片稻田，留下来的就是水森森的泉池。

董关根正在为谈判做准备工作，在富春街头突然传出了谣言，说美国人出兵了，兵舰已经开进了台湾海峡，蒋委员长准备中秋节回南京吃月饼；谣言还说于太白他们是外地人，说走就可以走的，只有董关根这样的本地人，如果再同他们作对，只有死路一条，还要灭九族。

于政委也听到这些谣言，他特地打电话来，要董关根特别小心，并送给他四个字：胆大心细。

董关根刚接完电话，他阿爸突然闯了进来，一头的汗水，上气不接下气，手里还拎着个鸡笼，关根和中队同志莫名其妙地看着鸡笼，只见鸡笼里有两只公鸡，一只正跃武扬威地昂着头，另一只却被扭下了鸡头，鲜血染红了鸡的羽毛。

还没等关根开口，他阿爸说：“关根啊，你千万不能一个人去呀，你姆妈听到这个消息，急得病倒了。”

“这鸡……”关根看着阿爸脸上松树皮一样的皱纹，开始佝偻的腰背，心里涌过一阵酸痛，从阿爸手上接过鸡笼。

“这是昨天晚上有人放在我家门口的。”关根阿爸用颤抖的手从口袋里挖出一张皱巴巴的纸，交到儿子手里。

关根打开来一看，气得脸也发青：“欺人太甚，你等着吧！”

另一个队员从关根手里接过那张纸，也气得咬牙切齿，“太猖狂了！”并把纸在桌子上一拍，“识时务者为俊杰”七个字显现在每个队员的眼前。

富春江的下游是钱塘江，同时也是钱塘江、富春江、浦阳江三江汇合的地方，又叫三江口。三江口下面有一座大桥，叫钱江大桥，是由我国自己的工程师设计、建造的第一座大桥，上通汽车，下通火车，是贯通南北的陆上主要通道，蒋介石派飞机炸毁了大桥，同时也轰炸了大桥南岸的山阴县。许丰和驻扎在山阴县云石山上的土匪头子俞大水又联合起来疯狂抢劫来往货船，破坏水上交通运输，配合蒋介石阻断南北交通，企图苟延残喘。由于土匪的疯狂抢劫，从严州到三江口的船只明显减少。许丰又派土匪把董关根小娘舅一家抓到山上当做人质，作为同何仲春的交换条件。面对突然变化的形势，根据上级指示，董关根和于太白重新拟定了计划：董关根不再和许丰见面，把县中队的人化装成商人或船主，一批到三江口开展活动，一批到严州一带的船坞码头活动，十天之后，原来已经冷冷清清的从三江口到富春江水域，又船来船往地热闹起来。

这样过了半个月，董关根的小娘舅一家忽然回来，而且还是几个跟了许丰好几年的小土匪保护着送回来，说只要共产党不追究他们过去跟着许丰干了一些坏事，他们愿意投降共产党。

他们同时还带来一个消息：许丰被俞大水杀死了，他的头还挂在三江口附近的一株树上。

当董关根把这个消息告诉于太白的时候，两人同时高兴地说：“我们的离间计终于成功了！”

原来，不论是富春山的土匪许丰，还是云石山上的土匪俞大水，他们的主要经济来源是抢劫江里过往的商船。从地理位置上看，富春江在上游、三江口在下游，董关根通过内线了解到，地处上游的许丰和三江口的俞大水有过协定：上游来的商船许丰不准抢，要让给俞大水，下游来的商船俞大水应让给许丰来抢，这样，商船一进入他们的“口袋”，掉转船头逃跑也来不及，因为在他们的后面还有一道关口。日子久了，许丰发觉上了俞大水的当，因为从富春江源头下来的货船都是装满了各种山货、木材，他眼睁睁地看着山货、木材送进俞大水的口袋里，而从三江口下游上来的船，照过去的规律，不是布匹，就是各种南货（糕、饼、油、盐等），还有汽油等军用物资，而如今，不能说十船九船空，有货的船里东西也不多，都说被俞大水抢光了，而他们却不得不放空船把堆放在严州码头的货运下来，不然，增加仓储费用不说，还会霉烂变质。

俞大水发财了，许丰却穷到连土匪的工钿也发不出，土匪们开始有了怨言，有的甚至投奔了俞大水。许丰开始想抢劫从严州下来船里的货，但又不敢，因为俞大水的势力比他强，于是几次派人去同俞大水商量，要求重新讲条件。俞大水觉得自己财大气粗土匪又多，根本不理许丰。可是近一些日子以来，俞大水突然发觉从春江上游下来的船也大多是空船，船老板说他们的货在过富春江地段的时候就被许丰他们抢光了，有的船老板还对俞大水的人说，他们听到上船抢东西的人说，过几天要把俞大水的人马全部吃过去。

俞大水气得暴跳如雷，本来他就想把许丰一伙吃掉，现在他倒先"吃"起老子来了。

俞大水知道许丰是里山村人，那地方正好在三江口和富春江交界的地方，父母早死了，家里还有一个种田的阿弟，阿弟相貌不怎么样，却讨了个相当漂亮的老婆，人们说是潘金莲嫁给了武大郎。许丰本来是个"吃着碗里看着镬子里"的角色，在吃阿弟喜酒的时候，就同弟媳妇眉来眼去的，从那以后，许丰隔三差五要回来"看看"阿弟和弟媳妇，住上一夜两夜，特别是白天，等阿弟到田里去做生活，他们就在房间里鬼混。

俞大水摸清了许丰的行动规律，有一天，许丰又回来了，俞大水带着一批打扮成捕鱼的、卖柴的土匪，悄悄来到里山村，他们先解决了许丰手下几个守门的土匪，谁知道被许丰听到，他从房里冲出来，俞大水抬手一枪，因为俞大水用的是白朗令手枪，许丰是有武功的，子弹打在他的大腿上又滑下来，到了他的脚趾缝里才开了花，炸断了一个脚指头。土匪们发疯了，赶快去追，许丰因为炸断了脚指头，逃不快，终于被抓住，他们把许丰五花大绑地押到沙滩上，为了节省子弹，几个土匪按脚的按脚，按手的按手，按头的按头，用一把小刀把许丰的头割了下来，挂在了江边的一株苦楝树上，然后扬长而去。

经过多天准备，关根终于带着几个经过精心挑选的骨干上山了，而且选了一个真心投降共产党的小土匪带路，他们要到长沙庙里去彻底清查一遍，防止那里还有顽抗到底的土匪。

这一天天蒙蒙亮，关根他们悄悄出发，爬上富春山，经过龙潭坡，再转过皇帝帽子岗，穿过松树林，才进入长沙庙。关根从小生长在富春山下，逢年过节都要跟着姆妈来庙里拜菩萨、烧香，他刚一脚踏进庙门，惊呆了，这还像原来的长沙庙吗？原有的四大金刚被推倒了两个，如来佛金身上的金片被刮了个精光，头上还有几个被枪打出来的洞。听投诚来的小土匪说，许丰他们把大雄宝殿当成了淫乐场所，强迫从山下或者孝子尼姑庵抢来的年轻女人和年轻尼姑，一个个脱光了衣服，让她们坐在过去老百姓拜佛用的蒲墩上，然后叫那些土匪头目也脱得光光的，对准女人的私处跑上去，要是合上了，那个女人这天夜里就归他去享用了。

尽管小土匪讲得有声有色，董关根和同志们一个个都精神紧张，根本没有心思去听，他们手握子弹上膛的钢枪，一个角落一个角落地搜索，就怕漏了一个死角，给当地老百姓留下后患。

“砰！砰！砰！”突然从庙门口传来枪声，董关根和同志们的神经陡地一下抽紧，董关根忙控制住那个小土匪，怕他逃跑，并严厉地责问他：“为什么还有枪声？”

小土匪一脸的无辜：“这……我也不知道。”

“你不是说山上的土匪已经逃光了吗？”

“是逃光了，或许……又回来了……”

“砰砰砰！”又是一阵枪声，仔细一听，是从皇帝帽子岗方向传来的。董关根和同志们冲出长沙庙，还没有到皇帝帽子岗下，就听到岗上有人对着长沙庙方向喊话，尽管山岗离长沙庙比较远，由于山上有迴声，还是能听清楚的：“董董董关关关根根根我我我是是是俞俞俞大大大水水水今今今天天天来来来接接接管管管富富富春春春县县县的的的你你你逃逃逃不不不了了了啦啦啦快快快投投投降降降吧吧吧……”

“俞大水？！”董关根猛吃一惊，他马上叫小分队同志隐蔽起来，一个个紧贴山崖，悄悄向皇帝帽子岗移动。

过了一会，又传来“啊啊啊”的一阵迴声，接着是“砰砰砰”的一阵枪响，之后，皇帝帽子岗方向突然安静下来，好像刚才什么事也没有发生过。

董关根和小分队赶到皇帝帽子岗的山脚下，只见有两个血肉模糊的尸体躺在那里；与此同时，从龙潭方向有几个人向皇帝帽子岗奔来，领头的是于太白政委，他们是来接应董关根的。

董关根赶到尸体身边一看，忍不住“啊”的一声大叫起来，只见陈阿水抱着一个陌生人死在一起，他手里捏着把柴刀，两只眼睛睁得大大的，整张脸上，好像就剩了这两只睁圆了的、愤怒的眼睛。

陈阿水抱着的就是山阴县云石山上的土匪头子俞大水，因为董关根和于太白都没有见过，是投降过来的土匪告诉他们的。

投降的土匪告诉董关根和于太白，许丰被杀死之后，俞大水在自己的老巢云石山头大摆酒席庆祝，说从此后从富春江到三江口都是他的天下了，等老蒋回来，他可能会封俞大水当山阴、富春两县联合大队大队长。在酒席上，俞大水的几个狗头军师对俞大水说，何不趁许丰那股势力群龙无首的时候，趁热打铁把他们统统吃了过来。刚从许丰那里投诚过来的小土匪也嚷嚷着这是最佳时机，他们愿意为俞司令出力效劳。

“好，好，如果把富春县也吃过来，兄弟们个个都可以发大财了。”俞大水得意地说。

俞大水从许丰那里投诚过来的土匪中挑选了一批骨干，加上自己的一批亲信，浩浩荡荡、耀武扬威地来富春山长沙庙一带察勘。

俞大水不像许丰那样草包，他不但到日本军校去读过书，在日本鬼子投降后，又把当年在山阴守备队中的一个日本军官悄悄留下来作为自己的参谋。经过察勘，日本军官提出，如果要守住长沙庙这块阵地，从而控制富春县，必须在皇帝帽子岗修一个炮楼，这里不但是进入长沙庙的一个咽喉，也是扼守富春江的咽喉。

俗话说，林子大了，什么样的鸟都有，在俞大水手下当土匪的人当中，有会飞檐走壁的强盗，也有会在三江水底来去自如的水鬼，为了让俞大水到皇帝帽子岗视察，他们事先为他特制了上岗的软梯。

俞大水是第一次上皇帝帽子岗，一看山下，富春江上船来船往，身后却是连老鹰也飞不过去的悬崖峭壁，真可谓“一夫当关，万夫莫敌”的好地方。这时，正好有人来报告，说共产党富春县中队的董关根已经带领小分队进入了长沙庙，俞大水马上吩咐手下在进出长沙庙的山口架起了机枪，并向董关根喊起话来，他要来一个“瓮中捉鳖”。

想不到的是俞大水正在喊话，小土匪们也得意忘形的时候，突然钻出一个只有一只耳朵，一脸怪肉、人不像人、猴不像猴的怪物来，他高举着柴刀，向俞大水扑来，当时，俞大水手下向那个丑八怪开了枪，但由于冲上来的人速度实在太快，冲力太大，正好一头撞在了俞大水的身上，于是两个人抱在了一起，跌下了山岗……

这个人正是陈阿水。

阿水因为失去了一只耳朵，歪了鼻子，成了个丑八怪，每次走出去，村里人就会像看西洋镜一样地围拢来看他。菊花并不是嫌老公被人家取笑，让她担心的是阿水的头痛病，有时发作起来他会捧着头去撞墙，还会满村子乱跑，而且身边还带了一把柴刀，小伯、三嫂都对菊花说：“不要让阿水乱跑了，万一跑出去头痛病一发作跌到水里去，就危险了，还有他带的那把刀不知道会不会闹出什么事来？”菊花为了看住他，除了给他煎药、服侍他一天三餐，几乎什么事都做不成，她几次从老公手里把柴刀夺下来，可菊花一转背，他又悄悄把刀藏在身上。

开头几天，阿开很少去看阿水，虽然阿水见了他还是叫他师傅，可阿开心里总有一点别扭，像亏欠了阿水似的；后来见菊花一个人要担当起这个家，实在太辛苦，先是暗地里给菊花帮些忙：三天送一担柴，天不亮在阿水还没有醒的时候帮菊花把水缸里的水挑满，慢慢地，阿开和阿水见面的机会多了，过去的那份兄弟情谊又回到了两个人身上，阿开到菊花家来的机会也多了。

有一段时间，菊花不想让宏志去读书了，骆先生来叫了宏志好几回，菊花仍然不答应，虽然宏志哭着求姆妈，菊花还是含着眼泪摇摇头。这件事被三嫂知道了，她风风火火地赶到菊花家里来，对她说："你是要宏志同我们一样吃白墨头的苦哇？"

阿开也来劝菊花，要她送宏志去读书，还说你只要把阿水照顾好，外面的事情都有我阿开包了。

菊花感动得哭了，她说："阿哥，你是上辈子欠我的，我下辈子会报答你。"要不是怕被阿水看到，她一定会扑在阿开怀里痛哭一场的。

为了支撑两个家，阿开把已经卖掉的两只羊又买了回来，因为三角田需要肥料，小春还没有到读书年龄，阿开就叫他去割羊草，小春也懂事，小小一个人，会割一大箬箩羊草回来，有一天三嫂在江里洗菜回来，看见一大箬箩羊草在慢慢地移动，却看不到背羊草的人，后来低下头，只看见两只小光脚在一步一步地往前移，三嫂走上去悄悄地托起了羊草箬箩，小春回过头来一看是三嫂，亲热地叫了一声："三婶婶！"

"你不好少割一些的嘛？"三嫂对小春说。

小春停下来，用手臂抹去了脸上的汗珠，像表功似的告诉三嫂，他今天到一个竹园里去割羊草，那个竹园里的羊草真多呀，他割着割着，一箬箩也装不下了，才住了手，把割倒的羊草全部装回来了。

"你明天不好去割的？快把你压扁了。"三嫂用袖口揩去了小春头发上的汗水，心痛地责备他。

小春对三嫂笑了一下，悄声说："我是怕被别人割去呀。"

菊花也叫宏志一放学就同小春去割羊草，晚上还睏在一张床上。

……

这一天早晨，菊花服侍阿水吃了早饭，又叫他吃了药，想到菜园里去割几株菜，还对阿水说："我马上回来的。"

谁想到菊花割菜回来，阿水不见了，她急得满村子找，就是不见阿水的人影。菊花看看太阳，已经升到头顶上了，想到儿子马上放学回来吃中饭，准备先回去烧了中饭再说，因为过去也发生过几回，开始满村子找没找到，后来到吃中饭的时候阿水自己回来了，菊花生气地说了他几回，阿水还犟嘴："我这么大一个人，人家还会吃掉我？"

"砰！砰！砰！"菊花正在烧饭，听到从富春山方向传来了枪声，又听村里有人说："区中队和土匪打起来了！"

"许丰不是死掉了吗？还有土匪呀？"菊花正猜疑着，阿开全身汗水地跑进来，拉了菊花就向富春山跑……

12

富春县政府招待所墙上虽然挂着一口钟，招待所所长也几次教菊花如何看钟，但她还是习惯看太阳，听富春江里的潮头声来估计时间，这不，她看见太阳已经爬过龙头山上那株大香樟树的头顶了，从自己的小房间里拿出一只小洋盆（菊花喜欢把搪瓷盆叫作小洋盆），又加了一只小碗去县政府食堂用饭票买来了三只大肉包子，还有一碗洋芋艿炒肉片，这都是宏志最喜欢吃的，说句良心话，这样的肉包子，洋芋艿炒肉片，别说宏志没有吃过，菊花长这么大也没有吃到过，因为吃得好，眼看着儿子胖了起来，菊花从内心感谢富春县人民政府，感谢于政委。

"要是阿水能够看到我们娘俩的生活这么好，他也会闭上双眼的。"

富春县政府招待所在龙头山脚下，离开县政府不远，据所长说，国民党的时候县里没有招待所，如今解放了，来往的客人多，特别是省里市里来富春办公事的干部，大部分都是拿供给制，住不起旅馆，住招待所方便又安全。因为住招待所要介绍信，除了少量的一些上面来的干部，来住的人不多，菊花到这里来上班已经将近一个月了，总共才接待过六个人。

"怎么还不放学呢？"菊花看着那几个肉包子和炒肉片，刚从食堂里买回来还在冒气，现在一点热气也没有了。

"要是在自己屋里多好，我可以现烧现吃。"菊花想起到招待所来报到那一天，阿开和小春来了，三嫂也来了，阿开还用脚箩挑了一担东西，有镬子啊、镬铲啊、碗啊、钵头啊，一挑进招待所的门，赵所长大笑起来："你们以为这里是农村啊，挑那么多瓶瓶罐罐来做什么？"当赵所长把菊花领到住的地方，她呆了：这里只有一张很小的木板床，紧贴着就是一张长条桌和一把椅子，三样东西就挤满了屋子，怎么烧饭啊？

"这里作兴吃食堂饭。"赵所长说。

三嫂见菊花这副样子，说："人家当官的还几个人住在一个房间里呢。"她去过关根住的地方，才这么说的。

话是这么说，菊花总有些不习惯，房间小得像一个鸡笼，床、桌子、椅子，加上母子两个人，挤得屁股也没地方摆了。自己家的房子在陈家桥算小了，房间、灶头、退堂、厅堂、厢房，还有宽敞的道地，更不要说后来到阿开家了。所以，当阿开第二次来看菊花的时候，对阿开说："我说我是当老百姓的命，城里生活不是我们这些穷苦老百姓过的。"

阿水死后，菊花哭得死去活来，董关根、于政委都来看望过她，于政委还对菊花说："陈阿水同志是为革命而牺牲的，死得光荣！"

从那以后，好消息一个又一个传来，先是说上级已经批准阿水当了烈士，过了几天又说县里决定菊花不再当农民了，调到县招待所去当招待员，还可以把宏志带到县里去读书。菊花因为政府对自己的照顾感动得又大哭了一场，说："阿水啊，你放心走吧，你老婆和儿子都有政府照顾呢。"可她仍然不想离开家，这是生她养她的地方啊。

她更放心不下的是阿开和小春。

三嫂听说菊花不想离开陈家桥，特地赶过来说："你是个呆婆啊，人家做梦都想去吃国家饭，这是只金饭碗啊，你却不想去？"

阿开也来劝她："还是去吧，为了宏志。"

"那你和小春……"菊花看着阿开，只见阿开把脸朝向了另一边，知道他也舍不得她离开，难过得说不出话来。

"我会带小春到县城去看你们的，听说城里有礼拜天，你也可以带宏志回家来看看。"阿开最后还是这样安慰菊花。

那天送烈士证来的人还说，宏志不但可以进城去读书，今后菊花母子俩都是烈士家属，可以得到政府的优待和照顾……

菊花担心地再到门口去看了一眼，宏志还没有回来，她叹了一口气，只得用棉被把儿子的中午饭窝起来。

由于住招待所要介绍信，来住的客人很少，今天又是个星期天，连一个客人也没有，门口一群麻雀叽叽喳喳地跳来跳去，连小房间里传出来的清脆的童音也没有能打扰到它们。

"……其实，陈阿水同志是去找仇人何金生的，他听说这个坏蛋和许丰在一起。当他经过皇帝帽子岗的时候，听到岗上有人，此时此刻，谁还会到岗上去？只有土匪，只有像许丰那样的土匪！他好像看到了自己的仇人何金生手里也拿着枪，耀武扬威地站在岗上，又像狗一样趴在许丰脚下。陈阿水满腔的仇恨像正在燃烧的烈火一样从心底冒出，他用手抠住了峭壁的岩石，一步一个脚印地爬了上去，突然，他一失手，从悬崖上跌了下来，陈阿水同志昏过去了，可是他脑子是清爽的，他嘴里不停地喊着：'我有冤，我有仇，我要报仇！’于是，陈阿水同志又一次爬起来，再一次向悬崖峭壁攀登，他的手指甲抠出了血，钻心地痛，但他仍然不顾疼痛，想到的是深仇大恨……”

“姆妈，阿爸这么痛，为什么还要爬上去啊？”宏志突然停止读报，问菊花。

菊花一直沉浸在痛苦的回忆中，她好像看到老公正在向山崖上爬，听到儿子的问话，回答说：“因为上面有他的仇人。”

“何金生保长吗？”

菊花点点头。

“那么报纸上为什么说，我阿爸同大土匪俞大水同归于尽呢？”

菊花看着儿子：“报纸上是这么说的吗？”

“是这样说的，你看。”宏志把报纸送到姆妈面前。

“因为俞大水同何金生是一箩里的货，都是大坏蛋。”

“是俞大水叫何金生来抓阿爸去当壮丁的吗？”

菊花看看儿子，揩了一下眼泪，说：“再往下读。”

“‘砰’的一声枪响，陈阿水同志突然感到一阵钻心的痛，他跌倒了，他的身子倒下了，可他报仇雪恨的决心没有倒，他再一次从血泊中爬起来，摇晃了几下，土匪头子俞大水哈哈大笑：‘我俞大水连共产党都不怕，还会怕你这么一个丑八怪！’当他又一次拿起枪，准备打第二枪的时候，山岗上像突然刮起了一阵飓风，又像出现了一只猛虎，直向俞大水扑去、扑去、扑去……”

“姆妈，山岗上会有大老虎吗？”宏志又一次问姆妈。

这时，从外面走进一个人来，宏志连忙把报纸放下，迎上去：“关根叔叔。”

菊花也站起来，把房间里唯一的那把椅子移过来给他坐，自己坐到床沿上。

关根并没有坐下，他说：“我是特地给你们送报纸来的。”他看了一眼宏志放在桌上的报纸，“想不到你们已经在读了。”

“是老师叫我拿回来读给姆妈听的。”宏志还告诉关根，昨天下午他们学校高年级的同学集中在饭厅里，由语文老师给大家读，读着读着，老师先哭了，同学们也跟着哭起来，好多同学还围到宏志身边来陪他一起哭……

宏志说到这里，眼泪水又一次唰唰地流下来。菊花忙把儿子揽在怀里，看到关根也在流眼泪。

“陈阿水同志的牺牲，我要负很大的责任啊。”董关根十分内疚地说。

“关根大哥，是你叫我阿爸爬到上岗上去的吗？”宏志好奇地问。

这叫关根怎么回答呢？当时他要是答应阿水一起去长沙庙，就不会发生后来的事情了。

陈阿水回来以后，虽然病很严重，但他没有忘记寻找仇人何金生，他打听到何金生的家，大门关着，他拿着柴刀要劈门，邻居说，何金生一家老早就逃走了。后来陈阿水听说何金生上了富春山，正好菊花告诉阿水，听村里人说，三嫂的儿子董关根领着一支队伍准备到富春山去剿匪，在一次董关根回来看阿爸姆妈的时候，阿水就找到了关根，要求去剿匪，关根知道他有毛病，也不适合参加这种出生入死的战斗，对他说："阿水叔，你放心，我们一定会替你报这个仇的。"

"想不到……"董关根低垂着头。

"这……都是命啊。"菊花因为好几次听关根这么说了，为了宽他的心，这样说。

宏志看到关根手里有好几张一样的报纸，问他："关根哥，你一个人怎么有那么多报纸啊？听老师说，大家都在抢这张报纸呢。"

"是吗？"董关根看了宏志一眼，告诉他，"是报社里送来的。"

"他们为什么要送你那么多报纸？"

董关根看了菊花一眼，告诉宏志，写文章的叔叔不但事先来问过他的姆妈，也问过我，"这些报纸是报社叫我送给你们的。"

宏志把报纸抱在怀里，好一回，他突然问关根："山岗上有大风吗？有大老虎吗？"

当老师和同学读完关于《革命烈士陈阿水》的文章，大家哭过了，激动过了，突然有同学来问宏志："你知道飓风是从哪里刮来的吗？老虎是从哪里跳出来的吗？"

宏志当时被问住了，现在关根哥来了，他只好问关根哥。

关根也被问住了，他看看宏志，又摸摸他的头，说："等你读好了书，学会写文章了，就会知道的。"

菊花参加县里组织的"陈阿水革命烈士英雄事迹报告团"去了，阿开和三嫂，像水车里的叶子轮流着来看望宏志，阿开还带了小春一起来，本来冷清的招待所又热闹起来，赵所长是革命老同志，亲人都被国民党杀害了，他一见到小春，特别喜欢，小春每次见到他一口一个"赵爷爷，赵爷爷"的，叫得赵所长骨头也松了。

赵所长告诉阿开和三嫂，听说菊花本来是不想去参加那个报告团的，是于政委亲自点的名，说烈士的亲人不参加报告团，别人还以为我们这个典型是假造的。

菊花一字不识横划，别人写好的稿子让她到台上去读也读不来，是"笔头师父"说让菊花站在台上哭，叫一个人在她旁边读，台下的人听了肯定会哭得唏里哗啦的。

“于政委还表扬了想出这个办法来的笔头师父。”

可是宏志自姆妈走后，老是失魂落魄似的，老师说，宏志的成绩原来是班里数一数二的，这几天突然跌下去了。菊花什么时候才能回来？听人说，因为报告团的报告效果好，山阴啊，会稽啊，这些县也来邀请他们去作报告，那样，日子就更长了。

赵所长敬仰烈士陈阿水，也关心宏志的学习，菊花临走时还把儿子托付给他，让他代为照顾一下，有一次阿开带着小春到招待所里来看宏志时听他说过，过了年，儿子小春也可以进学校读书了，赵所长就说：“让小春到城里来读，两个人可以做个伴。”当时阿开也想：菊花迟早要回来的，小春是个野性子，自从和菊花分开住后，阿开可以说吃足了这个“小东西”的苦头，他就盼望着小春有一天进了学堂，能把他的“野性”收回来；再说，城里的教书先生识字多，懂的事情也比乡下先生多，就一口答应了。

从那以后赵所长更忙了，原来招待所的工作菊花担去了一大半，现在，招待所的事要他一个人管，还要负责管宏志和小春的吃饭、睏觉，两个都是男孩子，调皮起来打打闹闹，别说常常玩得忘记了做作业，有时还闹出一些小笑话来。

有一天，小春的班主任宋老师向家长来告状，说陈宏志打了他们班的学生，还不肯承认错误。

赵所长一听很生气，把正在房间里做作业的陈宏志叫出来，当着宋老师的面，问他怎么可以到一年级班里去打人？想不到宏志理直气壮地说：“那个同学打小春。”

“那你去报告老师呀。”

“我报告了。”

“报告哪个老师了？”

“戚老师。”

“戚老师怎么说？”宋老师问。

“他说去报告宋老师。”

“那你就去报告宋老师呀。”赵所长说。

“同学说宋老师……”宏志看了宋老师一眼，低下了头。

赵所长见他把话说了一半，追问道：“同学怎么说？”

“宋老师是很凶的。”宏志的声音很轻，宋老师的脸还是红了，但她马上又追问陈宏志：“你到我们一年级来说，董小春是我的阿弟，谁敢欺侮他，你就饶不了谁！真是这样说的吗？”

陈宏志老实地点点头。

宋老师看看赵所长，见赵所长不但没有责备陈宏志，还用鼓励的眼光看他，她什么话也没有说，走了，边走边说：“我从来没有看到过这样的家长。”

过了几天，赵所长发现经常有一个女同学来找宏志，一起做功课，一起玩，赵所长问宏志：“这女生倒是很漂亮的，是你同班同学吗？”

宏志看一眼赵所长，得意地点点头。

“她叫什么名字？”

“陆丽丽。”

“她妈妈是干什么的？”

“老师。”宏志想了一想，补充说，“宋老师……”

“宋老师？”

赵所长有些吃惊地看看宏志：“你不是说宋老师很凶的吗？”

“现在她不凶了。”

赵所长又看看宏志，在心里说：“这小子挺能干的，不但学会处对象，还会讨好丈母娘哩。”

阿开因为儿子去城里读书，他的心也跟着小春去了城里，不管田里生活多忙，身体多吃力，天不亮起来去赶早班渡船，去看看小春和宏志，或者送一点吃的东西去。看到阿开人瘦了，睡眠不足，精神也不好，三嫂同情地和阿开开玩笑：“你也像中沙上的种菜人，天天跑街上了。”

报告团终于结束了，菊花从报告团回来，阿开的田里生活也忙起来，但他仍然隔三差五地进城来看小春，因为小春是他的命根子，菊花曾经同他开玩笑：“要是没有了小春，你还活不活？”

其实阿开心里还有一个秘密，用他的俏皮话说是“剃头洗脸，一带俩便”，他顺便也来看菊花，终究，他们曾经是睏在一张床上的夫妻啊。

阿开每一次来，总要带一点土特产，春天是春笋，夏天是蚕豆，秋天是栗子，冬天是冬笋。赵所长考虑到菊花带着两个孩子，破例同意她弄来一只洋油炉子，可以在招待所里炒炒菜，热热饭。

菊花对阿开这样勤地到城里来，也心知肚明，有时候阿开有两天不来，她会失魂落魄地站在门口等，甚至到龙山船埠头去看。后来，菊花还发现阿开一个新秘密：他每次来，把带来的东西在招待所里一放，该说的话对菊花说了，该交给菊花的东西交了，阿开就会满街地去转悠，特别会到医院旁边去走走；有一次，阿开又去城西医院门口转悠，被新来的看门人看到，跑上前去问阿开：“你东张西望地在看什么？”

“你是在找杜医生吧？”有一天，菊花问阿开。

阿开愣了一下，点点头，叹口气说：“杜医生怎么会突然不见了呢？”阿开当时还有一句话没有说出来，“他到底出了什么事？”因为那一天阿开到城里去看杜医生回来，小伯和三嫂不是都问阿开做了什么犯法的事？不然，公安局怎么会来找他呢？

“杜医生不是杨医生叫来的吗？怎么不去问问杨医生？”

听了菊花的话，阿开果然到城东医院里找到了杨医生，他当时高兴得不得了，可一提到杜医生，杨医生好像突然变得不认识他了，阿开再三说他儿子小春开刀是他从省里叫来杜医生的，还说杜医生还为他付了医药费。

“你是不是弄错了，我可从来没有为哪个病人从省里叫来过医生啊。”杨医生说着，匆匆忙忙去给病人看病了。

阿开回来，把碰到杨医生的事告诉了菊花，菊花也觉得很奇怪，可这又有什么办法呢？她劝阿开吃了早夜饭再回去，自己就拿着洋盆和菜碗去买饭，可是去早了，食堂门还没有开，等菊花把饭拿回来，小春告诉她：阿爸等不及，已经回去了。

让人奇怪的事情还在后头，阿开走后的那个傍晚，宏志和小春在招待所门口玩，菊花在给小春补裤子，宏志突然神神秘秘地把她拉到大门口，悄悄指了指招待所对面的一个墙角，说：“那里有一个人在偷看我们。”

“有人在偷看我们？”菊花有些奇怪，她顺着儿子的手指头看过去，果真有一个女人站在墙角边向招待所门口看，特别是看着小春。

太阳已经下山，但天还相当亮，菊花看到那个女人同自己差不多年纪，看她的打扮，不像乡下人。

“难道是小春的亲生姆妈寻来了？”菊花脑子里闪了一下，“她还活着，是阿开不同我讲实话？”

“怪不得他再三说要生一个自己的儿子呢。”菊花又想起了同阿开在一起的那些日子，阿开几乎把这句话挂在嘴巴上。

菊花看看天色，估计着最后一班渡船开出的时间，“要不要再去渡船埠找找他看？”

“找谁呀？”宏志在旁边问姆妈，菊花没有听到，她眼睛睁得大大地看着那个女人。

天慢慢暗下来了，女人仍然站在那里向招待所门口张望。

当菊花想着要不要把小春叫回来的时候，那个女人突然向小春走来。

“宏志，快把阿弟领回房间里去。”菊花一边吩咐儿子，一边向那个女人走去，她要把小春藏起来，把那个女人堵在门外。

“你……这里是县政府招待所？”女人见了菊花，很客气地问。

“听说有一个叫董阿开的人住在招待所里？”女人仍然是那么客气。

菊花近距离打量女人，确是一副城里人打扮，那么说果真是小春的亲生姆妈找来了。

“你找董阿开……”菊花当时感到既惊慌又尴尬，她为阿开抱不平，他一把屎一把尿辛辛苦苦把小春养这么大，她倒来吃现成饭——领回去，她冷冷地问：“你找他有事吗？”

“你是……”女人也把菊花从头到脚看了一遍，把菊花看得难为情起来，就把自己的名字告诉了她。想不到女人一听到“徐菊花”三个字，“哎呀”叫了一声，正当菊花莫名其妙的时候，她热情地捧起了菊花的一只手，摇了又摇：“你就是烈士的家属啊，我们医院里的人都听过你的报告……”

“你是……”

“我是来找董阿开的……”

“你找他……”

“叫他以后再不要到医院去找杨医生了。”女人说完这句话，转身走了。菊花跟在她后面再一次问：“你是……”

女人突然回转身：“不要告诉别人我来找过你。”然后在墙角后面消失了。

13

菊花进城以后，这是她第一次带着儿子宏志和小春一起回到董家村，因为斗争恶霸地主的大会终于要开了，她是主要苦主，于政委说菊花是必须到会的。

由于好久没有见面，菊花的那些小姐妹都像接待回娘家的女儿一样，从自己屋里拿来了炒蚕豆、爆玉米、芝麻糕招待她，三嫂还为三个人煮了三碗糖氽鸡蛋，一碗三个，糖也放得很甜。

“我做梦也没有想到，还会有今天这么好的日子过。”

“姆妈又要讲老话了，阿哥不是说，好日子还在后头呢。”正在做功课的关林抬起头，看着姆妈端出来的一碗碗冒着热气的鸡蛋，偷偷咽口水。

三嫂又捧出来一碗，放到关林面前，笑眯眯地说：“别厌憎你姆妈，少不了你的。”

关林开心地笑了，马上捧起热乎乎的鸡蛋，向宏志和小春装一个鬼脸，就“呼噜呼噜”地吃起来。

菊花吃着糖氽鸡蛋，看一眼吃得满鼻子满脸又是糖水又是鸡蛋黄的小春，对三嫂说：“这次回来呀，要算我们家小春最占便宜了。”她告诉三嫂，因为宏志要留在家里补做功课，她刚才只带着小春去小姐妹金花家做客，金花恨不得把屋里所有好吃的东西都拿出来，还有她那个女儿玉郎，一个劲地往小春口袋里装，菊花客气地说：“好了，装不下了。”小春却把身子转过来，说：“我后面还有一个口袋呢。”

三嫂听了哈哈大笑：“这就是孩子啊，不像大人一样会装假客气。”

两个人刚说完话，只见关林和宏志围住了小春，小春正在把口袋里的炒蚕豆、爆玉米一把把地挖出来，分到关林和宏志摊开的手上。

菊花用手臂推了一下三嫂，又用嘴巴向正在分东西的三个孩子呶了一下。

“怪不得小春不嫌东西多呢，原来他还想着两个阿哥呢，真是有情有义。”三嫂啧啧地称赞起小春来。

阿开因为忙着帮农会主任韦世汤布置下午的会场，三嫂叫他不用一个人再回家去烧饭，阿开就在三嫂家吃了中饭，又急急忙忙地走了。

许丰和俞大水两股土匪都消灭了，所以这一次斗争恶霸地主何仲春的大会会场放到了董家池旁边的广场上，还临时搭起了一个高台，挂上一块横幅：批斗恶霸地主何仲春大会。

县里的干部来了，从县里派往各地的土改工作队队长来了，各区、乡的领导、农会主任和贫农代表也来了，加上董家村的老百姓，把一个大广场挤得满满的。

大会由新上任的富春县人民法院院长董关根主持，但他还在台下维持秩序，韦世汤却挺胸凸肚地站在台上指手画脚起来。

大会终于开始了，当董关根宣布把恶霸地主何仲春押上台来的时候，突然从前台爬上一个年轻的姑娘，她衣衫褴褛，头发蓬松，叫着要找韦世汤。几个维持会场安全的自卫队员想上去把她拉下来，她突然当着这么多人的面，先把衣服脱了，接着连裤子也脱了，还疯疯癫癫地叫着：“韦世汤，你不是说只要我同你睏觉，你会把我阿爸放出来的吗？我现在肚皮里有你的骨肉了，你为什么不把我阿爸放出来，还要批斗他……”

幸亏董关根早有了应付各种变化的思想准备，董家村妇女主任、关根的姆妈三嫂也及时领着几个妇女，把何仲春的女儿连劝带拉地弄出了会场。

何仲春有两个女儿，大女儿玉玲是他出去读书之前生的，后来许配给富春县保安队队长许丰当老婆，刚刚在台上出现的是小女儿叫彩玲，据说是他大老婆同一个长年生的。

何仲春从外面读书回来不久，老婆就发现他染上了花柳病，不再同老公同床，但她不甘心这么大的家产落入别人的手，就同家里一个年轻长年经常来往，想生一个儿子，想不到生出来的又是个女儿。何仲春是有苦说不出，为小女儿大操大办过生日，长大后又送她进学校读书。

小伯不是常去何仲春家吗？他脚跌伤以后，每次都是由韦世汤陪了去的，有一次，小伯和何仲春在客厅里吃茶谈天，韦世汤没有事，到大门口来玩，看到一个漂亮的姑娘在道地里踢毽子，她头上戴着的红绸蝴蝶结随着她的动作在跳跃、飞舞，把韦世汤看呆了。突然，毽子向韦世汤身边飞来，韦世汤一把接住，二小姐彩玲一看毽子捏在一个“叫化子”手里，大叫着她的毽子被弄脏了，要他赔，何家的一个管家气呼呼地冲过来，从韦世汤手里夺过毽子，还打了他一巴掌，可韦世汤当时并不觉得痛，回到家还把那只捏过毽子的手时不时地放在鼻子底下，总觉得有一股香气，让自己神魂颠倒，想入非非。

是大老婆出的主意，想想自己的老公要是被人民政府枪毙了，那什么都完了，又见韦世汤自当上了农会主任，经常找各种借口到他们家里来，有事无事地去找彩玲，她一看就有数了，尽管过去她是把他当叫化子看，在他身边走过都要捂鼻子，如今时代变了，俗话说舍不得孩子打不着狼，就打起了小女儿的主意。开始，彩玲死活不同意，哭着说：“姆妈，你不是要把女儿往火坑里送吗？”

“彩玲啊，你姐夫死了，姐夫一家完了，姆妈就全靠你了。”

彩玲当然也担心阿爸被枪毙，但要她同一个臭要饭的人睏觉，想想都恶心。彩玲说：“我才十五岁呀，我就是死也不同这种人睏觉。”后来，彩玲又问姆妈，“难道叫我同叫化子去生孩子吗？”她姆妈说：“你才十五岁，不会生孩子的，只要他把你阿爸保出来，以后就不让他上门了。”

大老婆见女儿仍旧死活不肯，韦世汤又放出狠话来：“我现在是董家村农会主任，我一句话就可以把你老公枪毙掉。”

彩玲还是不肯，还说如果要逼她同韦世汤睏觉，她就上吊自杀。

大老婆又抬出彩玲阿姐玉玲嫁给许丰的例子：“他原来也是我们家一个长年，后来当上了富春县的保安队长……”

“他不是被打死了吗？”彩玲顶了姆妈一句。

大老婆仍然也不发火，耐心地劝彩玲：“今后，是共产党的天下，共产党就是穷人当家，不要看韦世汤现在只是一个农会主任，他将来如果当上局长、县长……”

“就是省长我也看不上。”彩玲顾自己回房间去了。

谁知有一天晚上，正当彩玲迷迷糊糊睡着的时候，韦世汤悄悄溜了进来，这是大老婆设下的圈套。有了第一次，接着是第二次，第三次……韦世汤已经是何仲春家的常客了。

这件事在董家村的老百姓当中老早就有传闻，只是瞒着工作队的人（包括董关根）。三嫂本来耳朵是最灵的，当了村妇女主任耳朵也像棉花塞了起来，阿开也同样。

本来老百姓对工作队叫韦世汤当农会主任就有一肚皮气，有人在背后说：难道我们董家村的贫下中农都死光了？都成了地主富农了？要叫这个下作坯来当主任？加上时常有各种消息传来：钱塘江的铁路大桥被炸断了，蒋介石要回来吃中秋月饼了，不少人的头脑中开始打起了问号：共产党坐天下到底坐不坐得牢？

那年秋天，天堂护士学校招生，彩玲为了摆脱韦世汤这个魔掌，偷偷从家里逃出，报考了护士学校，因为刚解放，报考的学生不多，彩玲的文化考试及格了，去检查体格的时候，突然通知她："你怀孕了！"当时彩玲不懂"怀孕"是什么意思，问医生，医生用一种不屑的眼光上上下下打量了她好一回，才冷冰冰地说："你同人家睏觉，肚皮里睏出小孩子了还不知道？"

彩玲当场昏了过去。

彩玲醒来后，见许多陌生人在看着自己，没有可怜与同情，只有鄙视与讥笑，还有人在捏鼻子、向她吐口水；彩玲只觉得天旋地转，但她不敢哭，悄悄地从学校里溜出来，乘上了从天堂到富春的末班轮船回到了何家台门，关起房门，几次想上吊，可下不了这个决心，哭着说："我才十五岁呀，我还不想死呀。"

她就这样不吃不喝地躺在床上。

谁也不知道彩玲这些天关在房间里是怎么过的？当大老婆通知女儿，共产党要审判她阿爸了，要她去看看，可叫了几声没有人答应，推开房门一看，见女儿脱得光光的，对着镜子在自言自语："谁说我肚皮里有孩子了？我的肚皮不是好好的吗？"

当彩玲知道她阿爸今天要被枪毙了，才不顾一切地冲出房门，来到会场，爬上了主席台……

斗争大会突然发生了这么大的事，于政委当场撤掉了韦世汤，农会主任职务由董阿开担任，董关根也宣布大会暂停，以后再开；三嫂因为是妇女主任，也忙得脚不点地，没有时间再来照顾菊花和宏志，小伯在小姆妈的搀扶下来到阿开家，邀请菊花和宏志过一夜再回去。

"如今你是城里人了，来一趟乡下很难得。"小伯说。

"可能末班渡船也赶不上了。"小姆妈指指快下山的太阳。

阿开也说："小伯、小姆妈经常提起你过去对他们的照顾。"

"还有宏志和小春到后花园去捉萤火虫，这是我们在开玲、开全小时候才有的天伦之乐啊，那一天，我好像突然变年轻了。"小伯脸上堆着笑容，好像又回到了那个快乐的夏天。

菊花心里当然很乐意，这样可以在阿开身边多待一会儿，而且宏志和小春明天也不用去读书。可是住在哪儿呢？自己家？关了这么长时间，又是灰尘又是霉味的，不打扫一下是不能住的，再说回到老房子去，她想起阿水又会伤心，住阿开家？自从阿水回来以后，她已经和阿开分开了，阿水走了以后，两个人虽然心照不宣地想重新合起来过日子，阿开不是田里生活一有空就往城里跑吗？菊花也是几天不见到阿开就像丢了魂似的，但总得慢慢来，不然，人家说起来不好听，“这样猴急相，阿水的尸骨还没有寒呢。”

“就住到我们家客厅里，我们娘儿俩还可说说话。”小姆妈说。

还没等菊花点头，阿开又是找床板，又是抱被子，乐颠颠的，像办喜事一样。

宏志和小春更是高兴得跳起来，拉着小伯的手：“小老伯，我们再去捉萤火虫好不好？”

小伯和小姆妈都笑了起来：“现在是什么时候啊，还会有萤火虫？！”

“萤火虫躲起来了？”

“什么时候才会飞出来？”

“秋天。”

“秋天？”宏志和小春同时说，“小老伯，我们秋天再来，你可要等我们呀。”

“当然等，当然等。”小伯连连点头，他看着两个可爱的孩子，又一次想起女儿开玲和儿子开全。

阿开忙完了自己的事，站在旁边听宏志和小春同小伯他们说话，两只眼睛却一刻也没有离开菊花，菊花回头看到阿开那双既熟悉又有点陌生的眼神，心跳得厉害，想向阿开身边靠一靠，又不敢。

菊花和阿开做梦也不会想到，有一道看不见的鸿沟像王母娘娘架在织女和牛郎之间的天河，早已在两人之间架起了。

14

阿开一直把三嫂当大姐看，她良心好，又心直口快，阿开平常碰到什么为难的事情，总喜欢去告诉三嫂，向她讨主意，这一回他又碰到了难事，但不敢去同三嫂说，因为他知道三嫂自己也烦恼得要死，还来管他这种屁事。

三嫂自当上董家村妇女主任以后，阿平看她日里夜里颠进颠出，连屋里的事情也不管，对老婆说：“有人说芝麻绿豆官，你这个官比苋菜籽还小，还真当一回事呢。”

三嫂说：“官大官小不要紧，是共产党和董家村人看得起我。”

有一天，来了一个女干部，是来贯彻《婚姻法》的，她要三嫂把董家村的养媳妇统统叫来开会，说要她们勇敢地冲破封建枷锁，去寻找自己的幸福生活。三嫂听了很高兴，因为自己也当过养媳妇，特别是碰到那些恶心恶肺的阿婆，她们不把养媳妇当人看，还要虐待她们，吃的是剩菜剩饭，做生活却是最苦最累的，稍有不顺阿婆心的，就饿饭，招芬不是被芋艿活活烫死的吗？！第一次，三嫂叫来了七八个十来岁的小姑娘，都是受阿婆虐待的。女干部觉得十分奇怪，问三嫂：“你们村不是有名的童养媳村吗？怎么只来了这么几个？”

“有几个不敢来，怕回去遭阿婆打骂？”

女干部一拍桌子说：“你去同她们说，有共产党为她们作主，要勇敢地冲破这个封建牢笼。”

三嫂又找来了几个。

“怎么都是这些年纪小的？那些年纪大的呢？”

“大的……不少都结过婚了。”

“结过婚怎么啦，结过婚就不存在封建压迫啦，你没有听到有一支歌：旧社会，咱们妇女压在最底层……”

“有的已经生了儿子女儿，难道还叫她们去离婚？”

“生了儿女就不存在封建压迫了？”女干部有些发火，眼睛睁得大大地盯着三嫂，“听说……你也是童养媳出身，你们家就没有封建压迫了？你应当有这种切身体会，怎么可以藐视姐妹们的痛苦呢？”

“要我去拆散人家的家庭？”

“对，凡是包办的婚姻，就应该拆散！”

“这是伤阴德的呀！”

“你说什么？伤什么……德？再说一遍？”女干部像看一个怪物一样地看着三嫂。

“伤——阴——德——”三嫂一字一顿地说，同样睁大了眼睛盯着女干部。

“你……这……这是封建迷信，想不到共产党的干部还讲封建迷信？”女干部气得呼哧呼哧的，脸也涨成了猪肝色。

“好好好，我讲封建迷信。”三嫂见把女干部气成这样，她一甩手就回家了。

事后，关根也说他姆妈：“人家说你几句，你就甩手不管了，这算……”

“算什么算？算我阶级觉悟不高是不是？其实我早就看不惯了，她说我们村离婚的人越多，成绩就越大，要我多叫一些人去离婚。”三嫂用手指指自己，问儿子，“就说我是养媳妇，可我小时候你老伯阿婆从没有把我当养媳妇看，把我当女儿看，如今我的儿子都会干革命了，难道叫我也同你阿爸去离婚……”

“好了，好了，我说不过你。”关根摇摇头，从屋里逃出来，正好碰到阿开，听了关根告诉他姆妈正在发火，他就回来了，田里生活也没心思做，同呆子一样坐在屋里。

原来同菊花说好，宏志和小春放了暑假，由阿开把他们接回到董家村来住，因为他们对状元府第后院的迷人夜晚太眷恋了，阿开也同小伯小姆妈说过，老人听了开心得孩子似的，还叫人重新打扫了关闭了快一年的后花园。

阿开也早早地把宏志和小春的床又拼了一块木板，因为他们都长大了。

阿开吃过早饭就去县城，招待所同以前一样冷清，宏志和小春不知到什么地方去玩了，菊花见了阿开，笑着说："今天来得这么早？"

"小姆妈说要我们赶回去吃中饭。"阿开把从屋里带来的一些新鲜蔬菜从篮子里拿出来。赵所长考虑到菊花有两个孩子，自己要炒点菜什么的，在招待所的后门头给她搭起了一个披屋，还搭了一只简易的灶头。

菊花把菜收进披屋里，对阿开说："你们吃了饭再走吧。"

阿开是在菊花身边多待一筒烟的工夫都是很高兴的，听菊花这么说，马上忙着帮菊花洗起菜来。菊花却从阿开手里夺过菜，说："这是女人做的事，怎么好让你做呢？你还是到外面去坐一回吧。"

阿开呆了一下：她今天怎么啦？过去她是顶喜欢我在她身边帮她做事情的，甚至连洗衣裳也要叫我帮她一起拧干，现在，她好像把我当客人啦？

阿开看着菊花洗菜，一直站在菊花旁边不走。

"你吃力地站在这里，还不如到屋里去坐坐。"菊花又一次对阿开说。

阿开笑着说："不吃力，在旁边看着你。"

菊花再也熬不牢了，吞吞吐吐地告诉阿开，说赵所长同她谈过话，要她注意自己的身份，因为她是烈士的家属。

身份？什么身份？烈士家属……是身份？阿开一时还猜不到赵所长的意思，问菊花："这同我们两个人的事有什么关系？"

"他叫我今后同你少来往……"

阿开看着菊花刚洗过一半又被她甩在地上的菜，自己躲进了房间里，耳朵边却一直在回响着菊花那句话："烈士的家属……少来往……"

阿开的眼睛被泪水包围，他抬起头，对着天上问："为什么？为什么……"

三嫂是听说小春在学校里闯了祸，小春的班主任小骆先生又找不到他的家长过来找她，才知道小春已经不在县城里读书了。

"快去看看呀，你的宝贝儿子要闹出人命来了。"三嫂在田头找到阿开，劈头劈脑说了这么一句，向学堂里跑去。

到底是男人，阿开跑得比三嫂快，还没到关帝庙（天平乡小学办在庙里），就听到一阵阵的吵闹声。

“都是这个野种弄出来的事情，要他阿爸去赔。”是一个雄鸭子叫一样的男人声音。阿开一听这声音就知道是陈有方，吃了一惊。

小春被阿开从城里领回来当了个插班生，同陈有方儿子陈咬脐坐同一张桌子。

“你们不把这种捣蛋学生开除出去，我们就不读了。”陈有方看到阿开从田里赶回来，对着小骆先生说。

陈有方的老婆敞开着衣服，怀里抱着儿子陈咬脐，她的另一只手按着儿子头上的草纸，草纸一半已经红了。她正在嚎陶大哭：“咬脐啊，姆妈连生了四个儿子女儿，就只留下你一个做种啦，你死了，叫姆妈怎活呀。”

阿开一见这场面，倒吸了一口凉气：“这回小春的祸可撞大了。”他走过去看了一眼有方老婆怀里的儿子，又挤进人群，只见小春手里拿着根长竹竿，像一头小犟牛，把头歪向一边。

小骆先生见阿开来了，刚想开口，小春抢先说：“不是我推倒他的，是他自己不小心跌下来的。”

“是他自已翻倒的，我们都看到的。”董成标的女儿小红第一个站出来作证。

“到底怎么回事？”阿开问小春。

在小春和同学的叙说下，阿开把事情的来龙去脉弄清楚了：

关帝庙已经很破旧，墙上有不少洞，成了麻雀的家园，每天叽叽喳喳地飞进飞出，吵得同学读书也没有心思。

刚开学的时候，陈咬脐在墙边捡到一只小麻雀，偷偷养在书包里，想不到上课的时候突然叽叽叽地叫了起来，把小骆先生气得眼乌珠都要弹出来，不但要陈咬脐当场把小麻雀放了，还关了他一个钟头的“夜学”。当陈咬脐把这件事同董小春一讲，小春马上来了劲头，他也向陈咬脐讲了用渔网捉麻雀的“光荣”事迹，于是，两个人作出了一个“爬竹竿捉麻雀”的计划：由陈咬脐从屋里背来长竹竿，小春在下面扶牢，再由陈咬脐爬上去捉麻雀。

陈咬脐从竹竿上爬上去了，想不到小春力气小扶不牢，竹竿倒了，陈咬脐从上面跌下来，他的头正好撞在一块石头上，撞破了。

“董阿开，你是农会主任，也算是共产党的干部，你说怎么办？”陈有方咄咄逼人地看着阿开。

阿开走到儿子身边，从他手里夺下长竹竿，“喀嚓”一声拆成两段，往陈有方脚下一扔：“我阿开的事同共产党没有关系，你说怎么办就怎么办！”拉起小春就往家里走。

在路上，三嫂问阿开：“小春在城里书读得好好的，为什么把他叫回来呀？同有方的宝贝儿子在一起，还会有什么好事情做出来。”

阿开拉着小春的手，大踏步往屋里走，让三嫂自己说去。

三嫂生气了：“你呀，也太宠儿子了，也该做点规矩了！”

阿开突然站住脚，回头问三嫂：“做什么规矩？”不等三嫂回答，他又拉着小春继续往屋里走，连头也不回。

“这个人怎么啦，脾气变得这么大了？”三嫂看着阿开的背影自言自语，站了一会儿，忽然又向关帝庙走去。她是想到了陈有方的老婆梅花，她是个可怜的女人，因为老公是赌鬼，大部分时光同赌场的孤孀婆住在一起，不管老婆的死活，用他老婆的话说：想着了来同你睏一觉，怀孕了，生儿子了，他从来不过问，前面两个儿子一个女儿都死在了脐带疯里，这个咬脐是她在牛棚里生下来的，当时手头连剪脐带的剪刀也没有，是她用嘴把儿子的脐带咬断来的，她给儿子取了个名字叫“咬脐”。但是，等三嫂走到学校门口，看热闹的人已经散去，小骆先生告诉三嫂，咬脐同学已经由他姆妈抱回去了。

三嫂就向陈家桥走去，不管怎么说，自己还是个村妇女主任呢。

当三嫂从陈家桥回来，天已经黑下来，在大门口，她碰到了董成标的女儿董小红，她是来帮助小春补功课的。

三嫂感动地摸摸小红的头，问：“是阿爸叫你来的，还是姆妈叫你来的？”

小红回答说：“是我自己要来帮助小春的。”

“真是个好孩子。”三嫂又摸了一下董小红的头，看着她走进了阿开的家，才回到自己的家里去。

三嫂是从儿子关根那里问出阿开脾气突然变大的原因，她反问儿子：“一个是光棍，一个是孤孀（寡妇），本来两个人就睏在一起过，现在阿水死了，怎么又不可以在一起了呢？”

“你不懂。”

三嫂跳起来问儿子：“我不懂，就你懂？！”

见儿子不做声了，三嫂也把声音放低了一点：“你们要养媳妇不分青红皂白地去同老公离婚，说这是新社会新气象，阿开同菊花原来就当过夫妻，现在又说不可以在一起了，这又是什么气象？”

“这和养媳妇不同，菊花是革命烈士的老婆，如果她同阿开结婚了，还算不算烈士家属？”关根见姆妈不响了，进一步说，“宣传部商部长说了，我们好容易树起这么一面旗帜，还上过报纸，怎么可以让她随便倒掉呢？”

“啊？菊花还是菊花，怎么会倒掉呢？”

“要是她同阿开结了婚，就不再是革命烈士的老婆，是阿开的老婆了。”

“那……”三嫂突然想起了董家祠堂门口的那座贞节牌坊，她从小听过有关那个女人的传说，问儿子，“你们是不是将来还要给菊花造一座牌坊？”

“牌坊，什么牌坊？”关根也想到了那座贞节牌坊，气得把脚在地上一跺，说，“你怎么会把菊花的事同牌坊联起来呢？那是封建统治的社会，现在是共产党领导的民主社会……”

“共产党领导的民主社会就没有封建了，你们这么做，不是同……”三嫂刚说到这里，关根就把她姆妈的嘴巴捂住。三嫂把见儿子吓得这副样子，知道说漏了嘴，叹口气，摇摇头：“要我是菊花的话，情愿这个烈属不当了。”

“那她就得回来养猪养蚕，宏志也不能在县城里读书了。”

三嫂没话可说了，她呆呆地看着儿子，忽然想起一件事，问他：“你去看过小玲了吗？”

关根看看姆妈，猜到了她的心思，点点头：“去看过了，许校长对她很满意，说她年纪轻轻工作却很负责任，学生也很喜欢她。”

三嫂满意地点点头：“你要多去看看他呀。”

“姆妈，你……”关根有些不好意思地把脸朝向了大门口。

三嫂当然是心知肚明的，为了给儿子一个台阶，说：“我是说她一个大姑娘，无爹无娘的，千里迢迢跑到这里来，我们应该多去关心关心他。”

用现代时尚的话说，以阿开的经历，他可以算董家村的明星级人物了，花了九牛二虎之力好容易生了个儿子，为逃日本鬼子被闷死，老婆菊香跳江而死，当劳工逃回来从路上捡了个野种儿子。因为这个儿子出奇的调皮、淘气，引起了更多人的注意，有人私底下在问：这个“宝贝”一点不像阿开，到底是捡来的，还是他同别的女人生的？

本来这些往事早已经过去，没有什么新鲜感，人们也不再挂在嘴上，前些天，陈传祖突然领了一个外乡女人去找阿开，阿开一下子又成了董家村人的热门人物。陈家桥的人说，小春的姆妈找儿子来了——因为传话的人正好看到了那个外乡女人的背影，她穿着那种地道的乡下女人穿的大襟布衫；董家村的人却说原来小春还有一个阿姐——因为传话的人看到了那个外乡女人的正面：白皮细肉，娇嫩漂亮得像刚刚开出来的桃花。

三嫂当然是第一个赶到阿开家的，只见一个水灵灵的姑娘，却是一副乡下大姑娘的打扮，她吃惊得呆站在门口不敢走进去。

阿开忙向三嫂介绍："这是司马小惠，是从商州来的。"

这更让三嫂吃惊了：她从来没有听说阿开家在商州有亲戚呀？

"是我在当劳工逃回来路上碰到的。"阿开大方地说。

"可你从来没有……"三嫂见姑娘站起来，对阿开只说了半句话，忙又回头对那姑娘说，"坐，坐啊。"

三嫂这才知道这个司马小惠姑娘是阿开半路上碰到的，当时，她们母女看他抱着个又小又瘦的孩子，挺可怜的，她姆妈送了二十块大洋给阿开。

"你是来向阿开讨钞票的？"

"不不不，"小惠连连摇头，向阿开和三嫂讲起了她来这里的原因。

小惠阿爸是国民党部队里的一个大官，带领部队打死过日本鬼子的一个大官；她阿爸有两个老婆，她是大老婆生的，她姆妈原是商州一所学校教音乐的老师，快解放的时候，阿爸带着小老婆逃到台湾去了，她和姆妈留在商州；有一天，公安局的人突然到她们家里来搜查，把她姆妈同阿爸结婚时的相片，还有阿爸给她姆妈的信都搜去了，还在商州开了一个展览会，说她姆妈幻想蒋介石再回来，不但不能再教书了，还关进了监牢……

"是姆妈叫我来找阿开叔叔的。"司马小惠最后流着眼泪这样说。

三嫂静静地听着，她是一个乡下女人，国民党的部队在富春江边住了很短的一段时间，只知道他们到处打狗，说他们的上司克扣他们的军饷，只好打老百姓的狗来解馋；可吃日本鬼子的苦头，一个儿子还死在日本鬼子的细菌里，她是八辈子也不会忘记的。听说小惠的阿爸也打日本鬼子，就产生了好感，也非常同情小惠，她拉起了小惠的手，还流下了眼泪。

由于阿开家是两个光棍汉，不方便，三嫂家在土改中不但分到了土地，还分到了房子，也是在状元府第里面，大儿子关根平常很少回家，只有她和阿平两公婆，加上小儿子关林，就主动邀请小惠住到自己家里去，因为她没有女儿，就把小惠当女儿看待。

小惠每天早晨起来，帮助三嫂扫地、抹桌子、喂鸡，等关林上学去了，她开始拉小提琴，吱吱嘎嘎地，开始，三嫂嫌刺耳朵，后来听习惯了，小惠一天不拉，却好像少了点什么似的，对小惠说："你……那个东西不拉了？"

“什么东西？”小惠有些莫名其妙。

“就是那个……”三嫂把手里的水勺搁在肩膀上，做了个拉小提琴的动作，“像一只火腿一样的那个东西呀？”

小惠听懂了，她笑得弯下了腰，说：“叫小提琴。”

“你三嫂是乡下人，只看见过胡琴，从来没有看见过这个洋东西。”

有一天早晨，小惠帮三嫂做好了家务事，站在窗口又拉起了小提琴，拉着拉着，突然看到窗外有两个老人站着在听。

小惠把这件事告诉了三嫂，三嫂走到窗外一看，高兴得一拍手叫起来：“是小伯小姆妈呀，快进来，快进来。”

一听说是小伯小姆妈，小惠马上跑出门外，把小伯小姆妈扶了进来。

“这位是你的……”小伯看着三嫂问。

小惠不等小伯再问下去，主动介绍了自己的名字和家里发生的情况。

小姆妈到底是女人，听了小惠的话，拉着她的手，说：“小小年纪，这么远跑来，真是难为你了。”

小伯却上下打量着小惠，一声不响，脸上也没有什么表情。

“刚才听你小提琴拉得这么好，”小姆妈看了老公一眼，回头问小惠，“你会拉……九一八、九一八……吗？”

这时，小伯也突然抬起了脸，看着小惠。

小惠看着两位老人凝重的脸，点点头：“会拉。”

“你拉一遍给我们听听。”小伯和小姆妈同时说。

小惠把小提琴调了一下音，一个凄凉、悲壮的旋律在屋子里回荡，先是小伯唱起来，接着，司马小惠边拉边唱：“九一八，九一八，从那个悲惨的时候，脱离了我的故乡，抛起那无尽的宝藏，流浪！流浪！整日价在关内，流浪！哪年，哪月，才能够回到我那可爱的故乡？哪年，哪月，才能够收回那无尽的宝藏？爹娘啊，爹娘啊，什么时候才能欢聚一堂？”

“开玲，我的开玲你在哪里啊？”一声喊叫，一阵哭声，震惊了正在给儿子做鞋子的三嫂和沉浸在悲壮乐曲声中的小惠，两个人都放下手里的东西，赶到小姆妈身边来，问小姆妈到底发生了什么事？

小伯也眼泪汪汪地先看了老婆一眼，对三嫂和小惠说：“她又在想女儿了。”

“她也喜欢拉小提琴。”小姆妈抽泣着。

“我女儿就是拉着这支曲子走的。”小伯补充了一句。

这时，两个老人突然听到了嘤嘤的哭声，原来小惠也哭了，她告诉小老伯和小阿婆，她姆妈曾经告诉过小惠，她也是拉着这支曲子送丈夫到前线去的，说完，她一头扑进了小阿婆的怀里，喊了一声“奶奶！”

小姆妈紧紧地抱着小惠，眼泪滴在小惠的头发上，小伯也站起身来，走到小惠身边，无限深情地摸了摸她的头发。

刚解放，各方面的人才都很缺乏，学校里的教师也一样。

小惠在商州师范学校读过两年书，加上在她姆妈的辅导下，会弹琴、唱歌、跳舞，还会演戏，是学校里的文艺骨干。有一天，董关根趁在口场镇办一件案子的空隙，到母校去看望许佩文校长，顺便说起小惠的事，许校长说：“我们真为请不到教音乐的老师犯愁呢。”

就这样，司马小惠成了富春简师的一名音乐教师。

小惠一到学校，就选拔唱歌好的同学成立了“喈喈歌咏队”，还领着同学到街头去演唱“解放区的天是明朗的天……”“捷报捷报、歼灭了黄百韬……”还排演了《白毛女》，为上海失业工人募捐寒衣……受到了老百姓的欢迎和政府的表扬，因为富春简师是新办起来的，好多人都不知道，这样一来，就名声远播，富春中学的盛校长几次想把司马小惠“挖”过去，都被许校长顶了回去。

后来，盛校长打听到了小惠同董关根的关系，来做董关根的工作，关根笑了笑，说：“我又不是她的什么人，何必同我说呢，还是去同司马小惠自己说吧。”

“你不是她的对象吗？”

“她是我的对象？”关根吃惊地看着盛校长，差一点笑了出来。

当时，关根因为要审判几个案子，是司马小惠住进他家十天以后才回去的，他要去看看姆妈、阿爸；阿弟关林小学马上毕业了，要升中学，也要去问问他究竟想读中学还是读师范？读师范出来后可以当老师，读中学将来可以考大学。过去自己读师范，是因为家里穷中学读不起，还可以不抽壮丁，现在，分到了土地，还有宽敞的房屋，可以说吃穿不用愁，用姆妈的话说：“我们家已经有了个识字的，总要有一个大学生！”

关根走到家门口，一阵幽雅的琴声从窗里飞出来，他吃了一惊：“没有听到过关林学会拉小提琴了呀？再说小提琴那么贵，阿爸姆妈舍得给阿弟买？”

关根三步并两步登上台阶，推开门，一个似曾相识的身影出现在他的眼前：黑裙子、白上衣、短头发……

听到脚步声，小惠停住手里的弓弦，转过身，见是一个不高不矮，穿着灰布制服的年轻人站在她的面前，先呆了一下，但马上又像梦中醒来似的满脸堆笑，把一个指头放在嘴巴上，“嘘”了一声，调皮地歪着脑袋：“先让我猜猜，你就是关根大哥吧？”然后又把一只手伸向了关根。

“你是……”关根是个老实人，被小惠弄得有些尴尬，礼貌地伸出手，他握着小巧玲珑而又柔软的手，想起了另一个女人：她的手也是这么小，这么软……

“司马小惠，司马光的司马……”一连串银铃一样的声音送进了关根的耳朵里，关根回过神，马上回答：“我是董关根。”可他脑子里的那个女人又一次出现……

富春县简师范学校是培养小学老师的专业学校，学生除了交一些书费之外，其他都是由政府负担，可县政府经常克扣学生的伙食费，许校长就发动同学学习陶行知的办学经验，边读书边开荒，努力争取伙食自力更生。关根因为在家里劳动惯了，他带领同学开荒山、种玉米，有一次在山上开荒，由于山陡，柴刺又多，其他同学——包括男同学都怕被刺，关根爬上去把它们砍下来，谁想到还真的被刺刺出了血，当时关根也不当一回事，因为在家里做生活出点血是常有的事，这时有人轻轻拉了他一下，关根回过头，见一个女同学送过来一块手帕，和手帕同时来的是一股他从来没有闻到过的香气。她叫王美华，拉得一手小提琴。“包一下。”王美华轻声地说。

关根全身像通了电一样，脸也“唰”一下红了，听话地伸出那只正在流血的手。这可是他第一次接触女性啊，后来，伤好了，那块小手帕也还给了王美华同学，可他一直忘不掉她送手帕时的那一刻。

董关根因为是学生会主席，常常要带领学生代表去县政府讨同学的伙食费，还几次想组织同学上街游行，来声援天堂城里的学生运动，他虽然语文、历史等文科的成绩还在班级占领先地位，可数学就跟不上，在数学老师的一次突击小测验中竟交了白卷，当时数学老师对董关根说：“学生就是要把书读好，其他事让别人管去。”

王美华知道董关根数学小测验考了个零蛋，她对他说：“只要肯学，你的数学我包了。”

果然，在王美华同学的耐心帮助下，董关根的成绩上去了，还得到了数学老师的表扬。后来，因为国民党政府要抓他，他和张先生逃出来，参加了革命，王美华后来跟阿爸姆妈去天堂读书，听说后来考上了大学，他们的联系也中断了。现在，站在自己面前的司马小惠，无论相貌、举动、声音，甚至拉小提琴的姿势，都像同王美华一个模子里印出来的……

“你们两个人怎么啦，家里的凳子会咬你们的屁股啊。”一个高八度的声音从门外响进来，关根回过身，见姆妈拎着一篮菜走进来，小惠和关根都抢着去接三嫂手里的菜篮子，关根还说：“姆妈，我帮你去洗吧。”

三嫂哈哈大笑起来：“今天怎么啦，太阳从西边出来啦，你可从来没有帮姆妈洗过一次菜啊。”

“三婶，还是我来洗吧。“小惠说。

“你们两个是第一次见面，坐下来谈谈天，只要吃现成饭好啦。”三嫂又笑着向富春江边走去。

那天，小惠把自己怎么来董家村的前因后果重新告诉了关根，关根很同情她的遭遇，但想到自己是共产党的县法院院长，她阿爸是国民党的将军，还逃到台湾去了，心里就像是压上了一块石头。后来，他是抱着“离这种人远一点”的想法介绍给许校长的，谁想到司马小惠年纪轻轻这么能干，心里高兴，她又远离父母，才抽空去看看小惠；逢年过节，他姆妈还常把小惠叫回来，同女儿一样款待她，关根也同妹妹一样对待她……

“你听谁说司马小惠是我的对象？”

“大家都在这么说。”盛校长诡秘地对董关根笑了一下。

15

自从董关根回报了县中学盛校长之后，盛校长就没有再来找过董关根。

放寒假了，小惠因为要带着学生上街宣传，到腊月二十九才回到三嫂家来过年，一进门，关根就同小惠开玩笑：“你比我这个法院院长还忙啊。”

三嫂虽然忙着准备请财神菩萨、送灶司菩萨的菜饭，忙得脚不点地，但还是给小惠泡了一碗茶，送到她手上，关林又忙着端凳子，只有阿平坐在一边抽着烟，对小惠微笑着。

小惠感到一股回到家的温暖，她又想起了姆妈：“她不知怎样了？好久没有来信了。”但是她不对任何人说，怕破坏了这种欢乐、喜庆的气氛，她同女儿一样帮助三嫂洗洗刷刷，三嫂嘴巴上虽然说：“你这么远的路才回来，还是休息休息吧。”可她心里是多么开心啊！多少年了，每年过年她都是忙得连晚上睏觉都感到筋骨酸痛、手也抬不起来，可第二天还得忙，几个大老爷们总认为这是女人的事，极少来帮一手，今后总算有一个帮手了。

“我是从口场乘轮船回来的，不吃力。”小惠笑眯眯地对三嫂说着，又坐到灶底下去烧火。

这一回三嫂真的不答应了，她一把把小惠从灶底下拉出来：“怎么好叫你去烧火呢。”她回头大声地叫起来“关林，帮姆妈来烧火！”

关林正在玩，听到叫声，看了他姆妈一眼，噘起嘴巴向灶底下走来，却被小惠推了出来："玩去吧，大姐会烧的。"

听说小惠回来了，阿开带着小春也来看她，小惠从灶底下走出来，想去抱抱小春，小春却躲开了。

"大孩子了，不要大姐姐抱了。"阿开告诉小惠。

说话间，小伯和小姆妈也过来了，小伯回头看看小姆妈，对小惠说："你小阿婆可记挂你呢，怎么也不回家来看看？"

小惠一边扶小老伯小阿婆坐到凳子上去，一边说："学校里忙啊，师范学生出去都是当老师的，音乐、体育、美术都得懂一点，还要排节目，从口场到家里，路又远。"

"听说你们的《白毛女》还到县里来演出过，连于政委他们都去看了。"阿开说。

"可惜我在外面出差，没有福气看。"董关根看了一眼小惠。

三嫂对阿开说："你又没有去看，怎么知道的？"

"总会有人告诉阿开叔的。"极少讲话的关林冷不丁插了一句。

阿开也学起了调皮，说："我是从耳朵里听到的。"

"大姐姐，能不能到董家村来演出啊？"小春突然问。

小惠被问住了，因为这得由学校领导决定。

小伯满有信心地说："有机会我同你们许校长说说看，我们祠堂里有戏台，绍兴大班、女子的笃班都来演过。"

"那可好了。"小惠看了关根一眼，忽然对大家说，"明年我就调到县中学来教书了……"

"你调到县中学来了，你们许校长同意了？"董关根有些出乎意料地看着小惠。

"听说盛校长先做通了文教科孙干事的工作，许校长没有办法，才同意的。"小惠说。

"杨科长也同意了？"董关根见小惠没有回音，自己同小惠又没有确定什么特殊关系，也只是自言自语地说，"这个人……他真会钻啊。"

"盛校长还说，明年我们县中学不但要同部队一样成立文工团，还要排演《赤叶河》。"

"《赤叶河》？"关根看着小惠，小惠好像很兴奋，"盛校长说县师范演出《白毛女》，我们县中学要演出《赤叶河》。"

"《赤叶河》？"董关根摇摇头，"没听说过。"

小春却来劲了，一头扑到小惠身边来，拉着她的手说："那你可以教我拉小提琴了。"

这是小惠答应过小春的，小惠还没有到师范学校去教书之前，小春几次缠着小惠他也要拉小提琴，刚教了几天，她要到远在三十多里的师范去当老师，小春很失望，小惠说，将来如果能到县城来教书，再教他拉小提琴。

小惠点点头，高兴地说："以后姐姐每个星期天就可以回来教你学小提琴了。"

"我也要学小提琴。"关林说，为了讨好小惠，还送给小惠一把姆妈刚给他们炒的蚕豆。被他阿哥看到了，笑着说："关林这么小年纪，学会收买人心了。"

小惠接过关林的炒蚕豆，送到关根面前说："分给你一半好不好？我也收买收买你。"

关根并没有接小惠送过来的蚕豆，小声地问她："盛校长找你谈过话了？"

"是他把我从学校里接回来的。"

关根看看小惠，什么话也不说，走到一边去了。

"你是不是不高兴了？"敏感、机灵的小惠好像看出了董关根的心思，走到他身边去问。

董关根回头看了小惠一眼，他本来想说："你的事同我有什么关系？"怕小惠误会，从嘴巴里说出来的却是"我有什么好不高兴的，只要你自己高兴就好了"。

小惠又补充说："盛校长这个人是很热情的，他……"她见关根开始用异样的眼光看着自己，马上把到了嘴边的话缩了回去。

董关根假装去帮姆妈做事，走开去，心里却在想："小惠实在是太天真、太单纯、也太幼稚了。"

这时，小惠和关根同时听到了阿开的叹息声："要是宏志能够回来，三个小伙伴一起学习小提琴就好了。"

阿开说话的声音虽然不大，三嫂却听到了，她回过头，用同情的眼光看着坐在角落里的阿开："快成相思病了。"

董关根自担任富春县法院院长以来，审判的案子不知其数，案情也各种各样，可从没有碰到过这么离奇的案子，他先看了公安局送来的材料，为了慎重起见，还亲自到招待所去问过菊花。菊花告诉他的情况是这样的：

快过年了，招待所更加冷清，有一天来了两对新结婚的夫妻，说是到富春来度蜜月的，而且都是开了介绍信的。

县招待所的造法是火车车厢式的：中间一条走廊，两边是门对门的房间，两头各有一个厕所，半个男厕所，半个女厕所。

进招待所的大门在中间。

因为客人不多，为了节省电，走廊两头的厕所门前才有一盏不明不暗的电灯。

“两对夫妻因为是朋友，就给他们安排在贴隔壁的两个房间，由于是下雪天，风又大，安排好他们，估计不会再有客人上门，我和宏志也早早地睏了。”菊花告诉关根，“天快亮的时候，我和宏志被吵醒了，我披上衣服出去一看，两个男人正扭在一起，一个说‘你强奸了我的妻子’，另一个也说‘你强奸了我的妻子’，我到两个房间里去一看，两个女的都躲在被窝里哭……”

董关根听了觉得好笑，他想起公安局给两个当事人的笔录，一个新郎官是这样说的：我半夜起来小便，因为天冷，披了件大衣，到厕所里去小便回来，走廊里碰到一个人，迷迷糊糊的也没有注意，就进房间睡了，想不到第二天天快亮的时候，怀里的女人竟不是我的妻子。另一个新郎官是这样说的：我半夜里起来披了件大衣到厕所里去小便，半路上碰到一个人，也没注意，可小便回来推推房门，房门关了，因为迷迷糊糊的，天又冷，我以为走错门了，去推第二扇房门，房门开了，我就进去了，可到快天亮时一看，睡在我怀里的不是我的妻子……

董关根站在走廊上，看着两边车厢式的房间门，除了门上的号码外，其他都是一式一样的。

“这案子怎么判呢？”董关根第一次为案子的事抓起了头皮，因为在院长会议上，一个副局长说，要以阶级斗争为纲，两个人都要判刑。另一个副局长说，两个当事人都不是故意的，应当以调解为主……

董关根一边看现场，却时不时地看手表，因为小惠参加的暑假学习班马上就要结束，他答应去接她一起回董家村的。

“董关根——董院长——”一个很大的声音从外面传进来，关根跑出去一看，是老同学陶汝兵，毕业后他在县中学教书，是司马小惠的同事。

“是你啊，这么大的声音，我还以为什么地方起火了呢？”关根见老同学跑得上气不接下气，满头大汗，开起了玩笑。

陶汝兵用手掌抹了一下脸上的汗，说：“比起火还严重！”

“比起火还严重？”

“司马小惠被划上右派了！”

“小惠划上右派啦？”关根脑壳“嗡”的一声，要不是扶了一下墙壁，可能跌倒了。

小惠调到县中学后，每个星期天都回董家村来，三嫂当然是热情招待，把什么好吃的都拿出来给小惠吃，阿平有一次同老婆开玩笑：“你大概是想把她当媳妇啊？”

“你是怎么知道的？”三嫂长期压在心里的秘密被老公揭穿，吃了一惊。

“你肚皮有几根花花肠子？我会不知道。”阿平得意地说。

“我是怕关根配不上她呀！”

“我们家关根怎么啦？抗美援朝的英雄，富春县法院大院长……我是怕小惠同关根不相配。”

“关根同小惠不相配，她的阿爸可是个大官呀。”

“可他已经逃到台湾去了，一个国民党军官的女儿，配得上共产党的院长吗？”

“她阿爸带领士兵打死过一个日本鬼子的将军呢。”

“那他为什么要同共产党作对，逃到台湾去？”

三嫂听老公这么一说，也呆了。其实，自从小惠住到三嫂家以后，每次关根回来，她就关心他对小惠的一举一动，她知道儿子是挺喜欢小惠的，有时候背着小惠，三嫂也问起过儿子对小惠的事情，可一向办事干脆利落的儿子，嘴巴里像突然含了一粒山核桃，总是支支吾吾的。

由于儿子这种不冷不热的态度，让三嫂心里多了个疙瘩，但对小惠仍然同以前一样热情：“媳妇当不成，就当女儿吧。”

小惠呢，每次回来，总要给三嫂和关林，还有小春买一些好吃的，小春和关林只要一看到小惠回来，都会迎出门去把她接回来。

可是后来，她回来的次数少了，有时还是空手回来，而且一回来就把自己关在房间里，连吃饭也要三嫂去叫她几遍，才无精打采地出来。

她的饭量少了，人也瘦了。

当然，教小春、关林学小提琴的事，也莫名其妙地中断了。

三嫂好几次关心地问小惠：“是不是病了？”

小惠总是摇摇头，搁下饭碗，回到自己房里去了。

“是不是想你姆妈了？”三嫂不放心，追到房间里去问小惠。

小惠摇摇头。

“姆妈有信来吗？”

小惠还是摇摇头。

有一次正好关根也回来了，小惠对关根说：“大哥，我想回到师范去教书。”

关根当时吃了一惊，因为他听到小惠在县中学工作开展得很顺利，不论是教学生，指导文工团，都做得很出色，还排演了歌剧《赤叶河》，演出那天，富春县的大部分领导都去看了，谢幕时，书记于太白、县长刘志远、文教科长杨坚，都上台同演职员握手，盛校长还特别叫来了照相馆的师傅，不但拍了一张全体照，还请书记、县长、科长，当然也拉上了小惠作陪衬，拍了一张放大的照片，挂在校长办公室里；当然啰，照相馆也不会放过为自己照相馆打招牌的好机会，把照片放大了几倍，摆在富春照相馆的橱窗里，凡是从照相馆门口走过的人，几乎都要停下来看上几眼。

“工作不是很顺利？”关根关心地问。

小惠抬头看了一眼关根，张了一下嘴巴，突然又叹了一口气，走掉了。

老同学陶汝兵把学习班的事情全告诉了董关根，最后他摇摇头，叹息说：“司马老师实在太幼稚，太天真了。”

学习班刚开始，由县长刘志远亲自作动员报告，说共产党要整风，希望老师们抱着爱护共产党的心情多提出宝贵意见，他态度严肃、诚恳，老师们也很感动。刘县长还亲自到中学组来听取大家的意见，可是大家都讲盛校长文化水平虽然不高，却领导有方，能广纳人才，把学校办得有声有色，比如从师范里“挖”来了司马小惠，办起了学校文工团等等；刘县长听着听着，皱起了眉头，说：“这次共产党整风，不是要大家摆功评好，成绩、功劳是明摆着的，不说也逃不掉，我们这次整风的目的是要大家提缺点，便于进一步把学校办好……”

刘县长还把盛校长调到其他组参加讨论，说背靠背才能让老师们说出真心话。

司马小惠老师也向盛校长提了不少意见，说盛校长关心文工团当然是好的，可每次排演完节目，有时夜已经很深了，他还要跟到她的寝室里去，说要同她再研究一下排练的问题……后来说着说着，她突然生起气来，说盛校长有时还要动手动脚……

“我恨死盛校长了……”陶汝兵传了小惠一句原话，看了一眼董关根，继续往下说，“她不该说……‘下次他再这样动手动脚，我会杀了他！’这句气话。”

“这是当时在气头说的话，也好当真的？”关根问。

“当时司马小惠虽然说得很轻，可做记录的人还是把它记录了。”

“凭这句话，就划上右派了？”

陶汝兵看着董关根，说起了后来的那一次大会……

这是一次严肃的大会，也是让不少老师心惊肉跳的大会。

文教科长杨坚也同刘县长一样，态度十分严肃，脸上带着气愤，他说：“有人想借共产党整风的时机来攻击污蔑共产党、整垮共产党，这是决不允许的。”坐在台下的老师们一听，感到气氛不对，开始紧张起来，再也不敢做声，原来说过一些过头话的人，也开始后悔。

有一次，大会材料组来核实大家提的意见，不少人说自己没有说，是记录的人记录错了，可问到司马小惠有没有说过“我会杀了他”那句话，小惠起初呆了一下，先是摇摇头，后来，来核实材料的人再一次提醒：“你到底有没有说过‘杀了他’那句话？”司马小惠点点头，说：“说过的。”材料组还要司马小惠把那句话再重说一遍，司马小惠想了一下，说：“我当时说，下次他再这样动手动脚，我会杀了他的。”

“这不是在诱供吗？”董关根这句只有公安司法人员才能懂的话，陶汝兵当然听不懂，他告诉董关根，“上报的材料上就是‘司马小惠要杀共产党员。’”

更让人哭笑不得的是上级规定县中学至少要划四个右派分子，当时因为大家对右派分子是什么样的罪名并不清楚，而且意见是上面叫他们提的，说是为了帮助共产党整风，领导在大会上的态度是那么诚恳；当然，有的老师在提意见的时候态度激烈了一点，话说得重了一点，有一个娄老师，据说大学里就是高材生，解放前就到富春中学来当语文老师了，还是教研组长，因为家里儿女多，上有老下有小，感到解放后生活下降了，在提意见时说：其实我们老师的工资还是解放以前高。材料组就以“污蔑共产党不会领导教育，是典型的‘外行不能领导内行’的反动言论”，上报右派名单里也有他，也不知道谁透露给他的消息，说他要划上右派了，他痛哭流涕地说，他是忠心耿耿拥护共产党的，因为解放了，人民翻身当了主人，个个扬眉吐气……只不过讲了几句过头的话，希望共产党原谅，如果他当了右派，一家老小就没人照顾了，司马小惠看他可怜，在小组会上表态说：“不就是到农村劳动锻炼一段时间嘛？我愿意代娄老师去劳动锻炼。”

据消息灵通的人透露，说在县中学组上报把司马小惠划为右派的材料里是这样写的：父亲是国民党高级将领，跟随蒋介石逃到台湾，如今在金门马祖担任重要职务，企图伺机反攻大陆，母亲车玉娟不满共产党，把国民党时期同丈夫的照片、信件暗藏下来，企图向国民党反攻大陆献功，司马小惠在这样的反动家庭中长大，对共产党有刻骨仇恨，因而产生了要杀共产党员的动机。

别以为小惠会天真到什么都不懂的地步，她看到划上右派的几个老师都心情沉重，心里也开始后悔，不该自己送上门去当这个右派，但是刘县长已经在大会上宣布过了，再反悔也来不及了，所以当关根把她从学习班接回家里，一见到三嫂，就像受了委屈的孩子见到了姆妈，扑进了她的怀里，哗一声大哭起来。三嫂被小惠哭得莫名其妙，关根在旁边告诉姆妈：“小惠被划上右派啦。”

三嫂从来没有听到过这个名词，反问小惠和关根：“什么划呀油呀？”

“不是油，是右派！”小惠到底年纪太轻，她见三嫂这样滑稽的样子，心里也宽松了一些，对自己说，“无非下去劳动一段时间嘛。”因为刘县长在会上这样说过，只要劳动改造好了，还可以回学校教书的。

三嫂后来听关根说，小惠今后不能到学校里教书了，要到农场里去劳动改造，她的神情马上紧张起来，她拉过小惠的手，说：“这样白皮细肉的，改造劳动能吃得消吗？”

关根忍不住想笑起来，悄悄地对姆妈说：“是劳动改造，不是改造劳动。”

“劳动改造，改造劳动不是一个样吗，就是同我们种田人一样，上背日头下背水。小惠犯了什么罪呀，要罚她去吃这个苦？”

按照上级规定，右派必须先集中到大桥农场劳动改造。那一天，董关根为了避嫌，找了个藉口没有去，三嫂领着关林，阿开领着小春，都赶到城里来为小惠送行。更难得的是三嫂的老公阿平，自土改那年分到了田地，不再靠他打猎维持一家人的生活了，也一起来为小惠送行。

小春和关林在去汽车站的路上，问小惠：“大姐姐，你什么时候再来教我们学习小提琴？”

小惠拉着关林和小春的手，微笑着说：“等大姐姐劳动好了，再来教你们拉小提琴。”小春又问小惠：“什么时候劳动好呀？”

小惠自己也不知道，上级说了，劳动改造好了，还可以回到学校来教书，那么，怎样才算劳动改造好了呢？

因为是去农场劳动改造的，棉被呀，衣服呀，面盆呀，牙刷牙杯呀，又是包裹又是网兜的，像搬家一样，幸亏有两个大男人帮忙，把大件的装到汽车顶上，小件的由小惠自己拎着，上了车，小惠还从车窗里伸出头来，挥着手对三嫂和阿开说：“不要为我担心，我从小没有参加过劳动，这次我一定会好好劳动的。”

大桥农场这个地方，三嫂听老年人说原来的名字叫“皇天畈”，这个畈里的稻田都是长方形，每一块稻田从头到底都有几百米，甚至上千米，那个时候种水稻是每人一行，每行六株，有一个年轻人从头开始种，种着种着，腰也直不起了，太阳又大，田里的水把他的两只脚梗快泡熟了，他实在吃不消，抬起头，叫了一声：“皇天啊！”就晕倒在稻田里。从此后有人就把这里叫做“皇天畈”。解放后，土地收归国有，又觉得这个名字不好听，恰好旁边有一座大桥，就改名叫大桥农场。

司马小惠他们到农场去的时候，汽车还不能直接开到场里，一个娇生惯养的女孩子，看着从汽车顶上卸下来的那么多东西，傻眼了，幸亏农场派来了几个场员帮忙，才把东西搬到场部专门给右派分子清理出来的那一排矮房子门口。

后来，汽车可以直接到达农场了，龙头山的渡船也由以前的木船改成了轮船，方便多了，所以三嫂一家，还有阿开和小春，几乎每个星期天都要到农场去看望小惠。

农场的场长原来同董关根在朝鲜战场上一起打过仗，复员回来后又同过事，每次三嫂去看小惠，场长总是先把三嫂接到场部办公室，然后再叫人去把小惠从田里叫回来，三嫂一看到小惠头发蓬乱，又黑又瘦，肉痛得流着眼泪问场长："小惠到什么时候才能改造好呀？"

场长尴尬地笑笑："他们只是到我们农场里来劳动的，什么时候改造好，得由上面决定。"

"唉，作什么孽啊，一个白皮细肉的姑娘，说错了一句话，就把她改造成这副样子，还说没有改造好。"三嫂扶摸着小惠的脸，又捏着她的手，她原来那双又柔软又白嫩的手，已经结起了厚厚的老茧。

小惠却笑着说："这就叫脱胎换骨嘛。"小惠又把关林拉到自己身边，问他，"听说你已经考进县中学了？"

关林点点头："嗯"了一声，就没有其他的话了。

三嫂看了儿子一眼，马上眉开眼笑了，说："看看他这么老实相，考试成绩到是蛮好的。"她拉了儿子一把，"你忘了，今天是来做什么的？"

关林脸一红，迟迟疑疑地从口袋里挖出一张纸，送到小惠手上。

小惠打开一看，是一张入学通知书，叫起来："我们关林考上县中了。"

关林有些难为情地低下了头，小惠把他拉到身边，低声嘱咐："好好读书。"

关林点点头，向小惠身边靠近了一点。

阿开和小春过了一个多星期才去看小惠，这是他同三嫂约好的，两家人分开去，可以让小惠少寂寞一点。那天小惠正好在场部礼堂里为职工排练节目，说县里要举办农场职工歌咏比赛，场长说把这个任务交给了小惠，还对她说："只要你把场里的歌咏队训练好，其他什么事你都不用做了。"所以当阿开看到小惠时，并不像三嫂说的那样"又黑又瘦，简直不像个人样"，她又开始胖起来，皮肤也白了不少。

小惠见阿开在不停地看她，也猜到了几分，笑着说："你是看我又胖了，是不是？"

阿开点点头："上次三嫂回来说你又黑又瘦，简直不像个人样了，连小姆妈也心痛极了，这次她一定要我带一只鸡来给你补补身体。"阿开从竹篮里捧出一个瓦罐，揭开盖子，溢出一股香气，在空气中弥漫开来。

小惠的眼眶里滚动着泪珠，问阿开："叔叔，小老伯和小阿婆都好吧？"

不等阿开回话，小惠捋了一下头发，笑着说："我这个人呀，瘦得快，胖得也快，再把这只鸡吃下去，要变成胖子了。"她见小春正在看着瓦罐里的鸡，撕下一只腿送到小春面前，说，"小春先吃一只鸡腿。"

小春后退了一步，把两只手放到了背后："小阿婆说，是给大姐姐一个人吃的。"

阿开也说："小姆妈说，这是只神仙鸡，一个人吃才补，她连一口汤也没有尝过。"

"小阿婆她……"小惠感到眼睛又有些热辣辣的，为了掩盖，她把手里的鸡腿又一次送到小春面前，"小春吃一只鸡腿，书会读得更好。"

"下半年要读四年级了。"阿开得意地看着儿子。

"那更加要补补身体，把书读好，拿着，是大姐姐奖给你的。"

小春看了阿开一眼，才接过小惠手里的鸡腿，大口地撕咬起来。

是啊，这些年，虽然大家吃穿不用愁了，可吃鸡吃肉还是要过年过节才有的。

小惠看着小春那副吃相，笑了。

阿开看着儿子，也笑了。

阿开本来是不大会说话的人，可他想好不容易来看小惠一趟，总想多同她说说话，把自己听到的消息和看到的事情多告诉一些给小惠听。他是有口无心地告诉了小惠一个消息，说："听三嫂说，前几天关根在师范里读书时候有一个女同学叫王美华的，后来去读了大学，今年大学毕业了，还特地从省里来看望关根……"

"女同学王美华……"小惠的脸色一下子变了。

阿开看到小惠脸上突然没有了笑容，猜想自己有什么话给小惠带来了不高兴，在心里埋怨自己："我这张不关风的嘴巴，又说错什么了？"

本来，小惠要到瓦罐里去撕一只鸡翅膀的，因为她自从到农场里来以后，每天是繁重的体力劳动，还要受一些农场职工的白眼，说他们这些右派都是反对共产党的，有时候还故意把重体力生活压给他们做，她虽然是个女的，还得到场长多方面的照顾，可对一个从来没有劳动过的人来说，也够受了，而且，每天吃的是有定量的饭，一点老白菜，没有一点油星……刚才她看到小阿婆送来香喷喷的鸡，看看那油汪汪的鸡汤，老早就想喝一口了，可对着阿开叔，对着小春，咽着口水熬住，后来看见小春吃鸡腿，再也熬不牢了，刚伸出手，听到阿开说王美华来看关根的消息，那只伸出去的手像突然僵住了似的，停在那里不动了。

因为她也听三嫂说过关根在师范里曾经有过一个要好的女同学，后来断了联系……

16

阿开最怕小春的犟牛脾气，菊花曾经说过，他的犟牛脾气发作起来，天皇老子也劝不好。

这不，小春的犟脾气又发了，说是要去看菊花姆妈、宏志阿哥。

在家里时阿开就对小春说过，这次就是去看小惠大姐，其他地方都不去，小春也答应得好好的，可他从龙头山渡船埠一上岸，就熟门熟路地向招待所走去，阿开在后面怎么叫他也不回头，后来，是阿开硬把他拉到了去大桥农场方向的汽车站，在车上再三问小春，为什么不听话，要到招待所去？让阿开想不到的是小春反问阿开："为什么不到招待所去？姆妈待你这么好，宏志阿哥对我这么好，为什么不去看他们？"

阿开被问住了：大人之间的事，对一个十几岁的孩子说了，他会懂吗？

阿开何尝不想去看看菊花、看看阿水的儿子呢？特别是菊花，他们做了一年多的夫妻啊，在这之前，两个人都受到了刻骨铭心的人间折磨，终于有缘合在一起，过上了幸福甜蜜的日子，由于突然的变故，又把他们拆开，这对菊花、对阿开，是多么大的折磨啊！阿开没有一天不记挂菊花，他还常常在梦中见菊花又回到了自己身边，他会从梦中大叫起来："菊花，这种苦日子我们总算熬出头了！"但是梦醒后，菊花的话又在耳边响起："上头有人说了，如果没有了烈士家属这块牌子，我就要退回到农村里来，我自己倒无所谓，就是怕耽误了宏志呀！"。

有一次，阿开曾经偷偷上街去看过菊花，她老多了，皮肤虽然比在村里白了一些，但脸上的皱纹同她的年纪太不相配了。

所以从农场回来，阿开有意避开招待所另选了一条小路走，阿开却忘记了小春是在城里读过书，这里的大街小巷比阿开熟悉多了，阿开在前头走着，开始是小春跟着阿开走，后来他拉到后面了，最后，连人影也不见了。

"这个小鬼呀，真是人小鬼大呀。"阿开不得不跟着小春向县招待所走，还没到门口，一声"姆妈"传来，阿开一看，小春已经扑进菊花怀里。菊花也眼泪花花地把小春紧抱在怀里，说："我的小春长高了，变成小倌人了。"接着又问小春，"想不想姆妈？"

"想啊，姆妈为什么不来看我们呢？"

"小春下半年要读四年级了。"阿开走上去说。

"成绩好不好？"菊花放了小春，问阿开。

"语文考了99分，算术考了100分。"

"好，好，好！"菊花连说了三个好字，又深情地看了阿开一眼，问道，"你还好吗？"

阿开苦笑了一下："日子总得过下去呀！为了小春嘛。"

菊花听了阿开的话，心里一阵酸痛，强忍着不让眼泪流出来，向房间里叫了一声：“宏志，看谁来了？”

宏志从房间里冲出来，手里还捏着做功课的笔。

两兄弟一见面，又是抱又是跳的。

一会儿，小春从口袋里挖出一个灰白色的东西，交到阿开手里：“阿爸，你把它吹吹大！”

阿开一看是过年杀猪留下来的猪尿泡，当时，他把它吹成了一个汽球。

这是阿开家第二次杀年猪，小春却是第一次独个人玩这种泡泡，开心得连晚上睏觉都要把泡泡吊在床头。可是玩了几天，阿开再也见不到那个猪尿泡了，他以为小春玩厌了，或者破了丢了。

“想不到他还有这种心计啊。”阿开一边帮着把猪尿泡吹大，一边看着小春。

这时，小春手里却在玩花花绿绿的纸片，纸片上有梁山泊一百零八个好汉，有三国里摇鹅毛扇的诸葛亮，有红脸关云长，花脸曹操……宏志正在耐心地一张一张告诉小春纸片上是什么人，有什么本事；这时的小春，乖得像一只小兔子。当阿开把猪尿泡吹成一个皮球交到小春手里，小春又把猪尿泡传给了宏志，两兄弟玩着、笑着、叫着，招待所里霎时充满了欢乐的气氛。

阿开和菊花面对面坐着，看着孩子在开心地玩耍，又想起了两个人结婚后第一次过年时的情景，幸福地相对笑一下，但多数时间是四目相对，默默无言，或欲言又止。

土改的时候，董成标的田正好分在阿开的三角田旁边，这对阿开来说，方便了不少，过去，徒弟阿水在的时候，阿开的三角田里要有什么帮忙的，比如稻田干了要车水、要上肥料、割稻打稻，他都会来帮忙，阿水走了，阿开像断了一只胳膊，只好临时叫“伴工”帮忙，特别是往三角田里车水，因为田高池塘低，一部水车是没有办法把水车到稻田里去的，得有两部水车，下面一部水车先从池塘里把水车到临时筑起来的水坛里，再由上面一部水车把水车进稻田里，这种“伴工”虽然是以工换工，但人家有时不需要，还要对方有没有空？有时还得看别人的嘴脸。这回好了，成标的田同阿开的田只隔着一条田埂，地势也同样高，两份人家同时种稻、车水、收割、方便多了。

更让阿开高兴的是成标老婆桂香的老烂脚被杜医生医好以后，经常来照顾阿开和小春，比如说破旧衣服的缝缝补补呀，阿开在田里做生活来不及回来吃饭，桂香就会帮助烧好，让小春先吃了去上学，像姆妈一样；还有她的女儿董小红，虽然同小春是同样的年纪，她却比小春更懂事，更能干，书也比小春更会读，她就像大姐姐一样帮助他，照顾他。

有一次，阿开和成标在田里车水，饭是桂香送到田头来吃的，阿开和成标吃着吃着，不知谁先说起来的，又提到了杜医生。

阿开突然问成标："杜医生到什么地方去了，你们知道吗？"

"杜医生到什么地方去了？"成标和桂香都呆起了，他们两个人你看我，我看你，后来是成标先摇起了头："我们也不知道！"接着是桂香也摇起了头，应声虫似的回答了一句："我也不知道。"她好像怕阿开不相信，又添了一句，"真的。"然后又叹了一口气，说，"这么好的医生，我是一生一世会记挂他的。"

阿开说："杜医生医好了小春的毛病，还帮我们垫付了医药费，这笔债，我到什么地方去还他呀？"

"正是正是。"成标和桂香应声虫似的应着同时点着头。

"唉，他到底为什么突然不见了呢？"阿开想起那天从县城看杜医生回来，小伯三嫂说公安局有人来找过他的事，后来菊花又告诉他，说杨医生的老婆来找他，叫他以后不要再去找杨医生了，"这……到底为什么？"

有一天，关根刚走进门，就喜滋滋地告诉他姆妈："小惠妈妈从监牢里放出来了，还当上了商州市的政协委员！"

三嫂正在捡豆子，听了儿子的话，高兴得跳起来，豆子撒了一地，道地上的鸡都跑进来吃豆子，她也不去赶，对儿子说："你再说一遍，姆妈没有完全听清楚！"

关根又把小惠妈妈平反的事情向姆妈说了一遍，三嫂看看儿子的脸，问："那么说……你是去看过小惠了？"一说起司马小惠，三嫂就眼泪汪汪的，"人家一个姑娘儿，离开姆妈，一个人孤零零的，够可怜的了，还要让她吃这么多苦，这就是说，他们把她姆妈关进牢里去是不对的？"

关根还告诉姆妈说："她阿爸现在是台湾驻金门岛的重要将领，上面说这样做是为了搞好统一战线工作。"

三嫂点点头说："我说嘛，当官就是要当得大。"她又问儿子，"那么，小惠也可以回中学里去教书了？"

关根摇摇头："她的帽子还没有摘掉呢。"停了一下，他又说，"就是摘掉帽子，小惠说她也不会再回中学里去教书了。"

"为什么？回中学教书，她可以直接教关林了呀。"

"她想回到分校来教书。"

“天平中学？”三嫂很吃惊，睁大眼睛盯着儿子。

关根被姆妈看得有些慌起来，又听姆妈在问他：“是你想出来的，还是小惠自己想出来的？”不等儿子回答，三嫂又像自己说给自己听：“在县中学教书，钞票又多，名声又好听。”见儿子没有回音，三嫂又顾自己往下说：“我老早说过，好人有好报，恶人有恶报，像小惠这么好的人，迟早会有出头日的。”本来关根还想把县中学盛校长因为生活作风问题被开除的事告诉姆妈，既然姆妈这么说了，也不再说了。

17

于太白的家就住在县人民政府办公楼后面的平房里，原来只是一间，后来他的老婆赵彩娥带着儿子来了，机关后勤组又分给他一间半（其中半间同刘志远县长家合用一个厨房）。

“嫂子！嫂子！”赵彩娥刚刚安排儿子睡下，拿起老公规定她学习的识字课本还没有翻开，听到一个熟悉的声音在门外响进来，随着声音，推门进来一个人，是于政委的堂弟于铁柱，因为他是常客，赵彩娥并没有把识字课本放下来，她得加紧学习呀。她原来是一个种地的农民，自来到老公身边，富春县委组织部安排她到妇联工作，妇联的同志都是文化人，个个能说会写，可她只知道种地、给在前方打仗的解放军做军鞋，其他什么都不会，于政委就规定她每天学十个字，所以对堂弟只说了句：“坐坐。”

只听“砰”的一声，把赵彩娥吓了一跳，她吃惊地抬起头，只见于铁柱的拳头砸在桌子上，还挂着个脸问赵彩娥：“他什么时候回来？”

赵彩娥更是吃惊，她知道铁柱说的“他”就是自己的老公、铁柱的堂哥，他连堂哥也不叫，到底发生了什么事？

“发生什么事啦？”赵彩娥放下识字课本问。

“发生什么事？俺又要回去讨饭啦。”于铁柱气得“呼哧呼哧”的，用很凶的眼睛看着赵彩娥，又看看睡在床上的于鲁生。

就在这时，于太白回来了，铁柱一下跳起来，大声地责问：“是不是你叫俺回家种地的？”

于太白像没有看到铁柱似的，问老婆：“鲁生睡了？”

赵彩娥点点头，用嘴巴朝于铁柱噘了一下，又坐到一边顾自己学文化。

于太白给堂弟倒了一杯水，又在他对面凳子上坐下，说：“你没有文化……”

“嫂子不是也没有文化，她怎么可以留在这里？”铁柱的声音更响，把鲁生也吵醒了，从床上爬起来，扑到了赵彩娥怀里，担心地看着这个平时对他又笑又逗的叔叔。

赵彩娥对铁柱说："铁柱，这么晚了，别把人家吵醒了。"

"我就是要把人家吵醒，让大家评评理，他自己的尾巴有多长，还有嘴说别人……"

于太白发火了，他大声地对铁柱说："你不想想自己干了什么事，还有脸来见我？"

果真把左邻右舍给吵醒了，刘县长、通迅员小方都知道于铁柱犯的事，碍着于政委的面子，还是好言相劝，把铁柱拉了出去。

临走，铁柱丢下一句话："要俺回老家种地，甭想！"

铁柱走了之后，于太白的家里并没有安静下来，于太白虽然再没有同老婆争吵，两个人的心都平静不下来："都是你自己惹来的祸。"赵彩娥不冷不热地说了一句，睹气和儿子先去睡了。

于太白看一眼床上的老婆和儿子，大口大口地抽起了纸卷烟，耳朵边传来了富春江潮水的响声，他心里也像江潮一样在翻滚……

于太白虽然读过几年书，因为家里穷，不久就辍学回家种地了。他的家在山东的一个山沟沟里，老百姓辛辛苦苦干一年，还喂不饱自己的肚子，因为他们家是革命老区，他就参加了八路军。在参军前，他和邻村比自己大三岁的姑娘赵彩娥好上了，爸爸妈妈怕他参军后赵彩娥变心，说实在的，在那个时候，穷人讨个媳妇不容易啊，硬要儿子和赵彩娥结了婚才能走，结婚后，又是赵彩娥送于太白上前线的。

于太白在前线打仗，赵彩娥在后方做军鞋支援，她不顾自己那一双小时候缠过、如今成了"半大脚"的脚，一扭一扭和同村妇女去前线抢救伤员。赵彩娥说："俺一想到自己男人在前线打仗，心里就有一股劲。"

于太白也没有辜负老婆的嘱咐，打仗勇敢，立下了不少战功，加上有点文化，一次次地升迁，后来竟当上了团政委（按照部队里的叫法，其实就是县委书记）；在富春县妇女联合会成立时，由于当时确实没有合适的女干部，他还兼起了妇联主任的职务，具体工作由一个副主任去做。

县妇联副主任名字叫徐慧珍，是富春县本地人，她本来在县中学读书，刚解放就和同班的另一个男同学边怀民一起参加了革命，先被分配到青化乡里工作，有一次，于太白到青化乡去指导工作，一进乡政府大门，徐慧珍正好从里面走出来，于太白简直看呆了：细皮嫩肉，个子也不高不矮，一身灰制服穿在她身上，更显出她的漂亮，潇洒，加上几分英俊。正好，县里为选拔适合的妇女干部伤脑筋，由于太白亲自推荐，第二天就把徐慧珍调到了县里。

是她的男同学边怀民送来的。

原来就有好感，加上工作上的接触多了，于太白和徐慧珍产生了感情，在当时那种形势下，于太白也没有过多考虑，在徐慧珍的热烈追求下，准备同她结婚。

那时候结婚是极简单的，大家都是供给制，没有钱请客，至多分几颗喜糖，把男女双方的铺盖卷合在一起，晚上睡在一张木板床上，就算结婚了。

因为是政委结婚，机关食堂破例加了一个菜——每人二两猪肉，表示祝贺。

那一天食堂开饭也特别早，干部们提前来到食堂，有的还叮叮当当地敲着碗筷，欢欢喜喜地看着饭师傅把香喷喷的大碗红烧肉捧到桌子上来；看着于政委和徐慧珍在刘县长和其他战友的陪同下，喝着绍兴老酒，刘县长向两个人敬酒说："祝你们夫妻恩爱，白头偕老！"就在这时，不知道哪里钻出一个小孩子，抱住了于太白的腿，叫了一声"爸爸！"

于太白同头一看，只见一个又黑又瘦的半老太婆拖着一个大包，一扭一扭地向于太白走来，于太白手里的酒碗"啪"的一声掉在地上，碗碎了，老酒洒了一地：刘县长和整个食堂里的人都像僵了似的，呆呆地站在那里，手上的老酒碗还高高地举着。

徐慧珍一看就知道发生了什么事，把桌子上的酒菜一推，双手捂着脸哭着跑出了食堂……

"自作自受！"背后传来了赵彩娥的埋怨声。

"乱弹琴！"于太白把剩下的半支卷烟往地上一扔，走了出去。

于太白的堂叔一连生了五个女儿，于铁柱是个"老来子"，家里虽然穷，却宝贝得可以"冲上天"了，几个女儿经常吃粗粮，铁柱却顿顿吃细粮，几个女儿从小就帮助家里干活，铁柱却"千手不动，游手好闲"，还在村里招惹是非，成了"人人厌"的孩子。铁柱长大了，爸爸妈妈熬吃熬省送他去读书，他却三日两头逃学。爸爸妈妈实在没有办法，于太白还在部队里的时候，怕儿子吃苦，打仗又危险，他们没有敢托这位在部队里当了大官的堂侄子帮助，后来知道于太白转业到地方当了县太爷，准备把儿子领来找于太白。儿子怕吃苦，死活要赖在家里，爸爸妈妈对他说："南方好，天天有白面馍馍吃，南方的姑娘漂亮，你当了干部要几个有几个。"

于太白很早离开家乡，不知道铁柱的情况，新组建的县政府急需用人，就把于铁柱放到县农业局当了个干事，后来，新吸收的人多了，局里考虑到他是老区来的，又是书记的堂弟，给他当了个股长，谁想到他恶习不改，见了新来的女同志总是色迷迷地盯着不放，看得她们心里害怕，都跑到局长那里去反映，局长把这事反映到于太白那里，于太白亲自找堂弟谈话，铁柱也一声不响地听着，回到局里后，于铁柱是收敛了一些，可没过几天，又是老膏药一帖；没办法，于政委只好又叫组织部把他调到前进区里去“锻炼”，组织部长为了巴结于太白，让于铁柱当了区长助理。

刚到区里的时候，于铁柱工作还是积极的，出发前于太白又同他谈过话，从他爸爸妈妈对他的希望，到革命干部的光荣职务，苦口婆心，说得于铁柱流出了眼泪，还向堂哥作了保证。

有一次，于铁柱到县里来开会，告诉堂哥，他在处女朋友了，说女的是区妇女主任，叫孙丽华，文化挺高的。

于太白为于铁柱高兴，说：“你结婚的时候我来吃喜酒！”

……

一天早晨，于太白吃完早饭去机关办公，刚走到大门口，一个中年干部突然挡住了他。于太白前几天刚到前进区去过，这个中年干部他认识，叫吕大生，是前进区的文书。

“是老吕啊，这么早就来找我，有什么急事吗？”

吕大生向正在上班去的干部们看看，欲言又止。

“到我办公室去吧。”于政委向吕大生点一下头，自己先向办公室走去。

吕大生胆怯、小心，连走路也迈着细碎的脚步，轻轻地跟在于政委后面。

本来，于政委还想给吕大生倒杯开水，他刚拿起桌子上一只空杯子，马上又被吕大生夺过去又重新放回原处，说：“我不喝，我不喝。”

“有什么事，坐下来说吧。”于政委说。

“我就……我就……”吕大生看一眼于政委，又低下了头。

于太白是从战场上锻炼出来的，他最讨厌这种扭扭捏捏的样子，因为同吕大生是第一次交谈，还是笑眯眯地说：“胆子大一点，说！”他见吕大生还是不敢说，好像意识到了什么，问他，“是不是于铁柱的事情？”

吕大生点点头，还坐下来有声又色地讲起了于铁柱的事情。

事情的经过是这样的：

那一天区里开乡妇女主任会，照平常的做法是区妇女主任主持会议，先由区长讲话，然后讨论工作，恰恰那天区长到县里开会去了，由区长助理于铁柱讲话。

区里干部都知道，于助理是一口山东话，本来就听不大懂，他又喜欢吃大葱，一张嘴巴满屋子的臭气，每次他讲话，参加会议的人都坐得远远的，可他就是喜欢在会上讲话，不管下面的人在不在听。

这一天于助理讲话特别长，外面下起了雨，天也黑下来了，他还在讲话。

韩素芬心里那个焦急呀，她工作的那个白山乡在前进区的边缘，离开区政府有十多里路，又是山区，虽然她胆子大，有时为了工作，不分白天黑夜，可今天下雨了，万一不小心翻到山沟里……

就在韩素芬焦急的时候，一直坐在她旁边的区妇女主任孙丽华好像猜到了韩素芬的心事，咬着她的耳朵说："不用担心，今天就在区里住一夜吧。"过了一会，她又补充了一句，"同我一起睏。"

孙丽华是个活泼又热情的主任，虽然大家来自四面八方，由于大多数是刚从学校里出来的，常在一起打打闹闹，而每次都是孙丽华带的头，韩素芬虽然同孙丽华第一次同一张床睏，却一点没有陌生感，她一下子就睏着了。

韩素芬正睏得迷迷糊糊，突然感到身上压了一个重东西，还有一张臭烘烘的嘴在她脸上乱舔乱吻。

韩素芬害怕地叫起来："孙主任……孙主任……"

回答她的是一口浓重的山东口音："俺早就喜欢上你啦……"

原来是区长助理于铁柱。

……

当时于太白气得脸都发白了，他马上叫来组织部长孙长寿和公安局长钱保安，要他们成立联合调查组把于铁柱的事调查清楚，该判刑的判刑，该开除的开除，革命队伍中决不能留这样的坏分子。

于太白为了避嫌，要刘县长亲自抓这个案子，谁都不能插手。

后来，联合调查组给于政委看了材料，说不是强奸，是通奸，韩素芬自己也写了证明。于政委还是决定把于铁柱开除出革命队伍。于铁柱不服，几次到组织部、到于太白办公室，甚至家里去吵闹，最后，还是由县里派了干部强行把于铁柱押上轮船，又从天堂转火车，把他送回家里去了。

临上火车，于铁柱还大喊大叫："我是被吕大生害的呀！"

押送于铁柱上火车的人当中有一个组织部的干部，笑着回答他："于铁柱同志，你放心回家去吧，吕大生的事就交给我们办吧。"

原来，联合调查组在调查于铁柱的时候，同时也调查了区妇女主任孙丽华，孙丽华哭着说，是于铁柱逼她这样做的，还说她不帮他把韩素芬弄到手，他会把她的区妇女主任的官帽搞掉。据区里其他人反映，于助理刚来的时候，工作还是积极的，也肯吃苦，"是吕秘书把他带坏的。"

从表面上看吕大生是个胆子很小的人，他连在街上走路都不敢走在路中间，总是在路边小心地走着，好像随时提防着有人去撞他，有人同他开玩笑，说他走路怕踩死蚂蚁。他知识丰富，懂得很多中药草，比如他说人的手指甲养长了，剪下来可以拿到药店里去卖钞票，药店把这些手指甲用火焙干了可以配在中药里，这种焙干了的手指甲药店里叫“余血碳”；还说蚂蝗用火焙干了研成粉末可以通血管，等等。他还常常陪于铁柱到街上张春记去吃馆子，曾经对于铁柱说，他解放前在上海当过药店倌，还去过妓院，说一个男人弄几个女人玩玩开开心，算不了什么。

当然，同于铁柱一起回家的，还有吕大生。

18

富春县人民政府的房子是原来国民党留下的，面对富春江，背靠虎山，从人民政府的大门走进去，靠右边那座小洋房就是公安局，钱局长的办公室在二楼，从窗洞里看出去，一江春水悠悠东流，大小船只或扬帆、或冒着烟，在江面上来来往往，把平静的江水犁出了一缕缕的水花，在刚刚升起来的阳光照耀下，呈现出一条接一条彩虹般的光带。

钱局长并没有心思去欣赏江面上的美景，可以说，他是被县政府五道金牌紧急召回来的。

钱局长昨天晚上赶回来就去找于太白政委，办公室的同志告诉他于政委已经去省里开会，要他先看一下公安局正在办理的一件关于日本特务重大案件的材料。

钱局长一走进自己的办公室，负责这个案子的老赵已经把他要的材料送来了，放到他的办公桌上，还为他泡好了一杯茶。

老赵是从国民党警察局里留下来的，经验丰富，工作积极，是当前县公安局里的骨干。

钱局长并没有去碰茶杯，刚坐下，就拿起一份上面盖有“机密”两个字的材料。

几个醒目的字进入他的眼帘：

日本特务渡边一郎审讯笔录。

钱局长继续往下看：

姓名：渡边一郎，在中国的名字：渡边，日本国籍，年龄：32岁，来富春县的目的，自称是寻找儿子。

渡边一郎在笔录里说，他原是日本兵部队医院里的一个医生，后来同医院的护士洋子结了婚，不久，洋子有了身孕，经过同医院领导再三交涉，同意她回国生产，他自己因为领导不放他走，只得把妻子送上火车。日本投降以后，渡边先在解放军部队里做了一段时间医生，因为思念妻子，回到家里，却没有见到妻子和小孩。不久，原部队寄来一只骨灰盒，上面写着渡边洋子的名字。他跪着接过这个骨灰盒子，不敢打开，抱着它睡觉，抱着它吃饭，一刻也不敢离开。他不敢相信洋子已经死了，因为她是乘火车回日本去生孩子的，早已离开原来的部队。有一次，母亲见他睡着了，怀里的骨灰盒滚到了一边，她捧起来的时候，里面发出“咯络咯络”的声音，等他醒来，母亲就把她听到盒子里有声音的事告诉了他；他爸爸也听到了，过来捧起骨灰盒，也听到里面有声音。他又跪着打开骨灰盒，里面并没有洋子的骨灰，而是一块石头。

又过了几个月，渡边又接到一封信，正确点说是一封血书，是洋子用血写在一张窗户纸上的，因为是血书，写得很简短，渡边从字句里猜到洋子生了一个儿子，取名渡边村夫。信的最后还写着富春县董家村董阿开的名字，字虽然仍旧是洋子写的，名字下面却有一个很大的血手印。渡边知道妻子还活着，他决心重新回中国寻找妻子和儿子，他先找来中国地图，查到了富春县就在天堂旁边，就托朋友先在天堂的一家医院里找了一份工作。因为他是一个外科医生，又会说一口流利的中国话，而天堂刚解放缺少医生，他马上被接收了。

他一边工作，一边打听，让他高兴的是在日本医科大学读书时，有一个名字叫杨光的中国留学生就在富春一家医院里当医生，他就托他打听董阿开这个人的下落。

有一天吃过晚饭，刚回到宿舍，医院的值班医生跑来告诉他有一个长途电话，渡边跑到医院刚拿起话筒，耳机里传来几乎让他发狂的消息，说董阿开正带着儿子在他医院里看病。因为从天堂到富春已经没有汽车了，最后一班渡船也已开出，他本来想步行去富春，后来想到这里刚解放不久，沿路土匪很多，自己又不熟悉去富春的路，就在宿舍里坐了一夜，天一亮就搭上第一班汽车来到富春县城，他的同学杨光接待了他，并把他带到了孩子的病房里，他当时以检查孩子病情的原由，看了躺在病床上的孩子，当时他的心几乎要从嘴巴里跳出来，他断定这就是他和洋子生的儿子，但是他现在的名字叫董小春。

让渡边一郎怀疑也是最担心的是他并没有见到洋子，而且一个叫菊花的漂亮中国女人成了小春的妈妈。

洋子到底在哪里？她那封血书是在什么情况下写的？为什么要写血书？

考虑到中国老百姓吃了日本人那么多苦，渡边一郎不敢多说多问，尽心尽责地给小春做手术，还偷偷为小春付了住医院的钞票。

中国有句古话：只要功夫深，铁棒磨成针，渡边一郎回到天堂辞去了医院的工作，又回到富春，正好有一个木材行老板转行开了一家医院，杨光就把他介绍给了城西医院的陆老板。

因为渡边一郎医术高明，对病人态度又好，特别对被日本人细菌战造成的老烂脚病人，他以向中国人谢罪的心情医好了几个，如今还有不少人还在他的医院里治疗。

“这个渡边一郎会是日本鬼子留下来的特务？”钱局长凭着职业的敏感，脑子里闪过一个疑问，又拿起那份渡边一郎交出来的血书，看了一眼，然后又拿起那封检举信：

中国人民解放了，老百姓心里好欢喜；

阶级敌人心不死，千方百计地搞破坏。

检举城西医院有日本特务，名字叫杜边，要求政府把他抓起来枪毙了！

富春一小老百姓

当钱局长准备看第三份材料时，他办公桌上的电话铃突然响了起来……

钱局长赶到于太白政委办公室时，于政委一副风尘仆仆的样子，好像刚从天堂开会回来，看得出，他是直接来办公室的，开会带去的毛巾、牙刷、牙杯还放在他随身带的袋子里。

于政委一见钱局长，马上向他介绍起一个人来：“天堂报社社长周伟同志。”

“你就是钱局长？”在握手的时候，周社长反客为主地问。

钱局长点点头，然后转身对于政委说：“你要的材料我都带来了。”他把包括对渡边一郎的审讯笔录及他还来不及看的材料都送到于政委的办公桌上。

于政委并没有去看材料，他对钱局长说：“你说说这次破获日本特务的经过及有关材料。”

“我们是先收到这封检举信。”钱局长从材料里抽出那封检举信，送到于政委面前，于政委看了一眼，又转给了报社周社长。

“日本鬼子这次投降是逼不得已的，他们亡我之心不死，必然会作垂死挣扎，为了配合蒋介石反攻大陆，留下许多特务……”在周社长看材料的空当，钱局长想趁机想向于政委谈自己的一些感想，可他刚说到这里，于政委看了周社长一眼，对钱局长说：“你还是说说破案的具体情况吧。”

钱局长拿起刚刚看完的那份审讯笔录，说了个大概情况，同时又拿出另一份材料，说：“这是城东医院杨光的笔录，我还来不及看，不过我听过办案人的口头汇报，有关渡边一郎找什么借口来富春，后来又混进城西医院，同杨光的口径能对上……”

钱局长看到于政委在点头，周社长也在点头。

钱局长又补充说："我们正在补充一份材料，就是渡边一郎曾经到过天平乡董家村去同一个叫董阿开的人接头……"

钱局长见于政委和周社长都没有做声，虽然有点口干舌燥，还是坚持着往下说："我们已经去找过那个董阿开，第一次没有找到，准备第二次……"

于政委忽然打断了钱局长的话："不用去找了，还是先把渡边一郎的事情调查清楚再说。"

周社长问钱局长："渡边一郎现在关押在什么地方？我想去见见他。"

"因为这是我县第一次发现这样重大的案子，又是你于政委亲自抓的，按照过去的经验，渡边一郎决不会只是一个人，可能还有同党，为了放长线、钓大鱼，我们没有逮捕他，只是派了个同志在监视着他。"钱局长对着于政委刚说到这里，于政委办公桌上的电话响了起来，于政委拿起话筒，马上又把它交给了钱局长，钱局长一听，脸色马上变了："渡边一郎……不见了？"

"渡边一郎不见了？"于政委和周社长互相看了一眼，两个人脸上都是一副迷惑、凝重的表情。

由于于太白是从前线来到地方的干部，他感到地方的工作比带兵打仗复杂得多，国民党留下了一个烂摊子，还埋下了许多地雷——残渣余孽的土匪，富春县又是天堂的西大门，所以一听说有人检举医院里潜藏着日本特务，非常重视，但他也再三交待公安局：按照毛主席"稳、准、狠"的原则，在没有找到确实证据前，不要轻举妄动。

他刚刚部署完，就去省里开会了，恰巧于太白在省里碰到了曾经同一个部队的战友周伟，不同的是于太白原是一个团的政委，而周伟是司令部的战地记者，他是不久前从部队调到天堂报来当领导的，两个老战友一见面，先是握手，接着是拥抱，亲热得不得了，第二天，周伟还特地邀请了于太白去自己家里做客。

周伟虽然是报社社长，开始同其他记者、报社职工住集体宿舍，结婚后才分到了十多个平方米的双人宿舍。于太白在老战友的引领下，穿过走廊上一个又一个的煤球炉子，来到最后那个房间门口，当于太白抬头看到女主人的时候，心都快从喉咙口跳出来，他呆呆地站在那里，再也迈不开脚步。

"于政委，请进啊。"过去那个熟悉、柔和、甜甜的声音仿佛从天外传来。

"老于，请进。"周伟也在背后催他。

于太白如从梦中醒来，他又恢复了过去那种豪气万丈的神色，大方地伸出手，握住了女主人的手，说："徐慧珍同志，你好呀？"

“好好好，于政委，老赵同志好吗？”

“好好好！”于太白后来又加了一句，“谢谢你，还记得她。”

“这一次饭是我夫人特地请你的。”周伟说。

在饭桌上，于太白才知道徐慧珍后来去北京大学读新闻系，毕业后分配到天堂报社当记者。

“我当时年轻，崇拜英雄，明知道你老家有妻子，还狂热地来追求你，伤了老赵同志的心。”徐慧珍是个开朗、爽快的女子，看她那样子，一点不像在说自己，像是在说别人的事。

本来，在这种场合碰到过去的恋人，有些意外，听了徐慧珍的话，于太白心里更是坦荡，刚想开嘴，周伟却把话接了过去，他说：“男女感情这东西有时候很微妙，很难说清，将来有机会，还是请老赵同志来天堂叙叙吧。”

“还是请周社长同徐慧珍同志回富春去看看吧，那里的面貌已经开始变样了……”于太白看看老战友周伟，又看看原来的恋人徐慧珍，脸上充满深情地说，“富春本来就是个风景秀丽、物产丰富的好地方，解放后老百姓心情舒畅，积极劳动，你们再不回去，要不认识了。”

“于政委正是管一家亲一家夸一家，连我这个老富春也被说得急着想回家看看了。”徐慧珍高兴地说。

“来呀，用富春江特产鲥鱼招待你们。”

一听说富春江鲥鱼，徐慧珍高兴得跳起来，同孩子一样地拍手说：“我们富春江里的鲥鱼可是列入山珍海味的珍品，我在富春江边长那么大，还从来没有看到过鲥鱼长什么样子哩。”

“好啊，这回可由我这个山东大汉用富春江特产来招待你这位正宗的富春人了。”于太白也开心地说。

周伟看两个人谈得高兴，也插进来对于太白说：“你现在可是富春人民的父母官嘛。”

于太白一听“父母官”三个字，抢着说：“我听说在封建社会，富春江里的渔民抓到了鲥鱼，第一条要献给皇上，第二条献给县太爷，我可不是旧社会的县太爷，要吃鲥鱼呀，也是要向渔民买的。”

“听说现在江里的鲥鱼越来越少了？”

于太白点点头：“听老百姓说，连黄蛤也不多了，是听了日本鬼子的枪炮声，逃走啰。”

“于政委你是怎么知道的？”徐慧珍好奇地问。

“我已经是老富春了，还知道我们富春县有十景：十里红叶、富春观潮……”

“恩波涛声。”徐慧珍补充了一句。

周伟笑着，看看战友和妻子谈得那么欢，想插嘴，又插不进。

“我还知道富春有十大名牌产品……”

“第一是富春草纸，历史悠久。”

“已经有几千年的历史，还给皇上揩过屁股。”

“于政委了解得真多呀。”周伟终于插进了一句。

于太白认真地说：“当了一个县的县太爷，不了解本县的根基，不知道老百姓的疾苦，还当得下去吗？”

听了于太白的话，周伟和徐慧珍都点点头，周伟仍然三句不离本行，说：“老战友，能不能提供一些新闻线索，我可以派人去采访。”

于太白问周伟：“我刚才说的，难道不可以去写报道吗，解放了，老百姓生产积极性高了，生活水平也提高了……”

“我是说重要的新闻线索，比如上一次你们县的陈阿水烈士事迹，在报上报道以后，老百姓的反响很大，掀起了一个学习英雄的高潮。”

“你们……关于抓日本特务的材料要不要？”于太白一直记挂着关于日本特务的案子。

“抓日本特务？”不但是周伟，徐慧珍也一下子严肃起来，夫妻两人同时看着于太白。

于太白就把国民党派了个日本特务渡边一郎，用了杜边的中国名字打进医院的事告诉了他。周伟听到渡边一郎的名字，心里怔了一下，他告诉于太白，他在司令部曾经碰到过一个也叫渡边一郎的日本医生，因为当时部队缺乏医护人员，日本投降以后，他是第一个自愿留下来为解放战争服务的日本人；周伟说他曾经采访过他，知道他原是日本医院的一名医生，后来被日本军队强征到部队当了医生，他是不愿同中国人打仗的，到解放军部队里当医生后，救治了不少解放军伤病员，部队首长很欣赏他，还表扬过他。

周伟还听过他自愿留下来帮助解放军的一次谈话：“我原是日本医院的医生，不但为日本移民看病，也为中国老百姓看病，救死扶伤是当医生的天职；后来，日本军队把我征调到部队里当军医，我既是一位医生，更是一个军人，军人以服从命令为天职。因为我有不少同学也在军队里当医生，有一天我听到了一个极秘密、也让我极震惊的消息，让我对这场战争产生了怀疑，他们并不是为了东亚共荣，而是在灭绝人性。

“日本军队不顾国际法，在战场上利用细菌战，有一次他们先悄悄派人在前线战场上的河里投放了细菌，人一喝下去就会得一种怪病，会在极度痛苦中死去，而且会很快传染给别人，这样可以不花一枪一弹、不伤一个日本战士去消灭敌人；因为是极度保密的，连日本前线作战部队的司令官也不知道，结果，不少日本战士误喝了河里的水，也染上了这种病，日本军队的大本营知道了这件事，非常震惊，怕把事情泄露出去，受到国际上的谴责，派出日本宪兵队以进一步治疗为名，强行将野战医院收治的病人集中起来，以机关枪和掷弹筒进行了‘最后治疗’，最后焚尸灭迹，将骨灰深埋……”

“后来他怎么又不干了？”于政委问周社长。

“具体原因我也不十分清楚，有老战友告诉我，说他回日本去看老婆孩子了。”……

“你说的那个渡边一郎，他的老婆孩子在日本，我们这个渡边一郎却到中国来寻找老婆儿子？！”钱局长看着周社长。

“是啊，不知道是不是同一个渡边一郎？”周社长也看着钱局长。

于太白也在沉思：“从渡边一郎交代的材料看，他妻子在日本投降前就回日本去了，怎么又会不见了呢？难道真是如他说的是为了寻找儿子，没有其他特别的任务？他为什么又突然不见了？会不会发现我们在调查他，逃走了？”

按照于政委的指示，钱局长一边派人去寻找这个在中国名叫杜边的人，同时从省里请来了专家，经过笔迹鉴定，找到了那个“小老百姓”，又经过反复地做思想工作，竟是一件诬告案。

“小老百姓”的真名叫沈玉乔，原来是富春城里的米行老板，日本鬼子投降后，开起了医院，因为地段在城东，老百姓喜欢叫它城东医院，起初，由于医院少，看病的人多，加上他聘请了曾经在富春开过个人诊所、有些名气的妇产科医生杨光当医院的头牌医生，医院的生意很好；后来，木材行陆老板开出了一家新医院，又来了一个有名的开刀医生，城东医院的生意突然差了下去，沈玉乔很不服气，他几次去挖城西医院的墙角，想把那个开刀医生请过来，都没有成功，后来他打听到杨光医生原来是杜边医生的同学，想叫杨医生去把杜医生挖过来，杨光医生总是笑着摇摇头。

“杜医生能够过来，我们医院的生意好起来，我给你们两个人统统加工钿。”沈老板以为杨光医生怕杜边医生过来会夺他的饭碗，信誓旦旦地许下诺言。

杨医生笑了，他对沈老板说：“不是加工钿的事情。”

“那……为什么？”

“后来，我知道了杜边原来是个日本人，就写了这封检举信。”沈玉乔坦白了自己作案的动机，把眼皮垂了下去。

“你根据什么说他是日本特务？”

“一个日本医生，本事又那么大，无缘无故地会到我们这种小地方来吗？”

“其他还有什么证据？”

“其他……反正日本人没有一个好东西！”

……

“现在的关键是要尽快找到杜边医生！”于政委最后这样说。

钱局长刚回到局里，派去找董阿开的人也正好回来，他们把一份对董阿开的调查笔录送到了钱局长的办公桌上。

下面是笔录的原件：

问：“你叫什么名字？”

董阿开答：“你们连我的名字都不知道，叫我来做什么？我们老百姓是靠做才有饭吃的，不像你们……别耽误我的生活。”

（董阿开站起来想走，我们强制把他留住了。）

问：“你叫什么名字？”

董阿开答：“董阿开。”

问：“儿子叫什么名字？”

董阿开答：“董小春。”

问：“是自己生的？”

董阿开答：“你也是男人，会生儿子吗？”

问：“是不是你同你老婆生的？”

董阿开答：“自己老婆早被日本鬼子逼死了。”

问：“董小春是从哪里来的？”

答：“捡来的。”

问：“什么地方捡来的？”

答：“毛坑旁边。”

问：“捡的时候还有什么人看见？”

答：“他姆妈。”

问：“董小春姆妈现在在什么地方？”

答：“在阎王殿。”

问：“你态度要严肃一点，我是代表公安局来的，不能用这种态度回答我的提问。

我再问你一遍，董小春的姆妈现在在什么地方？”

答：“在阎王殿。”

（旁边另一个公安局同志耐心地做阿开的思想工作，说明我们是在调查一个重大的案子，要董阿开老老实实地回答。）

问：“是不是死了？”

答：董阿开点点头。

问：“是怎么死的？”

答：“我不是郎中，不知道她怎么死的？”

问：“你记不记得是在什么地方？”

答：“毛坑旁边。”

问：“我是说大地方，比如是城里，还是乡下？”

答：“在汽车站旁边。”

问：“董小春姆妈当时还会说话吗？她把儿子交给你的时候，还留下了什么话？”

答：“董小春爬在他姆妈的身边，饿得哭哑了嗓子，还在不断地舔吮着她已经干瘪的奶头……”

钱局长看着这份调查笔录，又看看眼前这几个刚从学校吸收进来的乳臭未干的同志，问了一句：“你们有没有问问董阿开，杜边医生现在在什么地方？”

“领导没有交代我们调查杜边医生的下落。”

钱局长苦笑着摇摇头。

19

一次简单的调查，给阿开带来了极大的麻烦。

董家村本来就有几个无事也要生非的人，看到公安局的人走进阿开的家，就猜想在阿开身上又有好戏看了，特别是陈有方，恨不能把耳朵拉长，同《封神榜》里的那个“顺风耳”一样，能听到公安局的人同阿开说了些什么？公安局的人从阿开屋里走出来，有方还跟了他们好一段路，因为他们当中有一个是他的堂外甥。

不久，阿开的儿子小春是日本特务生的儿子的消息就传遍了董家村。

小伯一改过去的那种温柔、慈爱的样子，气得差一点背过气去，他把阿开叫到家里，大声地责问他：“什么样的孩子都可以养，为什么要养一个日本特务的儿子？”

小姆妈在旁边说了一句：“小春还是挺可爱的。”

小伯不顾自己年老有病，竟跳起来：“这是狼的孩子，难道你也去可怜他？”并责问老婆，“你难道忘记开玲的冤仇了吗？”

小姆妈马上哭出了声，哭得很伤心。原来几天前，上级已经把开玲牺牲的事情告诉了他们，说开玲一直在上海做地下工作，有一次为了送一份重要情报，被日本鬼子抓住，在日本鬼子搜查她的时候，她乘鬼子不注意，把那份情报吞进肚皮里，可马上就被日本鬼子发觉，他们把她拉去活活地剖开肚皮，找出来的却是一张白纸，因为纸上的字一碰到水，字就溶化了。

三嫂也跑进来指着阿开的鼻子骂：“你忘记了儿子是怎么死的吗？菊香是为什么死的吗？”

让阿开咽不下这口气的还有小骆先生，他要阿开把董小春从学校里领回去，不然，学生天天骂小春是小日本鬼子，万一闹出大事来，他担负不起这个责任。

没有办法，阿开把小春领了回来，第二天，阿开和小春在董家村消失了。

张副县长怎么也想不到会在这个破凉亭里找到阿开父子俩。

张副县长对这个破凉亭是太熟悉了，在解放军部队进入富春县城之前，为了侦察国民党部队的动向，他曾经化装成叫化子在这里住过，因为这里有一条通向城西的大路，是日本鬼子向浙西运输军队、物资的重要通道，后来就成了国民党部队重要运输通道。这里有一片好地，在富春江边，即使夏天再干旱，一到晚上地就变潮湿，是有名的“夜潮地”，是产粮的好地方，可是日本鬼子进了县城，他们为了保护这条运输线畅通，常派巡逻队来巡逻，没有人再敢来这里种地，全荒了，所以这里的蚊子特别大特别多，有人开玩笑说，这里的蚊子是长牙齿的，他尝过这里蚊子叮咬的味道，其他的蚊子在咬人之前，先要在你身边“嗡嗡嗡”地叫几声，好像在向你申明：“我肚子饿了，请你贡献一点血，我的肚皮小，你这么大一个人，不在乎这点点血，大人有大量嘛。”可这种蚊子不同，它们像飞箭一样射过来，不声不响叮在你身上，又痛又痒，一大群一大群，落在皮肉上黑压压一大片，一拍一手的血，被蚊子叮咬过的地方马上又会发生奇痒，即使抓出血来，也止不住痒。今天早晨，张副县长有事去陆家村，在经过这个凉亭时，见凉亭的角落里有一块破席子，还有一顶破蚊帐，旁边就是一堆没有燃烧完的青艾草，他站在凉亭里往江边看，一个高大壮实的人正在开荒地，离他不远，是个瘦小的男孩，在荒地里奔跑，后面跟着两只八哥，边叫边飞。

张副县长非常吃惊，心里一阵阵发酸，快步走到开荒人身边，叫了声：“阿开。”

阿开吃惊地全身颤抖了一下，在这个陌生地方，又是荒郊野外，谁还会认得他？他回转身，见是自己的开笔先生，激动地叫了一声：“张先生！”眼眶里热辣辣地，什么话也说不出来了。

张副县长为了缓和一下阿开的情绪，明知故问：“听说你姆妈在这一带还有两亩陪嫁地？”

阿开指指脚下：“这块地就是。”

“原来不是有人代种的嘛？”

“是外公家的老长年木根伯，日本鬼子进城以后，他不敢再来种，就成了荒地。”

“现在不是可以来种了？”

“他老了，种不动了。”

“没有儿女？”

阿开摇摇头。

张副县长突然跳起来拍了一下裸露的大腿，一手的血，他看一眼旁边的小春，满身都是蚊子咬起的肿块，他的眼泪流下来了，摸着小春红肿的皮肤，埋怨阿开：“你怎么可以带他到这种地方来呢？”

阿开把儿子揽在怀里，摇摇头：“没地方去躲呀。”

张副县长拍了一下阿开的肩，说：“村里人都在找你。”

“找我做什么，我又没有干坏事！”显然，阿开是窝了一肚皮的火。

张副县长十分同情阿开，告诉他，渡边医生找到了。

“杜医生找到了？”阿开不等张副县长说完，跳起来走到凉亭的一个角落里，在地上挖呀挖，先挖到一块石头，他把石头挖开，从石头底下挖出一个包，外面一层用油纸包着，打开油纸，又是一层布，阿开打开布，露出一叠钞票，他对张副县长说：“欠杜医生的债总算有地方还了。”

阿开重新又把杜医生医好了他儿子的毛病，还垫付了住院钞票的事对张副县长又说了一遍，还自我感叹地说：“我这个人啊，心里搁不得一点事情，为了还杜医生这笔债，心里老是像压了一块石头。”他又指指那个地洞，不好意思地笑笑，“我怕带在身上不方便，才把它埋在这里的。”

阿开把钞票交到张副县长手里，说：“请张先生交给杜医生吧，对他说，我董阿开不是个忘恩负义的人，我和我儿子会永生永世记牢他的救命之恩。”

张副县长看着阿开的脸，问：“你不想去见见杜医生？”

阿开摸着一下晒黑了、变瘦了的小春，又想起了村子里的那些谣言，特别是那个骆先生，还把小春开除出学校，眼泪汪汪地说：“为了逃避那些谣言，我儿子小春差一点死在了富春江里啊！”

那一天吃过中饭，阿开背着锄头到富春江边去开荒，因为这块荒地在江边，离开凉亭比较远，他又不放心小春一个人在凉亭里，就把他带到江边去，在那里，他早几天就用芦苇搭起了一个小草棚，让小春在里面躲太阳，不然，万一把小春晒出毛病来，更麻烦了，当然，小春也把两只八哥带了去。

这天下午天气非常闷热，到太阳偏西的时候，阿开看到富春江的东头天空升起了一块乌云，凭经验，他知道起码要到太阳快下山时乌云才能升到他头顶的天空，谁想那块乌云像胖大海一样很快地发起来，又像跑马一样地向他们头上飞来。阿开看看实在挡不牢了，想领了小春向凉亭方向跑，小春却不肯离开，他要去找自己的八哥。就在这当口，震天动地一声响雷，把两个人都震倒在地上，阿开不顾死活拉起小春就朝凉亭方向跑，但已经来不及了，雷雨像瀑布一下从天上直泻下来，阿开和小春好几次被大风刮倒，跌进水沟里，又爬起来……

"儿子，快往草棚里躲！"阿开拉着小春刚钻进芦苇棚，一阵旋风把芦苇棚刮走了。

下雨前，天气闷热，一下雨，温度突然下降，加上风吹，冻得阿开和小春全身发抖，牙齿在嘴巴里打架。

"快躲到江水里去！"阿开知道躲到水里会暖和一点，他抱着小春跳进富春江里，幸好还有一顶笠帽，把它遮在两个人的头上，身上果真暖了不少。

父子俩就这样搂抱着，牙齿在嘴巴里格格地响。

"阿爸，八哥，我的八哥！"小春突然看到两只八哥被瀑雨打落在水里挣扎，他想去救它们，不小心一脚滑进深水里，阿开又是个"旱鸭子"，幸亏他事先想得周到，刚到江水里的时候，就用身边的裤带系在小春腰里，死死地把他拉住。浪头越来越大，小春离阿开越来越远，阿开腾出一只手刚想去拉小春，裤带突然断了，阿开也向后一仰倒在水里，等他爬起来，见到的是一个比一个更大的浪头……

"小春，是阿爸害了你啊！"阿开看着一个高过一浪的浪头，仰天大叫："万恶的鬼子，你要讨命就向我讨吧，他还是个孩子，也是你们日本人哪！"

阿开帮助埋葬过不少溺死在江里的人，听惯了"溺水鬼讨命"的故事，说一个人在水里溺死了，如果要再去投生，一定要拉一个替死鬼当替身。

"你是我用刀把你刺死的，不是溺死的，讨什么替身呀！嗬嗬嗬！"阿开想起几年前他在这里杀死的那个日本鬼子，认定是他来讨命了，才把小春拉去当替身的。

阿开正哭着，身子突然被撞了一下，睁开眼，见一个人从浪里钻出来，怀里还抱着个孩子。

"小春——"阿开扑上去要抱小春，那个人一闪身，避开了他，飞一样向岸上奔去。

阿开也跟了上去，只见小春被那个人倒背着（两只手抓着小春的双脚，身子倒挂着），跑啊，奔啊，跳啊！阿开看到小春的嘴巴在大口大口地吐水，一会儿，竟哗地哭出声来了。那个救小春的人却一下子瘫在地上，脸孔刷白，大口喘气。

阿开也顾不得他了，把小春抱在怀里，又是捏又是揉，然后又把小春紧紧抱在怀里，才连滚带爬地来到那个人身边，大吃一惊："怎么是你？！"

阿开先抱着小春来到破凉亭里，怕他冻着，用那顶破蚊帐裹在儿子身上，那个救命恩人停好渔船，也来到凉亭里，是阿开先开的口："怎么又碰到你了？"

那个人上下打量着阿开，又看看裹在那顶破蚊帐里、只露出一个头的小春，奇怪地问阿开："我们过去见过面？"

阿开又看了他脸上的那颗黑痣一眼，点点头："还是日本鬼子在的时候，也是在这块地头江边的沙滩上。"

那个人像被刀子捅了一下地跳了起来，看着阿开，痛苦地嚎哭起来。阿开好一回才把他劝住。

阿开见他平静了一些，问他："那一天我看你们船上没有人了，我以为你们两个都……"

"是我老婆先跳的江，我比她后跳一步。"不等阿开说完，那个人这样说。

"后来呢？"

那个人又痛苦地哭了一回，叹口气，说："说来话长啊！"

他原名叫罗世青，阿爸姆妈都是在富春江里捕鱼的，他出生的那一天，正好在江里捕到了一条螺蛳青，因为阿爸姓罗，就把儿子叫世青，后来阿爸姆妈先后生病死了，世青接替了阿爸姆妈的渔船，还讨了同样是捕鱼佬的女儿当老婆，她阿爸姆妈也早死了，孤零零的一个人，怪可怜的，想不到没有多少日子，日本鬼子打进了富春县城，但他们不捕鱼无法生存下去呀，只好偷偷摸摸到江里放游丝、放滚钓。

"谁也想不到会碰到日本鬼子……"罗世青又一次抽泣起来，他说，"后来……我被我的丈人老头救起来，我老婆却找不到了。"

"你刚才不是说你老婆的阿爸姆妈都死了吗？"

"是我现在的丈人，他姓陆，是陆家村人。"罗世青指一下身背后山坡上那个村子，告诉阿开，他也是捕鱼为生，陆地上却有房子，那天他也正好在江里捕鱼，我和我老婆跳江被他看到，就划着船来救，可是迟了一步，我老婆已经被江水卷走了，我当时决心同老婆一起走，当我第二次要跳江的时候，他一把把我抓住，还狠狠打了我一巴掌，眼睛很凶地盯着我说："你这个人怎么活得一点没有志气啊？鬼子除了自己杀人，就是要看到像你这样软弱的人，他们杀中国人，强占我们的领土，这叫残暴，叫侵略，总有一天要审判他们的；可我们自己寻死、上吊，他们巴不得，巴不得我们中国人都死光，这批杀人犯、暴徒可以不担一点罪责，可以把他们本国的老百姓移过来，叫"开荒"呀、叫"开拓"呀，多么理直气壮，冠冕堂皇啊！就像蚕吃桑叶一样，一点一点把中国吃光，我们决不能上这个当，要活出自己的志气来，再苦、再悲痛，也要挺住活下去！"

"我虽然是一字不识的捕鱼佬，但这点道理还是能听懂的，我决心好好活下去，要活出志气来，要活到看着日本鬼子夹着尾巴从中国土地上滚回老家去！"

罗世青告诉阿开，他的丈人叫陆剑峰，就是救了他命的人。

"陆剑峰？"阿开刚听到这个名字，心里震动了一下，因为他的外公叫陆剑光，听起来像两兄弟，但他并没有打断罗世青的话。

"不要看我丈人是个土里土气的捕鱼佬，可他心里装着的东西多着呢，他有一分美满的家庭，老婆贤惠，还有一个漂亮的女儿，叫银妹，第一次嫁给了华家村一个小财主家当媳妇，两小夫妻非常恩爱，不幸的是她老公生肺病死了，后来又嫁了一个老实的种田人，老公对老婆也非常好，想不到老公后来得了鼓胀病，没有钞票医，也死了。于是村里人都说陆银妹是'白虎星'、'克夫命'，第二个老公家还把她退回了娘家，谁也不敢再讨她当老婆。陆剑峰只好起早落夜地在富春江里捕鱼，以维持父女两个人的生活。

"我去了以后，因为我那只船长年不修，早漏了，我们两个人就用一只船捕鱼。"罗世青也不看阿开一眼，顾自己一个劲地往下说："我同银妹在一个屋檐下住，在一个镬子里吃饭，我发现银妹不但漂亮，还勤快，烧水做饭，缝缝补补，把三个人的生活安排得顺顺当当，舒舒服服，而且她良心好，对上门来讨饭的人，哪怕自己少吃一口，也不让他们白跑。"

是小春的咳嗽声打断了罗世青的话，他见阿开给儿子喝了一口刚才烧的热水，孩子不咳嗽了，又接着往下讲："我当做入赘女婿，讨银妹当了老婆。"罗世青终于对阿开笑了一下，"照陆家的规矩入赘女婿要改姓丈人家的姓，丈人老头把我的罗世青改成了陆世清。"

"你现在就叫陆世清？"阿开追问了一句。

陆世清点点头，开心地说："银妹为我生了一个儿子，叫水生，后来又生了个女儿，叫春香。"

“这都是他们爷爷给取的？”

陆世清摇摇头，一脸沉痛地说：“他来不及给孙子、孙女取名字，先走了。”

……

张副县长一直在耐心地听阿开诉说这一场生死遭遇，不敢去打断他，直到阿开说完了，他才透了一口气，说：“我真想见见救你儿子的恩人啊。”当阿开肯定地说了句“一定会的”，张副县长又看着已经瘦了一半的学生，回头看看被蚊子咬得红一块、青一块的小春，内疚地说：“是我这个当先生的不关心你们啊，让你们吃了那个多的冤枉苦头。”张副县长接着长长地舒了一口气说，“现在好了，一切都弄清楚了，渡边医生也不是日本特务。”

“杜医生是日本特务？！”阿开好像大晴天听到了雷声，眼睛睁得很大地看着张副县长。

张副县长想不到阿开会急成这副样子，也吃了一惊，他说：“我不是说渡边不是特务吗！”

“可他总是一个日本鬼子呀！我们吃了日本鬼子多少苦头，我的儿子、老婆……”阿开突然像孩子一样哭起来，小春以为阿爸受到了张副县长的欺侮，他冲过来向着张副县长又是脚踢，又是嘴咬，被阿开制止住了，抹去眼泪，把儿子揽在身边，向着张副县长苦笑。

张副县长想过来摸一下小春的头，也被小春推开。张副县长对阿开说：“你养了这样一个好儿子，我为你高兴。”

阿开又开心起来：“我儿子说了，今后谁敢欺侮阿爸，他会帮我的。”

小春也把胸脯挺得高高的，还向张副县长扬了扬小拳头。

张副县长因为心里有事，并没有理会小春，看一眼阿开交到自己手里的那一叠沾满了泥土的钞票，再一次问阿开：“你不想去见见杜医生？”

阿开摇摇头：“杜医生为小春开了一次刀，又代付了小春住院的钞票，弄得我们董家村也住不下去，现在我已经知道他是日本人，如果再去见他，那些人不知会编出多少难听的话来呢，我和小春还能在村子里住下去吗？！”

张副县长同情阿开的遭遇，可他还是劝阿开去见杜医生一面，说：“终究他帮小春医好了毛病，后来还特地来看过他。”

张副县长见阿开有些被他说动了，进一步说：“你不回去，说不定杜医生会到这里来看小春。”

阿开看看张副县长，从张副县长手里拿过那叠钞票，说：“那……还是我亲手交给杜医生吧。”

张副县长在到江北凉亭的早几天，因为到董家村来办事，顺便到小伯家坐了一会，正想去看看阿开和他儿子小春，小伯吃惊地问他：“你还去看他们？不怕把祸水惹到你身上？”

“惹什么祸水？”

小伯把县公安局来找过阿开两次，听说他同日本特务有联系，小春也是日本特务的儿子的事，一塌刮子告诉了张副县长。张副县长听了大吃一惊，问小伯：“你是从哪里听来的？”

“全村人都在说。”小姆妈在旁边补充了一句。

张副县长的脸一下子阴沉下来，“不知道是谁透露出来的，他们把水搅混了，可恶之极。”张副县长愤怒地说着，站起来，“我得去看看他们。”被小伯拉住了：“早已逃走了。”

“逃到哪里去了？”

小伯摇摇头。

张副县长告诉小伯，关于渡边医生是日本特务的事是有人诬告，想陷害渡边。“诬告？陷害？”小伯看着张副县长，问他：“谁诬告？谁想陷害渡边医生？”

“是我们董家村的人吗？”

张副县长知道三言两语说不清楚，作为富春县人民政府的一个负责人，也不应当把这种事随便同不相关的人说，他摇摇头说：“以后你们会明白的。”

“那么说小春也不是日本特务的儿子了？”小伯、小姆妈都透了一口气，因为小春太可爱，他们也太喜欢他了。

张先生对着两位老人笑了一下，有意转移了话题，说前一段时间县里派人四处找渡边医生……

“渡边医生也不见啦？”

“现在找到了。”

“在哪里找到的？”

张副县长却哈哈地笑起来，说：“就在你们董家村。”

“我们……董家村？”

20

小春已经好些日子不来广场放八哥了，今天一吃好早饭，就领着两个小宝贝到广场上放飞，捉虫子给它们吃。

“丁零零！”一阵清脆的铃声，把小春吓了一跳，因为他在县城里读过书，听到过这种声音，是装在两个轮盘上的，上面还可以骑人，宏志告诉他，这叫脚踏车，可乡下哪来脚踏车呀？他刚回转头，真的是一辆脚踏车停在他身边，上面还跳下一个人来。

“张伯伯！”小春叫了一声，扑了上去。

张副县长问小春：“想不想骑张伯伯的车子？”

“想！想！”小春想爬上去，因为性子太急了点，差一点把张副县长的脚踏车推倒，张副县长忙把车子扶牢，又把小春抱上座凳，推着他在广场里转起圈来。

听到声音，阿开出来看到儿子骑在脚踏车上，担心地对小春说：“千万不要摔倒了。”

张副县长说：“没关系，有我扶着哩。”正说着，于太白政委不知从什么地方钻出来的，他还领着一个人，见了阿开，刚想向他介绍，那个人却向于政委摇摇手，笑眯眯地盯着阿开：“还认得我吗？”

“你是……”阿开上上下下地打量着那个人，好像在哪里见过，但一时又记不起来。

“缺牙佬！”那个人突然叫了一声，阿开也马上扑了上去：“大哥！”

“大哥”用双手握住了阿开的手，说：“想不到我那时对你随便说的那句话……”

“后会有期！”阿开不等“大哥”说完，接了上去，与此同时，四只大手又一次地握在一起，摇了又摇：“今天真的实现了！”

这让在场的人都有些莫名其妙，于政委开玩笑说：“你们是在做地下工作对暗号呀。”

大家哄一声笑开了。

这时，小伯拄着拐杖从台阶上走下来，他一边走一边对大家说：“怎么站在外面说话呀，快往屋里坐。”

“看样子，小伯身体越来越好了。”于太白因为尊敬小伯，也跟着大家这样叫。

“这全是托共产党的福呀。”小姆妈想来搀扶小伯，也被他拒绝了，“让我自己走。”

当阿开拉着儿子走进小伯的客厅里，一下子呆住了：里面是一屋子的人，有杨光医生、董成标两公婆，还有一个……阿开虽然早有心理准备，但还是放开了儿子的手，冲了过去：“杜医生，你躲到什么地方去了？急得我到处在找你啊！”

杜医生也握着阿开的手，激动的眼泪在眼眶里转动着。

杨光医生走过来，对阿开说：“想不到吧，杜医生就住在你们家隔壁。”他回转身看着成标和桂香。

桂香马上摇摇头，说："不是住在我家，是住在我的娘家。"

"小山坞？"

桂香点点头，告诉阿开，她的脚被杜医生医好了，不知道怎么感谢他才好，有一天杜医生突然告诉她，说县公安局对他产生了怀疑，正在调查他，他说他绝对是个好人，因为刚刚解放，他怕公安局里新人多，没有经验，万一办错了案子就麻烦了，想找个地方暂时避一避："我们小山坞很少有陌生人去的，就让他暂时住到我娘家去了。"

阿开一边在听桂香说话，他的眼睛却一刻没离开杜医生，杜医生也几次想插进来同阿开说话，只是张了几次嘴，又闭上了，后来他看到小春，走过去想把他拉到身边来，小春甩开了他，顾自己走出去玩了，渡边看着小春的背影，流下了眼泪。

"这个没有良心的小东西，杜医生医好了你的毛病，还……"阿开到门口去硬是把儿子拉了回来，还从口袋里挖出一叠钞票往杜医生手里塞，说，"欠了你那么久，想想都倒霉。"

"你……这是……"渡边吃惊地看着阿开，好一会才说，"你家的事成标和桂香都同我说了，日本军国主义给你带来了那么大的灾难，向你谢罪了！"杜医生深深地向阿开鞠了一躬，阿开忙扶住了他。

当阿开和杜医生为了小春的医药费推来推去的时候，杨医生把阿开拉到一边，悄悄地对他说："今天是大喜的日子，你别这样了，会让杜医生误会的。"

"杜医生……误会什么？他为我们小春医好了毛病，还代付了住医院的钞票，我老早就想还了，就是找不到他，这回总算找到了。"

"董阿开同志，先把钞票收起来，我们还是入席吧。"张副县长说。

小伯也对大家说："今天我是受张副县长之托，请大家吃顿便饭，边吃边谈。"

小春听说小老伯请大家吃饭，又看见三婶婶把一盆热气腾腾的鸡摆到八仙桌上，他选了一个离盆子最近的位子爬了上去，还拍着旁边的位子大叫着："阿爸，坐在这里。"

阿开想把杜医生拉到小春占的位置上去坐，小春却把他推开了："这是我阿爸坐的。"

"他是你的救命恩人啊。"阿开指着杜医生，对儿子说。渡边对小春说："我就坐在你旁边吧。"

"董小春同志，还有'两只粪桶'的位置呢？"于政委笑着问小春。

"大哥"刚想问于政委怎么有这个奇怪的名字，小春拍着另一边的椅子说："那就坐到我的身边吧。"却想把杜医生推开去。

"哦，好大的面子哇！"于政委拍拍小春的脑袋，在渡边旁边找了个位子刚坐下，客厅外有人在叫他，于政委来到状元府第大门口，只见一个老和尚领着一个年轻和尚，他们见了于政委，老和尚双手合十，嘴里念着“阿弥陀佛”，说：“于政委今天有大事，老衲打搅你了。”

“没事没事，”于政委也双手合十，向老和尚还了礼，“我们好像见过面？你是长沙庙的主持一清师父吧？”

“贵人好记性，老衲正是一清，”还给于政委介绍身边的年轻和尚，“他的法号叫安心。”

当安心和尚口念“阿弥陀佛”，并向于政委施礼的时候，从屋里传来了一阵惊叫声：“哑巴和尚开口说话了？”

“原来他不是哑巴。”

于政委见满屋子的人都拥到大门口来，他招呼一清和“哑巴”和尚一起回到饭桌边，人们还没有坐下，哑巴和尚径直走到渡边身边，先是哑巴和尚对渡边“呷里哇啦”地说了些什么，渡边竟和“哑巴”和尚拥抱在一起，两个人都用日本话说着、叫着、哭着、笑着……

“哑巴”和尚并不哑，他耳聪目明，老家是静冈县裾野市，父亲是一名工人，他是小学里的一名教师，名字叫山本，日本侵略中国之后，由于兵源缺乏，他被征召到日本军队里当兵，按照日本军队的规定，在正式上战场之前，要先接受老兵的训练，那一天，日本兵不知从哪里抓来了几个中国男人，五花大绑地跪在地上，要山本和其他新兵拿着上了刺刀的枪去刺那些中国男人，山本拿起枪，看着这些无辜的中国老百姓，他满头冒汗，手在发抖，特别是看到被刺得半死不活的老百姓在地上挣扎，加上一股热血的气息冲进他的鼻子，山本突然晕倒在地上……

当山本醒来后，他被关在一间漆黑的屋子里，脸被打肿，鼻子也流着血。

“这哪里还有一点人性啊，连畜牲也干不出来的事呀！”山本好像又回到了当时老兵要他杀人的那个场面，他的全身发抖，口干得同搁在沙滩上的鱼一样，一张一张的；渡边忙给他送了一杯茶，山本咕咚咕咚大口喝完杯子里的茶，当张副县长又送上一杯茶的时候，山本缓过一口气，接着说，他知道自己不是那一类人，必须离开这个魔窟，幸好这屋子的墙是用泥夯起来的，可要想从泥墙上挖个洞也不是件容易的事，他用手抠，手指甲磨光了，手指抠出了血，终于挖出了一个小洞，而且可以把头钻出去，可要把这么大的一个身躯钻出去，太难了，山本的十个手指全抠烂了，血肉模糊，他就用牙齿，把墙上的泥一块块啃下来……

“我终于逃出了这个魔窟！”山本透了一口气，还对大家轻送地笑了一下。

可在场的人不但没有陪山本笑，个个脸色凝重，咬牙切齿，大口大口地喘着粗气；小姆妈、桂香和小惠，还低着头在流泪、抽泣。

“阿弥陀佛！”一清和尚双手合十，说“是我在一次外出化缘回来的路上碰到他的，我见他伤得厉害，饿得只剩一副骨头一张皮，我佛以善为本，把他救了回来……”一清回头看了山本一眼，接着说，“我一直以为他是个哑巴，前几天才知道他会说话……”

“日本人杀了那么多中国人，我当时又不会说中国话，不装哑巴，还会有活路吗？”山本看了渡边一眼，说，“前几天听到来庙里烧香的人说，董家村来了一个日本医生，我才向师父说明自己的身份，要求他领我来找你……”他又一次走到渡边身边，两个人又一次相抱在一起，还对大家说：“想不到都是静冈人！”

小伯要一清师父和山本留下来一起吃饭，一清不肯，山本也只好同渡边用日本话交谈了几句，跟着师父回长沙庙去了，于是，一切又回到了刚才的气氛中，于政委看到三嫂捧一大盆冒着热气、香喷喷的鸡出来，问三嫂：“你准备什么时候为关根和小惠办喜事啊？”

三嫂见于政委这么关心儿子的婚事，感到既光荣又高兴，开玩笑说：“于政委准备送礼啊？”

“我准备吃喜糖。”

“我想总要关根从党校学习回来吧？”张副县长试探地问三嫂，三嫂满面春风地回答：“关根说，一切要服从革命事业。”

“革命结婚两不误嘛。”于政委的话，让满桌子的人都笑了起来，一下子打破了刚才山本给大家带来的沉重，只有渡边，他好像还没有回过神来，而且一刻不停地看着小春，当看到小春几次站起来想用筷子往鸡盆子伸，由于他人小手短，桌子面大，够不着，渡边立刻站起来，从盆子里撕下一只鸡腿，放到小春的碗里，小春看了渡边一眼，阿开在旁边说：“谢谢杜伯伯！”

“谢谢杜伯伯！”小春鹦鹉学舌地说了一句，埋头吃起鸡腿来。

渡边听了小春这句话，脸一下子高兴得红了起来，他看着小春吃鸡腿，又回过头看阿开。阿开客气地说：“杜医生别客气，也吃呀。”他也夹了一只鸡腿送到杜医生碗里，说：“杜医生比过去瘦多了，好像也老了不少。”

还没有等渡边回答，三嫂突然领进几个人来，小惠一见，高兴得跳起来，扑向了领头的那个女人：“姆妈，你怎么来啦？”

大家听说是小惠的妈妈车玉娟来了，都放下筷子立起身来，特别是阿开，更像见了自己的大姐一样，拉着她在身边的椅子上坐下来，两个人都有说不完的话。可不是嘛，小惠的右派帽子摘掉了，车玉娟的冤案也得到了纠正，还当上了商州市政协委员，真是喜事连连啊，过去她来看过一次小惠，多么想见见董阿开，都没有见着，遗憾地走了，这一次总算见到了，两个人是多么的高兴啊。

小惠是个懂事的姑娘，她觉得为了自己家的事搅乱了客人吃饭的兴致，想把妈妈先叫到自己家里去，等一回再叫阿开叔过去看她，哪想到同车玉娟一起来的一个半老太婆和一个中年阿嫂，她们一进门，四只眼睛一齐盯住了小春，后来，又问小惠他是不是叫小春，小惠刚点了一下头，两个女人突然扑过去抱住了小春，半老太婆捏着小春的一只耳朵，对中年女人说："你阿哥也有这样一个红痣！"年轻阿嫂哭着说："囡囡啊，总算把你找到了！"两个人又是哭又是笑地把小春吓得大叫"阿爸"扑进了阿开的怀里。这突如其来的一幕，弄得所有参加酒席的人都有些莫名其妙，特别是渡边，差一点瘫倒在椅子上，他跳起来一把把小春从阿开怀里夺过来，紧紧地抱住他，大声说："小春是我的儿子，小春是我的儿子啊！"

两个女人呆住了，所有在场的人也都呆住了，他们看看杜医生，又看看小惠姆妈带来的两个女人，只有于政委和张副县长没有看渡边，却看着这两个女人，心里打起了问号："怎么又会惹出这两个女人来了呢？"

车玉娟到底是见过世面的人，她把同来的两个女人拉到自己身边，尴尬地对大家说："对不起，都是我不好，刚才只顾同阿开说话，忘记了给大家介绍。"她先把身边那个半老太婆介绍给大家，"她叫孙玉仙，是我的邻居……"

"我叫吕梅花，是姆妈的囡。"年轻的阿嫂站起来自我介绍。

"我因为是市政协委员，有一次去串门，听到玉仙嫂讲起她儿子和媳妇的事……"

"我的炳泉儿啊，你在九泉之下可以安心了，你的儿子终于找到了呀！"不等车玉娟再说下去，孙玉仙又站起来，想从杜医生怀里去拉小春，小春本来就想从渡边怀里挣脱出来，趁机一头扑在了阿开怀里，用惊恐的眼神看着要抢夺他的女人。

经过三嫂、小惠和车玉娟劝说，孙玉仙和吕梅花哭哭啼啼来到三嫂家休息；由于车玉娟是亲家，又是第二次来，还带了两个客人，三嫂硬硬头皮，把那只过年用的阉鸡抓来，正拿起刀要杀，被小惠一手夺了下来："姆妈，这可是请年菩萨的鸡呀。"

三嫂看看小惠，说："那只还没有生蛋的母鸡已经借给小伯家了，我难道用十个手指头来请客人？"正当三嫂和小惠为了杀鸡的事僵持着，成标领着渡边医生突然进来了，一进门，成标还没来得及开口，杜医生就走到车玉娟母女面前，说：“我就是小春的亲阿爸，小春是我的亲儿子！”他拉着自己的耳朵，到沈玉仙面前，又到车玉娟面前，说，“你们看，小春耳朵上有这么一个记号，我耳朵上也有这么一个记号。”杜医生突然拉住沈玉娟和车玉娟的手，眼泪汪汪地对她们说，“求求你们了，去阿开那里作一个证明，把儿子还给我吧！”

沈玉娟的女儿吕梅花“呼”地一下跳起来，推开了杜医生的手，大声说：“我阿哥项颈里也有这样一颗红痣，小春是我阿哥的儿子！”

董成标见杜医生在用孤立无助的眼睛向自己求援，他说：“杜医生的老婆还有一封血书，是杜医生回到日本才接到的。”

沈玉娟和吕梅花同时站起来，一起睁大了眼睛盯着杜医生。

“你……是日本鬼子？”沈玉娟问。

“杜医生是日本人，不是鬼子。”成标解释说。

“我要咬你一块肉！”沈玉娟突然歇斯底里地冲到杜医生身边，张开嘴巴要去咬他的耳朵，如果不是成标和车玉娟及时拦阻，杜医生的一只耳朵真的要被咬下来了。

沈玉娟瘫坐在地上，用双手拍打着地面，痛哭起来：“我的炳泉儿啊，你同红英死得好苦哇！”

三嫂面对突然发生的事，感到十分为难，杜医生是中国人的朋友，沈玉娟是亲家母带来的客人，本来小伯同她说，他受张副县长的委托，说要办一桌“和谐”酒，不是有句俗话说：“酒杯一碰，恩仇全消”嘛，因为为了小春的事，三嫂、小伯和小姆妈都错怪过阿开，想不到半路杀出个程咬金，把事情弄得这个场面，看着小惠不知道先劝哪一边好？

车玉娟到底是个有知识、有经验的老师，她先把杜医生扶到自己的位置上坐下，又拉着沈玉娟和吕梅花回到她们的位置上，代沈玉娟讲起了她儿子和媳妇的事情：

沈玉娟的儿子吕炳泉是地下党员，他同妻子周红英是大学里的同学，他们在商州以开店为掩护，收集商州日本驻军的情报，并由炳泉及时去通报给新四军，后来由于叛徒出卖，炳泉被日本鬼子抓走秘密处死了，不久，身怀六甲的周红英也被秘密抓走，只听说她是被日本鬼子的汽车装运到北方去的，后来有消息说，她被装运到细菌部队做细菌试验死了，也有的说，她因为在半路上生产了，日本鬼子把她从汽车上丢下来了……

“我听车老师说，她在北方一个汽车站碰到一个人，她怀里抱着一个孩子，就是在汽车站毛坑旁边捡到的……”

“车老师还说她看到孩子耳朵上有一颗红痣……”

“我阿哥项颈里也有一颗红痣。”

渡边一直在听着车老师的叙说，他还几次站起来，向沈玉娟母女鞠躬，说：“谢罪啦，谢罪啦！”后来听到小春耳朵上那颗红痣，又跳起来，拉着自己的耳朵：“我耳朵上也有一颗红痣，小春是我的儿子，我是小春的亲生父亲！”

眼看又一场激战要发生了，于政委、张副县长突然走了进来，后面还跟来了“老大哥”周伟社长，他们是听到三嫂家的吵闹声才过来的……

21

富春江里的早潮响过之后，开始头一遍鸡叫，东方已经出现鱼肚白，天却还是蓝的，半个月亮已经斜挂在状元府第西边的屋角上，那颗天亮晓星已经赶在太阳前头，向大地上勤劳的人们眨眼睛、装鬼脸，小伯刚走出大台门，见台阶上坐着一个人，把他吓了一大跳。

“你是嘎人？”小伯问。

“小伯！”那个人站起来，小伯一看，竟是渡边医生：“你为什么坐在这里？”

“我已经在这里坐了一夜了。”杜医生在小伯邀请下，走进他们家的客厅。

小伯还泡来了一杯热茶，说：“暖暖身子。”

渡边把茶杯接在手里，还没有开口，董成标两夫妻风风火火地赶来了，成标一见杜医生，埋怨说：“桂香起来烧早饭，一看大门开着，叫我到你睏的房间里去看了一眼，人没有了，把我们的魂都吓出来了。”

杜医生不好意思地向成标鞠了一躬，说：“睡不着啊。”

“什么睏不着，你是怕阿开带着小春逃走哇。”成标刚说到这里，桂香把头伸出去朝阿开家的大门看了一眼，向大家眨眨眼睛。

成标告诉小伯，昨天，于政委和张副县长到三嫂家看到渡边医生和沈玉娟母女，为了小春的事吵了起来，于政委问张副县长：“渡边身边不是有妻子的血书吗？拿出来给他们看看，不就解决了。”

张副县长问了渡边，渡边摇摇头：“他们没有还给我。”

“乱弹琴！”于政委非常生气，说既然知道是一件错案，口头上也通知渡边本人了，为什么还把他的东西扣压不还？张副县长连夜赶到县城里去找公安局钱局长，钱局长说把材料送机要室时，忘记把渡边的血书抽出来了，他连夜把洋子的血书送到渡边手里，还向他道了歉。渡边捧着妻子的血书又一次哭得痛不欲生，当时，他想连夜到阿开家去，倒不是怕阿开把小春再一次藏起来，他是想问问洋子的下落，因为儿子他是见着了，那么妻子洋子呢？

她是在什么情况下写这封血书的?身边没有笔吗?洋子口袋里可是有笔的呀,因为她是护士,在医院,随时要记录病人情况的,再说,血书不写在纸上,而是写在一张窗户纸上,这到底怎么一回事?渡边想得快要发疯了……

“我们好劝歹劝总算把杜医生劝住了,想不到他又……”成标看看坐在台阶上的杜医生,不再往下说。

又是于政委说服了菊花,叫她回董家村来看看阿开,同时要做通阿开的思想工作,把董小春还给渡边,以免影响国际关系。

真是“一行服一行,豆浆碰到盐卤”了,听说菊花来了,阿开才从床上坐起来,忙得又是穿衣服又是铺被子,苦笑着问她:“是他们叫你来的吧?”菊花老老实实地点点头,说:“于政委说要你想通一点。”

阿开用拳头敲击着自己的脑袋:“我这个脑袋像要劈开来一样地痛,不是我不肯,只是来得太突然了。”

菊花看看阿开又老了不少,心痛地说:“想开点吧,我早知道这一天迟早要来的。”菊花还叹了一口气,接着说,“小春是你一口水一口糊养大的,一刹那要离开你了,换了我也有些舍不得……”

让菊花想不到的是她的话还没有说完,阿开用一种陌生的眼光在看着,菊花马上闭上了嘴巴。只见阿开摇摇头,说:“我阿开活到这么大,从没有想占有别人的东西,别说是一个人,就是一根稻草,也是这样。姆妈说过,我阿开虽然穷,却是武状元的子孙,穷得要有骨气!”

阿开对菊花说:“从小春姆妈把她的儿子交到我手里,我就下决心要把他养大,有一天我会亲手交到他阿爸的手里的,可是太突然了,太突然了呀!”

菊花却在心里骂他:“你真是个木头疙瘩,人家非亲非故,白白从天堂赶来为你儿子开刀,还垫付了住院费,又几次来看望他……”菊花突然拉起了阿开一只手,轻声地埋怨说,“可你从来没有对我提起过,还要小聪明。”

让菊花想不到的是这个时候的阿开,还真像一个木头疙瘩,对菊花刚才的举动不但没有一点反映,还在自言自语:“想不到,我做梦都想不到。”

菊花问:“想不到渡边医生会是小春的阿爸?”

阿开点点头。

“那你想谁应当是小春的阿爸?”

菊花一句话把阿开问住了,他呆呆地看着菊花。

菊花却在心里说："其实我早在医院里就有怀疑了，可没有想到这么好的渡边医生会是一个日本鬼子，这么讨人喜欢的小春竟会是日本鬼子的儿子？！怪不得那天到阿妹坟上去给她做忌日，阿哥不要小春到坟头上去，是怕阿妹伤心啊。"

菊花看着阿开，希望他能告诉自己更多有关小春的事情，阿开仍然紧闭着嘴巴，眼睛盯着老远的什么地方。

菊花是个聪明的女人，只把身子往阿开身边再靠近些，什么话也没有再问。

菊花告诉小伯："阿开坐是坐起来了，可他的脾气变得暴躁，老是用拳头打自己的头，说早知道会这样，他为什么要去管这种闲事？叫他今后怎么做人啊？"

"阿开后悔了？"小伯问。

菊花说："我当时也这样问他了，他却突然把小春抱在怀里，还反问我：后悔？谁说我后悔？我今世不后悔，下一世也不后悔！"

"那他还会说这样的话？"

菊花告诉小伯，是杜医生找阿开谈了一次话脾气才开始变的。

杜边医生原以为是阿开的老朋友了，那天晚上他来看阿开，开始谈得还顺利，后来他见阿开一直抱着小春，好像十分舍不得的样子，渡边突然说："小春虽然是我的儿子，是你救了他，把他养这么大，我也知道你儿子死了，从今以后，他就算是你的儿子好了。"他说到这里，眼泪突然像暴雨一样流下来，说，"现在我最最想知道洋子是死是活，活着她在什么地方？死了，又是怎么死的、埋葬在哪里？"

小伯听了菊花的话，好一回才摇摇头说："杜医生的心情可以理解，但是他把阿开看扁了，他决不是那样的人。"菊花也说："还真的被小伯说对了，阿开刚听完杜医生这番话，先呆了好一回，突然把眼睛睁得大大地盯着他，好像在看一个怪物，接着就吼叫起来：'你不要在门缝里看人，把人看扁了，你以为小春是一件东西啊，你说归你就归你，归我就归我？他是一个人！人！人！'阿开连说了三个'人'字，气好像还没有消，'你们日本人就是把人当做工具，当做东西的吧！'"

菊花还告诉小伯，阿开当时突然转过身，用背脊朝着杜医生，继续吼叫："我第一眼看到洋子，恨她是个女鬼子，不然我就会杀了她，后来我想起了我的菊香，我的心一下子软了下来，我不但不杀她，我还要帮助她；后来她把儿子交到我的手上，这是对我的信任，作为一个男人，信誉比性命还重要，我决心要像自己的亲生儿子一样把他养大交还给他的阿爸……"

"其实阿开哥比亲生儿子还要宝贝小春啊。"当时菊花忍不住插了一句。

阿开并没有因为菊花的插话而停止，他用更大的声音对杜边医生说：“我姆妈从小就对我说过，要做一个堂堂正正的人，不是我的东西，绝对不能要，不像你们日本人，见到别人的东西就眼红、手痒，不管别人肯不肯、愿意不愿意，动手抢、夺，别人不肯，你们就去杀人、放火……我儿子信福如果没有你们日本鬼子，他……他……”阿开先是苦笑了一下，突然又放声大哭起来。

渡边见阿开笑了又哭了，他怔了一下，也陪着哭了，他边哭边走出了阿开家的房屋。

事后，听周社长说，当时渡边虽然遭到了阿开的责问，不但不怪阿开，还很理解阿开的心情，这是日本军国主义分子给一个正直、善良的中国人心上投下的阴影，永远也磨灭不掉的阴影。他很激动地说在中国常常听说过一句话：宰相肚里好撑船！过去他怎么也理解不了，人的肚子里怎么可以撑船？现在明白了，阿开就是中国的宰相，他的肚子里就可以撑船。

那一天早晨，渡边最早来到阿开家里，事先，他还去长沙庙请山本和尚也来，山本却摇摇头说：“我已经看破红尘，决心在这里修行。”不过他托渡边一件事，回到日本后，打听一下他的妻子和儿子，山本还把妻子的名字也告诉了渡边。渡边是在董成标、桂香和杨医生的陪同下来的，一会儿，小伯和小姆妈也来了，三嫂和菊花（昨天晚上菊花住在三嫂家里的）也来了，她们还带来了车玉娟和商州的两个女客人，当然，张副县长、周伟社长（还带了天堂报和富春日报两个记者）也及时赶到董阿开的家里。

渡边一进门，就东看西看，他明明知道妻子洋子不会在这个屋子里出现的，但他还是寻找着。当昨天晚上阿开答应明天告诉他洋子的真实情况，渡边又是一夜没有睡好，嘴里默默地念着：洋子，快快到我身边来吧，我等得你快要疯了。

又听杨医生说，渡边从昨天晚上开始，一滴水一粒米都没有进过肚子。

三嫂和菊花昨晚上也一夜没有睏，两个人猜想着洋子到底是死了，还是活着，死了，埋葬在哪里？活着，如今在哪里？怎么从没有听阿开说起过？阿开把她藏到哪里了？可她是一个大活人呀，能藏这么久吗？

“阿开平时呆得像个木头疙瘩，聪明起来又是蛮聪明的。”三嫂已经不止一次听菊花说这句话了，她默默地看了菊花一眼。

张副县长和周伟社长及记者也在猜测：将会从董阿开的嘴巴里听到什么样让人意想不到的消息？

董阿开见大家都来了，他慢慢站起来，从架子上取下一把锄头，拉着儿子小春，走出门，又从状元府第高高的台阶上一步步往下走，来到他们家原来的茅草屋地基上。

茅草屋已经拆掉，阿开把它改成了菜园，还从富春山上砍来了每一根都有大姆指粗的竹杆，围起了篱笆，篱笆密得连猫狗也钻不进去，有人曾经同阿开开玩笑，说阿开简直在造一道城墙！更奇怪的是这里的菜园同村子里的其他菜园不一样，一般菜园都是直的一畦一畦的，每一畦地上种不同样的蔬菜，阿开的菜园却是圆的一圈一圈的，最外面一圈是芥菜，一株株长得高高大大，第二圈是青菜，绿油油的，里面一圈是油冬菜，再里面是一圈蒿菜、一圈韭菜、一圈菠菜……中心还种了一株小桃树，桃树枝头上已经有了花蕾，不久就可以开花，还会结出鲜红的桃子来。

阿开打开篱笆门，慢慢地走了进去，人们也跟在他后面，小春更是一步不落地用手拽着阿爸董阿开。

董家村来看热闹的人把屋基地围了个水泄不通，大家的眼睛都睁得一只只像田螺，有的人在私底下嘁嘁嗾嗾地议论。议论声像蜜蜂笼里一样，嗡嗡嗡的。

“阿开到屋基地上来做什么？还背着把锄头？”

“会不会下面有个地下室，人就藏在地下室里？”

“不会吧，一个活人藏在地下室里要送饭送水，还不早就黄出来了？”

“也没有看到阿开挖过地下室呀？”

“会不会人已经死了，葬在这里的吧？”

“没有人听说他还背回来一个死尸？”

菊花听到了旁边人说的那些话，心里打起了更大的问号：“那天早上我是跟在他后面回来的，除了一个大背包，背包里装着小春和几个洋芋艿，别的什么也没有呀？！

只见阿开心情沉重地走到菜园子中间，先绕着小桃树走了一圈，然后用锄头小心地把桃花树挖起来，然后再慢慢移开，下面露出了一块木板，他又把木板移开，在成标和众多人的帮助下，从地窖里抬出一只油篓，阿开又从油篓里挖出一个油纸包，小心地打开来，是一只日本鬼子用的绿色大背包袋，他又从背包袋里拿出一块白色的、上面写着日本字的手帕，送到渡边面前。

正当阿开想把手帕送到渡边手上，渡边也用颤抖的手去接手帕的时候，小春像有预感似的冲到阿开身边，抱住了他的脚，大哭大叫：“阿爸，我不要当日本鬼子呀，同学说，日本鬼子太坏了，他们要杀人、放火……我要是日本鬼子，同学要来打我，老师也不要我去读书了，阿爸呀……”

这时，渡边已经把手帕接到手里，他突然大叫一声：“洋子——”一口鲜血喷了出来，染红了白手帕，连杨医生的衣服上也溅了不少血。杨医生一把没拉住，杜边医生已经跌到在菜园子里，垫在他身子下面的是阿开精心培育起来的各种蔬菜……

根据天堂一家大医院请来的专家医生诊断，说病人的病是因为长期的精神压抑，郁闷，又突然受了强烈的刺激而造成，需要调养，在养病期间，千万不可再受刺激，否则……

第三部

大爱无疆

1

渡边一郎的父亲是日本一家有名的汽车制造商，一郎是他唯一的儿子，听到儿子在中国突然病倒、神志不清的消息，他正在美国，因分不开身，便派秘书立即赶来中国，并叫他带来口信：只要把一郎的病治好，花多少钱都不在乎。还说要用什么药，不管哪国生产的，他们都可以买到。

小伯同儿子通信中顺便提到了这件事，开全在给父亲的来信中也提到过渡边一郎，说他在解放战争中帮助医好过不少战士，是中国人民的好朋友。

富春县于太白、张亮等领导也很重视，要求富春第二人民医院（渡边一郎工作过的城西医院）全力抢救，还从省、市医院请来了专家。特别是第二人民医院中医部的徐雪标老中医，经过他的诊断，认为渡边一郎的病是由于长期心焦、郁闷又遇到突发事件而形成的急火攻心所造成，应由中西医配合治疗。杜边医生听说等他病好后，董阿开将带他去看洋子出事的地方，还有记者陪同，情绪开始稳定，虽然知道洋子已经不在人世，但他还是像要见到妻子一样的兴奋，加上他自己也是医生，知道怎样配合治疗，三天能在床上坐起来，七天能下床走几步，半个月居然可以到外面去散步。

他一日三四次地问："什么时候出发？"

让大家意料不到的是出发之前，《天堂报》的赵记者突然问阿开："那个火车站在什么地方？叫什么名字？"

阿开一下子被问住，睁大眼睛看着赵记者，好一回才摇摇头，苦笑着："我又不识字"。

"那你总听人家说起过吧？"

"王——家——庄——？"阿开犹豫地说。

"王家庄火车站？"

阿开摇摇头："是我和洋子住过的那个村庄。"

"你和洋子还在一起住过？"渡边用怪异的眼光看着人高马大的董阿开。

董阿开并没有感到渡边的问话里有什么奥妙，点点头，说："是呀，我和洋子就住在王大爷的那个房间里。"

听了阿开的话，《富春日报》孙记者也用异样的眼光看看阿开，又看看渡边。

赵记者是个老记者，他知道里面一定有原因，忙把话叉开去，问阿开："王家庄离开火车站大概有多少路？"

阿开抓抓头皮，抬头看着天空，想了好一回，才说："大概……两筒旱烟的工夫。"

"两筒旱烟的工夫是多少时间？"

"吃一顿饭的工夫，"三嫂在旁边插话，"你们只要先找到阿开和洋子住过的王家庄，再打听那个火车站的名字。”

赵记者犯难了，他说：“中国地方那么大，全国有多少个王家庄，阿开叔说的王家庄到底是哪个省哪个县……”突然，他拍一下脑袋，跑了出去，一会儿，又兴冲冲地跑回来，告诉大家，“刚才我打电话给周伟社长，他说那个火车站不叫王家庄火车站，叫小山沟火车站……”他还把一个小本子送到渡边面前，说：“周社长还告诉我，他从小山沟火车站逃出来，不久就找到了新四军，就在军部当战地记者，喏，这是他刚才告诉我那个地方还有哪几个火车站和村庄的名字。”

“这些地方我也到过，抢救过伤员！”渡边看着赵记者记录在本子上的名字，自豪地说。

“那……小山沟火车站你也到过……”孙记者见渡边在摇头，不再问下去了。

“要是周社长一起去就好了。”渡边说。

阿开也点点头：“能同‘大哥’一起去当然好。”

“可惜他有要紧事情，走不开。”赵记者说。

现在是万事俱备，却在带不带小春一起去的问题上，阿开和渡边又有了分歧。

阿开认为小春还小，虽然是暑假，但那么远的路，怕小春吃不消，准备送到县城里去叫菊花管一个暑假，宏志也好有个伴，小春也会高兴的。

渡边却坚持要带小春去，还说他们日本是很注意小孩子锻炼的。

阿开原以为小春一定不会去的，因为他太想念宏志阿哥了，在没有放暑假之前，他三日两头地问阿开：“我什么时候可以到宏志阿哥那里去呀？”出乎阿开意料，小春听说要带他到很远的地方去，高兴得跳起来，更出乎渡边意料，他学着大人的样子，对渡边说了声：“谢谢你。”

渡边激动得真想去抱抱小春，怕小春拒绝他，讨一个没趣，忍住了。

其实渡边坚持要带小春去，是想给自己创造接触儿子的机会。

按原定计划，董阿开、渡边和小春，还有随行的记者，从富春县城乘汽车到天堂，再换乘火车去小山沟。

从富春到省城的人很多，汽车却很少。乘车的人排着长长的队伍，旁边还有人维持秩序，可是汽车一到，队伍就乱了，你挨我挤，年纪轻的、力气大的，都挤到前面去了，力气小的、年纪大的，被挤了下来。开始，阿开一直拉着小春手，人一挤，小春突然不见了，阿开怕把小春挤坏了，大叫起来：“小春——小春——”还回过头去寻找。

渡边也帮着寻找小春。

却从汽车上传来了小春的声音："阿爸，我在车上了！"原来他是从大人的大腿缝里钻进去的，因为他人小嘛。

当阿开好容易上了车，小春拍拍身边的一个空位置，得意地说："阿爸，我给你抢了个位置。"阿开看着身后的渡边，说："杜医生坐。"

渡边摇摇头，但他显然很欣赏小春的机灵，得意地看着东张西望的小春。

汽车开动了，小春突然叫起来："阿爸，那些人为什么在向后退呀？"

阿开向车窗外一看，是呀，那些还在等汽车的人怎么在向后退呢？他也说不出道理来。

"因为我们的汽车在向前面跑呀。"渡边在旁边解释。

小春回过头眼睛一眨一眨地看着渡边，好像在问："真的吗？要是汽车不开呢？"

渡边也猜到了小春的心里，说："汽车不开，那些人就不会向后退了。"正好有人要下车，汽车停了下来，渡边对小春说："你看，汽车现在停下了，那些人就……"渡边的话刚说到这里，有人在拉他的裤脚："渡边阿爸坐。"小春拍拍刚刚空出来的那个位置。

"你叫我什么？"渡边既高兴又吃惊地看着小春。

"阿爸说叫你渡边阿爸。"小春先看了阿开一眼，然后又歪着头看着渡边。

阿开点点头，微笑地看着渡边医生。

泪珠在渡边的眼里滚动，"好好！就叫渡边阿爸吧！"他在儿子身边坐了下来。

阿开坐过一次火车，就是那次被拉去当劳工，火车车厢是只大的铁箱子，这一回却坐上了两边都有玻璃窗的漂亮火车，阿开想起来了，当年洋子也是坐着这种漂亮火车来的，也是从这种漂亮的火车上被人推下来的……

"阿爸，可以睡觉吗？"小春开心地躺在那张长长的椅子上。

车厢里人很少，有一半椅子上没有人。

渡边走过去，说："村夫，我同你坐在一起，好吗？"

小春看着渡边，说："我叫小春，大小的小，春天的春……"

渡边愣了一下，然后又点点头："对，渡边阿爸叫错了，董小春同学，我可以同你坐在一起吗？"

小春开心地点点头："好啊好啊。"他又回转头，向阿开叫起来："阿爸，你也坐到这里来。"他拍拍自己身边的另一个空位置。

"好啊好啊，我们三个人排排坐。"渡边也拍拍那个空位置，阿开高兴地坐到了小春的另一边。

可是坐了不长时间，小春又不安分起来，他看到旁边座位上有个小朋友在玩玩具，走过去想看看他玩的是什么玩具，那个小朋友马上把背转过去，还把玩具藏了起来，小春很扫兴地往回走了几步，突然他又走回去，从口袋里挖出一大把香烟片，向那个小朋友晃了一下，说："我有好多好多香烟片，上面有关云长、诸葛亮、武松、李逵……"

那个小朋友看了眼小春手里的香烟片，重新把玩具拿出来，说："我们一起玩吧。"

坐在旁边的是小朋友姆妈，她把自己的座位让出来，热情地对小春说："坐到这里来，你们一起玩吧。"

阿开、渡边和那位姆妈，三个大人看着两个小朋友开心地玩着，都从心底里感到高兴。

突然"咔嚓"一声，把大家吓了一跳，一看是孙记者正举着照相机在对着他们拍照相。

小春和那个小朋友一起扑向记者："给我看看！给我看看！"两个人争着来夺记者手里的照相机，记者忙把照相机举在头上，说："不好看的，要弄坏的。"

"记者阿哥，匣子里是什么东西？"小春用好奇的眼光看着孙记者。

"关着两个小朋友。"孙记者开玩笑，他见阿开有些不高兴，问，"阿开叔，你怎么啦？"

"他们年纪小，不好拍照相的。"

"为什么？"

"他们说拍照相是要吸血的，他们年纪小，血吸干了，以后会长不大的。"阿开的话刚说完，那位姆妈首先笑了，小春和小朋友莫名其妙地看着她笑。

孙记者却是一脸的迷惑。

渡边没有笑，却向阿开身边靠了过去，向他解释照相的原理……

刚上火车，小春觉得很新鲜，主动找小朋友玩，后来小朋友下车了，小春开始无聊起来，他一个劲地问阿开："阿爸，怎么还不到呀？"或者就睏在阿开怀里，连渡边也不要他碰一下。

终于到小山沟火车站了，阿开一下车就叫起来："不是这里呀，不是这里呀！"

渡边愣了，他眼睁睁地看着阿开，赵记者却在那边叫："没有错，这牌子上是写着小山沟火车站。"

孙记者问阿开："你有没有记错呀？"

阿开坚持说："那年我们从火车上被鬼子赶下来的火车站不是这样子的。"

赵记者说："你不是说火车站旁边有一个叫王家庄的村子吗？我们去打听一下附近有没有这个村庄？"

赵记者跑到车站的小屋里去问了一下，说附近只有一个叫曹家庄的村子，这把渡边和阿开都急得头上冒汗了。

赵记者问阿开："阿开叔，当时你们下车的时候看到了一些什么？"

阿开一边走一边看一边说："那一年我们被赶下火车，车站的一边是高山，光秃秃的。"

"过去几年了，山上可能长树木了。"孙记者说。

阿开摇摇头："可这里没有山呀？还有一间小木屋，我看到小木屋旁边还有一株大树……"阿开的头摇得更快了，他肯定地说，"我可以用良心担保，这里一定不是原来那个火车站！"

"找到啦，找到啦！"赵记者从车站外面跑来，说，"这里确实叫小山沟火车站，不过是前几年才搬迁过来的，老的小山沟火车站已经拆掉了，离这里还有六七里路。"

听了赵记者的话，阿开突然感到一阵天旋地转，要不是孙记者一把抱住了他，可能跌倒了："阿开叔，你怎么啦？"

小春也抱着阿开的腿，哭着问："阿爸，你怎么啦？"

渡边也感到将有重大事情会发生，他也抱住了阿开，问："是不是洋子她……"

"洋子，洋子……"阿开沿着一条山路向前跑去，他一边跑一边叫，"洋子，我们来迟了！"

渡边拉着小春的手，紧紧跟在阿开后面。

最后面是两个记者。

这里的山路很难走，走了一段路，小春就走不动了，渡边看着正走得满头大汗的阿开，对小春说："小伙子，勇敢一点，我们一定能跟上你阿爸的。"

小春果然不再叫走不动了，他还叫了一声："阿爸，我来啦！"努力跟了上去。

两个记者也只好呼哧呼哧地喘着粗气，硬撑着跟在后面。

来到一个山角拐弯的地方，阿开的步子一下子慢下来，他一步步走到一间拆毁了的小屋旁边，站在一个深坑旁边，对着一块大石头，先是流泪，后来是哭，最后实在忍不住，叫起来："洋子，你老公来看你了，你在哪儿啊？"

当渡边知道这里原来是埋葬渡边洋子的地方，他大叫了一声："洋子啊！我来迟了！"瘫倒在地上，还差一点滚到坟坑里去。

小春跑上去，拉住他的手，问："渡边阿爸，你怎么啦？"

是韩大婶的儿子栓子先认出了阿开，他告诉阿开："是他妈妈叫他每天到这里等的，说洋子的亲人迟早会来找她的。"

韩大婶的家，已经从山坡搬到平原上，说那是他们过去住过的老庄子。韩大婶告诉阿开，他走了以后，第二年碰到大旱灾，王大爷和小芬都饿死了……说着说着，韩大婶哭了，阿开也流着眼泪说："我不该把小芬留在这里的，我怎么对得起王大爷啊！"

小春莫名其妙地看着这些大人们，一会儿抱在一起，一会儿又大哭大叫，他在心里想："原来这些大人也会哭的呀。"

"这就是渡边村夫吧？"韩大婶抱起村夫，亲了几口，说，"都这么大了，长得白白嫩嫩的，像他妈妈。"

"大婶，我的洋子她……到底怎样了？"韩大婶和阿开回过头，渡边已经从坑上起来，站在后面。

韩大婶见渡边急成这个样子，劝他说："已经这样了，急也没有用了。"

"我是说洋子的坟……"

韩大婶却只顾着自己往下说："俺一个乡下老太婆，外面的事情不知道了，是铁路上工作的小钟赶来告诉俺说，小山沟火车站要搬家了，俺第一个想到的就是洋子，她也该搬家了……"

"那么洋子她现在……"渡边心里着急，又不敢打断韩大婶的话，只问了一半，韩大婶突然站起来，高兴地说："不就来了嘛！"

"谁来了？"阿开抬起头，见门口走进来一个戴眼镜、穿制服的工人，他迎上去，抱住了他，"小钟！"

"董阿开，"小钟看看阿开身边的人，问，"他就是洋子的老公吧？"

"是，是，我是洋子的老公。"渡边不停地向小钟鞠躬。

小钟告诉阿开和渡边，他已经退休，搬到城里去住了，可他一天也没有忘记自己工作过的小站旁边还埋葬着一个日本女兵，所以他经常会抽时间来看看，有一天，他看到有一批工人在拆铁轨，一问，说小山沟车站这地方不适应发展需要，要搬了，"俺急了，这里还埋葬着一个日本女兵呢。"他去王家庄找王大爷，可王大爷已经饿死了，又去找韩大婶，还有她儿子栓子，韩大婶和栓子又找了一些人，把洋子起出来，按照本地的习惯，把她装进一只陶瓷坛子里。

"俺答应过洋子，说等火车开通了，俺第一个把她送回日本去，可咋寄呀？俺又不知道洋子家的地址，就把她又埋在了山岗上……"小钟手指着不远的一个小山岗，那里果然有一座新坟。

渡边发疯似的向山岗上奔去，他一边奔，一边哭，一边叫："洋子，我来接你了！我来接你了……"他几次跌倒，又爬起来，继续向山岗上爬去。

阿开拉着小春，和记者一起跟在小钟和栓子后面，向山岗奔去，因为山坡太陡，大家都爬得上气不接下气，但没有一个人停下来。

小春突然叫了一声："渡边阿爸——"他人小脚轻，跑在了阿开前面，阿开看见渡边再一次跌倒，好久没有爬起来，他用了吃奶的力气向渡边身边奔去……

韩大婶对渡边一郎说："洋子是你的老婆，也是俺的干闺女，今天洋子要回家了，俺得送送她。"

韩大婶在洋子的骨灰盒前烧了纸钱，她边烧边哭边说："闺女啊，回家去吧，你一个人孤零零地躺在山上，俺老了，没有去看你，走不到这么高的山上去呀。今天由你老公，还有儿子接你回去，俺也放心了。"

渡边早已哭成了泪人，他跪在骨灰盒前面，额头磕出了血。阿开、小钟、栓子几次都没把他拉起来，渡边一郎哭着说："洋子啊，这都是日本军国主义分子害的呀，他们不但屠杀了千千万万中国人，也害了我们日本自己人啊！要是他们不发动这次侵略战争，你会死在异国他乡吗？要是他们不发动这次侵略战争，你应该在一个有老公、儿子陪伴的幸福家庭里生活……"

突然，渡边一郎听到身后一个稚嫩、清脆的声音传进自己的耳朵："姆妈——"

渡边一郎转过身，村夫跪在他的身边，在村夫后面，站着泪流满面的阿开和韩大婶。

渡边一郎紧紧地抱住了儿子，哭着对洋子说："要是没有这场战争，我们是多么幸福美满的一家啊！你看看，村夫这么大了，已经上学读书了，洋子啊，你睁开眼睛看看吧……"

"我已经尽了一个中国人的良心，我是不会跟你们到日本去的。"这是阿开在渡边一郎要把渡边洋子的骨灰送回日本、把儿子渡边村夫带回日本去之前，在办手续时对渡边一郎说的话。

渡边一郎当时愣了，他眼泪汪汪地看着自己的大恩人董阿开，不知说什么好？

董小春——这里应当叫他渡边村夫了——听说阿开不想到日本去，他一头扑进了阿开的怀里，说："阿爸不去，我也不去！"

通过这几天来的共同生活，以及大人们的言谈，小春已经知道自己的身世，他到底是上四年级的小学生了，可他又怎么离得开把他养到这么大的中国阿爸呢？

渡边村夫的举动使阿开既感动又为难。

“阿开叔，你难道就舍得这样就同小春分开吗？”两位记者是极力要董阿开一同去日本的，他们也好多个伴。

“阿爸，去嘛，去嘛！”村夫缠着阿开不放，还撒起娇来。

阿开说：“我是放心不下田里的生活呀。”

“董成标和三嫂他们不是说，叫你放心去，田里生活、屋里的鸡、羊，他们会照顾的。”赵记者和孙记者都这么说。

阿开叹口气，不再出声，这就算是答应了。

当然，渡边一郎还同时邀请韩大婶、柱子和小钟一起去日本玩，韩大婶握着一郎的手，诚心诚意地说：“俺一个乡下老太婆还有多少时间好活？俺就是希望两国老百姓同亲戚一样走来走去，多好哇。”

渡边一郎诚恳地点点头：“会的，一定会的。”

柱子和小钟一人一只手拉着小春，对渡边一郎说：“以后一定会去日本看渡边村夫的。”

“我也会回来看你们的！”谁也想不到小小年纪的村夫，会讲出这样老气横秋的话来，大家笑了。

2

听说阿开也跟着杜边医生、儿子小春一起去了日本，董家村的人又掀起了新一轮的议论，有羡慕、有嫉妒，还有恶意中伤。

有的说，阿开这一回可到日本去享福了，小春的爷爷老渡边有的是钞票，阿开要怎么花就怎么花，要花多少就能花多少。

有的说，阿开从今以后不用再过上背日头下面水的苦日子了，算是熬出头了。

有的说，阿开这笔生意是做着了，真是一本万利啊。

“说不定阿开在日本讨一个老婆，生一个儿子带回来。”

“那算什么种啊？中国种，还是日本种？”

“杂交种？”

……

大家正在议论纷纷的时候，在富春县中学当校长的司马小惠给三嫂送来了一大叠《天堂报》，她还告诉三嫂，这些文章是登在日本共产党办的报纸上的，是由《天堂报》转载的。

三嫂一听，吃惊地问小惠："日本也像中国一样有共产党？是不是毛主席领导的？"

小惠大笑起来，说好多国家都有共产党，"比如苏联，是斯大林领导的，"小惠想了一下，又补充说，"有一个国家的共产党领导人，还是个女的呢。"

"女人也能当领导？"三嫂以为小惠在骗她，睁大眼睛盯着她。

小惠说："反正他们的共产党都有自己的领导人，听说在打日本鬼子的时候，日本共产党还帮助中国人打日本鬼子。"

"他们也作兴自己人打自己人？"三嫂很吃惊。

小惠一时没有听懂，问三嫂："什么叫自己人打自己人？"

"我们中国，不是蒋介石打共产党吗？"

"这……"小惠感到这样说下去会没完没了的，刚想换一个话题，正在做功课的关林突然从横里插进来说："小春阿爸是日本人，又不是共产党，不是也帮助医好了不少解放军伤病员吗？"

"谁告诉你的？"小惠好奇地问。

"我自己不长耳朵呀。"

"哈，我儿子长大了，还管起大人的事来呢。"三嫂开心地说。

小惠走过去摸了一下关林的头，说："可不是，我们关林还是个班长呢。"

"我将来还要去当官，肯定比阿哥的官还大。"

"嚇嚇，成小牛皮了。"小惠回过头，指着报纸上的文章，告诉三嫂，"这是报社记者对阿开叔的专题采访，他还说到我和我姆妈车玉娟哩。"

"真的？快读给姆妈听！"三嫂从媳妇手里接过报纸，递到关林手里，"一字一句地读给姆妈听，不准打埋伏。"

关林看了那么一大叠报纸，搔搔头皮说："这么多，叫我怎么读得完啊？"

"我辛辛苦苦供你读书，如今要你读几张报纸，也不肯了？你的书算白读了。"

"我还要做功课呐。"

"每天功课做完了，读一张，总有一天能读完的。"三嫂用不可反驳的口气对儿子说。

小惠也对关林说："阿弟你先读起来，能读多少就读多少，大姐星期天回来，也给姆妈读，好不好？"

关林点点头，拿起报纸，像在课堂里朗读课文一样地读起来：《天堂报》按语，这篇长篇通讯是刊登在……

三嫂连忙摇摇手，说："别啰里啰嗦，阿开在报纸上怎么说的？"三嫂催促儿子。

"你不是说要一字一句读给你听嘛。"

3

董阿开之一

我儿子被闷死了，后来又被豺狗叼去吃掉，没有了后代。

我妻子投了江，尸体也没有捞回来，没有了希望。

我有冤，我有仇，我要报仇，我要讨还血债!

我在阿爸姆妈和老婆、儿子的坟头点了香，烧了纸钱，还在坟头上加了土，我知道这一次出去，是回不来了（我也不准备回来了），所以我烧了比任何一次多得多的纸钱，免得我的阿爸姆妈和老婆、儿子今后因为没有人来上坟烧纸钱，成了饿死鬼。我好几次想把以后给阿爸姆妈、老婆和儿子送斋饭、上坟烧纸钱的事托付一个人，比如阿水、菊花、三嫂，这样做就会把我的计划黄出来，他们会千方百计地阻止，所以我只能在阿爸姆妈和老婆、儿子的坟前暗暗许愿：如果我死了，我的灵魂一定会回来，会陪在阿爸姆妈和老婆、儿子身边，让他们不再孤单。

我办完了这些事，回家拿了把柴刀，把它磨得锋快锋快，我又特地穿了双上山袜，因为袜筒里可以插尖刀。用家里仅有的玉米粉做了几个饼，准备带在路上吃，又把米桶里剩下的白米煮了一镬子纯白米饭，吃得饱饱的，就上路了。

我不敢过富春江龙头山渡，那里一上岸就有日本鬼子和和平佬守着，怕他们把我带在身边的柴刀和尖刀搜出来，这样，我不但报不了仇，还会把命搭上。我阿开是个老实人，但并不笨，我向村子西头走，从天平渡过富春江，那里没有人把守。

我从天平过渡上了岸，这里有一条江边路，经过华家溪、陆家村，可以到达富春城里。过去，我是怕日本鬼子，现在，我要去找日本鬼子，听说城里的鬼子常到陆家村一带抢东西，找花姑娘。

陆家村是我外婆家，姆妈告诉我，有三亩外公给姆妈的陪嫁地，就在江边。因为我家没有人去种，外公叫老长年木根伯代种，木根伯每年给我们家交租谷。木根伯除了交租，每年过年还要给我们家送好多农产品，猪肉呀、鸡呀、鱼呀。我和姆妈每年去外婆家，都是由木根伯来接送的。我十二三岁的时候，木根伯还领我到陪嫁地上去过，陪嫁地就在贴江边，站在地头可以隔江看到董家村。富春江里的水很清，董家村的状元府第和董家祠堂门前那株老香樟树，以及那一丛又一丛的柏树、桑树、麻栗树，还有村子里高高低低的房子，都倒映在江水里。富春山和皇帝帽子岗的影子穿过富春江，一直伸延到我面前的水里，我真想到江水里去摸一摸富春山上那个皇帝帽子岗，却被木根伯拉住了，他怕我失脚跌进江里去出危险，因为这里正在坍江，离开几步远就是深江。

站在岸上，还可以看到水里游来游去的鱼，鲢鱼、草鱼、青鱼、鲫鱼、包头鱼、红尾巴鲤鱼、鳗鱼，有时候还有鲥鱼……最滑稽的是那些箬壳鱼，它们的两只眼睛长在一边，平时喜欢平躺在水底沙滩上，猛一看，还以为是一张包粽子的箬壳。还有一种叫黄尾巴潮头鱼，会在水里飞起来，它们喜欢斗潮水，平时它们在江水里慢慢地游啊游啊，不急不慢，悠闲自在，只要一听到潮水来了，就会一个个争先恐后地向潮头冲去，潮头越大越高，它们跳得越高，就像在潮头上飞。富春江边有一些勇敢的抢潮头鱼人，他们迎着潮头，举着鱼网去潮头接这些从潮头上落下来的鱼，既捕到了鱼，也练了斗潮人的胆量和驾驭潮头的本领。

木根伯还指着江里来来往往的船，说大船是装运东西的，小船是捕鱼的。这我也知道，特别是捕鱼的船，两头尖尖，像一张裹粽子的箬壳，我们还叫它“箬壳船”，别看船这么小，捕鱼人一家就住在船上，还在船上养鸡、养肉猪、生儿育女；他们除了卖鱼，平常是不大上岸的，由于长期在船上生活，他们一到陆地上走路，两只脚总比别人掰得开一些，我们村里人只要看到他们走路，不用问，就知道是在江上捕鱼的，不管他们姓什么，叫什么名字，统统叫他们“捕鱼佬”。

“人间苦，苦不过摇船、捕鱼、磨豆腐……”

“啪——勾”我刚刚踏上外公给我姆妈的陪嫁地，突然听到一声枪响，我吓了一跳：“鬼子看见我了？”

我忙向路边的芦苇丛里躲。

又是“啪——勾！”一声，还听到咿咿呀呀的叫喊声，有三个鬼子边叫边从我躲的芦苇丛前面跑了过去。

我朝江里一看，一只捕鱼船正在江里收“滚钓”，有一条很大的螺蛳青被滚钓扎牢，正在水中挣扎。因为鱼大，船头上的男人花了好大的力气，还是没办法制服这条螺蛳青，在船尾摇船的女人来到船头，帮男人把青鱼拉上了船。

三个日本鬼子咿咿呀呀地叫得更响了，还用枪瞄准了船头的男人。

女人回到船尾，无可奈何地把船划向岸边。

三个鬼子手舞足蹈地叫着：“鱼，大大的！”

男人还是很机灵的，为了不吃眼前亏，抱着螺蛳青跳上岸：“太君，鱼的，大大的。”他满脸堆笑，因为脸上有一颗黑痣，随着他的笑，在脸上跳来跳去，有些滑稽；当他放下鱼，刚想回到船上去，其中一个鬼子突然用枪对准了船尾的女人：“花姑娘，性交性交的！”

我脑子里“嗡”的一声，那首常听到的童谣又在耳朵边响起：“日本鬼子，强奸女子，脱下裤子，生下儿子！”

男人一听魂也快吓出来了，他一头跪了下去："太君，她肚子里有孩子了，饶了她吧！"

另一个鬼子的枪对准了男人，还拉了一下枪栓："死啦死啦的！"

女人吓得全身发抖，差一点翻进江里，她好容易从船上下来，一只脚刚踏到沙滩上，三个鬼子像恶狼一样地扑上去，撕扯女人的衣服。女人哭着、叫着，几次从恶狼手中挣脱出来，却又几次被鬼子摔倒在沙滩上，并把她压在身底下……刹那间，阳光明媚、凉风习习的富春江边，随着鬼子高一阵低一阵的淫笑声和女人有一阵没一阵痛苦的哭声，阳光变得暗淡，空气变得污浊；富春江里的江水也在发出怒吼声，哗哗地一次次冲上沙滩，但每一次刚刚冲到鬼子身边，又无力地退了回去。我还看到那个男人脸上的黑痣突然变大，几乎盖住了大半张脸，想起小时候姆妈带我在董家祠堂看戏文，当天晚上演的是能够日断阳、夜断阴的包龙图，他日里在阳间审冤，黑脸只占了一小半，夜里到阴间为冤死的鬼魂审冤，几乎整张脸都是黑的。我还看到黑脸男人的两只眼睛红得像火在燃烧，眼珠子也快要爆出来，他的手里捏着那支橹，手上的青筋一根一根地暴凸，全身筛糠一样地在发抖，汗水像水浇一样往下流，牙齿也咬得嘎吱嘎吱地发响，但他不敢有进一步的动作，因为没有轮到的那两个鬼子，一边一个举着枪，一刻没有离开过他的脑袋……我的脸上也像被一只看不见的手在狠狠地抽打，打得我眼冒金星，耳朵"嗡嗡嗡"直响；心也像被无数把刀子在割，因为我看到被鬼子压在沙滩上强奸的女人突然变成了菊香！我紧紧捏住柴刀，觉得柴刀突然变成了大刀，我骑在高头大白马上，举起大刀向鬼子们的头上砍去，就像当年董状元的大刀向倭寇头上砍去一样……

女人在挣扎，男人在发抖，我也猛醒了过来：我手里只是一把柴刀，身边也没有大白马，日本鬼子手里拿的却是枪。

三个鬼子把女人轮奸完之后，又到船上去抢走了一头肉猪和那条大青鱼，用船上的竹竿抬着，那个领头的鬼子大概怕肉猪逃走，还在它身上捅了一刺刀，一股猪血喷出来，溅了他一身一面。

身上有血的那个鬼子对另外两个鬼子咿里哗啦地叫些什么，两个鬼子"嗨"的一声，抬着猪和鱼先走了，他却脱了衣服跳进江里洗起澡来，他要洗干净身上的血。

抬猪和鱼的鬼子在芦苇丛背后消失了，那只捕鱼船也渐渐远去，我的全身像点上了火药线的炮仗一样要爆炸开来，手里的柴刀也因为太紧张而掉落了好几次。留下的那个日本鬼子一边洗澡，一边还吹着口哨，他那把枪放在沙滩上，刺刀在阳光下闪着碜人的寒光。我的心又是一阵抖动，鬼子就是用这把刺刀刺进猪肚皮里的，我的肚皮也好像突然痛起来，捏刀的手全是汗水，打湿了刀柄；我的两只脚慢慢向芦苇丛里面移动。我在离开之前，还想看一眼江里，出乎意料的是又在江里看到了杨梅山的影子，更奇怪的是看到杨梅山上还站着我的菊香，她抱着信福，正在痛苦地哭泣；在她的身后，还有董家村被日本鬼子强奸过的像银花一样的人，还有他们用细菌害死的父老乡亲们，还有三嫂的儿子关木……我一下子脸红心跳，骂自己是个胆小鬼、怕死鬼！张先生说过，我们中国那么大，又有那么多人，却被一个小小的日本欺侮，全是因为中国人不团结、怕死！想到这里，我的胆子突然大起来，身子也像变成了钢铁一样，我紧咬着牙齿，像一头狂怒的狮子从芦苇丛里猛扑出去，飞起一脚把鬼子的枪踢进了水里。鬼子听到水声，又看见岸上站着一个拿刀的人，他三下两下从江里摸起了枪，正当他在瞄准我的时候，我扑上去一柴刀砍伤了他拿枪的手，枪从鬼子手里滑落到水里，手臂上的血汩汩地流出来，染红了身边的江水。

鬼子力气很大，他突然一转身，一拳头打在我的脸上，我的两颗牙齿被打下，鼻头也在流血。他还用打我的那只手掐住了我的喉咙，我一下子觉得天旋地转，眼睛发黑。我用了最后的一点力气，从山袜筒里抽出那把尖刀，刺进了他的胸膛，一股热血溅到我的身上。

当我再看鬼子时，他正在用最后的一点力气爬向他的衣服，我怕他衣服里有刀，一把抢过来，刚想向江水里扔，他一把抱住了我的脚，咿咿呀呀地叫着，眼睛里竟流出了泪水。我这个人实在太没有用了，见不得别人的泪水，现在看到鬼子的泪水，心突然软了；说实话，我在家连杀只鸡也会心慌的，因为它也是一条生命，更何况是一个将要死去的人。我发现鬼子的衣服里并没有刀，就扔给了他。我怕鬼子身上的血流干，想用他的皮带帮他扎一下，被他拒绝了，却从衣服口袋里挖出一个很好看的皮夹子，又吃力地把它打开。

我差一点晕了过去。

皮夹子里是一张照片：一个穿西装的日本男人和一个穿日本衣服的女人，他们一起抱着一个男孩，三个人都在幸福地微笑。

鬼子疯狂地亲着照片，后来因为流血过多而死去，可他的两只眼睛仍然睁得大大的，还在看着那张照片。

我突然感到全身发冷，照季节现在还是夏天，我的手和脚却在发抖，牙齿也在打架，我用发抖的手想帮鬼子穿衣服，可手就是不听使唤。我突然对着鬼子发起了火，大喊大叫："你现在想起老婆儿子了？你在强奸中国女人的时候为什么不想想你也有老婆？也有儿子？为什么？为什么啊！"我这火一发，心里平静了一些，手也不抖了，我把插进鬼子胸膛里的尖刀拔出来，丢进江里，还帮助鬼子穿好了衣服，把照片仍旧装进皮夹里，放在他原来的口袋里，慢慢把他移到水里，对他说："我是一个中国的种田农民，同你个人前世无冤今世无仇，是你们日本鬼子让我失去了儿子，失去了老婆，你如果要讨命，是谁叫你到中国来杀人、放火、强奸妇女的，就向谁去讨命吧！”

我听小伯说过，富春江是通海的，又听说日本就在海上，我一直把鬼子送到很深的江水里，才回到了岸上。

当我做完这一切，突然变得像一只瘪了气的皮球，一条抽去了骨头的鱼，瘫倒在沙滩上；我的胸口也像压上了一块沉重的石头，使我透不过气来。江水在我身边流淌，发出很轻很细的声音，就像我小时候姆妈用手轻轻地拍着我，为我唱着催眠曲……

是一场雨把我浇醒的，我抬起头，在蒙蒙的雨簾中，我看到江面上漂着一只捕鱼船，船桨横在船上，人却没有了，我全身的热血又一次涌到头上，涨得脑子发痛，我一下子从沙滩上跳起来，手握柴刀，一边挥动，一边在心里喊“杀杀杀”，就像割韭菜一样，把江边的芦苇头大片大片地割下来，我看到这些倒在地上的芦苇头，好像就是日本鬼子。日本鬼子欠我们的血债太多了，我要为死去的亲人报仇！为船上的夫妻去报仇！

董阿开之二

我从江里爬上岸，雨更大了，江边那条路被雨水一淋，又湿又滑，我又怕抬猪的两个鬼子会回来找他们的同伙，就换了一条大路。

因为下雨，天黑得很快，我一连跌了好几跤，全身又是泥又是水，也辨不清方向，只是盲目地走着，一刻不停地走着。突然，一盏贼亮贼亮的灯照得我睁不开眼睛，我的脚下一滑，跌进了田沟里，我那把柴刀也不知什么时候从我手里飞了出去。当我再睁开眼睛，一辆汽车已经在我面前停下，从车上跳下几个拿枪的日本鬼子，他们不问三七二十一，把我像抓小鸡一样抓起来，我像强盗一样被五花大绑地捆着，推上汽车。

“真快，他们这么快就发现我杀了鬼子？！”我在心里这样想。

在路上，我暗暗对菊香说：“我已经为你报了仇，接下来，我要为儿子去报仇，只要我不死！”

不知过了多少时候，汽车在一个陌生地方停下来，在探照灯刺眼的灯光下，几个鬼子把我拉下车，我以为要去枪毙了，我默默地对阿爸、姆妈、菊香和信福说：“我能来陪你们了，我们一家可以团圆了！”

他们却把我扔进一间黑屋子里。

屋子里有一股难闻的恶臭，当我想找一个地方坐下来，不小心绊了一脚，跌坐在一个人的身上。

“哎唷！”那个人喊叫起来。

几乎是同时，一个很凶的声音对着我叫起来："你这个'缺牙佬'，不长眼睛啊，怎么坐到大哥受伤的脚上去了？！"

那个被叫做大哥的人却说："刚从外面进来，屋里又黑，他看不到。"

那个人又叫了一声大哥，不再做声了。

"这个大哥一定是个好人。"我在心里这样想。

过了一会儿，我才看清楚屋子里关着好多人，都同我一样穿着破烂的衣服，有几个皮肤挺白，不像是种田人；那个被叫做"大哥"的人，皮肤黑黑的，还养着络腮胡子，他对人总是笑眯眯的，当看到我的衣服湿淋淋的，正冷得在发抖，把我拉到他的旁边，说："互相挤紧一点，可以暖和一些。"

我因为又累又饿，一会儿就靠在大哥身上打起瞌睡来……

突然，一个满身鲜血的人向我扑上来，用一只手掐住了我的喉咙，两只眼睛很凶地盯着我："你为什么要杀我？我老婆儿子正等着我回家呢！"接着，他又大哭起来，"还我的命呀，我要回家去看老婆儿子啊！"

我也大声地喊："你向你的顶头上司去讨命吧，谁叫你来中国杀人放火强奸妇女的，就去找那个人吧！"可我的喉咙被什么东西哽住，不但喊不出声音，连气也透不过来，我开始挣扎，"啊啊啊"地叫起来。

"醒醒！"有人拍着我的背，还推了我一把。

我醒了，出了一身冷汗，把刚才用身体焐干了一点的衣服又打湿了。

"你做噩梦了？"大哥温和地看着我，却突然问，"你是不是同人打架了？"

我心里猛地一惊，难道被他看出来我杀了人了？或者我身上有血腥气？我不敢再看大哥，忙把头低了下去。大哥又问我："你好像有心事？"

我看一眼大哥，对他笑了笑，这时我才看清楚，"大哥"原来是个白面书生，也没有胡子，是我看花了眼。我听村里人说过，有些人表面装得很文气，心里却不知道有多少凶呢。我同时也看了眼屋子里的人，他们都用异样的眼光在看着我，我开始警惕起来，暗暗嘱咐自己："千万不好再睏着了，如果在梦里把杀鬼子的事说出来，我就完了，我的仇还没有报完哩！"我开始用指甲掐自己的大腿，牙齿咬自己的舌头。

"啊……啊……啊……"一个角落里突然传来惊叫声，因为叫声很响，惊动了守在门口的鬼子，他们把那个人拉了出去。

那个人一路哭叫着："我是到城里来买药的呀，我母亲生病快死了，她正等着我的药吃呢，你们不能把我关在这里来呀，我求求你们了……"哭叫声渐渐远去，大铁门又被"砰"的一声关上。

屋子里又是一片漆黑，一片安静。

“他们把他放了？”有人打破了寂静。

“你没有听到那一声枪响？”角落里有人这样说。

“他们……把他枪毙了？！”

屋子里又是死一般的寂静。

刚才拉出去强毙的是个为他姆妈来买药的，都是同我一样的穷苦老百姓，那么，留下的又是些什么人呢？特别是那个“大哥”？我在心里这样想，偷偷看着他们。

大铁门又一声被拉开，打瞌睡的人一下子被惊醒过来，一道阳光照进来，刺得大家睁不开眼睛，但还是引起了一阵骚动，一个个往墙角里躲。

是两个和平佬抬了一只木桶进来，人们一下子拥上去，把手伸进桶里，抓出一把把馊饭菜叶往嘴里塞。

“饿死你们了？”和平佬把拥上来的人用脚踢开去，又回转身，像逃难一样地走出去，随后又“砰”的一声，把大铁门关上。屋里又是一片黑，人们开始更疯狂地抢木桶里的东西吃，有两个人还扭打起来。

大哥一直坐在墙边，看到这种情景，他突然站起来，拐着伤腿，走到木桶旁边，大声说：“兄弟们，别抢！木桶里的东西还不够我们一半人吃，这样一抢，又要浪费不少。”他指着掉在地上的菜叶。

正在抢吃食的人停了下来，看着大哥。

“大哥，你就吩咐吧。”一直在大哥身边的那个人说。

“小朱，你来叫大家排好队，按照木桶里的东西，每人一份。”大哥说的小朱，就是我刚进屋时骂我的那个年轻人。

小朱叫大家排好队，把木桶里的东西分给了大家。我当然也分到了一份，可还没有吃进嘴里，胃就开始翻腾起来，这是什么饭菜呀，比我们农村里给猪吃的东西还难吃，但我还是捏着鼻子把它吃了，因为我有一天多没有吃东西了。我不但把分给我的都吃了，还到木桶边去捡掉在地上的馊饭和菜叶。

当我再次回到墙边的时候，有人在我肩上拍了一下，我回过头，一个馊饭菜叶团送到我的眼前。

“大哥！”我看到一双笑眯眯的眼睛。

“看样子，你好些时候不吃饭了？”

我向大哥摇摇头：“我已经饱了。”

“别瞒我了。”大哥掰了一半给我，我才接受了，三口两口又把它吞进肚皮里，然后又挨着大哥靠墙壁坐下来，身体也舒服了不少。

第二天一早，门又被打开，屋子里的人一个个站起来，准备到木桶边去排队吃“早饭”，却冲进来一队和平佬，他们在几个鬼子的指挥下，把我们每一个人都五花大绑地捆起来，人与人之间，还用一根更粗的麻绳，像粽子一样串连起来，然后把我们往屋外面赶。

“这回真的要去枪毙了。”我自言自语。

“枪毙？他们会这样便宜你？”走在我前面的大哥从鼻子哼了一声，“你身上的油水还没有被榨干呢。”

“那……我们……”一到外面，我才看清楚大哥的一只脚用白纱布包着，白纱布上染着血迹，结了痂。他一直由小朱扶着。

“你不知道他们把你抓来干什么？”小朱奇怪地问。

我摇摇头。我想说大概是因为我杀了一个鬼子兵，身上有血腥气，被他们闻出来了？但我不说。

“押送到日本去当劳工。”我后面有个人接上来说。

“不许说话，快走！”一个和平佬走过来，对着我们吆喝。

“汉奸！可耻！”小朱咬牙切齿地低声谩骂。

我们被赶进了一辆遮了篷布的汽车里，汽车马上开动了，大概过了几顿饭的工夫，汽车又停下来，把我们从汽车上赶下来，又装进了大铁箱子。小朱告诉我：这是火车。

大铁箱同屋里一样黑，两边有两个通风的洞，才透进来一点亮光。

我们一进大铁箱子，又被解去了麻绳，可以自由地靠在箱子边坐下来。

我的两只手被麻绳绑得太结实，麻木了，好久都放不下来，是小朱把我扶到旁边去坐下来的。

火车不知什么时候开动的，反正先听到一声刺耳的尖叫，我们的屁股底下震动起来，耳朵边还听到“咔嚓咔嚓”的声音。

我又做梦了，一个陌生的女人，哭叫着扑上来，撕扯我的手和腿，她边撕边哭：“还我老公！今天你不还我老公，我把你的脚、你的手都掰下来！”

还有一个小男孩子，他的嘴在我的脚上、手上又咬又撕，还哭叫着：“我要爸爸，我要爸爸！”

我又“啊啊”地叫着，想从这两个人的手里逃走。

这回是小朱把我推醒的。

大哥说："你好像有很重的心事？"

我奇怪地看了眼大哥，他仍然用笑眯眯的眼睛看着我。

"你会看相？是算命先生？"我在家里的时候，听人说过看相先生的事，还有一种叫"亮眼瞎子"，他不是瞎子，不但会看相，还会算命，不管看相、算命，都很准。

大哥和旁边的小朱，还有其他几个人，都笑了。

大哥还俏皮地看我一眼，问："我真的像看相算命先生？！"

"他是金萧支队的。"旁边有一个人咬着我的耳朵，小声告诉我。

我老早就从张先生嘴巴里听到过"金萧支队"这个名字，是共产党领导的队伍，是专门打日本鬼子的。

小朱还告诉我，大哥是在一次打日本鬼子的战争中脚受了伤才当了俘虏的。

"日本鬼子没有把大哥枪毙？！"我很吃惊。

大哥笑了："枪毙我？这不是太便宜我了。"

我很敬佩大哥，也把用柴刀劈死一个日本鬼子的事告诉了他。

"你就是为这个做噩梦？"

我点点头，"刚才是他的老婆和儿子都来向我讨命了。"

大哥看看我，又抬起头看着那个通风口，然后又用手拍拍我的肩膀，感叹地说："兔子逼急了，也会咬人的呀。"过了会儿，他又突然握住了我的手，"你是个有骨气的中国人。"

听了大哥的话，握着大哥的手，我的全身热血像开水一样滚烫起来，是啊，我长这么大，还是第一次同人握手。

我这双手，小时候牵牛绳，长大了，握竹簾做草纸，或者捏着锄头、铁耙柄种田、削草，皮肤黑黑的，皮肉粗糙还生满了老茧，如今，一个拿着枪打日本鬼子的英雄说我有骨气，还握住了我的手，他的手是那么暖和，那么有力。我激动得用两只手捧住了大哥的手，说："我的仇还没有报完呢。"

大哥也用两只手更紧地握住了我的手，说："留得青山在，报仇的机会有的是。"

大哥不但会看相算命，为人也很喜乐，还会唱女子越剧。我在家里看过《梁山伯和祝英台》的戏文，但大哥唱的"梁山伯和祝英台"我从来没有听到过，我的破喉咙也学不来大哥的唱，但我会说他唱的是啥意思，他说祝英台家里有三个哥哥四个阿弟，他是这样唱的：三兄四弟一条心，门口的黄泥变成金，三兄四弟各条心，屋里的黄金变成泥。哦哦，对啦，我记起来了，好像阿平家的祖上也是三兄四弟，因为兄弟不团结，不一条心，姑嫂之间还勾心斗角，后来一把大火把好好的一个家全烧光了，结果都成了穷苦人。大哥还会讲故事，他讲的故事有一个我是听张先生讲过的：一根筷子容易拗断，一把筷子就拗不断了；还有一个故事我还是第一次听到，说有一个地方有一座大山，挡住了一个名字叫愚公老伯的家门口的路，进出很不方便，他就带领儿子挖这座山，老伯挖不完，儿子又带领孙子挖，终于把那座大山挖掉，路也通了。

“不要看日本鬼子这么厉害，只要我们全国老百姓团结起来，总有一天会把鬼子赶出中国去的。”这是大哥当时说的话。

大哥这句话我在张先生那里也听到过，那么说，张先生是同金萧支队通的？他也是共产党？但他为什么不去打日本鬼子却来当教书先生？董家村里的老百姓听了保长何金生的话，说共产党都是一批红眉毛、绿眼睛、青面獠牙，要共产共妻，把大家吓死了，要是张先生能站出来对大家说：我就是共产党，我是红眉毛绿眼睛青面獠牙的人吗？大家一定会听张先生的。特别是日本鬼子到董家村来抢东西、强奸妇女，后来又用炮弹打来了细菌，死了多少人啊，董家村有血性的男子个个袜筒里插着一把尖刀，准备同日本鬼子拼个你死我活，当时张先生只要站出来领个头，董家村少说也有几十个跟着他走的。他为什么不这样做呢？

当时大哥的话讲到我的心坎里了，我盼望着赶快把日本鬼子打出去，我又可以回家去种田，做富春草纸，过平安的日子。

大哥还告诉我们，照日本鬼子过去的残忍，像他这样在战场上抓到的俘虏，不是当场就地枪决，就是拉回去给他们的新兵当活靶子：“训练他们杀人的胆量，或者试他们的军刀快不快？！”

“啊！这还叫人吗？”听了大哥的话有人吓得张大了嘴巴，有的吓得捂起了眼睛。

我也觉得一身寒冷，像跌进了冰窟里。

“听起来汗毛凛凛，太残忍了，那我们为什么不起来反抗呢？拼个你死我活呢？”大哥很激动，他看着一车厢的人，突然轻松地笑了一下，继续往下说，“日本鬼子的日子不会太长了，现在日本国内的年轻人，包括年轻的女人，都被征调到前方来打仗了，国内的兵工厂、矿山，没有人干，只能拉一些年老的人去顶替，可老年人干不动，只好到中国来抓劳工，连从战场上抓到的俘虏也一律送到国内去当劳工。”

“那我们什么时候才能回来呀？”

“我们是要死在日本了？”

大哥劝大家：“急也没有用，哭更没有用，已经到了这个地步，大家如果还在一个工厂或一个矿山，一定要互相关心，团结起来，同鬼子作斗争，并且要保住性命，总有一天会回到祖国来的。”

听大哥这么一说，我们的心又热了起来。

董阿开之三

不知道火车开了几天几夜，反正车厢上的两个出气洞一会儿黑一会儿亮，我们的腰坐痛脚坐麻了，火车就是没有停，我们也只好饿着肚皮，车厢又乱起来，有哭的，有骂的：“这样饿下去，不到日本就被饿死了，还当什么劳工啊！”

“宁愿饿死，也不当劳工！”

正当大家吵吵嚷嚷的时候，火车突然停了，而且车门也被打开，但不见送饭的人进来，却噼里啪啦从头顶上落下很多硬邦邦的东西，不等我们弄清楚是怎么回事，火车马上又开动了。

“是馒头！”有人叫起来。

我趁黑摸到了一个，咬了一口，一阵钻心的痛，痛出了眼泪，被日本鬼子打掉牙齿的地方牙床肉红肿。听小朱说我的嘴巴肿得像猪八戒了。但我实在太饿，只好熬着痛，像狗咬肉骨头似的用剩下的牙齿把坚硬的馒头一点点地啃下来，再把它慢慢地囫囵吞进肚皮里。

“看样子，鬼子是急着把我们往国内送，又怕把我们饿死，送到日本的不是劳工，而是尸体。”大哥这样说。

说心里话，像这样在铁厢子里受活罪，倒不如早日被运到日本，这总比像牛马一样整天关在这黑古隆咚、臭气熏天的铁厢子里好。大哥不是说过了，留得青山在，报仇的日子还长着呢。我儿子、我老婆的仇还没有报，我死了口眼也不会闭的。

火车仍然同往日一样“咔嚓、咔嚓”地向前奔跑着，突然，一个急刹车，我们坐着的人像皮球一样滚成了一堆。“又有馒头抛进来了。”大家抬起头，等着抛馒头进来。车门被“哐”一声打开，没有抛进馒头来，冲上来一批日本鬼子，咿里哗啦地大叫着，把我们往车下赶，稍微慢一步，就吃他们的枪托。

“总算到了。”我终于松了一口气，拖着麻木的脚，向车门口移动，被后面的鬼子一脚踢下车来。

这里是一个小站，一边是高山，光秃秃的，一边是平原，没有树没有房子，是一片荒草地。大哥怀疑地向四周看看，说：“这不像是去日本的码头呀？”

“是不是怕把我们在车厢里闷死，放我们出来透透气？”小朱说。

因为在车上坐长了，不少人的腿麻木得站不起来，有的坐在站台上，有的手脚并用地在地上爬着；我的脚因为麻木过头了，感到骨头里也痛起来，爬了几步就趴在地上不能动了。

想不到的是日本鬼子把大家赶下火车，他们自己却跳上火车，只听火车一声尖叫，开走了。不管坐的或者躺着的，都莫名其妙地看着火车越开越远，烟囱里冒出来的黑烟，慢慢地升向天空，渐渐地变淡、然后消散。

"这一回我们才真正要被饿死了。"有人看着荒山野林这样说。

大哥也不知道是怎么回事？他正四处张望，火车站的小屋门突然被打开，从里面跑出一个穿制服、戴眼镜的人来，他挥着双手向大家吼叫："快逃呀，还呆着干什么？！"

听到喊声，我开始有些不大相信，还以为他在戏弄我们，可一点看不出戏弄的样子。他不停地从车站这头跑到那头，不停地吼叫。只见大哥飞快地站起来，用他最大的声音向人家吼叫："兄弟们，快逃呀！"他带头向车站外面一拐一瘸地跑去。

我看到大家跟着大哥逃出去，刚站起来，脚一软，又跌倒了，大哥叫小朱跑回来扶我，我走了几步还是不行，这时，听到了火车的尖叫声，我对小朱说："你和大哥快逃吧，不要管我。"小朱也听到火车的叫声，他扶我到车站旁边的一间小木屋里，说："缺牙佬，这里暖和，你先在这里躲一躲，脚好了再逃。"

这时，从车站外面传来大哥的叫声："缺牙佬，后会有期！"

我眼泪汪汪地看着他一拐一瘸地在车站后面消失，在心里回应了一句："大哥，后会有期！"

我藏身的小木屋既能看到车站外面，也能看到空荡荡的车站，一辆和我们刚才坐的那辆同方向的火车，在车站上停了下来，不过车厢不是铁皮大箱子，而是一辆很漂亮的、有许多窗户的火车，连火车里坐着的人也能看见。

火车刚刚停下，一群日本鬼子揣着上了刺刀的枪从车站外面开进了车站，我能听到皮靴踏在地上的"卡卡"声，在队伍中间，有一个挂着长刀的大块头鬼子，我想他一定是鬼子队伍里的大官。

那群日本鬼子上了火车，我以为马上要开了，却突然看到在他们刚上车的门口出现了一个女人，她好像不肯下车，她的一只手死死抓住了车门，在挣扎、在尖叫，最后还是被推下了火车。

车门再一次被关上，尖叫了一声，开走了。

我看到那个被车上推下来的女人哭叫着，在地上爬着，想去追火车，可追了几步，她趴在地上不动了。

我们刚下火车的时候，北风已经刮得呼呼地叫，大家都冻得发抖，真奇怪，天怎么突然变得这样冷啊？记得我在富春江边杀鬼子的时候，还是夏天的末尾，我掰着手指头算了算，满打满算，在火车上也只十几天时间，这里竟然还下起了雪，大朵大朵的，像棉花，这是我家乡极少见到的，雪慢慢地飘下来，无声无息地盖在了那个女人身上。

这到底是什么地方啊？

我的脚不再麻木，几次想到站台上去帮助那个女人，可我不敢，说不定后面又有鬼子进来呢。

我在木屋里待着，眼睛一刻没有离开那个女人：她是一个什么样的女人？鬼子为什么要把她从车上推下来？

雪越下越大，已经盖住了那个女人，女人在雪下面一动不动。

“她会不会被冻死了？”姆妈常常说我的心太善良，还说心太善良要吃亏的，不过她最后还是说，好心有好报，好人总会有好报的。大概我的慈悲心又发作了，慢慢地走出小木屋，先到小站去看了一下，小站的门开着，生着一个火炉，炉上的洋铁壶在冒着热汽，却没有人。我偷偷地把火炉、洋铁壶移到小木屋，再看看被雪埋住的女人，她开始动起来了，我想去看看她又怕吓着她，有意把脚走得很响，让她能听见。我要劝她到小屋里暖和一下。

女人大概听到我的脚步声了，翻了半个身，身上的雪也随着落到地上。

我被雷电击中似的呆在那里。

是一个穿着鬼子制服的大肚皮女人。

“怪不得大哥说日本连年轻女人也被弄来当兵了，连大肚皮女人也弄来了？！”我心里突然高兴了一下，“我为儿子、老婆报仇的机会来了。”凭我的力气，一只手也能掐死一个女鬼子，大肚皮女鬼子更不在话下，只要用在富春江杀死那个男鬼子的一半力气。我甚至认为这是菊香在帮我，是啊，她死得太冤了，我儿子信福死得也太冤了。

但我马上又犹豫起来：一个男子汉大丈夫杀死一个女鬼子，还是大肚皮，这算什么英雄？算什么好汉？假如被人知道了会笑掉大牙的。我看看天，阴沉沉的，雪越下越大：“让她自己去冻死吧。”

刚往回走了几步我又站下来：“日本鬼子不是连中国的大肚皮女人也要强奸吗？！”我又回转身，向大肚皮女鬼子走去，伸出我畚箕一样的手，想捏个拳头试试自己的力气，可手不但捏不成拳头，还在微微地发抖，我向那个女鬼子“呸”地吐了一口口水，“便宜了你！”又回转身，向小木屋里走。

“哇……”背后传来了撕心裂肺的哭声。

我又站住，回转身，大肚皮女鬼子在雪地上打滚，她边滚边哭，咿里哗啦地说着我听不懂的话。

她看见了我，想站起来，可站起来又跌倒，跌倒了又站起来，这样反复了好几次，终于站起来了，恐惧地看着我，摇摇晃晃地向后退。她的两只眼睛死死地盯着我，大概怕我扑上去。她这种眼神，让我忽然想起几年以前我和阿平上富春山打狼的事情，那时我和菊香还没有圆房，为了积攒一些钞票给菊香做套圆房穿的新衣服，姆妈要我养了一头小牛，这可是花了差不多半爿家产买来的呀，想不到有一天晚上，小牛突然被狼咬死，我恨得咬牙切齿，叫阿平帮我到富春皇帝帽子岗下面找到了狼窝，老狼衔着一只小狼逃走了，留着一只来不及衔走的小狼，阿平把它活捉了来交给我，说我怎么处置它都不会过分。当我从阿平手里接过那只小狼，我的心突然像被一只看不见的手揪住：小狼混身发抖，特别是它的眼睛，恐惧、无助、求生与悲哀，我伸出去的手缩了回来。

当阿平知道我放走了那只小狼，气得鼻孔里冒青烟，发狠话说：“以后，就是你儿子被狼吃掉，我也不来管了。”

我努力避开女鬼子的眼神，冲上去一把抱住了她，因为她再往后退哪怕半步，就要跌到铁轨上去了。

凭良心说，当时我要是心狠一下，不去抱住她，她就会从高高的站台上跌到下面铁轨上去，就是不跌死，起码跌个半死。连我自己也说不清楚，我竟会把她紧紧地抱住！

接下来的事更让我吃惊，大肚皮女鬼子在我怀里挣扎着，嚎叫着：“我没有杀过中国人！”

当时我几乎是吓晕了。在我的脑袋里，日本鬼子个个都是杀人魔王，都是要下地狱的恶鬼，还会有不杀中国人的鬼子？他们只会说“死啦死啦的”“花姑娘性交性交的”！其他什么中国话都不会说，就像那一年，他们到董家村里来抢劫，到处是“死啦死啦的”、“花姑娘性交性交的”；不久，驻扎在富春城里的鬼子为了向江南岸的村子打细菌弹，“稀里哗啦”地一个晚上，把董家全村的人都吓得抖了一夜，不久又死了多少人，听张先生说日本鬼子当时说的是日本话……而她，不但会说中国话，还说没有杀过人？鬼才会相信！不过，我听了她的叫喊，还是用手指指她身后下面的铁轨，她回头一看，也吓白了脸，不但不再挣扎，还同我一起向小木屋走去。

大肚皮女鬼子刚走进小木屋，开口第一句话还是：“我没有杀过中国人！”

我把她安顿在芦苇席上坐下来，还倒了一杯热水送到她的手里，大肚皮女鬼子哭了，哭得又一次在地上打滚，我好容易才把她劝住，正想坐下来歇口气，她突然又跳起来，向小木屋外面冲去，速度之快，根本不像是个大肚皮，连我也追她不上。由于她随身背了个口袋，口袋里装着东西，一路跑一路叮叮当当地响着。

原来又是一辆火车开进站里来了，女鬼子从身边挖出一块手帕，高高地举起，一边跑、一边摇、一边用日本话喊，声音喊哑了，她还在喊，可是火车轰隆轰隆从她身边开过去，大肚皮女鬼子又一次绝望地瘫倒在站台上。

风更大，呼呼地尖叫，卷起了地上的雪，打着旋转。

我好劝歹劝，才把她又劝回小木屋里。当时，我看到她的皮靴上有血在往下流，我虽然是一个男人，但我当过阿爸，我知道这是什么血，又不好向她说。为了安慰她，我答应她，我待在小木屋门口，只要听到远处有火车声，就帮她去拦。

她同意了，可是以后再也没有火车开进站里来，铁路好像断了一样。

大肚皮女鬼子彻底失望了，她坐在芦苇席上哭天抢地地痛哭了一场，哭够了，揩干了眼泪，把肩上的大背包解下来，用中国话自言自语地说："看样子，我是不能回家生孩子了。"

让我高兴的是小站里的人始终没有回来，我又去小站把那里的煤搬了过来，还有一小口袋面粉，以及其他一些零零碎碎的东西。

大肚皮女鬼子始终用警惕的眼光看着我，怕我再次走到她身边去。

我在心里想：你一个日本鬼子，在杀人放火的时候是那么凶，现在落到这步田地，真所谓"虎落平阳被犬欺，龙在浅滩被虾戏"呀！我才不想到你的身边来呢？后来我又想，她这样小心地提防着我，是不是我身上还有血迹？或者从我身上闻出了血腥味？这么多天过去了，而且还被大雨浇过淋过，怎么会呢。

第二天，在大肚皮女鬼子还在梦里的时候，我离开了，因为我想了一夜，日本鬼子杀了我们中国那么多人，强奸了那么多无辜的中国妇女，烧了我们多少房子，让多少中国人流离失所，无家可归，作为一个有骨气的中国人，能忍得下这口气吗？昨天开过去的那辆火车全是日本鬼子，他们把这个女兵推下火车，这是狗咬狗，关我屁事，我如果去帮她，这不是在当汉奸吗？我想起了老祖宗武状元，他就是被汉奸出卖才被倭寇杀掉的，到如今他的头颅还没有找回来呢，我如果去帮一个日本鬼子，连老祖宗也要骂我的，我死了，连董家祠堂也会进不去。我又想起何仲春、许丰这批汉奸，连肉都可以咬他们几口……我就这样想着走着，因为是陌生地方，不知道方向，竟来到一个荒山沟里。我也走吃力了，坐在石头上想休息一下，不知为什么，那个女兵的影子总是跟着我，特别是她那种无助、恐惧的眼神，我的心又一下子提了起来："再回去？去帮助鬼子兵？当汉奸？”

我狠狠打了自己一拳头，骂自己：“没志气、没出息的东西，你是来为老婆儿子，还有银花他们来报仇的，是来为董家村被鬼子用细菌毒害死的父老乡亲报仇，仇还没有报完，却可怜起一个女日本鬼子来了？是什么东西把你迷住了？”我又继续往前走。

走着走着，那个影子还在跟着我，我想摆脱它，怎么也摆脱不掉。我恨自己没有骨气，我火冒三丈，从地上捡起一块石头，远远地扔出去，想把那个影子像石头一样扔掉。

突然听到远处有人叫、羊叫的声音，我从山岗上看下去，见一个女孩子赶着几只羊在拼命地逃跑。

我闯祸了。

可能是天意吧，我在山沟里转了半天，又回到那个小火车站上来了，我忍不住悄悄靠近小木屋，从门缝向里面看，却看到了两只眼睛也在向门缝外面看，当看到我的眼睛，对方“哇——”的一声，接着是一个人倒地的声音。我推开门，女兵吓得脸色发白，躺在地上发抖，两手抱着头，叫着：“我没有杀过中国人啊！”后来看清楚是我，强打起精神，对我苦笑了一下，“你……回……来……了。”

大概她知道我是想离开她，突然跪倒在我面前，呜呜地哭着说：“请不要离开我，我害怕！”

我听了她的话，心颤抖了一下：“她为什么这么相信我？我是个男人啊，还是杀死过一个日本鬼子的男人。”是我的相貌长得不够凶？姆妈说我像长沙庙里的弥勒菩萨，一脸善相，菊香小时候经常淘气，我想凶一点，故意板下脸来，想不到菊香却哈哈大笑起来，说阿哥永远也凶不起来。也或许我刚才在车站里救了她？

我甚至想对她大声叫喊：“你为什么是个大肚皮女鬼子？你要是个男鬼子多好啊，我还没有为儿子、老婆报仇哪！”

我才知道了大肚皮女鬼子的名字叫渡边洋子，她的老公叫渡边一郎，都是日本静冈县裾野市人，两个人都在中国有日本人开办的医院里工作，老公是外科大夫，她是护士，医院里还有中国医生和中国护士，不管是哪一国人，大家都是很好的朋友。后来日本军队打进了中国，强制征调他们当了随军医生。今年初，洋子突然怀孕了，一郎怕她在军队里生产不方便，几次报告要求允许回到日本去生产，但上级没同意，说前线打仗那么紧张，每天都有大批伤员送下来，难道能眼看着自己的兄弟流血牺牲吗？一拖再拖，洋子的肚皮一天比一天大，实在没有办法，一郎发火了，他去责问上级：你难道想让洋子在这里生孩子吗？上级才答应洋子离开。当时一郎要求陪洋子回国去生孩子，那个上级跳起来说："你不仅是一个外科大夫，更是一个军人，现在战争这么紧张，怎么能离开呢？"一郎不放心让妻子一个人回国，怕路上出事，提出辞职，上级一听跳得更高了，拍着桌子说："你是想当逃兵吗？我再告诉你一次：你是一个军人，军人以服从命令为天职，当逃兵的下场你是知道的，我现在命令你，马上回到战地救护所去！"一郎实在没有办法，把洋子送上火车，并给她找了个舒适的双人座位。

"想不到在这个小站上，突然上来一个军官和他的士兵，军官还一屁股在我的身边坐下来，因为他块头大，有半个屁股坐在了我的肚皮上，我大叫起来，少佐不但没有把屁股移开，而且还有意向我的肚皮上移过来，我又哭又叫又骂，车厢里的乘客都把目光朝我这边看，少佐却强词夺理说我一个人怎么可以占两个人的座位？我说要去告他，他气得哇哇大叫，他的两个士兵走过来，不分青红皂白把我从座位上拉起来，又从车门口把我推了下来……"

洋子说到这里已泣不成声，再也无法说下去了。我气愤地说："日本鬼子不但杀害我们中国人，连自己人，将要生孩子的人也不放过，这还是人吗？！"

我也告诉洋子，我叫阿开，姓董，是被鬼子拉来当劳工的，火车开到这里，不知道什么原因把我们都放掉了。

洋子用怀疑的目光看着我，好像我在骗她，我忙说和我一起来的人都逃走了，我因为脚麻走不动才留下来的。

她似信非信地点点头。

我还告诉她我儿子是怎么死的，老婆是怎么死的，我是来寻日本鬼子报仇的（但我没有说我杀过一个日本鬼子，怕吓着她）。洋子突然跪在地上，一边磕头一边说："向阿开君谢罪！向你的老婆儿子谢罪！"

董阿开之四

我从懂事起姆妈就告诉我，我董阿开是她求观世音菩萨求来的，她要我的良心也要像观世音菩萨一样善良。

说句心里话，洋子如果不是女的，我会从看到他的第一眼起就扑上去掐死他，就像在富春江边杀死的那个鬼子一样，但她是女的，而且是个大肚皮。后来我听了洋子的话才明白，并不是穿了鬼子制服的人个个都是杀人不眨眼的魔鬼，至少洋子不是。我不但不恨她，还同情她，想帮她。

姆妈说过：人心都是肉做的，救人一命，胜造七级浮屠（注）。

看样子，等下一班火车来是没有希望了，难道让她在小木屋里生孩子？没有接生婆，天又这么冷，不但孩子会被冻死，大人也会吃不消的。应该到村子里去找一户人家给洋子生孩子。

当我把这个想法告诉洋子的时候，洋子把头摇得如同拨浪鼓，她说，日本人为了保证铁路畅通，把住在铁路两旁的庄子里的人全赶走，房子也被火烧掉了。她还告诉我这样一件事：有一次她看到部队在清理铁路两边的村庄，一个女人抱着小孩提着包裹走慢了一点，后面的鬼子就一枪把女人和孩子都打死了，她也吓得哭了起来，回到部队，被上级严厉地训了一顿，说她不像一个日本军人，日本军人应当把支那人看作是一条狗，甚至是一只小蚂蚁，如果都像她这样，大东亚共荣圈怎么能建立起来？还说她是想用眼泪涣散军心，从此以后，就禁止她到前线去。

“铁路两边的中国人是恨死日本了，”洋子说，“他们知道我是日本兵，一定会打死我的。”

我看看洋子身上的日本兵制服，脑子突然转了一下，对她说：“我去弄一套中国女人的衣服，你中国话又说得这么好，一定可以瞒过去的。”

“那……他们问你是我的什么人？”洋子的脸一下子红了。

我的脸也跟着红起来：是啊，一个男人，带着个大肚皮女人，该怎么说呢？

我曾经想说是妹子，“那么你妹子的老公又是谁呢？”这时候的洋子，突然变得轻松、调皮，她已经忘记了自己眼前的处境。

“老婆？我是你老婆！”当洋子说出这句话的时候，她的脸上笑嘻嘻的，还向我做了个鬼脸：

“演戏？”

“对，演戏。”

“早去早回，”洋子十分开心，又说了一句，“阿开君，辛苦了。”

我先沿着铁路走了一段路，到一个三岔路口，见路边有一个钢铁水泥的碉堡。像这样的碉堡，我在富春县城看到过，是造在龙头山码头的石凉亭边上，里面住着日本鬼子，碉堡的枪眼里架着机关枪，说不定什么时候鬼子寻开心，“突突突”一来，正在走路的老百姓会莫名其妙地死在他们的枪口下。开始，我不敢靠近碉堡，怕有鬼子住在里面，后来一想，这碉堡一定是为了守铁路才造的，现在铁路不通了，还会有鬼子吗？我大着胆子走近去一看，碉堡果真是空的，地上还扔着一些洋铁罐。一堆堆的大便已变成了一块块臭气熏天的干粪。

因为我急着要为洋子弄一套女人衣服，继续向前走，去寻找村子。

离开铁路大约五六里路的一个高坡上，我终于找到了一个村子。当我走近第一户人家门口的时候，有一个老大爷正在晒太阳，他一见我，吃惊地问：“你还没有走呀？”

听他口气，像老朋友似的。我猜他可能是认错人了，不过我还是点点头，嗯嗯了两声。

老大爷用衣袖把旁边的台阶扫了一下，没等我坐下，又问：“他们怎么把你给拉下啦？”

我猜想老大爷指的“他们”，一定是从车站里逃出来的劳工，那就是说，逃出来的劳工来过这里，或者讨一点吃的，甚至住过。我告诉他，因为坐火车时间太久，脚麻木，一时走不了才被拉下的。

“现在脚好利索啦？”老大爷看看我的脚。

我点点头。

“那就走哇，”老大爷热情地站起来，边说话边往屋里走，“这些年被鬼子折腾什么都没有了，还留下几个土豆（洋芋艿）种子……”

我忙把老大爷拉住，他上下打量着我，突然问：“老家还有人不？”

我摇摇头。

老大爷一拍大腿说：“好哇，就留在这儿吧，俺给你娶一个媳妇，房子现成的。”他把我拉进屋，拍着用砖头搭起来的地床（后来我才知道北方人叫‘炕’）让我坐下，“这里可以给你们做新房……”看我不做声，他老泪纵横地边哭边告诉我，自己原来是跑“单帮”（做流动小生意）的，有挺好的房子，住在铁路边的庄子里，家里有漂亮的媳妇，还生了个胖儿子，叫虎娃，有一年，他从外面做生意回来，一看庄子没有了，老婆孩子不见了，扒开被灰烧焦的砖块，老婆儿子被烧成了黑炭……。

老大爷再也说不下去了，我陪他哭了好一会才止住。老大爷说：“你如果娶了媳妇，俺爷儿就住一起。”

老大爷姓王，是个难得的好人。我看看太阳也快下山，怕洋子担心，找个藉口离开了。王大爷把我送到门口，说：“要土豆种子就来取，出门在外的，谁没有个难处哩。”

洋子见我回来，很高兴，后来见我两手空空，我以为她会难过的，她仍然高高兴兴地说：“明天再去找找。”一转身，捧来搪瓷杯，杯子里是热气腾腾的面糊。

“可惜没有调料，味道不太好。”她歉意地补充了一句。

我跑了大半天，真的饿了，呼噜呼噜几大口就把半杯子面糊喝进了肚里，这时我才想起洋子是不是也吃了呢？就问她：“你呢？”

“我早就吃了。”洋子笑嘻嘻地看着我。

“我给你煮去。”我猜到她在骗我，拿着杯子一捏面粉口袋，瘪塌塌的，剩下的面粉不多了，我后悔没有把老人的土豆取回来。

第二天一清早我又出去了，昨天我是沿铁路向西走的，今天我沿铁路向东走。昨天去过的那个庄子是不能再去了，我后悔老大爷问我家里还有人没有，我老实地摇了头，万一他真要逼我娶媳妇呢？唉，我这个人啊，怪不得菊香总说我太老实，常常要吃亏。

我一路走一路想：一个大男人，向人家要一套女人的衣服，怎么开口？怎么把事情说圆？我想起洋子说的老婆，就脸红心跳，一想到她说“演戏”，心里就觉得好笑。

今天比昨天走得更远，终于见到一个村庄，我走进了第一户人家，开门的是一个女人，她看了我一眼，从里面拿出几个煮熟的土豆，我刚想开口问她有没有女人穿过的衣服？她不耐烦地说：“已经给你啦，快走哇，还站着干吗？”

我再走第二家。这里的住户不像我们董家村，房屋之间离得很远，很分散，有时为了找到另一户人家，还得翻过一个山岗。我好容易找到第二家，门关着，我敲开门，是一个老奶奶，我很开心，因为老人的心都比较慈善，会同情穷苦人或者落难的人，我对她说，我是南方人，是被日本鬼子拉来当劳工的，我老婆也被他们拉来，在一个好心人的帮助下，我们两人都逃了出来，我老婆因为没有衣服穿，所以想……

“啥？你媳妇光着身子逃出来的？”

想不到老奶奶会这样问，把我的嘴给堵住了，幸亏她没有再往下问，叹口气说：“咱们这里的人穷得女人连裤子也没有，还躲在坑上哩。”

看样子，给洋子弄套女人衣服的办法是行不通了，可是再等下去，小木屋里要吃没有吃，天又冷得出奇，我又是个同洋子非亲非故的男人，怎么服侍她生孩子？再说，万一那个戴眼镜的铁路工人再回来……

我在庄子里像幽灵一样转悠着，突然，我看见有一户人家的窗台上搁着件女人的布衫，大概是刚脱下想洗而来不及洗，虽然很破，补钉加补钉，我也顾不了那么多了，看四下没人，跑上去把它抱在怀里，还没转过身，一只手紧紧抓住了我的衣服领子，又一拳头把我打倒在地。

“叫化子，竟偷起衣服来啦！”是个男人的骂声。当他的第二拳还没有打过来，我已经丢下衣服逃出了庄子。

董阿开之五

我像一只没头苍蝇，分不出东南西北，只是一个劲地跑，实在跑不动了，才在一个土岗边上坐下来。

“我为什么要这样做？”我又一次问自己。

我们董家老祖宗武状元董浩对家人、对后代，有严格的规定：不偷不抢，不赌不嫖。我阿开活这么大也没白拿过人家一根稻草，今天为了一个日本女鬼子，竟偷起了人家的衣服？！这算不算违犯了家规？我是不是被什么东西给迷住啦？

我从自己的衣服上撕下一根布条，塞进正在流血的鼻孔，慢慢站起来，向火车站相反的方向走。

我要离开这个女人。

我走着，回头看看，离火车站越来越远，我的心却越来越沉，两只脚也像绑上了石头，拖不动。

又是那双眼睛出现在我的面前：恐惧、无助、哀怨……是洋子的眼睛！

我还问自己：“你不是把洋子当妹子看的吗？你走了，她怎么办？她还会碰到像你这样好心的人吗？”

我鬼使神差地又回转身，向火车站走去。

当我推开小木屋的门，随着一声声痛苦的喊声，一股刺鼻子的血腥味差一点把我熏晕过去。

洋子躺在血泊里，在无力地呻吟。

“洋子生孩子了？！”我跑上去，帮洋子躺在了芦苇席上。这时，我看到洋子身边有一个血糊糊的肉团子，过去我老婆生孩子，我就在她身边，我知道洋子身边的肉团子一定是孩子，我用双手捧起来，送到洋子手里。

一会儿，一个微弱、像猫叫一样的哭声，从洋子身边传出来。

“洋子，你生孩子了！”我为洋子高兴。

洋子苦笑了一下：“早产了，但终于生下来了。”她从身边背包里抽出一件内衣（原来她早有准备了），把孩子裹起来后告诉我，是个儿子。

我更为她高兴，想向她说句祝贺的话，却看见洋子已经闭上了眼睛。

她太累了。

我也因为跑了一上午，水米没有进肚，刚才又为洋子生孩子的事惊吓了一下，又累又饿，倒在一边睏着了。

大白天做梦，这本来是一句笑话，可我真的做梦了：梦见洋子的奶胀得老大老大，儿子趴在她身上吃奶，就是吃不出奶来，孩子哭啊哭，洋子也在痛苦地叫：“胀死了，痛呀！”声音好响好响，我被她的叫声吵醒，睁开眼睛一看，吓了一大跳：小木屋里站着好些人，其中包括王大爷，他们手里拿着木棍，铁铲。领头的是那个穿制服戴眼镜的铁路工人。

“我好几天不到站里来，反正火车不通了嘛，”铁路工人在向大家说，“今天家里没吃的了，想起站里还有一点面粉，可到站里一看，面粉没有了，火炉也不见了，我奇怪了，谁偷去了？找到小木屋，就发现了一个女鬼子兵！”他手指着洋子。

洋子也已经醒了，她像一只受惊的小羊羔，浑身发着抖，一双惊恐的眼睛看着人们手里的木棍和铁铲。

她怀里紧紧地抱着儿子。

王大爷一见是我，高高地举起木棍，眼睛里在冒火：“你竟敢冒充劳工来欺骗我？我问你：到底是鬼子还是汉奸？”一听说叫我汉奸，我脑袋像被人敲了一棍子，“嗡嗡”地响起来，我又想起汉奸领着鬼子进村抢东西、强奸妇女的情景，恨不能咬他们几口肉，如今，我自己也被他们看成了汉奸！

“他不是鬼子，也不是汉奸，他真的是劳工！”洋子大声说。

“你……还会说中国话？！”铁路工人感到吃惊，来的人也感到吃惊，大家互相对看了一眼，又把眼睛重新落到洋子的身上，特别厌恶地盯着她身上那套鬼子兵制服。

王大爷还在逼问我：“你是劳工，怎么会和女鬼子兵在一起？”

“你不会说她也是劳工吧？”一个上了年纪的女人用手指指洋子身上的鬼子兵制服，揄揶地问我。

几个年轻人冲上来，把我绑了个结结实实。

我真想大声对他们说：“我不是鬼子，也不是汉奸，我还杀死过一个日本鬼子！”但话到嘴边又噎住了，我怕吓着洋子。

“你们别绑他，绑我！”洋子想站起来，怀里的儿子被惊醒，又像小猫叫一样地哭了起来。

洋子因为身上有一个包袱布盖着，大家进来时并没有看见孩子，听到孩子的哭声，都惊呆了，再一看地上血迹还没有干，几个年轻人逃了出去，包括那个铁路工人，只留下了王大爷和那个女人。

我们富春山下有种乡风，女人生孩子除了老公，另外的男人是不可以进去的，谁进去了，谁就会倒霉。大概这里也有这种乡风吧。

洋子从包袱里捧出孩子，对着留下来的王大爷和女人，流着眼泪说：“你们要杀就杀我一个人吧，请把孩子留下，他阿爸还没有看到过他呢。”

到底是女人的心比较软，那个大婶不等洋子跪下去，就马上扶住了她，轻声地问洋子：“你到底是不是日本鬼子？”

洋子点点头，可她说：“我没有杀过中国人，我是医院里的一个护士。”

洋子就把她同我说过的话又说了一遍，还增加了她从火车上被人推下来后我怎样帮助她的经过。

女人掉泪了，她说：“闺女呀，你这样是要得病的呀。”她先从自己身上脱了件棉衣给洋子盖上，又把外面的一个年轻人叫进来，说：“栓子，快去拉一辆架子车来！”

栓子出去了，女人还在后面催了一句：“快一点！”

王大爷见我的鼻子上有血迹，问我：“咋回事？”

我把上午去偷女人衣服的事告诉他，洋子流泪了，王大爷一个劲地指责我：“你咋不早说呀？”他看了一眼洋子，接着说，“咱们中国人没有这么坏的良心，连一个大肚子的女人也不放过。”

一会儿，栓子拉来一辆车子，上面还铺了条破棉絮，他站在小木屋外面叫：“娘，车子拉来了。”

当大家七手八脚把洋子抬上车的时候，洋子哭了，她哭的声音好大好悲伤，把几个男人也引哭了。

栓子妈在旁边劝她：“闺女呀，月子里不兴哭，不兴哭，要哭出病来的。”她用袖口去揩洋子脸上的泪水，自己却哭了。

听说王大爷家来了一个日本女鬼子，男男女女老老少少都拥到王大爷家来看稀奇，因为这里离铁路不远，还有一个小站，日本鬼子几乎人人都看见过，穿着暗黄的制服，头上戴的不是钢盔，就是一顶屁帘帽，端着枪，看见男人就说“死啦死啦”的，看见年轻女人就说“花姑娘的性交性交”的，可从来没有看见过女日本鬼子。有人对王大爷的行动不理解，他们指责王大爷：“你忘记老婆孩子是咋死的啦？”

也有人批评和取笑栓子妈：“韩大婶还让儿子赶架子车把这个女鬼子兵拉回来，想当你的媳妇呀！”韩大婶生气地看了那人一眼，反问：“照你说咋办？把她杀了？把孩子也扔了？”

“对，把这个孽种也杀了，斩草除根！”一个矮矮的半老头这样说，也就在这时，从他背后冲出一个衣衫滥褛、浑身恶臭的女人，突然用两只手死死掐住了洋子的脖子。

洋子不顾自己，却用身体护着儿子。

我一看要出事了，用力把那个女人拉开。

洋子抱起儿子哭着对我说：“阿开君，我们还是回到小木屋去吧。”

刚才那个女人在掐洋子的时候，王大爷和韩大婶也紧张得不得了，现在，那个女人

被半老头拉走了，王大爷对洋子说：“闺女让你受惊了，但你不能怪她，去怪你们那批不是人养的鬼子吧。”下面是他讲给洋子听的故事：

疯女人叫小花，是个无父无母的孤女，有一天，她赶着羊去铁路边放，那里草多哇，铁路边那个炮楼里的鬼子把她拉进去给轮奸了，还把她的羊也给杀了吃了，她也就疯了，半老头可怜她，把她收在屋里，养着她。

洋子哭了，我和韩大婶也流泪了。

“闺女你放心，在王大爷家里，谁也不会再来动你一个指头。”王大爷安慰洋子。

“是啊，自古‘冤有头，债有主’，总有一天我们会找这个‘债主’讨还这笔血债的。”一个瘦骨伶丁的老大娘拄着拐杖、扭着双小脚进来了。

王大爷和韩大婶一见，都站起来给她让坐，说：“郭大娘你怎么也来了？”

她看了一眼躺在炕上的洋子，又看看她身边的孩子，眼泪婆娑地说：“遭罪呀，真是遭罪呀。”

郭大娘满头白发，衣服虽然是补钉加补钉，可洗得干干净净。她很友善地捏着洋子的一只手，问了她好多事情，比如叫什么名字呀？老家在哪里呀？家里还有什么人呀？洋子都作了回答。要不是韩大婶提醒郭大娘天黑了，就走不回家了，她才慢慢地站起来，拍拍洋子，又帮她拉了拉被子给孩子盖上，叮嘱说：“安安心心住在这儿吧，虽然我们被鬼子糟蹋得没有隔夜粮，只要我们有一口吃的，也不把你们娘儿俩饿着。”

洋子激动地要从炕上坐起来，被韩大婶按住，她只得在炕上向郭大娘点着头：“谢谢大娘，谢谢大娘！”

不一会，韩大娘也要回家了，照王大爷的意思是让我和他住在外屋，洋子却拉着我的手不放，轻轻地告诉我：“我害怕。”

王大爷笑了，从门外抱来一捆干草，铺在门口，对我说：“晚上天凉，别冻出病来。”

我是被一阵鸟叫声惊醒的，我忘记自己是在什么地方，因为我好久没有听到鸟叫声了。

王大爷掀开门帘进来，还拎来一篮土豆，告诉我这是郭大娘一早送来的。见我有些迷惘地看着他，王大爷补充了一句：“就是昨天拄拐杖的郭大娘呀。”

“谢谢，谢谢！”原来洋子也醒了，她坐在炕上不断地叩头。

王大爷看看我，又看看洋子，沉痛地说：“郭大娘的丈夫原来是在城里教书的，他们一家都住在城里，鬼子兵来了，城里房子被烧，他们逃到乡下来，后来因为儿子被拉去当劳工，丈夫受不住打击，生病死了，如今只剩下她一个人……”

洋子仍然是一个姿势：叩头，再叩头，把原来说的“谢谢”，改成了“谢罪”。

对着这么一个弱女子，也是日本侵略军的受害者，还有什么可指责的呢？韩大婶一进门，径直到洋子身边摸摸孩子的鼻子，又问洋子有奶水了没有？洋子一激动，扑进了韩大婶怀里，叫了一声："妈妈！"

韩大婶突然一惊，看看洋子的脸，问："你叫我啥？"

"妈妈！"洋子抱住韩大婶哭了。

"闺女，我的好闺女，"韩大婶也抱着洋子哭了，过后，她又说，"闺女，大婶受不起，还是叫我韩大婶吧。"

洋子看着韩大婶，韩大婶真诚地说："咱一个乡下老太婆，真的受不起啊。"洋子却把韩大婶抱得更紧了："妈妈，你就是我和我儿子的再生妈妈，你放心，我会教育好我的儿子，永远记住你们这么多好心人。"

有一天韩大婶刚进门，听见洋子在对儿子说："乖儿子，你怎么不把奶水吞下去呀？"韩大婶一看，她儿子趴在洋子身上，满嘴满脸的奶水，洋子身上也是一身的奶水，儿子却在一个劲地哭闹。韩大婶急了，问洋子："咋回事啊？"

"他不肯把奶水吞进去。"

"这……咋办呀？"韩大婶说，"这样下去，儿子会饿死的。"

王大爷叫侄女小芬叫来了郭大娘，郭大娘从洋子身边抱过她儿子，仔仔细细地看了一遍，叫小芬拿来一根筷子，轻轻拨开孩子的小嘴巴，对屋子里的人："这咋叫孩子吃奶呢？"

韩大婶和小芬凑上去一看，见孩子的喉咙口有几个小水泡，把他的喉咙口堵住了。

洋子看看郭大娘，说："这……怎么办呢？要是在医院……"

郭大娘笑了，她说："咱们山旮旯里，哪来的医院？"她又叫小芬拿来一支缝衣针，正想往孩子嘴里的那个水泡上刺，被洋子阻挡住了，她担心地看着郭大娘，郭大娘有些生气，把针一扔，说："那你找医院去吧！"

"洋子，郭大娘年轻时在城里当过护士，听她的。"韩大婶拉着洋子的手。洋子十分高兴，她竟抱住了郭大娘："郭大娘还是我的老前辈。"

郭大娘笑笑，说："那是好多年的事了，唉，要不是鬼子……"她看了洋子一眼，煞住了刚才的话，指指洋子的儿子，告诉她，"俺过去也碰到过，这里的土话都叫脐风。"当她再次拿起针来的时候，洋子有礼貌地向她鞠了一躬。郭大娘叫韩大婶点燃了油灯，让她把针头在火苗上烧了一下，重新交到郭大娘手里。

郭大娘接过针，看看洋子，重新用筷子把孩子的小嘴撬开，拿针的手同时跟上，把那些水泡刺破了。

孩子开始又是哭又是挣扎，可一下子就安静下来，当洋子再把奶头塞进孩子嘴里的时候，他顺利地吸起奶来，还能听到轻微的“咕咕”声。

“他饿了。”郭大娘得意地说。

一屋子的人都高兴得拍起手来。

洋子腾出一只手，紧紧拉住了郭大娘瘦得一把骨头和一张皮的手，贴在自己脸上，泪水同雨一样落下来，滴在两个人的手上，嘴里却说着我们都听不懂的日本话。

董阿开之六

日本鬼子为了保证铁路畅通，在铁路两边制造了无人区，王家庄虽然离火车站有不少路，鬼子还是把庄子给烧了，人赶到了这个连兔子也无法生存的山岗上；年轻的，拉去当了劳工，年老的死的死，走的走，庄子听不到牛叫羊叫和鸡叫，更听不到孩子的哭声，自从洋子和她的儿子来了以后，庄子里开始有孩子的啼哭声，人们的精神为之一震，尽管她是日本女人生的纯日本种，但总是人类的一种希望啊，原来被冷落的王大爷的院子开始热闹起来，人们（包括原来反对收留洋子的人）会时不时地过来看看孩子。洋子因为还在月子里，而且没有人帮助接生，郭大娘曾经提醒过我，女人做产后最怕发热，所以和王大爷都劝她躺在炕上不准起来，由韩大婶把孩子抱出去给大家看。每一次韩大婶都像捧聚宝盆一样地把洋子儿子抱出去，人们看了都啧啧称赞：有的说：“像一个瓷娃娃。”有的问：“皮肤那么白，那么嫩，搽粉了吧？”

“搽你个头啊，饭也吃不上，还有钱去买粉。”韩大婶说。

“兵荒马乱的，有了钱也没处买呀。”郭大娘在门口补充说。

“一定是她妈妈的奶水足。”一个女人说着，伸出手来想摸一下孩子的脸蛋，韩大婶忙抱着孩子躲开：“不好碰的。”

“你还真把他当瓷娃娃了？碰不得。”还有个女人有些不服气，“这么金贵呀？”

“好像是她自己的孙子一样。”本来想抱抱孩子的女人，只好缩回了手。

洋子在炕上听到人们的说话，开心得笑了。

这是我看到她第一次笑，我心里也喜滋滋的，终究，我为洋子儿子的出生也出了点力，我已经忘记她是日本女人，更忘记了他曾经是日本鬼子的女兵，我觉得洋子就是我的亲人，我的亲妹子。

想不到的是到了晚上，洋子的儿子不肯吃奶，而且哭个不停，王大爷说，白天韩大婶把孩子抱出去，会不会受了风寒？

洋子用手在儿子额头上摸了一下，说有些发热。

我连夜把韩大婶叫了过来，韩大婶用手掌在孩子的额头上摸了摸，叫起来："孩子发烧了！"

"那……怎么办？"洋子的脸急白了。

韩大婶却在一个劲地埋怨自己："我不该把孩子抱出去，都是我不好。"

"光埋怨没有用，快想想办法呀。"王大爷也急得像热锅上的蚂蚁。

"我去找郭大娘。"我曾经去过郭大娘家，不顾天黑路不好走，跌跌撞撞地向郭大娘家走。

我一进郭大娘家的门，把孩子的事同她一说，郭大娘忙着点灯、穿衣服，自言自语地说："果然让我料到了，女人做产后最怕发热。"

我连忙纠正说："不是洋子发热，是她儿子发热。"

郭大娘呆了一下，又说："一样的，一样的。"她炕头上面有一尊观世音菩萨，我因为姆妈很相信观世音菩萨，在郭大娘向观世音菩萨叩头的时候，也情不自禁地向观世音菩萨叩头，请求观世音菩萨保佑洋子的儿子早点好起来，免得洋子那么着急。

后来，郭大娘从炕头找出一个匣子，刚交到我手里，韩大婶的儿子栓子也心急火燎地赶上山来，满头大汗地说："郭大娘，洋子的儿子不行啦，在抽筋呢！"

当我和栓子搀扶着郭大娘赶到王大爷家，洋子已经哭成了一个泪人："儿子啊儿子，你还没有见到过爸爸呢，快好起来吧！"

王大爷、韩大婶也在一旁手足无措，见郭大娘来了，忙让开一条路。

洋子一见郭大娘，一头跪在她的面前，边哭边说："郭大娘，我和渡边就这么一个儿子，你老人家救救他吧，求你了，我求你了！"她把额头撞在炕头上，发出"咚咚"的响声。

郭大娘也不理洋子，爬上炕，我把匣子递了上去，栓子也把灯照了过来。

郭大娘先用指甲掐了一下孩子的人中，孩子剧烈抽动了一下，她忙打开匣子，从匣子里拿出一根很细的针，在灯光下闪着银亮银亮的光，她把针在孩子的两只脚踝上刺了几下，又拿出一包艾叶，捏成一个小圆球，放在刚刚被针刺过的地方烧起来，顿时，王大爷屋里充满了艾叶燃烧的清香。

自从郭大娘爬上炕，原来乱哄哄的王大爷家，一下子静了下来。

洋子也不哭了，她变得像我在家里养的、温顺的、刚当上姆妈的母绵羊，不同的是母绵羊会跪在你的身边，两只闪着亮光的眼睛一刻不停地盯着帮助它的人的那双手，不停地"咩咩咩"地叫，有时还会伸出长长的舌头来舔你的手和脸，以表示它对你帮助的感谢；现在洋子也温顺地蜷缩在一边，眼睛一眨不眨地看着郭大娘那双手，还时不时地向郭大娘叩头，喃喃地用日本话说着什么。

经过郭大娘的针灸，洋子儿子神奇般地好了，又会吃奶了，韩大婶才惊喜地告诉大家："鬼子还没有把我们从铁路边赶到这里来以前，郭大娘还向中医学过针灸呢。"

"开始我帮村里人接生、治病，"郭大娘说，"这几年，庄子里的年轻人大都被拉走，再没有人生孩子了。"

我告诉洋子郭大娘为了救她儿子，出门前还去拜过观世音菩萨，洋子激动地趴在郭大娘面前，一遍又一遍地磕头，一遍又一遍地说："是观世音菩萨派来救我儿子的，中国人都是观世音菩萨！"

董阿开之七

雨过天晴，虚惊一场，洋子的儿子一天一个模样，人见人爱。

洋子给儿子取了个渡边村夫的名字，还约我和王大爷还有韩大婶和郭大娘将来到日本去游玩，她说他们家就在富士山附近的静冈县裾野市，那里有好多湖，湖中还有一个岛，岛上有神庙……

一听说有"庙"，韩大婶打断了洋子的话，问："庙里有观世音菩萨吗？"

"观世音菩萨？！"洋子被问住了，呆了一会，点点头说，"有哇，这么好的菩萨怎么会没有呢，到时候我和我儿子陪你们一起去玩，一起去拜观世音菩萨。"洋子开心地说。

王大爷却叹了一口气，说："不知道鬼子什么时候才会退出去呢？"

"洋子，大婶知道你的心，"韩大婶拉着洋子的手，又摸摸渡边村夫洁白鲜嫩的脸蛋，"只要你有这份心就好了，我一个乡下老太婆，连远一点的城里都没有去过，哪里还想漂洋过海去你们日本啰。"

郭大娘也说："叫我们这些乡下老太婆去日本，你这是在吹肥皂泡逗我们开心，等你和儿子回到日本，不要忘记我们，等他长大了，不要跟着那些好战分子来屠杀中国老百姓就好了。"

"不会的，决不会的，日本和中国要永远做好朋友！"洋子说。

"等鬼子退出去了，村夫也大了，你常带着儿子到中国来看看我们，像走亲戚一样，这才是真的。"我说。

洋子见我说得实在，连连地点头："会的，会的，一定会的。"

……

谁也想不到的是第二天晚上，洋子突然说起胡话来："一郎君，战争结束了，我终于可以回家来生孩子了……一郎君，家里多舒服呀，还有爸爸妈妈、公公婆婆在我身边……"

我知道她在做噩梦，忙起来想把她推醒，可我的手一碰到洋子，火烫火烫的。

王大爷也被惊醒，忙把韩大婶叫了来，韩大婶不停地叫着："洋子，洋子！"又用冷水毛巾按在洋子的额头上。

不一会，郭大娘也被接了过来，她一进门，手在洋子额头一摸，脸一下阴了下去："被我料到了，女人生孩子，一只脚踏进了鬼门关啊！"郭大娘一边给洋子针灸，一边说，"我这是在把死马当活马医呀。"

第二天晚上，怕洋子再发热，韩大婶也不敢回去，一直守在她身边，因为这是郭大娘交待的。果然，洋子的热度更高，神志也不大清爽，她不停地说着胡话："一郎君，我们有儿子了，多么高兴呀；一郎君，儿子会笑了，会叫妈妈了，会叫爸爸了，还会叫爷爷奶奶了……"

到后半夜，洋子终于有些清醒过来，她看着屋子里有这么多人，大家都在用紧张、担心的眼光看着她，眼泪哗哗地流出来，把大半个枕头都打湿了，她却还在人丛里寻找着，是在寻找亲人吧？可她失望地摇摇头，痛苦地闭上了眼睛，两大滴眼泪，像两颗亮晶晶的珍珠，挂在削瘦的脸上。

后来洋子变得很平静，她说："我也是医生，我也料到会有这一天的，在这么一个破烂的小屋子里生孩子，又没有消毒，万一感染了……"她摸一下睏得正熟的儿子，接着说，"我就是放心不下村夫啊！"她的眼泪滴在了儿子的脸蛋上，儿子好像有了感应，皱了一下眉头，又"哇"地哭了一声，但马上又睏着了。

经过郭大娘几天的针灸，洋子的热是退了一点，神志也清醒了不少，洋子要我把她的女兵制服拿过来，她先摸上衣口袋，接着挖下面口袋，之后又拿来了那个大背包，像在寻找什么东西。

我问洋子在找什么？

"笔、笔、我的笔？"洋子急出了冷汗。

"会不会掉在车站上了？"韩大婶提醒。

洋子看看韩大婶，又看看王大爷："你们家有笔吗？"

韩大婶和王大爷都摇摇头苦笑："俺不识字，用不到这个。"

郭大娘也尴尬地说："俺从城里逃出来的时候，只是几个光身子，什么东西也没有了。”

“俺连看也没看到过。”小芬也插上了话。

洋子突然“哗”一声哭起来，哭声惊天动地，悲哀至极；哭得全屋子的人措手不及，我也不知道她为什么哭，只有陪着洋子流泪，却不知道怎样才能劝住洋子。

大家好劝歹劝，总算把洋子的哭声劝住了，洋子才说她要给老公写信，向王大爷讨纸。王大爷呆了一下，尴尬地苦笑着：“咱们庄户人家，哪来纸啊？”

还是韩大妈灵光，她“嘶”一声扯下一张窗户纸，交到洋子手里，问：“这行不行？”

让人想不到的是洋子接过纸，用手碾平整，又一口咬破手指，在窗纸上写起血书来。

屋子里静得可以听到相互的呼吸声。小芬胆小地捂住了眼睛。

洋子手指上的血落在纸上，由鲜红渐渐变成暗红，深深印进了纸里，穿透了纸背。

可谁也不知道她在写些什么？连郭大娘也认不出来，因为洋子写的是日本字。

当还留下一小块空余的地方，洋子忽然抬起头，真诚恳切地看着我：“阿开君，拜托了，能不能把你家的住址和你的名字……写在这里？”

“要我家里的地址？”我莫名其妙地看着洋子，看到她的眼睛里充满了祈求和信任。但是我不会写字，我的脸红了，心也跳得厉害，我把头垂得低低地。洋子以为我不肯，再一次说：“阿开君，求你了，答应我吧！”她强打起精神，向我不断地叩头、鞠躬，眼眶里溢满了泪水。

我把实话告诉她，因为我们家穷，只读了几个月的书就去学做草纸，连自己的名字“董阿开”三个字也写不来。

王大爷说：“那么就写王家庄吧。”

“对对，就写王家庄。”韩大婶也这么说，只有郭大娘没有做声。

洋子好像没有听到王大爷、韩大婶的话，她竟然高兴地说：“那么说，阿开君你同意啦？阿开君，请把你的家庭地址和名字，再告诉我一遍好吗？”

“好好好！”我一边点头一边连声说好，告诉洋子，“我住的村坊叫董家村，我们村出过一个武状元，叫董浩……”

我看到洋子又是摇头又是苦笑，马上闭上了嘴巴。

洋子看了我一眼，又问我：“阿开君，你们董家村在什么县什么市？”

“我们董家村对江就是县城，叫富春县城。”

“阿开君，你能告诉我富春两个字怎么写吗？”

我的脸又红了，看一下屋子里的人，对洋子说：“我不会写字。”

“你不会写字，只要告诉洋子富春两个字……”郭大娘说到这里，突然摇了一下头，对洋子说，“阿开既然不会写字，当然也说不来怎么写了。”

洋子看看我，又看看手指头上的血，已经开始结块了，她有些绝望地看着我，额头上渗出了汗珠子。

王大爷见洋子急成那副样子，又一次对她说：“就写王家庄吧，郭大娘会告诉你王家庄三个字是咋写的。”

说起来也有些奇怪，我一急，急出张先生曾经教过我的那些话，高兴地对洋子说：“有啦有啦，张先生曾经对我说过，富春两个字，一个是富贵的富，一个是春天的春，富春是个好地方，连神仙也要来住的地方……”

我只顾自己往下说，见洋子又在咬另外一个手指头，郭大娘想去制止，说：“孩子，你不能再出血了，你出血过多会晕过去的。”

洋子好像没有听到，她用刚才咬破的手指在纸上吃力地写着，而且还问了我富春县上面是什么市？或者什么省？郭大娘佩服洋子做事细致，想得周到，洋子说，中国那么大，光写一个县，会找不着的。我马上告诉洋子：“富春上面有个天堂，那是一个很大的城市，我到那里去卖过草纸。”

洋子把我家的地址写上以后，又把那张纸送到我面前，一字一句地读了一遍给我听。我像鸡啄米一样地点着头。

“董——阿——开——”洋子又一字一顿地念出了我的名字，我又一次连连点头。洋子指着我的名字，看看我我的脸，试探地问：“能不能在上面……”我懂得洋子的意思，是想我在她的血书上也盖一个血手印，但是，我的血手印又有什么用呢？我正在犹豫，看到了郭大娘的眼神，她还在向我微微点头。这让我想起在董家村听到过的为要死的老人送终，老人有什么要求，都要满足他（她），我也照洋子的样子，一口咬破了手指，在名字下面盖了个血手印。

“阿开君……”洋子一把抱住我哭了，我也忍不住哭出声来。

郭大娘、王大爷、韩大婶和其他在场的人也都陪着流了不少眼泪。

洋子哭完了，又趴在炕上，不住地向我叩头：“谢谢阿开君，谢谢阿开君，来世报答，来世报答！”

王大爷、韩大婶看到这副场面，看到泪流满脸的洋子，安慰她说：“会好起来的。”

“等通了火车，俺想办法送你去城里看医生。”

郭大娘仍然一声不响地在旁边陪着大家流眼泪。

最后，栓子用同样的窗户纸做了一个信封，洋子仍然用手指上的血写好了信封，郑重地交到王大爷手里：“拜托了，王大爷，我永远会记住你们的，请您帮我把它寄出去吧。”

小芬不知深浅地插嘴说：“俺们这里没有寄信的地方呀。”

王大爷横了侄女一眼，对洋子说：“不用担心，俺虽然老了，十里八里的还能跑动，俺到城里给你寄出去。”

洋子像办完了大事一样地轻松地透了一口气。

后来，她的眼睛又回到了郭大娘身上，她说：“大娘，你们救了我的儿子，要是真的有来世，我会报答你们的。”

郭大娘忙说：“闺女，别这么说，别这么说啊！”她转过背去哭了。

我知道人到快死时还有一段特别清醒的时候，叫“回光返照”，这是不是洋子的“回光返照”呢？我正胡思乱想着，洋子突然拉住了我的手，说：“阿开君，谢谢你救了我们母子，我……洋子是没有机会报答你了，我儿子、我老公、我的全家，一定会报答你的……”洋子歇了一口气，向四周看看，眼泪又像泉水一样冒出来，“……我多么想有一个亲人在旁边送我呀，可是……”突然，她嗓门高得有些吓人，“这是为什么？我连最后看一眼自己的老公、爸爸、妈妈、公公、婆婆的权利都被剥夺了啊……”她被一口气憋住，张着嘴巴发不出声音。郭大娘和韩大婶忙帮她捋胸口，洋子终于又缓过气来。我也向她摇着手，说：“别着急，慢慢说。”

洋子又一次拉住了我的手，不再用过去那种恐惧、无助求生的眼神，而是充满希望、充满信任地看着我说：“阿开君，我想把村夫继拜给你……”

“继拜给我？”我有些吃惊。

韩大婶好奇地看了一眼洋子：“你们日本也作兴继拜？”

洋子并没有回答韩大婶，她继续往下说：“把村夫拜托给你……”

我看了洋子一眼，飞一样地逃出了王大爷的家，我一边逃一边喊：“我不能认一个日本鬼子的儿子当继拜儿子，我不能认一个日本鬼子的儿子当继拜儿子！”

在我的身后，突然听到了韩大婶、郭大娘和王大爷的惊叫声：“洋子，醒醒！洋子，醒醒啊！”

我听到喊声，重新回到了洋子身边，洋子已经醒过来，她用装满泪水的眼睛看着我，用很轻的声音说：“阿……开……君……我……不……怪……你……”

郭大娘走到我的身边，拉着我的手，说：“阿开，我们都吃过日本鬼子的苦，多少亲人死在日本鬼子的屠刀之下，有多少人妻离子散……”郭大娘看了洋子苍白的脸，继续说，“这种妻离子散的痛苦也害了多少日本老百姓，可这个苦果不能让洋子一个人来吃，她是个无辜的弱女子啊。”

我看到洋子在向郭大娘点头，泪水在哗哗地流下来，我向洋子用力点了一下头，“嗯“了一声，不过我又加了一句：“洋子，你会好起来的。”

洋子终于轻松地笑了一下，却说：“别安慰我了。”她吃力地从身边口袋里挖出一块白色的手帕（就是洋子在火车站拦火车的那块手帕），交到我的手里，“这是我和村夫爸爸结婚时互相交换的纪念品，上面有我和老公的签名。”

我用颤抖的手，十分珍惜地接过手帕。

我既然当了村夫的继拜爹，总得有个表示，想去抱一下村夫，想不到村夫刚一落到我的手上，洋子的两只手紧紧抓住了我，流着泪说：“阿开君，你是个好人，这一世我没机会报答你了，只有来世……报答了！”她的声音渐渐地轻下去，手也慢慢松开，我以为洋子吃力了，刚想劝她少说话，歇口气，她的手突然滑落下去，我知道是这么回事，大叫一声：“洋子——”洋子的眼睛已经安静地闭上，像睏着一样，还露出了微笑。我的全身震了一下，明明知道洋子已经听不到了，还大声地说：“洋子，你放心走吧，我董阿开是分得清是非的堂堂男子汉，不会让你失望的。”

我回头看看村夫，他十分安静地睏着在我的怀里。

“闺女啊，不是大娘不救你，大娘是救不了你啊！”听郭大娘这么一哭，我也把头埋在村夫的怀里，呜呜地哭起来。

屋子里的人也都“哗”一声哭开了，哭声震动了王家庄。

一个日本女兵，安详地躺在中国人的炕上，一群素不相识的中国老百姓，有上了年纪的老人，也有十几岁的小孩，人人满脸泪痕，像失去了亲人一样悲痛。

老天好像也在为这个日本女兵哀悼，太阳躲进了乌云里，西北风在“呜呜”地哀号。

我想假如日本鬼子不侵犯中国，她完全可以躺在设备齐全的医院里平安地生下自己的儿子，旁边有老公，有爸爸妈妈，有公公婆婆陪侍，当洋子听到顺利生下一个儿子，她会有多么激动，多么开心！她会享受第一次做母亲的幸福、荣耀！可是今天，洋子孤苦伶仃地一个人躺在被日本鬼子糟蹋得连饭也吃不上的王大爷家土炕上，在一批被鬼子烧掉了房子，杀死了亲人的中国普通老百姓的陪伴下，咽下了最后一口气！

这时我突然看到郭大娘那只被饥饿折磨得皮包骨头的手，抖抖擞擞地伸向洋子的脸，我同时又看到洋子的眼眶里有两颗亮得同珍珠一样的泪水，郭大娘用手轻轻地把它抹去，她自己的两滴眼泪却流到了洋子的脸上，接着一阵更悲痛的哭声在王家庄响起。

我至今还想不通，在王大爷家里有那么多人，有男人，有女人，有大娘，有大婶，洋子为什么不把儿子托付给他们，而托付给我？后来听到郭大娘在对王大爷说：“洋子真是个有心计的女人。”我不明白郭大娘这话是什么意思？

在王大爷提议下，大家同意把洋子埋葬在火车站旁边。

“洋子是乘火车来的，还是让她乘火车回家去吧。”王大爷说。

由郭大娘和韩大婶帮洋子穿好了原来那套日本女兵制服，按照中国人的风俗，还给她洗了脸，梳理了头发，又用洋子洗脸的那块毛巾盖在她的脸上，仍然由韩大婶儿子栓子用那辆架子车把洋子拉到火车站旁边，在小木屋背后的一株榆树下，挖了一个大土坑，正要下葬呢，村子里突然又来了几个女人，她们不知从哪里弄来了一些纸钱，说：“洋子回家去要乘火车乘轮船，这些纸钱给她在路上花。”

于是，在雨点似的纸钱引导下，把洋子放进了土坑里。

还是王大爷想得周到，搬来了一块大石头，竖在洋子的坟前。

“今后，她老公，或者村夫来找，可以做一个标记。”王大爷对我说。

韩大婶说：“不知道什么时候才不再打仗？！”

洋子既然把村夫托付给了我，我就一直抱着他，等王大爷把石头埋好，按照我们中国人的礼节，我抱他在妈妈坟前叩了三个头，村夫好像有灵性似的，不哭不闹，两只眼睛看着那块大石头，像要记住他妈妈长眠的地方。

“村夫，记住了，这是你姆妈长眠的地方，等你长大了，把姆妈再接回日本去。”我哽咽着说。

后来，村夫突然啊啊地出声了，郭大娘和韩大婶吃惊地说：“他在同妈妈告别呢。”

这时，从火车站走出那个曾经向王大爷通风报信的铁路工人小钟，他手里捧着朵自制的白花，恭恭敬敬地放在洋子坟前，说：“只要火车通了，俺拚了命也要把它拦下来，俺要第一个送你上火车！”

董阿开之八

洋子是“入土为安”了，我却日夜不得安宁。

我当时为什么会糊里糊涂从洋子手里接过村夫？或许是觉得洋子实在太可怜了？可我到底是一个男人，是个连南瓜籽夹壳吃的粗人，养孩子本来就是女人的事情，当个名义上的继拜爹还可以，要担负起养育村夫的责任，我怎么办？

我虽然有过一个儿子，但从生出到被闷死，总共不到五天时间，我连好好抱一抱他、亲一亲他都来不及呀。

王家庄同铁路两边的村庄一样，由于遭受鬼子的祸害，加上春天青黄不接，十户有九户人家都揭不开锅，特别是王大爷，花了一天时间到城里去把洋子的信寄出去后，他对我说，洋子的老公如果接到信，一定会去富春找儿子的。他又说："不管怎么说，南方冬天总还有一些糠菜可以代饭，俺们这里连草也不长，大人可以吃树皮草根观音土，娃呢？饿不起呀。"

我懂王大爷的意思，我也确实想家了。王大爷还要求我走的时候带上他的侄女小芬，"这娃太可怜了，从小没有了父母，留在这里迟早会饿死的。"

本来我还想多住几天，虽然这么短短的一段时间，我感到这里的男男女女都那么好，那么善良，舍不得离开他们，是郭大娘的死才让我下决心要离开的。

郭大娘是吃观音土拉不出屎胀死的，当我听到这个消息，突然想起洋子刚进王大爷家，郭大娘就送来的一篮土豆，她把自己最后一点救命粮给了我们，自己却饿死了，我抱着村夫跪在郭大娘的坟前，久久不肯起来，我代表洋子和村夫，感谢她救了他们母子。

我在离开王家庄之前，整理了一下洋子留下来的东西，凡是洋子可以带走的东西，都已经给她带走了，只留下一个背包，背包里还有一只搪瓷杯。背包很大，拉开来可以当被子，合起来正好装得下村夫，我可以把他背在身上。杯子可以喝水，给村夫装吃的。

因为火车还没有通，通了也没钱乘，我决定边讨饭边走回家。

王大爷从木柜里拿出一双鞋，郑重地交到我手里，说这是他年轻时跑单帮穿的，是用老牛皮串的，能走路。

我拿过来一穿，大小正合适："就送给你吧，我也用不到它了。"

王大爷知道我是一个老老实实的农民，没有出过远门，告诉我，他年轻时跑单帮到过上海，到了上海，离开天堂就不远了。凭着他的经验，告诉我先跟铁路走，走到拐弯处，不要再跟了，因为铁路向西去了，叫我选大路走。为了分清方向，他说我是去南方的，早晨太阳晒左边脸，傍晚太阳晒右边脸，就不会走回头路；碰到阴天下雨天，就摸摸路边的树干，朝北的一面有青苔，树皮粗糙，朝南的一面树皮光滑（这一点我也知道，因为我是个农民啊，但我还是点着头，谢了又谢）。

听说我带着村夫要走了，村子里不少人来送行，有的连明年做种子用的土豆也送来了，说你带着个孩子，孩子又饿不起。

韩大婶还叮嘱说："村夫的爸爸如果来接儿子，叫他千万不要忘记他的妈妈洋子，她死得太可怜了。"说着，韩大婶又流起了眼泪。

我背着村夫，一步三回头，送的人先后回去了，小芬却紧紧跟着一步不拉。

我的确同情小芬，可我离开村里已经一年多了，又带着个孩子，自己还不知道今后怎么生活下去，怎么可以再带上一个姑娘呢？

小芬说，俺会放羊，会拾柴，会煮饭，会洗衣服，只要有口饭吃就可以。最后还说俺给你当媳妇，给你生一个自己的娃。

我听了，心里酸酸的，我已经快上三十出头的半小老头了，小芬今年才十三岁呀。

最后，我实在没有办法，骗她说，等我在南方安了家，再写信来接她。

小芬是个聪明又善良的姑娘，明明知道我是在骗她，她还是点点头不再跟了。

当我走了好一段路，突然听到小芬在哭的声音，这像一把刀子，刺痛了我的心，我几次想回头去把她带走，可我掂量掂量背包里的小春，一咬牙，没有再回头，继续往前走。

开始，我是跟铁路走的，为了防止小芬后悔又跟上来，我离开了铁路，拐进了山路，好在村夫特别地乖，只要用土豆泥喂饱了，就在他姆妈的大背包袋里睏觉，任我背上背下，顶多轻轻地哼一下。

我也记不清走了几天，反正太阳升起开始走路，太阳下山随便找个避风的（最好有干草堆）地方抱着村夫睏一觉，第二天起来再走。

是大哥讲的愚公移山的故事给了我力量；只要我不停下来，总有一天会走到家的。

我发现王大爷他们给我的土豆快吃完了，村夫也常常饿得哭个不停。

走着走着，山越来越高，天也越来越冷，而且还飘起雪花。

我走进一个庄子，走向了一户人家。

这户人家很客气，不但给我们吃的，还说孩子会冻坏，让我在他们家的柴房里过夜。

我千恩万谢地在柴房的草堆上铺好“床”，因为怕把村夫冻着，用洋子留下来的大口袋把他包起来，让他睏在我的旁边，因为我睏相不好，又没带过孩子，怕梦中翻个身把村夫压着。

是鸡叫声把我吵醒的，我一摸身边，空空的，大口袋没有了，村夫不见了，我跳起来，边叫边奔出柴房门：“村夫，我的村夫不见了！”

听到叫声，主人家的门开了，那个女的一边扣衣服一边跑进柴房，把柴呀草呀的翻了个底朝天，说：“没有呀。”

我说：“昨天傍晚你是看到我背着儿子睏在柴房里的呀？”

那个女人说：“会不会被狼叼走了？”

我一听吓得魂都没有了，边哭边叫：“村夫呀，是我对不起你呀，不该让你一个人睏的呀！”

（作者注：董阿开说这是他这一生中做的最大一件错事。韩大婶后来告诉他，他走后的第二年大春荒，王大爷和他的侄女都因为吃观音土拉不出屎，憋死在屋里。）

因为是大清早，听到吵闹声，左邻右舍不知道发生了什么事？都出门来看，我向他们哭诉："我昨天晚上和儿子睏在柴房里，天不亮突然不见了。"

男主人听了我的话，发火了，对着看热闹的人说："我是好心好意留他在柴房里过夜，反倒向我讨起儿子来了。"他把我从柴房里推出来，还关上了门。

我一边哭叫着，一边在村子里走，要是找不到村夫，我怎么对得起洋子啊！

"村夫啊，你在哪儿啊？"

我还跪倒在村中间，哭叫着："洋子啊，我对不起你啊，村夫给狼吃掉了呀！"

"什么狼吃掉了，我们村从来没听说过有狼啊？"我听到人堆里这样在议论，我知道事情就出在这分人家身上，我猜想一定是他们把村夫藏起来了，但我又不敢上门去责问，怕吃眼前亏。

我继续在村里哭叫，从村东哭叫到村西，又从村西哭叫到村东。

雪越下越大，我成了一个雪人，还在不停地哭叫，洋子的信不是叫王大爷寄出了吗，有一天洋子的老公来向我要儿子，我怎么向他交待？

村里有人见我已经哭哑了喉咙，可怜我，在背后嘁嘁嗾嗾地议论，但又不想为自己招惹是非；当我哭着走过一户人家，看到原来关着的门悄悄开了一条缝，露出半个脑袋，向我招手，我走上去，那个人对我说："去后山找找。"又把门关上了。

我不哭了，不叫了，来到村后的山坡上，看到雪地里有一行深深的脚印延伸到山上，我顺着脚印一步一滑地爬上山，那里有一个小草篷，小草篷被雪压坍，因为我对村夫的哭声特别敏感，听到草篷下面有微弱的哭声，就发疯似的挖开雪，终于找到了村夫，我把他紧紧抱在怀里，一刻也不敢耽误，从山的另一面逃走了。

因为心慌，又没有太阳，我走到一个山坞里来了，山坞很美，房屋都是沿着山坡造的，房子的样子有些怪：选在山洞里面，门口只有一个门面，而且都有布遮挡着。当我走近第一户人家的时候，门帘突然一掀，走出一个女人来，上上下下地打量着我，我想向她讨一点吃的，因为村夫饿得哭了好几回，声音也哭哑了。女人不说话，也不说不给，她看了一眼我背上的村夫，问："孩子是你的？"

我觉得她问得奇怪：不是我的我会背着他吗？我点点头，说："给一点吃的，孩子饿了。"想不到女人一个劲地向山上跑，边跑边叫："孩子找到啦，拐骗孩子的骗子找到啦！"不等我弄清楚是怎么一回事？从半山腰的门洞里跑出几个粗壮的男人，不分三七二十一把我押进了一个大门洞里。

我原以为门洞里会是又黑又简陋的，无非是一个地洞嘛，想不到里面很宽敞也很亮堂，不过进门就是一张地床，桌子放在床上，很矮小，一点不像我们家乡的八仙桌、四方桌。

“保长，拐骗孩子的坏人抓到啦。”男人们把我押进屋里，这样说。

我这才看清地床的桌子边坐着一个男人，他正在抽烟，烟筒同小伯那个一式一样。

我大叫起来：“我不是拐骗孩子的坏人，我是好人！”

“保长”听出我是南方人，黑下脸，冷笑说：“你以为我看不出来，一个从南方来的男人，身边又没有女人，难道你会生孩子吗？”

我被问住了，我能把真实情况告诉他们吗？如果他们知道村夫是鬼子的儿子，还会有命吗？！

“我是被鬼子抓来当劳工的，我是逃出来的。”

“一个当劳工的人怎么会有孩子呢？”

“我是……路上捡到的。”我临时想到了这个“捡”字。

“什么地方捡的？”

“……”

几个人连珠炮一样地审问，我的脑子乱了，再也编不下去了。

“保长”叫几个男人从我背上抢走了村夫，村夫吓得大哭，我也扑上去抱住村夫不放手，但村夫还是被抢走了，因为他们人多。

村夫已成了我的第二条生命，没有了村夫，我这条命也不要了，我扑向“保长”，要同他拼命，又被几个粗壮的男人用绳子捆了个结实，关在了另一个黑洞里。

“老实给我讲清楚了：从哪个庄子里拐来的、偷来的？什么时候拐来的、偷来的？说不定还能放你一条生路，不然……哼！”这是“保长”交待给我的话。

我还听到几个人在说：“这种拐骗孩子的人太可恶了，起码得打断他的腿，或者砍断他一只手，让他再不能到别的地方去做这种坏事。”

我坐在黑古隆咚的洞里，心里像疯狗咬似的痛。我想出了好几个主意，都觉得行不通，反而会害了村夫，都放弃了。

当时我答应过洋子：一定把村夫养大，可万万没有想到，有这么难！看样子，要让洋子失望了，我在黑洞里对洋子说：“洋子啊，你这么聪明的一个人，怎么会做出这种傻事来呢？王家庄有那么多老乡，都可以把村夫托给他们呀，为什么偏偏托我这个一点没有本事的人呢？”

“要死，也要同村夫一起死！”最后我做好了同村夫一起死的打算，这起码我能在洋子面前交待清楚：她儿子是怎么死的。

正当我胡思乱想的时候，洞口一亮，两个男人冲进来，架起我就走。

我又被拉回到大门洞里，只听一个女人在着急地说："四叔，孩子哭死了。"

我一听村夫哭死了，坐在地上嚎啕大哭："你们要陪我孩子呀！"我又从地上跳起来，扑向保长，用头把他顶在墙上，他痛得哇哇叫，要知道我在家里的时候，二三百斤重的担子挑起来就走，我是武状元的子孙，我在董家池旁边经常跟着小青年们练石凳、石锁……虽然被日本鬼子折磨得不像人样，但底气还是足的。女人见我这么凶，把村夫往我怀里一塞，躲到一边去了。

我知道村夫有时哭急了会突然憋气，我一看村夫脸色已经变紫，忙掐住了他的人中，村夫又"哇"哭出了声，我紧紧地抱着村夫，又是亲又是叫："我的儿子，你可回到阿爸身边来了！"

几个粗壮男人在"保长"指挥下，把我轰出了门洞，我还能听到"保长"在大声训斥女人：

"废物，一个孩子也哄不好。"

"孩子一上我的手就哭，还哭死了过去。"

"看样子真是他的孩子。"

我飞也似的往山下奔跑，怕他们一反悔又追上来。

经过两次教训，我再也顾不到按王大爷告诉我的方法走了，不走大路，专拣一些荒山野林里的小路。

我爬过了几座山头，来到一个小山坞里的草丛里过了一夜，才悄悄定下心来。正好，天空开出太阳，我又开始照王大爷告诉我的方向走。

经过几次折磨，土豆早吃完了，村夫饿得哭个不停，我也饿得提不起脚来。

我从小砍过柴，也跟着阿平打过野猪，如今是赤手空拳，我连一只老鼠也抓不牢，再说在这光秃秃的石头山上，能有什么可以抓的呢？不过我在砍柴的时候常常摘一些山上的野果子吃，我惊喜地看到石缝里有一些矮小的山柴，枝头上结着小果子，红的、绿的，有一些我认识，有一些不认识，有一种叫糖罐子的野果子，外面有很多刺，能把人的手刺出血来，野兽很少敢吃它，但肉很甜，只要把糖罐子小心地摘下来，把它放到脚底下来来回回搓几下，外面的刺搓掉，剥下它的皮就可以吃。

王大爷送我的牛皮草鞋帮了大忙，摘一个、搓一个，剥一个、吃一个。村夫因为太小，我只能把糖罐子嚼得很碎，把嘴里的甜水喂给他吃，留下渣子吞进我自己的肚皮里，当时村夫吃得很开心，可是第二天，当我把糖罐子的汁水再喂到他嘴里的时候，却

吐了出来，而且哭闹得厉害，我一摸他的小肚皮，胀鼓鼓的，我的心一下子又提到了喉咙口：一定是不消化。怎么办呢？吃进去了，拉不出来，会把村夫胀死的啊？！在这个深山老林里，我叫天天不应，叫地地不灵，万一村夫真的死了，就是到了阎王殿，也无法向洋子交待。我抱着村夫坐在石头上，村夫因为本来就瘦，他的眼睛更大了，他睁着两只大大的眼睛，看着我，我的眼泪水滴到了他的脸上。

我看见村夫脸憋得通红，知道他又想拉屎了。昨天他拉过几次，可什么东西也没有拉出来，憋得又哭又闹，我多么盼望他能顺利地把屎拉出来呀。我让村夫趴在膝盖上，想看看他到底有没有拉出屎来？当我看到他小屁股眼里有绿色的东西，用手指甲小心地把它扒出来，扒完了，又有绿色的东西在拉出来，我又扒……就这样，我终于把村夫拉出来的东西扒完，村夫的肚皮小了一些，也竟然不哭了，我把头埋在村夫的怀里，高兴得哭起来。

我再也不敢把这种东西给村夫吃了，可给他吃什么呢？这么小的孩子，会饿死的呀！

董阿开之九

我又爬过了两个山头，终于见到了树林，松树高高地站在山坡上，发出“呼呼”的松涛声，好像在迎接我和村夫。

可惜的是天气比山那面冷多了，又重新飘起了雪花。

因为爬山过岭的，王大爷给我的老牛皮草鞋的鞋底磨破了，走在山路上碎石子硌得我钻心地痛。也是老天有眼，我看到前面山坞里有一座高大的坟墓，有董浩武状元的坟墓那样大，不同的是坟墓旁边还有一间小屋。我小时候听姆妈说过：凡是在朝廷里当大官的人，死了后把棺材运回本地来安葬，除了坟墓大，旁边还造一间小屋，叫“坟葬屋”，是给管坟墓的人住的，怕有人盗挖他们的祖坟（可是富春山上董浩的大坟旁边就没有这样的“坟葬屋”，是本来就没有造，还是后来被人拆掉了？没有人说得清）。

“老天菩萨保佑，希望屋里有人。”我这样想着，走近了小屋。

屋顶上果然在冒烟。

小屋没有门，只有一块破草帘子挡着。我撩起草帘，一股暖气迎面扑来，我感到一身暖和，屋子里黑洞洞的，只能看见两只眼睛在闪动，就像我跟阿平晚上去富春山打狼时看到的狼眼睛。

“谁？”一个苍老而又警惕的声音，从黑暗中传来。

“老大爷……”我终于看清楚有一个白胡子老人坐在墙边。

“你想要干什么？”老大爷见我进去，本能地从身边拿起一根树棍，两只眼睛凶狠地盯着我。后来大概听到我背包里有孩子发出来的“哼唧”声，才把树棍放下，两只眼睛仍然警惕地盯着我。

我告诉老大爷，是被鬼子拉去当劳工，逃出来了，从这里路过，因为太饿了，想讨点吃的。村夫也像在配合我似的啼哭起来。

老大爷一拐一瘸地走到我的身边，看了一眼我背上的孩子，然后向一个拐角走去。我看那里有一只小土灶，土灶下面有火在烧，上面有一只瓦罐，正在冒热气。老大爷揭开瓦罐盖子，用小柴棍戳了一下，上面有一个冒热气的土豆，笑眯眯向我走过来。

我已经把村夫从背上卸下来，抱在怀里，靠着墙壁蹲下来，又从拉链包里拿出糖瓷杯，准备把土豆捣成糊喂给孩子吃。

在我做这些事的时候，老大爷一直盯着我。

村夫实在太饿了，我又怕烫着他，在给村夫喂土豆糊之前，总要先在外面放凉了，然后又衔在自己嘴里嚼碎，才嘴对嘴地喂给他吃。

开始他有些狼吞虎咽，慢慢地，吃饱了，还咧开小嘴笑了一下。

“他笑了！多可爱的孩子呀。”老大爷高兴地说。

“多大了？”

“快一岁了。”

“他妈呢？”

“死了。”

老大爷又用小柴棍戳来了两个热土豆，放到我面前：“你也饿了吧。”

我来不及感谢老大爷，就狼吞虎咽地吃下了一个，把剩下的一个放进拉链包里，说：“在路上给孩子吃。”

“去哪里？”

“回南方。”

老大爷又上上下下打量了我好一回，我被他看得有些奇怪起来，老大爷突然笑了一下，说：“我本来想再送一些土豆给你路上吃，可惜屋子里没有了。”不等我回答，他从墙边拿过来一只土筐和一把锄头，说，“我腿脚不方便，你如果要呢，自己到外面去挖。”

“就在屋后面，很近。”他见我有些犹豫，用手指了一下后面。

我不知道还要走多少路才能回到家，在这荒山野岭里弄点吃的多么不容易，我谢过老大爷，刚想把村夫往身上背，老大爷说：“就在屋后面，风大雪大的，让孩子在这屋里睡一会吧。”

村夫吃饱后睏着了。

有了上一次的教训，我就怕村夫再出事，所以一直没离开过我，我看看老大爷慈眉善眼的，腿脚又不大方便，让村夫安安静静地睏觉，反正我一会就回来。

土豆的枝叶早已枯萎，我轻轻松松地挖了半筐土豆，回到小屋门口，老大爷手里却拿着根粗大的树棍，横眉冷眼地看着我，大声问："你到底是日本鬼子，还是鬼子的汉奸？"

我一下子吓傻了，筐子掉在地上，土豆滚了满地；锄头也叮当一声落在地上，朝屋里一看，村夫和大背包都不见了。

我怕吓着了村夫，说："老大爷，我确实是被鬼子拉来当劳工的，后来……"

老大爷冷笑一声："咱们村被拉去当劳工的咋一个都没有逃回来？你凭啥本事能逃回来？"他用脚踢了一下洋子留下的搪瓷杯，搪瓷杯发出叮叮当当的响声。

"一个当劳工的，能有这玩意儿？"他又拉开旁边的一扇小门（我怎么进屋时没看到呢？真是太粗心了），一股难闻的恶臭从里面飘出来，我的大背袋就放在里面的草帘子上，背包袋里传出村夫的哭声，大概是被刚才的叮当声吓醒的。

老大爷又指指大背袋："这是什么？是鬼子才有的东西，你一个当劳工的会有这样的口袋？"老大爷突然歇斯底里地大哭大叫，"我要为女儿报仇哇！"一转身，向村夫扑去。我扑上去从背后抱住了老大爷，大声说："我也杀过一个日本鬼子！我和大爷都是受鬼子害的呀！"

老大爷到底老了，被我抱住，动弹不得，他回过头，眼睛瞪得大大地盯着我。我向他点点头："老大爷，不骗你，是我亲手杀死的。"

叮当一声，老大爷的树棍掉在了地上，他的眼睛却没有离开村夫。

再也无法隐瞒了，为了村夫，我从自己家的遭遇，到亲手杀死了一个日本鬼子，又被日本鬼子抓了当劳工，在车站碰到日本大肚皮女兵及后来的经过全告诉了他，我指着背包袋和搪瓷杯说："这些东西都是日本女兵留下的。"

老大爷也被感动，他流着眼泪说："害人哪，真是害人哪，连他们自己人也被害惨了呀，这批畜生啊！"

"那你准备把孩子背到哪里去？"老大爷问我。

我看了老大爷一眼，说："在北方，因为遭受日本鬼子的蹂躏，连树皮草根也快吃完了，我们南方至少还有糠菜可以代替。"我在说这些话的时候，眼睛不时地看着有一股恶臭飘出来的小屋，草帘子一动不动，只有草帘子上的大背包在动，那是村夫在哭泣。老大爷的一只手忽然拉住了我，对着天空叫喊：“我有仇啊！”他用另一只手小心地掀起地上的草帘子，我惊呆了：草帘子下面躺着一个女人，那股恶臭就是从这里发出来的。

女人身上盖着破烂的棉絮，只露出一个肿胀的头和一堆乱稻草一样的头发。

因为草帘子突然被掀开，女人的眼睛睁了一下，但马上又闭上了，同时发出了痛苦的呻吟。

“我可怜的女儿啊！”老大爷突然放声大哭。由于声音大，把村夫又一次吓哭了，我趁机上去把他抱在怀里，老大爷也不来阻止，他带哭带诉地告诉我，他家在离这里十多里路的地方，叫榆树庄，他姓陈，小名铁锁。有一天，榆树庄突然来了一队日本鬼子，前面有几个汉奸给鬼子领着路，他们抢东西，强奸女人，完了后，还把他刚满十八岁的女儿带走了。

“今年上半年，这山里突然传出闹鬼的事，把山上砍树的人都吓跑了。我是个不信鬼的，别人说有鬼，我偏要去看看鬼是啥样子的？谁想到……”陈大爷看着已经不像人样的女儿，哭得很伤心，再也说不下去了。我劝了他好一回，他才缓过一口气来，说：“原来是我闺女呀！”他把脸贴在了女儿脸上，痛哭着，女儿也在下面发出了“嘤嘤”声音。

我也陪着他们哭，哭了一会，老大爷又告诉我，这里山脚下有一个鬼子的炮楼，他女儿就是被楼里的鬼子拉来，关在小屋里，定期来发泄兽欲，完了，又把她关起来。

“要不是炮楼里的鬼子搬走了，他们还会放过她吗？！她的下身已经烂掉，我可怜的女儿啊！”陈大爷说完这句话，突然抱住了女儿，女儿在他怀里哭得更伤心。

“陈大爷，为什么不把女儿拉回家去呢？”

“女儿说……丢人啊，她不愿回去。”他又低下头，对着女儿说，“闺女，有爸爸陪着你，不怕。”我听到陈大爷女儿“嗯嗯”了几声，安静了下来，我却忍不住想哭起来，但又不敢哭，只好把脸埋在了村夫的怀里。

董阿开之十

因为我告诉陈大爷我亲手杀过一个日本鬼子，他把我当英雄、当亲人，他把地里的土豆给我装了大半口袋，还帮我修好了已经磨穿了鞋底的老牛皮鞋，还陪我到榆树庄旁边的汽车站，说这里常有开到南方去的汽车，说不定哪个善心人看在这孩子面上，让你搭个便车，拉你一阵，也可少走些路，早日到家。

我告别了陈大爷，并没有马上进车站，却躲到一个地方办了一件十分重要的事：

处理洋子留下来的背包和杯子。我做梦也没有想到洋子留下的这两件东西会给我和村夫带来那么大的麻烦，还差一点伤害了村夫的性命，但我又少不了它们：我要用背包背村夫，走这么远的路，抱是无论如何抱不动的，即便村夫因为早产又小又瘦，俗话说长路没轻担啊；杯子是我给村夫喂东西用的，自己也要喝水。

我先把杯子上的搪瓷敲下来，只留下里面的铁皮，还是可以用的，但已经看不出是鬼子的东西了；背包袋比较麻烦，我先用黄泥土抹了一遍，一抖，黄泥全掉下来，还是原来的颜色，后来我发现旁边一堆煤炭，因为雪水的浸泡，旁边流出了黑黑的水。俗话说舍不得孩子套不到狼，我把村夫抱在怀里，把背包袋浸在煤水里染了一下，果真变黑了。但是湿漉漉的，村夫是睡不进去了，我只能抱着他，背着背包，向汽车站走去。

汽车站虽小，人却很多，闹哄哄的，比我们村里正月初一戏文台下面的人还多、还挤，走路的、挑担的、推独轮车的、开汽车的；背包的、提袋的、抱小孩的、搀着老人的；有叫的，有笑的，也有哭的。我怕挤坏了村夫，只在人少的地方徘徊。

我想碰碰运气，说不定真有善心的好人。

我站在路边，听人说日本鬼子投降了，又听说蒋委员长的兵同朱毛部队打起来了，所以有好多人要回南方去，他们是逃难的。

突然来了一群人，有男人有女人，女人穿着拖脚背的旗袍（我在天堂城里卖草纸的时候看到过这种女人），男人穿着笔挺的军装，两只肩膀上还有发亮的小牌子，后面还跟了几个提箱子的军人，他们横冲直撞，把一个同样穿着旗袍、领着个女孩的女人挤到一边，要不是边上那个年轻人及时扶了她一把，就跌倒了。

“侬要死啦！”女人对着那些人大骂。

“太太，是赵司令的五姨太。”年轻人对女人说。

女人马上不做声了，退到了我的身边。

我一看这个女人的嘴唇红得像刚生过蛋的母鸡屁股，头发也同乱稻草一样堆在头上，小姑娘到是挺齐整的，穿的是白色制服，钮扣是铜的，头上还有一只绸子做的红蝴蝶结，一条很短的黑裙子，脚上的皮鞋还发着亮光。我真有些眼红、嫉妒，在我们农村里，像她这样的小姑娘，有什么衣服穿？至多有一件用大人衣服改的、补钉加补钉的破衣服遮遮身子，赤着脚到处去捡柴草、割羊草、放牛……

我本能地向旁边退了退，不想被地上的石头绊了一下，差一点跌倒，吓得村夫“哇”一声哭了起来，女人急忙把我扶住，还不好意思地看了我一眼，特别看到我还抱着孩子，问：“小囡吓着了吗？”

“没有，没有。”我一边哄村夫，一边回答女人。

女人正面看了村夫一眼，说："蛮漂亮的。"又问我，"是男的，还是女的？"

"男的。"我回答。

"是男孩子呀？！"女人好像十分吃惊地叫起来，还伸出手指在村夫脸上轻轻摸了一下，"多大啦？"

我回答："快一岁啦。"

"姆妈，让我看看。"小姑娘拉住我的手，我只好弯下身子。

当小姑娘用手摸村夫的时候，村夫还笑了一下，小姑娘和女人都开心地叫起来："还会笑了。"

这时，年轻人在旁边提醒女人："太太，是不是该开车啦？"

女人好像没有听到，上上下下看了我一眼，问："侬也是来乘车的？"

我点点头："我没有钞票……"

"到啥地方？"

"富春县。"

女人回头问年轻人："富春县在啥地方？"

年轻人皱起眉头看了我一眼，对女人说："太太是不是善心病又发作了？"接着，他告诉女人，富春县就在天堂市旁边。

女人高兴得叫起来："阿拉是到商州的，侬可以搭阿拉的便车到商州，到了商州，离开天堂就不远了啦。"

我看到女人在说这些话的时候，年轻人好几次在拉女人的衣服袖子，她理也不理。年轻人有些恼火，板起脸孔来问我："你是做什么的？"

我以前到天堂城里去卖草纸的时候听说过商州的名字，好像离开天堂并不太远，如果他们能让我搭车到商州，我可以节省多少时间回到老家呀，特别是前几次的磨难，我真不知道前面又会有什么样的危险在等着我和村夫？我把从被鬼子拉来当劳工，然后他们突然放掉我的经过说了一遍，女人显出一副光荣和骄傲的样子插嘴说："日本鬼子被阿拉中国军队打败啦，当然不敢再把你们拉到日本去当劳工啦。"后来，她两眼发光地补充说，"阿拉司马将军的部队还打死了一个日本佬的将军，受到委员长的嘉奖呢。"

"当劳工……还带了个孩子？"年轻人那双老鹰一样的眼睛盯着我怀里的村夫。

我吃了一惊，不敢把洋子的事情告诉他们，怕引起新的麻烦，灵机一动，临时编出了个新故事，并故意装得十分痛苦的样子说："在路上碰到一个逃难的女人，她病得走不动了，求我救救她的儿子，我才把他抱来的。"

女人看了我一眼，说："看不出，侬的良心还蛮好的。"她看了一眼村夫，眼睛里马上湿起来，“可怜啊。”又伸出双手想来接我的村夫，我马上避开了，说：“他跟我时间长了，怕陌生人。”

女人对年轻人说：“水林，叫伊搭阿拉的便车走吧。”

小姑娘也说：“舅舅，把小弟弟也带去吧。”

叫水林的年轻人看了女人一眼，说：“太太，你忘记那个脚夫的事了？”

“格回是在汽车上，伊难道从汽车上把阿拉的东西偷走？！”

我做梦也没有想到女人的心肠这么软，高兴得真想亲一下村夫。这时，水林嘀咕着走过来，拍了一下我的肩膀，警告说：“车子上的东西绝对不能去动的，不然……”他还向我扬了扬拳头。

我向女人谢了又谢，才上了汽车。

水林告诉我，因为太太带的东西多，还有一个女儿，所以包了一辆汽车，一直开到商州，汽车的前半部除了坐开汽车的司机、女人和她女儿，不能再坐别人了，我和水林就坐在后面装东西的车兜里。

车兜里已经堆满了箱子、包裹之类的东西，我和水林并排坐在一边。水林告诉我，本来他太太的东西还要多，因为有一段路不通汽车，叫了当地几个脚夫挑，结果有一个脚夫挑着一担最值钱的东西挑走了，太太气得好几餐不吃饭。

“你们是搬家呀？”我好奇地问。

水林横了我一眼：“搬家？只有这点东西？”他还用脚踢了一下箱子和包裹。

我也笑了：“是啊，穷三担嘛，穷人搬家也有三担东西呢。”

“将军去前线打仗，不能带家眷。”

“将军？”在董家池边，常有不少人在那里乘风凉、谈天，还有人走象棋，有时我也站在旁边看热闹，象棋上有一个棋子上写着“将”字，它在象棋里是很大的，大概他也是一个大官吧。

“将军姓司马，司马将军，你没听说过？”水林奇怪地看我一眼，好像有些不大相信。

我对水林说：“我小时候听张先生讲过司马光砸缸的故事。”

“对对，就是这个司马光……不不不，他不是司马光，是司马将军，他打仗很勇敢，不但消灭了许多日本鬼子，还打死过一个日本少将军官，这一回，是委员长特地把他调到北方来打仗的。”

“不是说鬼子投降了吗？”一听说打仗，我的心马上往上提，老百姓多么希望再不要打仗，过平平安安的日子啊。

“这次可不是打日本鬼子，是打共产党。”

“打共产党？”我又想起了“大哥”，他们可都是一批打日本鬼子的好人哪，我问水林，“为什么要去打他们？”

水林抬头看看我，抓了几下头皮，尴尬地笑了一下，摇摇头：“我也说不清楚，反正是上峰的命令，就得服从。”

我就是想不明白，蒋委员长自己在大白马背上骑来骑去，难道不知道老百姓吃了日本鬼子多少苦？应当不应当让老百姓过安安稳稳的日子？为什么还要去打曾经一道打过日本鬼子的共产党？

水林还告诉我，他原来是在将军身边的，这次因为太太要回老家去，兵荒马乱的，又带着个女儿，将军不放心，让他陪她们母女一起回去。

他还说：“太太姓车，叫玉娟，是将军的原配夫人，女儿叫小惠，已经上幼儿班了。”

我听得懂水林的话，他说的原配，就是我们乡下说的大老婆，但是我从来没有听到过幼儿班是什么东西，反正这些有钞票人的事情我也弄不清楚，只是木头人一样地一边听一边点头。

“笃笃笃。”突然听到靠车头的木板上有人在敲，水林一看，是一个纸包，从小洞里塞过来。

水林接过纸包，洞口马上又出现了两只乌黑发亮的眼睛，同时传过来小姑娘甜甜的声音：“给小弟弟吃。”

水林回过头看看我怀里的村夫，把纸包交到我的手里：“是给孩子吃的。”

我忙把那包东西送回到水林手里，说：“孩子有吃的，还是你吃吧。”

“你孩子有这种东西吃？”水林看看纸包，又看看我。

我从背包里挖出一个熟土豆，送到他面前。

水林大笑起来：“你这东西能同它比？”他拆开纸包，拿出一块用金色纸包的东西，“这是巧克力。”

“巧……什么力？”我不仅没有看到过，连名字也没有听到过。

“巧——克——力！”水林一字一顿，剥开纸，从里面拿出一块长方形的东西，说难听一点，它的颜色有些像我们农村里常见的“烂糖鸡屎”。

“这东西也好吃？”我想起了烂糖鸡屎，这是鸡肚皮坏了拉出来的屎，很臭的。我连连地摇头。

“你吃吃看？”水林把“巧克力”送到我的嘴边，我忙把头避开了，说：“我不吃。”

“不吃……你舔一下看？”

我还是摇摇头。

水林有些生气了：“不会毒死你的。”他自己伸出舌头舔了一下，又送到我的嘴边，我用舌头舔了一下：甜甜的、香香的、滑腻腻的。

“好吃哦？”

我点点头。

水林把那块“巧克力”交给我，看了一眼我怀里的村夫：“小孩子最喜欢吃了。”

我把巧克力的一头塞到村夫嘴里，村夫就像吃奶一样，津津有味地舔吮起来。

水林又把那一包“巧克力”全塞进了我的背包里。

汽车在中途停了一次，说车玉娟和她的女儿要去饭店吃饭，我原本想在车上不下去，因为陈大爷给我准备的土豆可以吃上好几天，可她们一定要我下车陪她们一起去吃，小惠还爬上车来拉，我只好抱着村夫下了车，一起向饭店走去。

当我回过头，见水林没有来，我问：“水林呢？”

“伊要看车子。”车玉娟说。

“太太，我去看车子，让水林来吃饭吧。”我回头想走，被小惠拉住，车玉娟也说：“等一回阿拉帮伊带一份去，反正司机也要吃的。”

饭店里乱哄哄的，太太可能没见过这种场面，好几次都被挤了出来，她的一双高跟皮鞋也差一点被人踏掉。

她回头看看我，我一看这么一个娇滴滴的女人，怎么挤得过那批五大三粗的男人呢，我把村夫交到她手里，说：“太太，我去吧。”

本来，村夫一到陌生人的怀里就要哭，大概是巧克力吃饱了，很听话地睏在这个陌生女人的怀里。

我按照太太吩咐，买了一口袋肉包子——本来，太太说想在饭店里买些菜，坐下来好好吃一顿饭，看到这种乱哄哄的场面，改变了主意——又花了好大力气，才从人堆里挤出来，想把肉包子交到太太手里去，太太却摇摇头，说：“这种地方哪能吃饭啊，到车上去吃吧。”她抱着村夫在前头向停汽车的地方走去，我拉着小惠的手跟在她的后面。

我有生以来第一次吃到这么好吃的肉包子，一咬一嘴的油，还有一块肉。太太见我一口一个地吃下去，她笑了：“侬慢慢吃，这么多包子，是吃不完的。”我的脸红了，才细细地咀嚼起来。

我吃得打噎了，用双手抹了一下嘴巴，伸手去接太太手里的村夫，说："村夫饿了，我来喂他。"

"让阿拉来喂吧。"太太从包子里掰了一点肉，往村夫嘴巴里塞，村夫把肉在嘴里衔了一回，又吐出来，太太有些尴尬地看着我，我趁机从太太手里接过村夫，先把肉放进自己嘴里嚼碎了，嘴对嘴地喂给村夫，村夫吃得有滋有味。

小惠皱着眉头看着我喂，忍不住说："这……太不卫生了？"

太太拉了她一下，让女儿闭上嘴。

我向太太笑笑，说："我……这样喂惯了。"

太太用佩服的口气说："想不到男人也有这样的耐心？！"

汽车一直开到太阳偏西，才到了商州。我是第一次到商州，看到街上冷冷清清，可人们的脸上都是喜气洋洋的，街道两边，贴着红红绿绿的纸头，虽然我不会写字，但有些字我还是认得的，比如庆祝抗日胜利！街头地上，到处都是放过炮仗之后的碎纸和炮仗蒂头。

"阿开，阿拉想同侬商量一件事。"当我从车上下来，水林忙着搬车上的东西，太太一本正经地来到我面前，我以为她要向我要乘车的钞票，吃了一惊："是不是乘汽车的钞票？"

太太哈哈地笑了起来："哪能要侬的钞票呢，阿拉勿是说好了嘛，勿要侬一分钞票。"

"那……"我有些茫然。

太太看着我怀里的村夫："侬呢，屋里厢没有女人，屋里也穷，是不是把伊……"

没有等太太说完，我脑子里嗡的一声，像被一根无形的棍子敲了一下，连忙摇摇头："不能！不能！"

"为啥勿能？侬一个男人，哪能养得活这个孩子呢？"

"我会养活他的，我答应洋……"我差一点把洋子的名字说出来，那真要闯大祸了，我又想起了陈大爷，一股冷汗透过脊梁骨，马上改口，"我答应过孩子的姆妈，保证帮她把儿子养大，将来送还给她……"

"伊的姆妈姓啥？"太太指着我怀里的村夫问。

"姓……杨。"我随口胡编。

"啥地方人？"

"榆树庄。"

"榆树庄在啥地方？"

"就在汽车站旁边。"

太太见我对答得有嘴有眼有鼻头，无话可说了，我也暗暗佩服自己，竟然能把村夫的事编得这么圆。我在心里对自己说："不要看我阿开平时木头木脑的，聪明起来也还挺聪明的呢。"但太太并不死心，她说："阿拉帮侬把伊养大，侬再把伊送回去，好吗？"看得出，太太是很喜欢村夫的。

"我自己会送的，谢谢太太。"我抱了村夫想走，太太一把拉住了我，说："阿拉给侬钞票。"她当场从手指上捋下一个金戒指，塞到我的怀里。我更害怕了，把金戒指还给了太太，挣脱她的手，边走边说："我不想把孩子卖掉，我要好好养活他。"

"为啥介勿识相？实在同侬说吧，阿拉太太就是想一个儿子，侬把儿子给了阿拉太太，要多少铜钿都可以。"水林搬完东西回来了，他还拦住了我的去路，眼睛紧紧地盯住我怀里的村夫。我害怕，我后悔，不该贪便宜乘他们的车子，想付给他们汽车钞票，我袋子里一个铜板也没有，怎么办？如果他们硬要我的村夫，这个女人我是可以对付的，但水林这个年轻人，腰粗身壮，听他说他会武功，几个日本鬼子也近不了他的身，司令员才叫他当自己贴身警卫，这就是说，一个对一个我也不是他的对手！正当我心急如火，逃不出、躲不掉的时候，突然听到太太很凶地喝斥了一声："水林，侬勿可以这样的！"

水林让到一边去了，他气呼呼地盯着我。

这时，小惠跑过来，她手里拿了一个会响的玩具，送到我的怀里，说："给小弟弟玩。"

我看看小惠，眼睛里热辣辣的，不知说什么才好。

太太又说了："要么……这样好哦，侬把儿子让给阿拉养，阿拉给侬在这里找一份生活做，侬就当商州人，不用再回富春去种田了。"

我还是摇摇头："太太，你让我搭了汽车，让我少走了许多路，少吃了好些苦，我和村夫这一生永远不会忘记你的，但要我同村夫分开，办不到。"

"太太不是说给侬在这里找一份生活，这样，侬也不用同孩子分开了。"水林又一步步向我靠近。

只听太太叹了一口气，说："唉，都怪阿拉没有这个福气，想不到一个男人也这样爱孩子。"太太流眼泪了，还低头在村夫的耳朵上亲了一下，抬起头来问水林，"汽车呢？"

"付了工钿让伊回去啦。"水林看看我，我也猜到了太太的意思，鼻子一阵发酸，差一点流出眼泪来。

"既然已经回去了，就算啦。"太太叹口气，摇摇头。

我看太太是一个好人，她是真心想有一个儿子，但我答应过洋子，把村夫养大，让他阿爸来中国接他回日本，所以，当太太要我留下屋里的地址，我爽快地报给了她，水林马上记在一个小本子上。姆妈说过：“点滴之恩，应当以涌泉相报，”如果这一世我有机会报答她，会尽一切力量去报答的。我再一次看了一眼太太，记住了她那张漂亮的脸。

小惠听说我们要走，哭了，边哭边说：“我不要小弟弟走，我要小弟弟留在这里。”

太太也抹着眼泪劝女儿：“等侬长大了，可以去找小弟弟呀，伊拉那里是天堂，可好玩哩。”

小惠不哭了，她的两只眼睛忽闪忽闪地看着我，我向她点点头。

说心里话，我感到这个小姑娘太可爱了，皮肤白得像刚剥了蛋壳的煮鸡蛋，嫩得像一掐就会冒出水来，两面脸蛋胖嘟嘟红扑扑，我真想去摸她一下，但我熬牢了，我怕太太嫌我的手脏而生我的气。

太太叫水林拿出二十块大洋，送到我手里，告诉我，因为在路上有一担行李被人挑走，不然还可以多给一些。

我说什么也不要，太太生气了，大声说：“不是给侬的，阿拉给孩子的。”

小惠还从水林手里接过大洋（十块袁大头，十块孙小头），塞进了村夫的怀里。

姆妈总说我像个木头人，从小不大会流眼泪，特别在陌生人面前，这一回，我的眼泪又哗哗地流出来，流到了嘴巴里，咸咸的。我在心里对小惠说：“叔叔以后有了钞票，一定会还你们的。”

当我走了好长一段路，太太和她女儿还站在那里，我忽然想起大哥在火车站对我们劳工喊的那句时髦话“后会有期”，我对着她们大声地喊了一声：“后会有期！”

“后会有期！”一个银铃一样的声音传来，是小惠的声音，她姆妈却把脸转过去，我只看到她肩膀一耸一耸的，她在哭……。

（注）：浮屠，梵语，浮屠就是佛塔。佛塔起源于印度，“七级浮屠就是七层佛塔。在佛教中，七层佛塔就是最高等级的塔。

尾声

1

董阿开一走下开到富春县城的汽车，好像突然来到一个陌生的地方，汽车站里一批又一批背着铺盖的农民，人人头上戴着藤帽，从全县各地一卡车一卡车地运进来，每一车农民都有一个人领头，领头人后面还有两个人举着一块红布横幅，阿开看到一面横幅上写着：为钢铁元帅升帐而奋斗！另一块横幅上写着：十年赶上英国！二十年超过美国！阿开再看这些背铺盖的农民，个个斗志昂扬，像上战场的战士。

阿开走出汽车站，看见过去的白墙壁上都写满了红字，有的字有脚箩一样大，不知为什么，阿开心里也兴奋起来，本来，他是想直接到龙头山渡船埠头乘渡船回董家村的，因为他不想给人家带去麻烦，但是两只脚不听自己的使唤，向县委招待所走去。

阿开现在越发想菊花和宏志了，他在日本，没有一天不想菊花，差不多每天晚上要梦到菊花的。阿开剩了一个人，他多么想身边有一个人同自己说说话。但是每次想到横在他们之间的那条“沟”，会骂起自己来：“谁叫你去想她的，你这个没有出息的东西，人家是烈士的老婆，你是懒蛤蟆想吃天鹅肉！”可是刚刚骂过，脑子里又出现了曾经由董家村几个老人和他帮助安葬的那个名字叫“六老伯”老人，他因为没有儿女，一个人孤苦伶仃地住在杨梅山脚的草屋里，平常有一个好心的邻居给他一点吃的，后来，他生病了，那个好心的邻居正好出去了几天，等他回来一看，“六老伯”已经死了好几天了，幸亏是冬天，如果是夏天要臭出来了。

“当！当！当！”刚到招待所门口，阿开就听到房间里传出敲打的声音，阿开走进去一看，宏志满头大汗地在撬房门上的铁环。

“宏志，你把铁环撬下来做什么？”

听到声音，宏志回头一看，一刹那好像有些陌生了，呆了一下，他丢下手里的榔头和凿子，叫了一声：“大阿爸！”扑进了阿开的怀里，但马上又看了看阿开的身后，问，“小春阿弟呢？”

“你……他……”阿开才知道小春去日本宏志还不知道，他问宏志：“姆妈没有同你说过？”

“说过什么？”

“小春阿弟被他阿爸领到日本去了。”

“小春阿弟的阿爸不就是你吗？”

阿开看了宏志一眼，知道三言两语是说不清楚的，他转了个话题，问宏志：“你姆妈呢？”

宏志到底还年轻，他不再问小春的事，告诉阿开：“姆妈已经三天三夜没有回家了。”阿开十分吃惊，以为发生什么事了，着急地问宏志：

“她做什么去啦？”

“炼钢铁呀！”宏志用奇怪的眼神看着阿开，好像在说，“你连炼钢铁这么大的事都不知道？！”

“宏志，你在同谁说话呀？”一个沙哑的女人声音从阿开身后传来，阿开一听就猜到是菊花回来了，他转过身，一看菊花，简直认不出来了：身上全是泥灰，像刚从灰堆爬出来似的。

“你怎么这副样子？”

“阿开，你回来了？”显然，菊花对阿开回来出乎意料，也十分开心，她差一点扑进了阿开的怀里，看到儿子站在旁边，熬住了，脸却笑成了花：“他们不是说你不回来了？”

“我是送小春去的，当然要回来的。”阿开还深情地看了菊花一眼，菊花的脸上微微泛起了一道红晕，她柔声地、低低地说：“那你不好多住一段时间的？”

“他们是要我再住一段时间。”阿开看一眼宏志，马上又把眼睛回到菊花身上，接着说，“在那里，我像一个哑巴，我说话他们听不懂；我又像个聋子，他们说话我听不懂；一个人到外面去，又怕回不来……这种生活有什么味道？”

“那么说，小春阿弟真的是日本鬼子的儿子了?！”宏志把眼睛睁得大大地看着阿开。

突然，他又抬起头，问阿开：“大阿爸，小春阿弟他好不好？他想我吗？”

阿开点点头，说：“小春可想你了，他要我带个口信给你说，他很想宏志阿哥！”

“我也很想他。”宏志虽然年纪小，但和小春在一张床睏了那么长时间，感情是很深的，他低下了头。

“不要难过，他说他常会回来看宏志阿哥和菊花姆妈的。”阿开看着菊花，又看看宏志，又说，“小春说等他学会了日本话，要你们到日本去玩，他会陪你们的。”

菊花又问：“他住得惯吗？”她的眼睛里也潮潮的。

阿开回答：“他被爷爷送到一所学校里去读书了。”

菊花用手背揩了一下眼泪，轻轻地叹了一口气：“你算是白养了他一场。”

阿开心里也有些空荡荡的，自言自语地说：“我是凭着自己的良心，就算办了一件好事吧。”

阿开见菊花一边同他说话，一边不停地打着哈欠，问她：“听宏志说你三天三夜没有回来了？”

菊花像突然来了精神，她说：“我们三八红旗小高炉是写了决心书的，保证五天炼出铁来。”菊花说到这里，眼神马上暗淡下来，“可现在……三天过去了，连铁屎也没有出来。”

“我姆妈还是县机关三八红旗小高炉的炉长呢。”宏志夸张地翘起了大拇指。

阿开回过头，见菊花坐在凳子上睏着了，他真想把菊花抱到床上去，宏志却大声地对他姆妈说：“姆妈，我要到学校里去了！”

菊花惊醒过来，看到儿子手里拿着刚从门上撬下来的铁环，还有家里的一只旧镬子，说：“你怎么把门环也撬去了？”

“同学们都到自己家里去捡废铁，我也不能落后呀。”

“门上的铁环也是废铁？以后我们怎么锁门呀？”菊花看到儿子根本不在听她的话，对阿开说，“上面号召大炼钢铁，我们总得响应呀。”

阿开说：“你们需要废铁，我屋里还有几把破铁耙破锄头，叫宏志去拿……”阿开不再说下去了，他听到菊花嘟哝了一句：“大家都在炼钢铁，还会留给你……”又在凳子上打起呼噜来。

阿开是在县招待所里过的夜，但他看到全县城的人都像疯了一样，吃过晚饭，就到街上去走了一圈，整条街上的人，仍然像白天一样急急忙忙地来来去去，有的向龙头山走去，有的从龙头山回来，他们或是拿着工具，或是提着从自己屋里收集来的“废铁”；再看龙头山上，火焰冲天，黑烟滚滚，人声沸腾，他本来想爬到山上去看看，也同时看看菊花，见菊花这么忙，连晚饭也匆匆忙忙地往嘴里扒了几口，一边嚼着饭就上山去了，心想还是不去打搅她，想连夜回到董家村去，因为为了钢铁元帅升帐，龙头山的渡船日夜不停地开来开去，可又舍不得离开，想等菊花回来再看看她，谈几句天，就又回到招待所，在床上和衣躺了一下，第二天一大早，菊花和宏志还是没有回来，他只好在街上买了两个烧饼，边吃边到渡船埠头来乘渡船。

阿开在船上看到过去从来没有看到过的景象：一批又一批同他一样的老百姓，头上也戴起了藤帽，说是刚刚从钢铁基地调下来的，可一走进船舱里，一个个都睏着了，像长沙庙里那些醉罗汉，有的还打起了呼噜。他还看到开到城里去的船上，也都是戴着藤帽，个个挺胸凸肚，威风凛凛，旁边的人告诉他，是进城去大炼钢铁的。

阿开回到董家村，站在村口向里一看，觉得村子大变样了，过去，村里的房子都是躲在树丛里的，泡桐树上硕大的喜雀窝，窝门口常有喜雀在“拆拆拆”地欢叫；高大的麻栗树上，大尾巴松鼠有的跳来跳去，有的用小爪捧着麻栗果，一边剥壳一边吃；还有那些矮矮的桑树，不高不矮的柏子树……特别是村口那株老香樟树，都不见了，当时阿开就有一股说不出来的味道。

在村子口，一批又一批青年民兵，头上戴着藤帽，背上背着铺盖，领头的手里举着红旗，像真的士兵一样排着队，说是进城去换班的，因为原来有一批年轻人已经进城去炼钢铁，准备调他们回来休息。还有一批小学生，手里拎着叮叮当当响的“废铁”，说是为了支援钢铁元帅升帐……

阿开正在往自己家里走，看到一个光着上身的人在跑步，觉得十分稀奇，在日本的马路上看到过这样的人，杜边医生（阿开已经叫顺了口，尽管他已是小春的亲阿爸，他还是这样叫他）说：“他们是在锻炼身体。”

“真是吃饱了饭怕把肚皮胀破，我们老百姓连饭也吃不饱，还有力气跑步！”阿开当时心里想，忍不住站下来看了一眼，竟大吃一惊：“是韦世汤！今天正晦气，碰到了这个货色。”

韦世汤也看到了阿开，马上刹住了脚步，把捏在手里的那件破得只剩下几根筋的衣服揩着头上的汗珠，好像地球人突然碰到了外星人，“啊……啊……”了好几声才说，“阿开，你真的回来啦？”他的眼睛睁得同田螺一样大，嘴巴张得可以塞进一个拳头。过了好一回，他又说：“你不是到日本享福去了吗？还……回来干什么？”

阿开根本不想理睬他，只顾自己往家里走。

韦世汤突然醒悟过来，说：“是啊，人家资本主义社会，怎么也比不上我们的共产主义……别这么忙嘛，去吃饭去吃饭，让你去享享共产主义的福。”拉起阿开往董家祠堂走。

阿开打量着韦世汤，他身上穿的还是过去那套破破烂烂的衣服，可他的身子好像发福了：胖了，肚皮也凸出来，像怀了五个月胎的女人。

“他在摆什么阔气呀？”阿开莫名其妙地被韦世汤拉进了董家祠堂。更让阿开大吃一惊的是，台下台上都摆满了桌子和凳子，看样子，都是从各家各户搬来的，有红光铮亮的八仙桌，也有白坯子的吃饭桌，凳子有长的，有短的，还有椅子。阿开看看头顶的太阳，才八九尺高，照以往的习惯，老百姓刚吃过早饭，都去忙自己的生活了，现在祠堂里的桌子上还有不少人在吃饭，他们中有阿开认识的，也有不认识的，边吃边谈天，个个喜笑颜开，像在吃喜酒一样。特别刺阿开眼睛的是陈有方，他带着老婆、儿子坐在一张桌子边，一边吃一边海阔天空地在聊他的“大头天话”，还把一只脚搁在旁边那张空着的凳子上。这副样子，阿开在县城的茶店里看到过。阿开刚想同另外一个熟悉的人去打招呼，问问他到底是怎么回事？韦世汤用手一招，向厨房里叫了一声：“吃饭！”从厨房里走出一个人来，阿开是认识的，叫董吾泉。

董吾泉先看见阿开，也吃了一惊：“是阿开啊，你怎么回来啦？你不是到日本去发洋财了吗？”

韦世汤有些不耐烦了，拍着桌子说：“快去拿饭来，今天我请客！”他像吩咐饭馆里跑堂伙计似的向他挥挥手。

“今天你请客？”阿开看看韦世汤，又看看董吾泉。

董吾泉气不打一处来，责问他：“你一个早上已经吃过两顿了，现在又来吃？！”

“两顿三顿怎么啦？你管得着吗？”韦世汤回头对阿开说，“是上级到我们村里来搞的共产主义生活样板，放开肚皮吃饱饭，我们享的是共产主义的福。”

“下面还有一句你忘记了：甩开膀了做生活。”董吾泉又接了一句，“你们这些人只吃饭不做生活，一天要吃七八十来顿，稻子烂在田里也没有人去收割，我看不用几个月，大家都喝西北风去。”他还看了一下陈有方。陈有方一定是听到了，他回头看了董吾泉一眼，又看到了董阿开，却装作没看见，又同老婆儿子有说有笑地吃起来。

韦世汤听了董吾泉的话，眼乌珠突然凸了出来：“你这个保守派，竟敢污蔑程书记亲手树起来的样板？”他见董吾泉已经回进食堂去了，拍着桌子大声叫喊，“快把饭端出来！”

接着，韦世汤又向阿开吹开了：“我们跃进村这个大共产主义食堂是公社程书记亲自搞起来的样板，每天四菜一汤，全县好多人来参观过。程书记说，到了共产主义社会，我们的生活还要好，楼上楼下，电灯电话，饭前水果糖，饭后……”

他回转头，阿开已经走掉了。

韦世汤生气地说：“刚发了笔小洋财，就把尾巴翘到天上去了，程书记说这是资本家给的钞票，白送给我也不要。”

更让阿开吃惊的是走到自己家门口，在状元府第的高墙上写满了红色的大字：“人有多大胆，地有多大产！”

“一天等于20年！”

“誓夺粮油双万斤！”

每一字都比阿开的人还要长、还要大。

大门口正好碰到董成标，他对阿开回来有些吃惊，问："你不在那里享福，怎么回来啦？"

阿开苦笑了一下："享什么福？这是受活罪！说话听不懂，吃东西不习惯，出门怕回不来……"

成标点点头："对对，这种资本主义的福我们享不来，还是回来享我们共产主义的福。"

成标还告诉阿开：原来的天平乡变成红旗人民公社了，老百姓都叫社员，董家村变成了跃进生产大队，不再一家一户单干，所有的田地都集中在一起，早上听钟声上班，下午听钟声下班……

"钟声？什么钟声？"阿开奇怪地问成标。

董成标笑了，问阿开："你不是刚从共产主义大食堂出来吗？你没有看到祠堂门口挂的那只镬子？"

"是那只破镬子？！"

"你……你……"董成标吓得脸色铁青，向左右看了一眼，见没有人，轻轻告诉阿开，"程书记说，这是走向共产主义幸福生活的钟声！"

阿开在心里嘀咕："我还想把它当废铁去送给宏志呢。"他问董成标，"我们种田人也同工厂一样，作兴听钟声上班、下班？"

"这就是共产主义比资本主义好的优越性啊，我们农民也当上工人老大哥啦。"

阿开看着成标，这个在自己眼中老实巴交的农民，如今讲起话来一套一套的，怪不得他能当上生产大队长呢。

阿开为他高兴。

小伯和小姆妈看到阿开回来，更是吃惊，小姆妈先问："阿开，你真的回来啦？"

小伯马上接上去说："我是说嘛，阿开是住不长的，这种国家，这种生活……"

小姆妈又问："你不去啦？"

阿开摇摇头："我把小春送到啦，也可以向洋子交代了。"

"他们给了你多少钞票？"三嫂不知什么时候过来的，突然问阿开。

阿开一时被问蒙了："给我什么钞票？"

"养小春的钞票呀，你把小春养这么大，难道白养了？"

小伯看了阿开一眼，对三嫂说："我知道阿开他不是那种人，他是为了人情。"

听了小伯的话，三嫂的眼睛睁大了，看看小伯，又看看阿开："你阿开欠日本鬼子什么人情了？只有日本鬼子欠你的血债！"

小伯见三嫂误解了自己的意思，说：“我不是说阿开欠了人家什么人情，他是亲口答应小春的姆妈，要把他养大，交给他的阿爸，这是信用，做人的信用！”

三嫂见阿开在点头，也似懂非懂地点点头，说：“信用，我懂，一个人没有信用，还算是人吗？”不过她还是看了阿开一眼，说，“就是你讲信用了，当了硬好汉，人家也应该给你回报呀，反正他老伯（爷爷）有的是钞票。”

阿开看看三嫂，淡淡地笑了一下，这也算是他的回答吧。

正如董成标说的，阿开不用再像过去单干时候那样，担心田里的秧苗出芽了没有？稻子是不是长虫了？或者缺少肥料要施肥了，得赶快把羊栏里的羊肥挑出去……如今，生产队给每个人评定了工分：男劳动力做一天一律由记工员记10个工分，女劳动力做一天工一律记5个工分。只要听到“钟声”到祠堂门口集中，队长会当场点名派工，男的，谁谁谁，去做什么生活，该拿什么工具；女的，谁谁谁，去做什么生活，该拿什么工具……

阿开是董家村顶能干的人，他一回来，生产队就把他的名字记上，也给他订了工分标准，他做一天生活记10个工分，做一天草纸，可以记12个工分（其中2分是技术工分）。

阿开开心地说：“我是真正地享上共产主义的福了。”如今他是光身汉一个，本来，做了生活不管多少吃力，还要回来自己烧饭吃，这回好了，他只要到大食堂一坐，热菜热饭会端到他的面前；吃饱了，打着饱嗝回家去睏觉，一觉睏到太阳晒屁股，听到“钟声”去上班……就是一个人冷清了一些，如果同菊花在一起，那才叫真正的享福啊。

而且，不论在田里或者地里做生活，不再像单干时那样一个人闷着头苦干，队长在派工的时候，不管生活多或者生活少，大家一窝蜂地挤在一起，谈天的、说笑话的，甚至还有人唱起了山歌，多么开心啊。

慢慢地，阿开心里感到有些不舒服起来，好几次他吃好饭就在祠堂门口等，可队长说：今天只有妇女的生活，男人都回去吧！

这就是说：这一天男人没工分了。虽然队里规定要到年底才可以分红，可大家是靠工分分红的呀。

那个共产主义大食堂也因为有人只吃饭不劳动，办不下去了，队里重新规定要凭工分多少发饭票，去食堂吃饭就得付饭票。阿开有的是力气，为什么不要他去做生活呢？为什么女人的生活男人不可以去做？人家屋里有老婆、有女儿，我阿开没有啊。

每一次队里没有给阿开派工，他会失魂落魄似的回家来，把小春剪来抓麻雀的破渔网拿出来，呆呆地看上老半天。

“阿爸，你把我的麻雀放走啦，我要你赔，要你赔啊……”阿开的耳朵里时常响起了儿子小春的声音，他茫然地看着那张破渔网，眼泪在眼眶里打滚，自言自语地说：“儿子啊，你在那里生活过得惯吗？日本话学会了吗？你爷爷说，不会说日本话，同学要欺侮你的，你得赶快学会啊。”

突然，阿开感到一阵钻心的痛，原来香烟屁股已经烧他的手指头了。

本来阿开是不会抽烟的，他是在送小春去日本的路上学会的，他想以这个来减轻自己心里的痛苦。

董成标有一天突然来找阿开，告诉阿开：他不再当红旗大队的队长了。

阿开吃了一惊：“是程书记把你拔白旗拔掉了？”

成标苦笑着看了阿开一眼，摇摇头：“是我不要当的。”

“为什么？人家想当还当不上呢？”阿开更奇怪了。

“我担心挑不起这付重担。”

“你不是当得好好的吗？大家也拥护你，怎么又担心挑不起了？”

成标打量着阿开，好像在猜测他是真话，还是反话？

“我同你都是老实巴交的农民，做任何生活都认认真真，不偷懒不作假，土地是最讲公平的，你给它一分生活，它给你一分收获，可现在，这些人只知道抢工分，不讲生活质量，将来怎么收场啊？

“像韦世汤、陈有方他们，高工分的生活抢着做，生活又做得那么马虎……”董成标最后又加了一句，“这是要得报应的呀！”

阿开也回想起刚回到董家村那一幕，韦世汤早上已经吃了两顿，实在吃不下了，可又眼热食堂里那些香喷喷的饭菜，又不愿去地里劳动，只好用跑步来帮助消化；阿开还看到有一个人正在大食堂吃饭，突然放下碗筷跑出门，大概是找毛坑的，可实在急得熬不牢了，半路上就脱下裤子蹲了下去，怪不得祠堂四周臭气熏天……

程书记创办起来的共产主义大食堂，不但不再有四菜一汤，连社员的基本伙食和最低质量标准也保不牢了，先是凭队里发给社员的饭票供应，后来数量越来越少，质量越来越差，就说早晨的粥，像一盆清水，可以当镜子照，社员说刚吃下去一泡尿就没有了；早、中饭不但数量少，还掺着番薯丝，像阿开这样一个单身汉，每次从食堂打了饭回来，还没到家就把钵头里的饭吞进肚皮里了，一个壮劳动力，怎么挡得牢啊。

阿开看到一些儿女多的人家，把饭打回来以后再加一些疏菜，或者黄蛤肉、螺蛳肉。

阿开听人说，有的地方在分自留地，社员们都把头昂得高高的，等着公社里分自留地，不管自留地分大分小，总可以在自留地上种一些蔬菜。可程书记在一次大会上说：“自留地就是自由地，是让社员自由走资本主义道路的地，这条路要坚决堵住，因为我们是红旗公社，是走共产主义道路的红旗，我们一定要把这面红旗举得高高的，要永远举下去，一直举到共产主义！”

阿开想长期这样半饥不饱的日子过下去，身子骨要垮掉的，“人是铁，饭是钢”啊，他打起了老屋基的主意，因为是屋基，不是自留地。茅草屋的地基土质很肥，种什么长什么，而且都长得很好，阿开一个人当然吃不掉，常割一些送给小伯、三嫂，他们都很高兴，说吃到他种的菜，味道比猪肉还好。

因为生产队里要到年底才可以分红，阿开的烟瘾越来越大，买烟的钞票没有，那一天，他把地基上的菜割了两竹篮，除了给菊花他们送去了一些之外，其余的挑到富春街上去卖了钞票，又买了几包香烟回来，刚走到董家村村口，公社里的几个干部在等他了。

“董阿开，你今天生活不做到街上做什么去了？”那个听说是从公安局派到公社来蹲点的赵同志问。

“卖菜呀。”的确，在小春没有走之前，假如说有穿了这样一套制服的人突然问阿开，阿开会吃一惊的，过去不是有过两回吗？现在小春走了，于政委也说了，这是中日友谊，所以他很坦荡地回答。

“你知道这是什么行为吗？”另一个公社的同志沉下脸，很凶地看着阿开。这把阿开弄糊涂了，难道我的话他听不懂吗？他再一次回答：“卖菜呀！”

“你是在带头走资本主义道路，懂吗？”赵同志也提高了嗓门。

“这……这……”阿开想了想，说，“我在屋基地上种的菜，自己吃不完，拿到街上去卖，街上的人都说长久吃不到这样新鲜的菜了，他们还抢着买我的菜呢。”他见那个公社干部还向自己走来，自言自语地说，“我又不是干部，带什么头啊？！”

“你还在散布这种资本主义的歪道理！”那个公社干部一把夺过阿开手里的竹篮，几脚踩了个粉碎，并且警告他，“下一次再犯，看我们开你的批斗会！”

“你到资本主义国家去住了几天，受了毒害了。”赵同志说。

最让阿开气愤的是他回到状元府第门口，顺便看了一眼屋基上的菜，全部被拔光，扔进了旁边的毛坑里。

三嫂又急急忙忙地通知阿开：“还不快走哇，他们还要来这里开你的现场会，批判你，要来割你的尾巴了！”

“什么尾巴？我又不是牛不是羊？有什么尾巴呀？”阿开被三嫂说得丈二和尚摸不

着头脑。

三嫂蹬着脚，着急地说：“不是说你有尾巴，说你种菜是走资本主义道路的尾巴。”

“种几株菜就成了资本主义道路的尾巴？”阿开更是不懂了，“我在自己的屋基地上种几株菜，自己吃不完挑到街上去卖，这就是走资本主义道路，还是尾巴？我们不知道他们说的饭前水果糖，饭后牛皮糖的那种日子什么时候会到来，可眼前只要吃饱肚皮就好了。”

三嫂见阿开的犟牛脾气又上来了，生气地问他：“上次他们拔你的白旗，押到农场去劳动教养一个月，现在来割你的尾巴，可没有那么便宜了，还要戴高帽子、游街……”

本来阿开想说“在共产主义大食堂里吃的饭，还不如在劳改农场食堂吃得饱”，三嫂一把把他拉进自己的屋里，讲了几件他去日本之后村子里发生的触目惊心的事情：

第一件是办共产主义大食堂，用程书记的话说，是让红旗公社的社员提前过上共产主义的幸福生活，他在刘志远县长的支持下，亲自挂帅，要在全县办成一个样板食堂。

有一天大清早，他带领着公社一班人员，来到了状元府第，先在大厅里转了一圈，程书记正在对下面的人发布命令：大厅里摆多少张桌子，接待室放在哪里，等等：小伯走了过来，看着这么一大群公社干部，以为发生了什么事？

小伯是小姆妈把他从后花园里叫回来的。

按照习惯，小伯每天早晨就要把状元府第的大门打开，说房屋同人一样，也要透气，不然会老化得更快。每次他打开大门，然后到后花园散步。

程书记第一个见到小伯，他客气地伸出手，小伯也客气地伸出手，当程书记和小伯的手握在一起时，程书记突然问小伯：“你知道是在同谁握手吗？”

小伯过去听到过新来的公社书记非常傲气，曾经听到一个传说，说有一次不知什么人叫了他一声“程飞书记”，他大发雷霆，说：“我程飞的名字是你这种人叫的吗？”可没有直接接触过，见程书记这么问自己，他看了程书记一眼，不温不火地说：“你是想我叫你一声程书记吧？”

“不敢当不敢当！”程书记也回看了小伯一眼，对他说，“为了让我们公社的社员早日享上共产主义的福，我们决定办一个大食堂，地址就选在这里……”

“在这里办食堂？！”这让小伯着实吃了一惊，“这里可是状元府第呀，它历史悠久……”

程书记马上不耐烦了，他说：“我知道这是状元府第，大门口的牌匾上不是写着吗，”他见小伯想插嘴，摇摇手说，“毛主席教导我们，洋为中用，古为今用，我们就是在古为今用嘛。”

“办食堂……烟熏火燎的，进进出出人又多……”

“进出人多，就是人丁兴旺，毛主席教导我们，众人拾柴火焰高嘛。”

“万一遭个火灾……”

程书记脖颈里的青筋突然粗了起来，说话的声音也大了起来：“你这是什么话？办食堂怎么同火灾联系起来。”

“我是说万一。”

“在我这里没有万一！”程书记看看公社一起来的干部，声音更响了。

是的，自从他当了书记，腰板挺了，嗓门大了，公社干部谁见了他不都是唯唯诺诺的，别说社员了，看到他连嘴也不敢开；不过程书记事先还是知道一点小伯的底细，他同于政委是蛮要好的，可这只是私人交情，公归公，私归私，他也绝对不能当着这么多干部的面在这个老头面前失去脸面，开始开导起小伯来：“我是公社书记，公社一把手，这里由我说了算……”见小伯在连连向他点头，程书记才客气了一点，刚张开嘴巴，话还没有说出口，小伯却先说了，他仍然不温不火地问程书记：“程书记，县里的于太白——他有意不叫于政委而叫于太白——知道你要把食堂办在状元府第吗？”

程书记正想发火，公社办公室主任在拉他的袖口，赵公安也在向他打手势、眨眼睛，他把两个人拉到一边，低声问：“怎么回事？”两个人都抢着告诉他，于政委是小伯儿子的老部下。俗话说：“官大一级压死人。”程书记不告而别，气呼呼地走了。事后程书记还听说当年于政委在这个村里搞土改，当时一些贫下中农想分状元府第，是被于政委劝阻住的，他说共产党打天下是要把旧中国变成新中国，但不是把所有的东西都分光，比如状元府第，是古代建筑，分掉了，就毁了，我们会成为历史的罪人。他还说这是上级的指示。

程书记没有办法，才把食堂搬到了董家祠堂。

办食堂要烧柴，食堂里除了炊事员，其他管理人员不是公社干部的亲属就是其他照顾人员，谁肯到山上去砍柴呀，那就砍树吧。连人也是公社的，村前村后、屋前屋后的树木当然也是公社的了，他们先从近的砍起，不管桑树、柏子树、栗子树、柿子树，最后轮到香樟树了。当人们听说食堂要砍老樟树，把董家村的老老小小都震动了，特别是村里的老年人，都去向程书记求情，说这是当年武状元种的，是一棵神树……那天带头的就是当年武状元董浩的保镖陈超的后代，他叫陈阿兔。

说起这个陈阿兔，也是董家村小有名气的人物，他孤身一人，听说年轻时闯过“三关六码头，吃过串筒热老酒”。好像他是个“天上知道一半，地上知道完全”的人，村里人叫他“大话佬”，又因为他天还不冷就早早地戴上了一顶罗松帽（老百姓叫“猢狲”帽），他的又一个绰号叫“老猢狲”，不过，不管谁叫他“大话佬”或者“老猢狲”，他都会爽快地答应，还会问你是不是想听他讲故事？当你答应说“想听”，他又会追问一句：“听远的，还是听近的？”

远的，他会讲三国里的刘关张桃园三结义，和水浒里的林冲雪夜上梁山；近的，他会讲武状元探亲。

当他听到：“你只要讲好听的。”陈阿兔马上会指着那座威严的状元府第，没有开讲，先兴高采烈地“啧啧”嘴巴，好像他亲眼看到的一样：“那个排场啊，三妻四妾、奴才保镖、武状元官衣官帽朝靴，朝靴踏在石板路上‘咔啦、咔啦’地响，他那条长长的辫子梢头系着一串铜钱，武状元把头一晃一晃，辫子上的铜钱会发出‘嚓啦嚓啦’的响声，威风嘞……”讲完了武状元探亲，意犹未尽，又会指着村口的那株老香樟树，这一回他会用敬畏的眼光看着它感叹起来，“神树啊！”

阿兔说，有一年夏天，一个晴天霹雳把老香樟树劈开了，原来里面躲了一个白骨精（白蛇），还是武状元显灵，把白骨精打死了，免除了董家村一场大灾难……

“怪不得大家要来这里烧香呢！”听故事的人说。

那一天，陈阿兔正讲得起劲，从食堂里来了不少人，他们有的拿斧头，有的拿锯子，围住老香樟树又是砍又是锯的，听说食堂没有柴烧了。

大家一见食堂人员在砍老香樟树，都有些舍不得，开始是劝阻，后来有人想从砍树的人手里夺斧头、锯子，陈阿兔还抱住了老香樟树，大声说：“除非把我也砍死！”

这事给程书记知道了，他亲自赶到树底下，说陈阿兔是在散布封建迷信思想，毒害公社社员，要把他抓起来，有人见事情闹大了，去求小伯出头，谁想到小伯刚到树底下，程书记就冷笑着问他：“对这个老树篰头，于政委总没有说过什么话吧？”

气得小伯一天没有吃饭。

当然，陈阿兔也不见了，听说他被关进了监牢……

“好汉不吃眼前亏呀。”三嫂语重心长地说。

阿开长长地叹了一口气，在关林床上躺了下来。

阿开实在想不通啊，回想董家村的老百姓刚解放分到土地的那些日子，人人喜笑颜开，就像小孩子过年一样，浑身上下有用不完的力气，种田稻谷丰收，养蚕蚕茧丰收，过去过年连请菩萨的猪肉也买不起的人家也一家一户杀起了年猪，腌起了火腿，男女老少还穿起了新衣服，粮食柜里每年都有吃不光的粮食……现在谁还有心思做生活呀？这是在养懒汉呀！吃饭打冲锋，做生活磨洋工，稻子熟了烂在田里没人肯去收……这到底是哪一个不吃饭的人想出来的歪主意呀？

公社早就想抓一个典型来煞一煞资本主义尾巴的歪风了，因为搞小私有的不仅仅是董阿开，不是还有人吵着要分自留地吗？还有一些人偷偷到富春山去开荒，另有一些人偷偷地养鸡，到富春江里去捉黄蛤，到江田池去摸螺蛳，这些都是资本主义尾巴没有割干净……

这股歪风传到刘县长的耳朵里，他严厉地批评了程法。

程书记心里更是积了一股怨气，埋怨红旗公社的社员太落后，私心太重，资本主义尾巴太长，资本主义势力太猖狂，决心来一个“杀一儆百，杀鸡给猴子看”！

不久前从日本回来的董阿开，引起了程书记的特别关注。

本来，阿开就是出了名的人物，他不但忘记了吃过日本鬼子的苦，还替日本鬼子养了个儿子，又亲自送他到日本，讨好日本人，简直是在卖国，比汉奸还要汉奸。他这种受过军国主义加资本主义双料社会洗过脑袋的人，还能干出共产主义的事情来吗？俗话说，要枪打出头鸟，董阿开是有代表性的，而且原来就是拔过“白旗”的。

插红旗，拔白旗，这也是程书记的一大创举，董阿开被拔“白旗”也纯属偶然。

听说刘县长要亲自到红旗公社来搞“万斤水稻试验田”，程书记当然要拿出吃奶的劲头来全力以赴，他带领全体公社干部齐上阵，又从各生产大队抽调了一批年轻力壮的基干民兵，把江田畈几十亩已经在抽穗的稻子移植到只有一亩大的一块田里去，挖的挖，挑的挑，要把几十亩稻田的稻子拼在一亩田里，这实在太难了，挤不进呀？从县里开来了推土机，推呀、挤呀；稻子发热了，稻头上面像蒸馒头的蒸笼一样冒出了热气，又从县里调来了一台又一台大功率的鼓风机，向里面稻子吹风……

阿开已经超过当基干民兵的年纪，成了凑热闹的看客，他从小种田出身，是个老农民了，看着插在试验田田头、上面写着“双万斤试验田”字样的横幅在鼓风机的吹动下，有些摇摇晃晃，又看见《富春日报》的记者在忙着拍照片、采访，忍不住笑出了声，轻轻地说了一句：“稻子都被焐熟了，烂光了，还会有收成吗？”阿开只是轻轻地说了一句，可他人高马大，声音也响，他的话正好被一个记者听到了，她反应十分灵敏地打量着面前这个壮实的农民，大声指责董阿开的话是保守派的言论，她还拿出一张报纸给阿开看。阿开一看，张大了的嘴巴怎么也合不拢来：报纸上有一张很大的照片，照片上，有一个十七八岁的大姑娘坐在稻头上，人不但没有从稻头上陷下去，连稻也没有被人压弯……

“睁开你的眼睛看看，亩产双万斤，是上了《人民日报》的。”女记者指着报纸说。

阿开因为识字不多，从来不看报纸，正想走开去，却被几个民兵围住了。

也真是“骆驼掉进针眼里”，阿开刚才的话，也被在场督阵的程书记听到，凭着他灵敏的政治嗅觉，觉得董阿开的思想是代表了一些落后、保守势力的，当场给阿开开起了批斗会，并在脖颈里插上了一面真正的白旗，命令民兵押送去大桥农场劳动教养一个月……

在富春县人民政府的干部当中，私底下流传着“夹板乌龟”的故事。

有一天，于政委的老婆赵彩娥突然肚子痛，到富春第一人民医院去检查之后配了一些药，把药吃完了，肚子痛的毛病还没有好；第二次去医院，是由于政委的秘书程法陪去的，他回来后，心情沉重地告诉于政委，说赵同志可能得了胃癌。于政委一听，当场脸就白了，手里的笔也掉到桌子上，说：“怎么会得这种毛病呢？这……怎……么……办？”

程法知道于书记工作太忙，说：“于政委，别着急，其实癌症并不像大家说得那样可怕，只要正确对待，及时就医，还是可以医好的。”

“小程，辛苦你了，千万不要让老赵自己知道，还有，明天，我就要到省里开会去了，鲁生又小，全拜托你了。”于政委感激地拍拍程法的肩膀。

“于政委，你放心去开会吧，赵同志的事就交给我好了。”程法诚恳地说。

程法在帮助赵同志医治胃癌的过程中，鞍前马后，确实是辛苦了，他不但陪赵同志去看医生，还打听到了一个医治胃癌的单方：“吃夹板乌龟。”

说起“夹板乌龟”，老百姓又叫它“克蛇乌龟”，据说是专门吃毒蛇的。这种乌龟同一般乌龟长相没有多大区别，主要在于它肚皮底下的那块甲壳中间是活动的，像两块板，可以折叠起来，平时，它打开夹板，仰天躺在山洞里，如果有毒蛇游进来想吃掉它，刚把头伸到它的肚皮上，夹板乌龟肚皮上的甲壳突然合拢，就像一把大钳子，死死地把毒蛇钳住，直到它死，然后它伸出头来慢慢地吃……

这种奇异的乌龟是很少的，可在富春山上什么稀奇古怪的东西都有，更何况是县老爷要呢。果然，程法几个电话下去，下面干部送来的夹板乌龟足足装满了一个面盆，而且，送乌龟来的人都说是于政委的老婆得了胃癌，话传到老赵耳朵里，吓得瘫倒在床上，起不来了。

老赵是县妇联的干部，妇联主任听说老赵得了胃癌，除了正在生孩子的一人外，其他人都轮流去于政委家照顾老赵同志。

程法吩咐食堂里的师傅用红烧、清蒸，还有用炭火煨熟等等各种做法，每天要老赵同志吃一只夹板乌龟。为了把毛病治好，赵彩娥虽然吃得几次翻胃，几次吐出来，还是坚持吃、坚持吃……几天之后，赵彩娥在程法和妇联干部的陪同下去复查，医生说赵彩娥的胃癌好了。

赵彩娥高兴得差一点跳起来，妇联干部也长长地透了一口气，程法一回来就打电话向还在省里开会的于政委报告这个好消息，于政委在电话里也感动得不得了，再三谢谢程法。

有一次，于太白在一次全县科局长会议上碰到县卫生局局长，说请他代表他和老赵同志谢谢医院的医生，是他们妙手回春医好了他老婆赵彩娥的胃癌。当时卫生局局长感到很吃惊：这么大的一件事自己怎么会不知道，这不是太官僚主义了？在他的印象中，好像癌症在一般情况下如果不开刀，是医不好的。后来他到医院里一问，才知道这是一起误诊，说只要吃一些普通的胃药就会好的。“他们也太当一回事了。”那个医生意味深长地说，医生说的“他们”到底指的是谁，他也没有说，可能他也不敢说，不过这个医生还说，“‘夹板乌龟’能医治癌症，起到以毒攻毒的作用，民间是有这种传说，但在科学上并没有依据。”

但对于太白一家来说，他们是太感谢程法了，于太白也认为这个同志文化水平高，出身成分好，办事能力强，决心有机会要好好提拔他。

程法最早是富春小学的一名老师，他聪明、能干、机灵，他的同事都说：程法是“踏着尾巴就会头动”的聪明人。那一年，赵彩娥带着儿子鲁生从山东老家来找于政委，正好鲁生可以上一年级读书，就送到了程法的班里，程法知道这是富春县最大官儿的儿子，当然格外用心，还经常到于政委家里去家庭访问，又知道赵彩娥刚从山东来这里，地方不熟，生活上也不大习惯，程法又是一个单身汉，没有家庭牵连，于政委家里不少家务事，比如买米、买煤球，都是他一个人包了。正好，于政委原来的秘书要提拔当县组织部长了，他亲自点名让程法当了自己的秘书；不久又发生了赵彩娥“胃癌”事件，于政委为了培养他，放他到红旗公社来锻炼，本来，红旗公社是于政委亲自抓的点，后来在县委常委分工的时候，考虑到于政委工作实在太忙，外出开会时间也多，让他在县城旁边另选了一个联系点，红旗公社有县委副书记兼县长刘志远抓。那时，正好上级有一个指示，要各级领导干部对口培养自己的接班人，所以程法每次回县里向刘县长汇报工作，刘县长几次暗示他好好干，干出一些成绩来，将来回到县里接自己的班。程法决心大干一场，所以他一到红旗公社，第一件大事就是办起了共产主义式的公共食堂，不久又创造了“双万斤”粮田的典型（尽管最后颗粒无收，但在《富春日报》上还是上了头版头条），每次刘县长去红旗公社检查工作，也总看到程法赤着脚，穿着那套满是泥点子的衣服，不是在田里，就是在地边和社员一起做生活（据后来有人透露，有一次程法正在公社里睏午觉，听说刘县长要来了，他赶忙找那条沾满泥点子的裤子，因为忙乱找不到，只好另找了一条干净的裤子，跑到公社门口，跳进了一条水沟里，不但把裤子打湿了，还沾了半裤子泥浆，他刚爬上岸，正好被刘县长看到，刘县长把程法扶到公社里，感动地说："小程啊，身体可是革命的本钱啊，今后你还要担当更重的革命担子，可不要拼命啊。"刘县长几次在常委会上表扬程法，还在全县干部会上表扬了他，程法成了富春县最有政治前途的年轻干部。

2

三嫂成了"半个城里人"，她几乎隔天就要到县城里去一趟，大儿子关根在县里当法院院长，媳妇小惠在中学里当校长，小儿子关林在中学里读书，她的心已经在县里了，家里只留下老公一个人，他的猎枪因为割资本主义尾巴被公社收缴，每天做生活回来，不是抽烟，就是到董家池边去听人家谈天说地。

"屋里只留下我一个老太婆，冷冷清清的，我们两公婆的工分只要老头子一个人做可以了，不如来看看儿子、媳妇，散散心。"三嫂自我解嘲地说。

有一天，她从小惠那里出来，想起要去看看菊花。

菊花一个人正在招待所门口洗衣服，看见三嫂来了，马上放下手里的生活，把三嫂让进房间里去坐。

"听说宏志快高中毕业了？"三嫂一见面就问。

菊花点点头，一脸的笑容，一脸的幸福："总算熬出头了。"

三嫂看一眼菊花，微微地摇了一下头："你有白头发了？！"

"老了。"

三嫂突然问菊花："你听说过阿开打石头的事吗？"

"阿开被石头打伤了？"菊花一脸的惊慌，眼睛睁得大大地盯着三嫂。

三嫂笑了："不是阿开被石头打伤了，是阿开在富春山上打石头。"

"打石头？他要想砌地基造房子？"

三嫂笑得前仰后合，说："阿开一个人住着那么大一套房子，地上的灰尘可以用箩担挑了，还去造什么房子啊。"

"那他去打什么石头呀？"

"你呀，蹲在城里，董家村的市面一点不灵了，我们老百姓做死做活，有一口饭吃就好了。"三嫂无可奈何地摇摇头，"他是吃得空啊，力气没地方用，到富春山龙潭口去打石头。”

“他……疯了？”菊花又吃惊又担心地看着三嫂。

三嫂看着菊花有些眼泪汪汪的，叹口气说：“一个人日子难熬啊！开始，大家也以为他真的要疯了，后来听阿开说，他只要每天做到十个工分就够了，因为吃不饱饭，他想在屋基上种点菜，人家说他是走资本主义道路，他是手里闲得慌，心里堵得慌啊。”

“这样的日子怎么过下去呀？”菊花的心里感到一阵阵地发痛。

菊花算是最了解阿开的人了，过去他曾经对菊花说过，他不做生活就浑身骨头痛。菊花也猜想得出来：眼下，他正当是壮年时期，可一身的力气没地方用，坐在家里吧，会想起菊香、菊花和小春，到屋基地上种点蔬菜，又要割他的资本主义尾巴，他只能爬到富春山上去，爬吃力了，坐在龙潭下面听龙潭发出的“哗哗”声，心里又憋得慌，脱下鞋子打石板，还“嗷嗷”地叫喊，村里人以为阿开疯了。

其实，菊花对阿开只猜对了一半，阿开在家里坐不牢，几次到菊香坟头去坐坐，同她说说话。程法书记后来又提出了新口号：“严打封建迷信行为，狠杀资本主义歪风”，那个陈仙姑被送到农场里去劳动改造了，还说在红旗公社以后再有上坟烧纸钱的，也要送去农场监督劳动。阿开实在想菊香了，就在富春江早潮响起之前，偷偷地上山，在老婆的坟头旁边坐一会，又在董家祠堂钟声没有响起之前就下山来。

阿开又怕到菊香的坟头去多了，不但给自己带来麻烦，还会让菊香睏不安稳，陈家村有一个老太婆因为老公死了，只剩了她孤零零一个人，经常到老公坟头去坐坐、哭哭，被县公安局派到公社来的赵同志抓到公社里，说她哭是对现在的幸福生活不满，想把红旗公社这面旗帜哭倒灶，结果坐了三天紧闭，还差一点死在那里。

阿开实在没地方去，只好去爬富春山……

“你不回去看看他？”三嫂试探地问菊花。

菊花把头低了下去，重新说了句：“宏志马上就要高中毕业了。”

“你是想让宏志工作了再说？”三嫂在儿子关根那儿就问起过宏志的事情。

“他们说他阿爸是烈士，可以优先照顾。”菊花叹了口气，又说，“阿开哥一个人，屋里没有一个女人，日子过得太苦了。”

三嫂的眼睛看着菊花的脸，不说话，也不移开。看得菊花也不好意思起来，假装站起身去洗衣服，其实她知道三嫂心里在想什么，因为她是真心关心她和阿开的事，她是没有办法呢？

“熬吧，熬到哪一天算哪一天。”菊花常这样自我安慰。

董阿开白养了一个日本鬼子的儿子，又把他送还给日本鬼子，空着双手从日本回来了，董阿开成了董家村人（现在应当是红旗公社跃进生产大队的社员）心目中最大的呆子。

这是场面上人说的话，私底下却在传说："董阿开在日本发了洋财。"董阿开在这些人的眼中成了财神爷，并在背地里窃窃私语，"他是怕露富，才装得这样穷酸相。"

有一天老朋友陈传祖把阿开请到自己家里，用知心体己的口气说："阿开，你吃了一世的苦，也该享享福了。"

"享福？"阿开已经不止一次听到有人在自己面前提到"享福"两个字，也猜到陈传祖下面要说些什么话，碍于面子，他静静地听着。

"你现在呢还能自己赚饭吃，将来老了，有个病痛什么的，谁来照顾你啊？"

到底是知心知肺的朋友，陈传祖的话打到了阿开的"七寸"上，他又想到了那个"六老伯"，脸一下子阴沉下来，大口大口地抽烟。

陈传祖看了阿开一眼，又说："也该成个家了。"

阿开抬起头，看着传祖。

"我倒有一个合适的人给你找好了。"

阿开默默地看着陈传祖。

"我有一个堂侄女……"

"阿珍？"

"你知道？"

"她今年才十八岁呀。"

"老牛吃嫩草嘛。"陈传祖笑眯眯地看着阿开。

阿开在传祖纸槽里做草纸的时候，陈阿珍还是个小姑娘，因为他们家离纸槽近，常常到纸槽屋里来做嬉客，有时候阿开刚吃好饭开心，同阿珍开玩笑，问她：你将来要嫁一个什么样的老公？阿珍天真地回答：阿爸姆妈说，要我嫁一个有钞票的老公，他们也好跟着我享福。

"他们真以为我在日本发了洋财了。"阿开走出传祖家的门，自言自语地说。

过了几天，董成标的老婆来到阿开的家里，说要给他介绍一个对象，是她的堂表妹，年轻又漂亮，还是学校里教书的老师。

"当老师的要嫁给我这个扫盲班刚毕业的大老粗？"阿开的眼睛瞪得老大老大地看着桂香。

"怎么啦？老师不好嫁给你？我们富春县有几个人像你一样去过日本？"桂香看一眼阿开，又补充了一句，"日本佬是很有钞票的。"

"我不是日本佬。"

"你不是为日本佬养过一个儿子吗？"

"你看错人了。"阿开说着，把桂香送出了门……

阿开刚回进屋，小伯和小姆妈又来看他了，他们都劝阿开："也该成个家了，要求不要太高，只要人良心好，勤劳，会做人家就好。"

"至于生儿子……"小伯刚说到这里，小姆妈悄悄拉了他一下，马上把嘴巴闭上了。

阿开送走了两位老人，衣服也不脱就睏到了床上，他睁开着眼睛，看着楼板，一支又一支地抽烟。

3

有人说，富春县的"文化大革命"分城里和农村两条战线，城里农村各有两个高潮。这两条战线、两个高潮又互相促进，比如最早的扫"四旧"，先是从城里斩尖头皮鞋、剪小裤脚管、剪烫发开始，一批造反派手里拿着大菜刀和大剪刀，只要看见有尖头皮鞋或穿小裤脚裤子、或烫头发的人，就会一拥而上，把他（她）的尖头皮鞋的尖头斩下来，然后用皮鞋带子把皮鞋挂在他（她）的脖颈里；把小裤脚管剪开，把烫发剪掉，然后押着他（她）们一起游街、示众，他们一边押着人游街，一边喊着口号："横扫四旧，造反有理！"

红旗公社的共产主义食堂虽然岌岌可危，韦世汤仍然围着食堂转，因为程法书记说过：共产党是决不会饿死一个人的！有一天，他吃得实在太空，无事可干，想到县城里去散散心，正好碰到游行队伍，开始他感到吃惊，跟着队伍去看热闹，跟着跟着，他感到身上的热血开始沸腾，也跟着喊起了口号，而且越喊越兴奋，越喊越激动，他看到在看热闹的人群中有一个穿着尖头皮鞋的人，他走到队伍里那个拿菜刀人的身边，问他："我可不可以参加你们的队伍？"

那个人先看了他一眼，见是一个地道的农民，激动地说："革命不分先后，欢迎参加！"他还带头喊起了口号，"热烈欢迎农民兄弟参加我们的革命队伍！"韦世汤从那个人手里接过大菜刀，冲到穿尖头皮鞋的人身边。那个人一听说要斩他的尖头皮鞋，吓得拔脚就逃，可是已经来不及了，造反派已经包围了他。那个人大声抗议："我有穿皮鞋的自由，你们……"可是，他的声音被一阵又一阵的"造反有理"，"横扫四旧"的口号声淹没了……

韦世汤觉得这是他除了当董家村农会主任之后最得意、最扬眉吐气的一天，长期积压在胸中的闷气、怨气、恶气终于有地方发泄了。他在龙头山渡船埠头上船的时候，还看到有一批造反派正在砸“富春第一楼”的牌子，忍不住也跟着岸上人高声喊叫起来：“造反万岁！”船上的人以为他是一个疯子，都离他远远的。

韦世汤一回到家，连夜把同自己一样有闷气、怨气、恶气的兄弟们叫在一起，绘声绘色地给他们讲了他去县城造反的光辉一幕。果然，兄弟们认为翻身的日子来了，个个摩拳擦掌，当场成立了横扫四旧战斗队，并决定拿富春山上的大坟头开刀。

这个大坟头在整个富春县都是有名气的，韦世汤认为只要打响第一炮，他的队伍就可以站稳脚跟，至少，红旗公社的贫下中农都会来参加他的队伍。

真要动手的时候，却有几个队员打起了退堂鼓，有的说阿爸姆妈不同意，有的说老婆不同意，原因大坟头里的武状元是很灵的，前几年阿开逃日本鬼子把草屋搭在大坟头前面，儿子不是被闷死了吗？！队长韦世汤一听，大发脾气，他说：“干革命，难道要阿爸姆妈老婆批准吗？干革命，连死也不怕，还怕那个死了几百年的武状元？！”他看了那几个打退堂鼓的小兄弟一眼，接着说，“我们是横扫四旧战斗队，你们的头脑里还有四旧，为了扫四旧，先把你们四个人开除出战斗队。”

那四个人一听，傻了，他们中有一个叫校忠的人先说他不退了。

“不退也得退，我们是一支战斗队，不要你们这种革命意志动摇、没有上战场先打退堂鼓的人。”他还鼓动留下来的战斗队员，说大坟头里不是有一个金头吗？炸开来大家分。

经过韦世汤这么一鼓动，要求退出的四个人更加后悔，他们再三要求韦世汤把自己留下来，韦世汤最后还是同意了，不过只能当预备队员，要经过战斗考验才能批准当正式队员。

“为了革命，上刀山、下油锅都愿意。”四个人当场宣誓。

炸药弄来了，在一个雾气弥漫的早晨，突然从富春山上传来了一声巨响，把红旗公社跃进大队的人从梦中惊醒，人们不知道发生了什么事？有几个好事的人赶到山上一看，大坟头被炸开了一个大洞，他们看到韦世汤正领着一伙人把坟里的棺材拖出来。因为棺材是楠木做的，怎么弄也弄不开，韦世汤为了考验这四个曾经想退出的队员，叫他们用斧头劈，用铁棍撬，花了九牛二虎之力，才把棺材盖撬开，其他队员也一哄而上，可到棺材口往里一看，一个个面如土色腿脚发软，嘴里喊着“鬼！鬼！鬼”地退了回来。

韦世汤推开众人上前一看，棺材里躺着一个人，他的两只黑洞洞的眼睛正盯着他看，他头上戴着红顶官帽，身上穿着官服，外加一件黄马褂，胸前还挂着一串朝珠。韦世汤的腿脚也软了，开始发抖，好几次回头看看吓坏了的小兄弟们，想叫大家从此歇手退兵，可他终于熬过了最难熬的一刻，因为他又想起了当年当农会主任时的那些威风凛凛的日子。

“要想翻身，就在这关键的一刻！”韦世汤咬咬牙，从小兄弟的手中接过一把铁耙，把棺材里的武状元董浩一铁耙拉出来，在战斗队员们的助威声中，浇上煤油，一把火把棺材和尸体烧了起来。

跃进大队的人看到富春山上黑烟滚滚，并且知道了韦世汤带着一批人在挖他们的祖坟，一个个气得七孔生烟，有的还痛哭流涕。天下还有比挖祖坟更让人伤心、更让人耻辱的事情吗？今后，姓董的子孙还有脸出门吗？他们还有脸去见老祖宗吗？挖祖坟这可是十八辈子的仇恨呀！在男女老少的一片哭声中，年轻人有的从阁楼上取下了铁铳，并装上了有铁珠的火药，没有铁铳的拿起了锄头铁耙，还有人要求族长董国权打开状元府第练武厅的大门，把檀树大炮抬出来，可是他们四处寻找，却不知道族长跑到哪里去了？又跑回家拿起了柴刀、菜刀，大家个个咬牙切齿地要把这批不共戴天的仇人碎尸万段！砍成碎片！

正当大家浩浩荡荡向富春山冲的时候，一个老人跌跌撞撞地跪在路上，老泪纵横地对大家说：“你们难道不看报纸吗？红卫兵都上天安门城楼了，这是天意啊！”

韦世汤尝到了革命造反的甜头，看到了一呼百应的威风，同刚解放时那个村农会主任相比，简直是小蚂蚁和大象，无法比了。韦世汤的队伍扩大了，他决定再创造出一些光辉的战绩来，联络了胡家沙、徐家棚的造反派，准备炸牌楼、摧毁状元府第，可惜在炸董家祠堂门口官道上的贞节牌坊时，一块石头落下来，要不是韦世汤逃得快，小命也没有了，但是他的一只脚还是砸着了，成了当时富春有名的“跷脚司令”。

“跷脚司令”并不就此退缩，他的胃口更大，他又把队伍带进城里，准备揪斗正在筹建富春县中日友好医院的渡边村夫和他的“汉奸”老婆董小红。可他怎么也没有想到他们要抓的渡边村夫和董小红，一个戴上“日本特务”、一个戴上“汉奸”的高帽子，正在富春游街示众。

韦世汤一打听，原来是富春县联合指挥部总指挥程法抢在他的前头去了。

富春县机关在“文化大革命”开始时，虽然不断有红卫兵小将进去串联、点火，可这个火就是点不起来，仍然是死水一潭，机关干部在红卫兵小将“炮轰富春县机关”、“揭穿富春县当权派阻挠文化大革命的阴谋”的大幅标语下，仍然纹丝不动，最后，各路造反派联合起来用“富春县保皇派的堡垒”的巨大标语封掉了机关大门，机关干部们另开了一个小门，仍旧在标语底下钻进钻出，照样按时上班，按时下班。

最终是一张大字报成了县机关的“星星之火”。

大字报的标题是：揭发富春县头号走资派于太白恶毒攻击伟大领袖毛主席的滔天罪行！写大字报的人是现任富春县办公室副主任程法。

具体内容是某年某月某日早晨7点钟，（就是程法在当于太白秘书的那段时间）程法同于太白下乡，一起住在一户贫下中农家里，在吃早饭之前，两人同时坐在门外的毛坑上拉屎，于太白对程法说：“衣服最容易脏的地方是领口和袖子……”据程法分析，这是死不悔改的富春县头号走资本主义道路的当权派于太白以此来影射伟大领袖毛主席，在污蔑伟大领袖毛主席，罪该万死……大字报每写到“领”和“袖”两字，都用金粉写成。

但“星星之火”并没有燎原，虽然它得到了机关大院外的红卫兵小将和造反派的“热烈欢迎”，还用铺天盖地的大字报进行支援，机关里也有一些干部准备“杀出去”，机关干部们大多数都是有头脑、有水平的，他们认为程法的大字报内容有些“牵强附会”，是“无事生非”，“无中生有”，响应者仍然廖廖；是程法的第二次（这回是一大批）大字报才在县机关点起了熊熊大火，大字报用“铁的事实”揭露了于太白的腐化堕落，知法犯法的罪行：第一是揭露了于太白停妻娶妻，玩弄女性；第二是包庇强奸妇女的侄子于铁柱；第三是生活腐败，用珍贵的夹板乌龟来养生，妄想长生不老，如此等等。

因为程法曾经是于太白的秘书，他亲身经历、亲眼所见，群众当然是相信的，机关干部中的造反积极分子终于冲破重重阻力，响应号召停止办公，成立战斗队，参加“文化大革命”，层层揪斗走资派，有的一家三口，成立三个战斗队；有的夫妻因为观点不同，分灶烧饭，分桌吃饭，分床睏觉……战斗队的名字也五花八门，应有尽有：扫四旧战斗队、除妖魔战斗队，更多的是井岗山战斗队、红色风暴战斗队、金箍棒战斗队……

陈宏志在“文化大革命”开始前就是公安局的干部了，这时已经当上了治安科科长；公安局有两派，两派的人都动员他参加他们的战斗队，因为他是烈士的儿子，是不掺半点水分的“红五类”，但是陈宏志在犹豫、彷徨，他想起了阿爸的死，想起了同姆妈讨饭，同狗抢馒头吃的日子，对来动员他参加战斗队的人都摇摇头。

陈宏志成了县公安局里的“逍遥派”。

陈宏志的姆妈徐菊花，也以招待所的老所长不在了，她一个人忙里忙外地走不开，以没有时间参加战斗队活动，也成了“逍遥派”。

其实他们母子俩最挂心的是渡边村夫和董小红。

董小红是董成标的独养女儿，和小春同一天进的学校，因为阿爸姆妈同阿开的关系，两个小家伙也成了好朋友，在小春受同学欺侮的时候，小红勇敢地站出来帮助他；后来小春变成了渡边村夫，回到了日本，渡边村夫考上了过去他父亲求学的医科大学，并设法让董小红也考进了这所大学，再后来，渡边村夫和董小红都大学毕业，在渡边一郎的努力下，决定来富春创办富春县中日友好医院，回报董阿开的救命和养育之恩。

由于董阿开的事情在日本报上登出来以后，渡边一郎又当起了中日友好亲善大使，到日本各地去讲演，有时还带着儿子渡边村夫，虽然屡次受到日本右翼分子的围攻，他们仍然坚持不懈，引起了日本老百姓的极大关注，纷纷谴责军国主义分子给中日两国人民带来的灾难，日本民间组织先后组织了友好代表团来中国访问，还在富春县城龙头山上竖起了一块“牢记历史，日本中国永不再战”纪念碑。渡边一郎又打听到了“哑巴”和尚山本师父的妻子，告诉她丈夫还活着，山本妻子秀子欣喜若狂，带着儿子来富春县长沙庙看望山本，想接他回日本，说战争害得他们一家夫妻分离，如今可以团圆了。让秀子想不到的是山本说他不想回日本了，他告诉妻子，他原来只是为了躲避日本军国主义分子的迫害，也害怕中国老百姓的报复才装哑巴的，后来听一清师父讲起了董家村董阿开的故事，十分感动，不但不再装哑巴，还请一清师父带他去见了董阿开，更让他感到意外的是见到了老同乡渡边一郎医生，他觉得中国的老百姓太伟大了，能留在这个美丽的地方，成了他最幸福的愿望。妻子听了丈夫的话也很感动，回到日本后同儿子一起宣传日中友好，山本小郎还带了一个日中青年友好代表团来中国访问。

渡边村夫和董小红的结婚典礼是在医院开工那一天举行的，想不到医院动工不久，“文化大革命”开始了，医院的工地上开始一片混乱。小红劝丈夫先回日本去躲一躲，村夫看看工地上堆成山的材料，摇摇头：“我们走了，这个工地怎么办？材料谁来管理？我们现在已不是中国人了，‘文化大革命’是革不到我们头上来的。”哪里想到村夫的话刚说完十几分钟，程法就指挥一批人从工地上把他们两个人揪去戴上高帽子游街……

这一下，韦世汤不干了，他同程法说：渡边村夫原来是董家村董阿开的养儿子，董小红是董家村董成标的女儿，我们贫下中农要把他们揪回去批斗。

程法在红旗公社当书记的时候就认为韦世汤是个懒汉、无赖，现在，无非烧掉了一具几百年前的死尸，竟敢同我来争个高低了，叫手下把他轰出了大门。

韦世汤很不服气，叫手下去打听关押村夫和小红的地方，打算趁晚上把他们抢回到董家村去。公安局虽然分为两派，但都是参加程法那个县联合指挥部的，当然是帮程法的。

正当韦世汤走投无路的时候，陈宏志上门来了，说他可以帮他们把日本特务和女汉奸弄回到董家村来。

韦世汤当然不会轻易上当的，他冷笑着看看陈宏志：“嘴上没毛，办事不牢，我会相信你吗？”

陈宏志看了一下韦世汤，冷冷地说了句：“小鸡肚肠，成不了大事。”韦世汤听了一肚皮的气，一个毛头小伙子竟敢对自己如此说话，后来打听到陈宏志是公安局里的“逍遥派”，于是又找到了陈宏志，要同陈宏志合作，要他帮忙把渡边村夫和董小红弄出来，押到董家村去开批斗大会。陈宏志也摆起了架子，后来在韦世汤再三恳求下才答应下来，说：“我可是为董家村的造反派争一口气呀，只不过呢……”陈宏志看了一眼韦世汤，指指自己的一身衣服，“我呢，现在是公安局的科长，只把他们带出监牢，在接头地点把人交到你们手里，别的事我都不管了。”

韦世汤连夜带人找船等在恩波桥下，准备把渡边村夫和董小红运回董家村，想不到在移交时由于一个队员的疏忽，村夫突然跳进江里，眨眼就不见了。

董小红一见丈夫跳水了，大呼：“我老公跳水了，快救人呀！”因为天黑，又遇上早潮，造反派见有人跳江，都逃散了。

也就在这时，县联合指挥部的人在程法带领下赶到桥头，一听说村夫跳江了，揪住了还在桥上徘徊的韦世汤要人，陈宏志也及时赶到，说韦世汤犯了人命案，又破坏了中日友谊，用手铐铐牢了韦世汤，带走了。

因为正好是中国和日本建立外交关系的关键时刻，而渡边村夫又是日本人，这一场人命案可闹大了，上面也有人讲了话：“要惩办凶手！”而且派了富春县人民武装部进驻富春县办公大楼。

韦世汤被关起来了，程法是第一个揪斗渡边村夫的，也以破坏中日友谊的罪名，关进了监牢。

头头被抓了起来，下面的造反派也销声匿迹，不再活动，他们响应“抓革命、促生产”号召，把精力用到生产上，大批干部下基层，工厂开始恢复生产，学校也不再停课闹革命。于太白感慨地说：“我又要谢谢那个叫我‘两只粪桶’的小鬼董小春啦！”

程法是于太白一手提拔起来的干部，他对于太白一家又是那么好，为什么在“文化大革命”中，他成了县级机关第一个杀出来的造反派，而且矛头一开始就对准了于太白？据程法的一个朋友说，起因是程法在红旗公社当书记的时候，因为他年纪轻，头脑灵活，加上当时的政治气候，创造了富春县好几个“第一”，不仅在富春、在全省出了名，但是他那几个“创造”严重脱离了实际，经不起时间的考验，比如他首创的共产主义大食堂，用当时老百姓的话说，是“吃官饭打官鼓，官鼓破了无人补”，不久就办不下去了，开始改用凭饭票到食堂去打饭，而饭票是按照每户人家的劳动工分发的，这样一来，那些“混”饭吃的人就傻眼了，比如韦世汤，他只好老老实实跟着去做生活，尽管他不肯出力又抢工分，一个人总能养活的，可陈有方就讨厌了，他一直以靠赌博吃饭，他老婆因为生孩子没有人照顾，一直身体不好，儿子又小，劳动工分自然就少了，每年都是“超支户”，这引起了劳动力强的社员的不满，说我们做死做活在养懒汉，有的社员就不肯出工，或者出工不出力，大队长董成标一气之下，就辞职不干了。

“没有饭票就把饭篮挂起来！”程法书记下了命令。

几天之后，陈有方的老婆死了，有人说她是生病死的，陈有方却一口咬定他老婆是饿死的，还背着老婆的尸体到公社去告状，程书记叫人到半路上去堵截，也没有用。听到有人背着尸体来告状，公社附近的百姓都来看热闹，程书记更火了，对大家说：“是我程书记让你们吃饱饭，是我程书记让你们提前过上共产主义的生活，你们还这样不满意，你们的良心都给狗吃了吗？”

幸亏公社干部及时把程书记藏了起来，事情才没有进一步恶化，同时，县里派人来调查，公安局也出动了。程法当然不能再在红旗公社待下去了，富春县委决定把他从红旗公社调出来，可是县委常委在研究他的调动上有过一番争论，县长刘志远的意见是调他到宇宙红公社去当书记，因为责任不在程法身上；于太白认为程法工作是积极的，但有好大喜功、急功近利的毛病，不能再独当一面，还是调回县里来。正好县委办公室需要一个有文化的人，就调到县里当了办公室副主任。程法认为他原来是正职，现在降为副职，都是于太白的原因……

4

有人说，改革开放后董家村的第一件大事是董阿开和徐菊花结婚，听说还是菊花的儿子陈宏志做的媒！儿子给姆妈做大媒，天下奇事，去看热闹的人同董家祠堂里做戏文那样多。

那天天气特别好，阳光明媚，不冷又不热，原来同阿开要好的那些哥儿们都穿起了新衣裳，腰里缚着红带子，肩上扛着铁铳，时不时地向天空放上一铳：“通！”女人们在状元府第高高的台阶上跑上跑下，端盆子、背凳子，小孩们更是在人丛里钻进钻出，喜笑颜开。

婚礼在状元府第的跑马厅里举行，据小伯说，在他的记忆里，这是老祖宗董状元在这里举行过婚礼之后，阿开是董家子孙中在跑马厅里举行婚礼的第一个。

还来了那么多尊贵的客人：有省里的、市里的、县里的，不少还是当官的；还有从台湾和日本来的客人，更让人触目；当然，本村、本地的亲朋好友更多：陆家村的陆宇清，当年救了阿开儿子小春，后来两份人家当亲戚走动，这一回他们全家出动，陆宇清带着老婆陆银妹、已经当了陆家村党支部书记的儿子陆水生、从医科大学毕业后在渡边信福的中日友好医院当医生的女儿陆春香，三天前就来了，由于阿开屋里缺少亲人，陆家四个人就成了阿开家的亲人，跑进跑出，跳上跳下，帮他料理结婚的事情。

远路的客人有一些昨天就到了，有一些是一早赶来的，独独是重要的证婚人、原来富春县的老政委、早几年调到省里的于太白，说临时被一件事拖住，还没有赶到。

小伯怕怠慢了这些贵宾和客人，提议是不是先去看看阿开和菊花的新房？这当然是大家开心的事情，因为他们都听说过，阿开的新房是原来阿爸和姆妈结婚的那一幢房子。

小伯领客人走进大门，是一堵巨大的照墙，墙上一个大“福”字，虽然有些陈旧，经过整理，加了漆，红艳艳的；转过照墙，这里是客厅，八仙桌、太师椅、茶几，也都经重新整理和摆设的。

过了客厅，进入内房，这里有个小客厅，还有书房、饭堂、退堂……最后才是新房。一切家具，都是古色古香，做工精细，特别是新房里那一张千工床，更引起了客人们的兴趣，这简直是一件小屋：

第一道是门帘，打开门帘，首先是一个小房间，也叫坐起间，然后是一个木制的台阶，叫踏脚床，新郎新娘先要踏上台阶，才能来到床上；床前有一块木制屏风，上面有各种木刻雕花，有百子图、五子登科图、游龙戏凤、牛郎织女雀桥相会、西厢记……都是用黄杨木精雕细刻而成。

“就是这张千工床，就花了一千多个工呢！”小伯说。

“光张床，要花多少钞票呀？”有人问。

“那时候陆家财大气粗嘛，听说当时有‘江北陆家财，抵得上半个富春县’的说法，多少钞票已经说不好了。”声音从背后传来，大家一听就知道是三嫂说的。

“我来迟了！”参观新房的客人刚刚走出阿开新家的大门，于太白头上冒着汗珠，拱手向大家道歉。然后又由小伯一一介绍给大家认识。

小伯介绍完，笑着对于太白开起了玩笑：“喜酒还没有开始，先到我们家去坐坐，就罚你喝一杯茶吧。”

一直默默跟着大家的台湾商人司马仁孝突然开了口，他说：“罚于先生讲一个故事吧。”

“罚讲故事？这倒有些新鲜。”客人看看司马仁孝，又看看老政委于太白。

于太白也茫然地看着这位从台湾来的、曾经带兵打死过一个日本少将军官的国民党将军。

"讲你吃豆腐渣的故事。"司马说。

于太白微笑着点点头："是你女婿告诉你的吧？这有什么好讲的，时间不早了，新郎新娘一定等急了，还是先举行婚礼吧。"于太白把带来的一个大红纸包交给了老搭档、已经退居二线的张县长，并小声地问他，"都准备好了？"

张县长点点头："准备好了。"

"需要的人都安排好了？"

"安排好了。"

"叫他们怎么做，都交代过了？"

张县长点点头："交代过了。"

在座的人不少还是于政委和张县长的老朋友，见他们两个人像打哑谜似的说个没完没了，对于政委说："你们这是在做地下工作，用暗号接头呀？"

张县长向于政委眨一下眼睛，笑着对大家说："你们知道，我过去就是搞地下工作的呀。"

"对对，他是老地下党员。"于政委马上帮腔。

张县长对于政委说："你呀，老是拿我当枪使。"他夹着于政委交给他的那个红纸包走了。

阿开和菊花的婚礼很热闹，因为正好是星期天，富春中学的乐队也被请来了。

婚礼在欢乐的音乐声中开始，阿开穿着老渡边送的、日本国内最高级的服装设计师为他量身定做的西服，菊花按照自己的愿意，穿着中式新娘子礼服，盖着红盖头。阿开由渡边村夫和挺着大肚子的董小红搀扶着，菊花则由新当上县长的儿子陈宏志和妻子陆丽丽搀扶着，旁边还有菊花的孙子陈继水一手捧着鲜花，一手拽着奶奶的红裙子，他们在炮仗和铁铳的轰鸣声中，在乐队的鼓乐声中，在花束和五色彩纸的飘舞中，踏着由麻袋连接起来的"地毯"，缓缓步入大厅，在他们的前面，有人高高举着一个筛米的筛子，向着新人抛茶叶和米，在乐队的鼓乐声中，董阿开和徐菊花向九十岁高龄的小伯、小姆妈以及各位来宾鞠躬行礼，两位老人激动得热泪盈眶，小姆妈又想起了大女儿开玲，说："开玲在天堂里一定会开心地看着小弟这场热热闹闹的婚礼的。"小伯接上去说："她不就是为了大家都能过上今天这样的好生活才牺牲的吗！"小姆妈又叹了一口气，说："开全他们在国外也能看到就好了。"小伯笑了："开全不是在信里说了吗？将来我们这里也装一部机器，他们在大使馆里也就可以看到了。"

“小春？他没有死？”正当小伯和小姆妈在小声议论的时候，看热闹的人丛里突然闹哄哄了起来。

“他不是从大桥上跳下去，被江里的潮水卷走了吗？”……

原来这是阿开、菊花和宏志设计出来的一场苦肉计。当时各地的“文化大革命”势不可挡，揪斗、游街、罚跪、打骂、苦刑，甚至杀人、放火，层出不穷，村夫作为一个日本人更加危险。阿开、菊花、宏志几个人都为村夫担心，如果不把他救出来，不但逃不掉皮肉之苦，说不定还有生命危险，死了也是白死，因为这是当时国家防止变成修正主义的头等大事，连国家主席刘少奇也被打倒了，一个日本人更不在话下了，有谁吃了豹子胆，敢去“螳臂挡车”？！幸亏当时富春县的公检法机关还没有被造反派砸烂，陈宏志正好在公安局工作，也正好韦世汤想要把村夫和小红揪到董家村去批斗，而且宏志老早知道大阿爸在陆家村有一个“捕渔佬”出身的堂娘舅陆宇清，他有一个儿子叫陆水生，从小跟他阿爸在富春江里捕鱼，水性好，大家叫他“水活鹭”（富春江里的一种水鸟，比野鸭小，钻到水里捉鱼同射箭一样，十拿九稳），让他先埋伏在恩波桥下，等村夫一跳进水里，陆水生马上把他救起，他阿爸陆宇清又飞快地把早就停在江里的捕鱼船划过来，把村夫接到自己家里藏了起来，韦世汤和程法就是有三头六臂、火眼金睛，哪会想到宏志和他姆妈菊花有这一招呢?

“请大家静一静……”张县长成了这场婚礼的大忙人，额头上冒着细细的汗珠，他放开喉咙大声叫喊，同时向大家打手势，闹哄哄的场面开始安静下来。

张县长向站在身边的渡边医生点一下头，又对大家说：“先请渡边一郎医生讲话。”

渡边一郎显然是太激动了，他几次抱着董阿开泪流满面，泣不成声，当然董阿开也很激动，抱着他久久不肯分开，所有到场的嘉宾、客人，也都感动得流出了眼泪。

渡边一郎终于安定下来，他用激动得有些颤抖的声音说：“过去，我们日本由于军国主义分子占了上风，发动了这一场灭绝人性的战争，给中国人民带来的灾难，是有目共睹的，他们杀人、放火、奸淫、抢劫，还不顾国际法运用了细菌战，我们董家村就是受灾最深最重的地方，据我了解，当时他们在龙头山上架起大炮，用炮弹把鼠疫、炭疽菌打过江来，几天时间就死了三十多人，还有二十多人变成了老烂脚，受尽了折磨，比如董成标的妻子桂香……”渡边一郎向下面看了一眼，像是在寻找人，接着他又说，“这些军国主义分子不但残害中国人，连日本本国人也不放过啊！”渡边又一次握住了董阿开的手，更加激动地说，“要是没有董阿开先生，就不会有我儿子渡边村夫，我也不会知道我妻子洋子是怎么死的。中国的总理周恩来先生说过：‘前事不忘，后事之师！’我们两国人民都不会忘记这一段历史的！”渡边一郎停了一下，为了控制自己的情绪，深深地吸了一口气，继续说，“我们渡边一家，还有我们家的亲朋好友，对董阿开先生的救命之恩是不会忘记，永远也报答不完的！这又一次证明了日本中国两国的老百姓，永远是朋友！是好朋友！我父亲、我和我儿子，征得董阿开先生的同意，从今天起，把渡边村夫的名字改做渡边信福！”

在一片热烈的掌声中，有人却在小声地打听：“渡边……信福？是什么意思？”当他们弄明白“信福”就是董阿开在逃日本鬼子的时候被闷死的儿子时，唏嘘声四起，阿开和菊花，还有三嫂他们也流下了激动的眼泪。

渡边一郎突然走到司马仁孝身边，说：“下面这件事，还是你来向大家宣布吧。”

司马将军谦逊地说：“你宣布也是一样的。”

渡边一郎仍然拉着司马将军的手不放。

嘉宾、客人，还有来看热闹的人都拍起了巴掌。

张县长因势利导，他对大家宣布：“请司马将军讲话！”

司马仁孝更是激动，他先向大家深深地鞠了一躬，说：“六百年前，画家黄公望先生画了一幅《富春山居图》，是期望富春江两岸的老百姓能在这美丽的山水之间，丰衣足食，过和平安详的生活，可是由于日本人的侵略，给大家带来了地狱般的生活，有家不能归，有地不能种，受冻、挨饿，到处流浪……”司马将军说到这里，停了一下，清了一下喉咙，还摇了一下头，“后来，蒋先生又发动了内战，让……让……”司马将军的声音开始哽咽，张县长给司马将军递上了手帕。

司马将军深深地吸了一口气，挥了一下手，大声地说：“过去的事情让它过去吧！”司马回头看了一眼渡边一郎，继续说，“昨天，我同渡边一郎先生一起同富春县签定了一份协议，共同投资，准备把富春县建成一个集旅游、度假、疗养于一体的天堂。”

老政委和周伟社长拉起小伯的手，渡边一郎也拉着司马将军的手，大家一起走到张县长身边，手拉着手，大声说：“中国日本永远是朋友！”

满堂的亲戚朋友，和来参加婚礼的董家村老百姓也都拉起手，喊着：“中国日本永远是朋友！”

在一片掌声和欢呼声中，张县长高声宣布：“把新郎新娘送入洞房！”

大厅里一下子又热闹起来，只见阿开在渡边信福和小红、菊花在宏志和丽丽的搀扶下，重新踏上麻袋，走出大厅，向阿开的新家走去，在他们后面，跟着一长串亲人、朋友和看热闹的人。

小伯和小姆妈因为上了年纪，在张县长宣布“把新郎新娘送入洞房”之后，就站起来向自己家走去；出于礼貌，于太白、张亮、渡边一郎、司马仁孝夫妇也陪着小伯走进了他家的客厅。

刚坐下，司马又提出了要于太白讲故事。于太白笑笑说：“小事一桩，我们共产党的干部是为人民服务的，任何人都不能搞特殊化。”

司马仁孝更是感动，他说：“我从你吃豆腐渣的故事中，才真正懂得了共产党为什么能打败国民党八百万大军的道理了。”

司马将军从女婿董关根嘴里听到的于太白吃豆腐渣的故事是这样的：三年困难时期，于政委的老父亲来看望儿子，由于于政委一家一直在食堂吃饭，父亲来了也跟着在食堂吃饭；父亲住了一个月，因为他是农村来的，当然不会带粮票。于政委的父亲走后，自己再没有粮票到食堂去买饭票了，那怎办呢?程秘书建议他去请粮管所戚所长想想办法，于政委摇摇头。后来，他想到了县供销合作社,那里不是有一个豆制品厂吗，听平厂长说，他们是把豆腐渣拿来喂猪的。

“于政委就吃了一个月的豆腐渣，后来实在吃厌了，食堂炊事员老孙每次给他的豆腐渣里加点葱花。”这是董关根告诉司马将军时的原话。

“外公外婆，快来看呀！”关根和小惠的女儿董常青一边叫一边跑进小伯家的客厅，拉起司马将军和车玉娟向阿开家走去。

小伯对大家说：“你们不要陪我了，也去看看热闹。”

于太白对刚进来的张县长笑哈哈地说：“我们也去凑凑热闹吧。”他告别了小伯，领头走了。

张亮也陪着渡边一郎和司马他们，一起向阿开家走去。

“新郎倌，新娘子，把头抬起来！”一到阿开家门口，大家就听到了闹新房人的叫声，于政委、张县长、渡边医生和司马将军抬头一看，见阿开和菊花被一条长凳拦在大门外，长凳上坐着两个人，一个是和阿开做草纸的老搭档陈传祖，一个是菊花的亲家公董成标。

“新郎倌新娘子抬起头来！”这是董成标的声音。

阿开和菊花十分听话地抬起头，看见自己家门上贴着两张大红纸。

“先请新郎倌董阿开揭下右边大门上的红纸！”陈传祖大声叫着。

阿开走上前去，揭下红纸，发现下面还有一张红纸，还写了字。

“新郎倌，把上联读一遍！”

阿开轻声地念了一遍。

“听不到，响一点！”来参加婚礼的客人一边笑，一边叫。

“一对——新——夫——妇！”阿开大声地、一字一顿地读着，就像当年他读“小小猫，跳跳跳”一样高兴。

“请新娘子揭下左边大门上的红纸！”又是董成标的声音。

菊花听话地揭开红盖头，揭下左边大门上的红纸，看着下面红纸上的字，脸刷一下红了，低下头，一声不响。

“读！读！读！”起哄的人更多，声音也更响。

菊花用双手捂住了自己的脸，说：“我不认得字。”

“不对，不对！”儿子宏志转过身，脸对着大家，“我姆妈通过扫盲，连招待所的账也会记了。”

“到底是老百姓自己的县长，办事公道，连自己的姆妈也不包庇。”有人称赞。

“不准赖皮！读！”起哄声要把房顶也掀起来了。

菊花轻声读了一遍，参加婚礼的人又一次哄起来：“响一点，再响一点！”

阿开在旁边用肘子碰了一下老婆，说：“读响一点，怕什么？！”

“两个老家伙！”一个清脆的女中音在空中回响。

“哗！”欢呼、拍手，场面更加热闹。

这时，杨光医生出场了，他扶着阿开，杨医生的老婆李医生扶着菊花，让他们夫妻双双站到了凳子上，又让两个人一起揭下了大门顶上的红纸，阿开笑弯了腰，菊花羞红着脸，她偷偷碰了一下阿开，小声说：“要生……你去生。”

“声音大一点！”下面的叫声又一次响起。

阿开突然把菊花抱在怀里，大声地读着横批：“早生贵子！”

这下把所有的人都乐坏了，笑啊、叫啊，其中还有几个小年轻笑着说：“老太婆了，还生贵子啊！”阿开和菊花一听，推开新房大门，脚还没有踏进去，听到有人在背后说：“老政委这个人真逗，写了这么一副对联！”

“有趣。”

“绝了。”

阿开在菊花耳朵边嘀咕：“原来是他在出我们的洋相。”

阿开的话还没有说完，一个女高音又响了起来：“戏文还没有唱完呢。”阿开和菊花一听就知道是三嫂，她一手拉着孙子，一手提着新马桶：“我已经叫孙子在马桶里撒过尿了，童子尿，绝对的童子尿。”三嫂像放百子炮似的，放下马桶，陈宏志的儿子陈继水突然跑过来说：“我还没有撒尿呢。”不等大人说话，他脱下裤子就向马桶里撒起尿来，后面又拥上了几个男小孩，都脱下了裤子争着要向马桶里去撒尿，三嫂一看急了，她把马桶拎在手里，笑着说：“好了好了，马桶要给你们的尿撒满了，谁去倒呀？”这时，关根和小惠的儿子又不知从什么地方去捧来了柏子和花生，一个劲地往菊花怀里塞，关根儿子还学着大人的口气说：“早生贵子！”

菊花接过柏子和花生，脸红得同秋天的柿子，连头也不敢抬起来，阿开却咧开了嘴巴一个劲地笑，因为他曾经被日本鬼子的拳头打掉了两颗牙齿，不笑的时候看不到，一笑，露出了一个大黑洞。

“唉，这一对牛郎织女，总算熬出头了，就是王母娘娘下圣旨，也拆不散了。”三嫂深有感触地说。

老政委内疚地说：“是我思想保守，当了这么些年的王母娘娘给耽误了啊。”

“姆妈，你说的那个贞节牌坊，也不用造了。”董关根递上了一句。

老政委看见董关根走过来，拍了一下他的肩膀，说了一句题外话：“你肩上的担子可不轻呀。”

董关根见是老政委，先开玩笑说：“老政委，你这出戏唱得不错哇，新鲜、热闹。”

“阿开和菊花都是我的老朋友了，今天他们办大事，算是凑个热闹吧。”

“热闹，热闹，真热闹！”旁边闹新房的客人都这么说。

董关根一直握着老政委的手，深情地说：“有你老政委给我做出了榜样，又跟了你这么多年，我一定不会让你失望的。”这算是回答老政委的那句题外话。

“不，”想不到老政委不依不饶地摇摇头，“不是让我个人失望，是不让培养你的共产党和富春县的老百姓失望。”

见老政委在同董关根谈得火热，陈宏志也走了过来，正好老县长也在于政委旁边，于政委对张亮说：“我们两个老家伙早该把担子交给他们了。”

“扶上马，还要送一程啊。”天堂报的老社长周伟不知从哪个角落里钻出来的，大声地说。

“哈哈，你在偷听啊？”于政委轻轻抡了老战友一拳，一本正经地问：“听说你也把担子交给老婆了？”

“这是什么话，天堂报是共产党的喉舌，是反映老百姓呼声的地方，徐慧珍同志文化比我高，能力比我强，又年轻，是党信任她，才把这副担子压到她的肩上了。”

张亮做出十分夸张的样子打量着周伟，边笑边说：“喔，又给老婆……不不，又给徐慧珍同志吹上啦，这一回，她为什么不来呀？”

“她哪里忙得过来唷。”

“新官上任三把火嘛。”

周社长见董关根和陈宏志也帮着于太白和张亮取笑他，回击说：“那……你们两位准备放几把火啊？”

这还真把两个年轻人给问哑了，不过，姜还是老的辣，周伟自己接口说：“八月十八春江潮，后浪推前浪，一浪更比一浪高！”

“啊哈哈，我们的周大社长作起了诗来啦。”老政委像孩子似的叫起来。

“你们有事情到办公室去说，不要在这里瞎凑热闹。”一个高八度的声音从背后响起，不用回头看就知道是三嫂：“老政委呀，你这个王母娘娘用头上的银簪划了条天河，差一点把阿开和菊花逼疯了，还是多留一点时间给他们亲热吧。”

“对对对，我们是该走了。”董关根和陈宏志推着两个老同志同时唱起了刚才周社长的诗：“八月十八春江潮，后浪推前浪，一浪更比一浪高！”向新房外面走去。

周伟故作惊讶地看看两位年轻人，说：“怎么，你在活学活用我的诗作呀？”

“什么诗作，至多只能称得上顺口溜。”陈宏志说。

“用我们富春老百姓的话说，这叫‘现落镬’。”董关根加了一句

在这样开心的气氛中，三个老同志再不像过去工作中那样严肃，也不再论资排辈，反回身，同两个年轻人勾肩搭背，嘻嘻哈哈地向二道门走去。

三嫂目送两位前辈和两个年轻人走出阿开的新房，回转身见新房里还有那么多人，又张开两只大手说：“都给我出去，出去，下面的戏文该由阿开和菊花两个人演，你们不要来凑揍热闹。”

“还要演戏文？”一个小年轻明知故问。

“双推磨！”三嫂把最后一个人拉出新房门，忽然又看见几个小年轻趴在阿开家的窗台上，问他们，“你们趴在那里做什么啊？”

“听戏。”

“听隔壁戏。”一个小年轻突然嘘了一声，几个头同时贴了上去。

“哈哈哈，把奶奶压痛啦！”年轻人又叫又笑又跳。

三嫂走过去把他们一巴掌一个从窗台上打下来：“有什么好听的，到你阿爸姆妈的床头去听。”

“四十五十、似狼如虎，五十六十，晴天霹雳！”“天越晴越高，人越老越骚！”小青年们兴犹未尽，嘻嘻哈哈地唱着，跳着，走散了。

5

老渡边和渡边一郎总感到亏欠董阿开太多，无以回报，他们先瞒着董阿开，悄悄在

龙头山脚的富春江边为他造了一幢相当讲究、又很漂亮的房子，房子造好后，由渡边信福和董小红两夫妻出面，说是要阿爸和姆妈去他们那里住几天，阿开和菊花开开心心地去了，菊花因为在县城里住过，而且大炼钢铁她们的“三八”红旗小高炉就在龙头山脚富春江边，当她和阿开跟着渡边信福和董小红来到那幢新房子前面，吃惊得呆了：“这不是我们造过小高炉的地方吗？”

“就是姆妈你那座‘三八’红旗小高炉的原来位置呀。”陈宏志和陆丽丽从新房子里迎出来，两夫妻又是扶又是搀的，要来接阿开和菊花。阿开笑着说：“我还要回去做草纸呢。”他把手一甩，一个人“腾腾腾”向屋里走去。

菊花看了阿开一眼，对儿子媳妇说：“我的腿脚比你们大阿爸健多了。”她也几步跟上了阿开，向屋里走去。

大家在宽敞、漂亮的客厅里坐下，阿开问儿子：“这是你们医院里造的？”

不等信福回答，小红拉了菊花向阳台上走，信福也拉着阿开跟在后面，阿开和菊花一到阳台，吃惊地叫起来：“富春江在我们脚下了？”

“阿爸姆妈你们再看看！”渡边信福的手指向远方。

阿开叫得更响了：“江对面就是富春山呀！”

“状元府第的大房子也那么清楚，”菊花的脸也笑成了一朵花，她回头悄悄问小红，“到底有钞票，房子造得这么好。”

小红反问菊花：“姆妈喜欢吗？”

“当然喜欢。”菊花说。

“喜欢就好，”信福回头对阿开说，“阿爸姆妈喜欢，就住在这里吧。”

有一天渡边信福正在给病人看病，阿开拎着个鸟笼走了进来，不过他没有马上打扰他，只在旁边静静地看着，等渡边信福把病人打发走了，才对儿子说：“我同你姆妈商量过了，明天就回董家村去。”

“这里住不惯？”渡边信福吃惊地问。

阿开看着自己一口水一口饭养大的小春，摇摇头：“我是个劳碌命，做生活惯了，一空下来就浑身骨头痛。”

渡边信福对阿开说：“小红不是说了嘛，如果觉得在屋里太空，就同姆妈到街上去走走。”他看看阿爸脚边鸟笼里的两只八哥，又说，“还可以拎着八哥到龙头山上走走。”

阿开低着头看看笼子里的两只八哥，它们跳上跳下，还不停嘴地“谷六六、谷六六”叫着，挺逗人喜欢的，他眼睛一阵发热，但不让泪水流出来，对渡边信福说：

“小红还去买了这两只八哥……”阿开抬头看了儿子一眼，又看了一眼鸟笼里的八哥，接着说，“想当年，我到地里去做生活怕你一个人在屋里太孤单，才为你捕两只八哥的，你们现在却花钞票去买……”

“我们也是怕你太寂寞才给你买两只八哥的。”渡边信福不等阿爸说完，这样说。

“我有你姆妈陪着，不会寂寞的。”阿开突然拉起了渡边信福的手，把他放在自己结满老茧的手掌上，说，“我知道这房子是你和爷爷、你爸爸对我的一片心意，我领了。我呢，看到你有今天，也对得起你姆妈洋子了。我想还是同你姆妈回到老房子里去住，俗话说，‘外面金窝银窝，不如自己的草窝’啊。”阿开见又有病人来找渡边信福了，拎起鸟笼，向外面走去。

渡边信福看着渐渐远去的养父，知道他和爷爷、爸爸费尽心机对他的报答，又一次落空了。

“他到底要什么样的报答呢？”爷爷和爸爸的话，又一次在渡边信福耳边响起。

为了让阿开和菊花幸福地度过晚年，老渡边和儿子渡边一郎在龙头山脚、富春江边买了块地，造起了漂亮的房子，可阿开住进去没有几天，就吵着要回董家村老屋里去，信福去问姆妈菊花：阿爸为什么要回去？菊花说他晚上睏不好，老喊骨头痛。信福以为阿爸生毛病了，给他做了全身检查，可就是查不出毛病，后来小红说，会不会活动太少的缘故？一句话提醒了信福，他让阿爸去打太极拳，阿开一定要菊花陪着去，菊花只好去了，她看着阿开练太极拳（教拳的老师是信福花钞票去请来的）；练了几天，阿开又不想练了，说这种软绵绵的、像我们农村里在水里摸鱼一样地摸来摸去，他的手脚更酸了。

阿爸的话，说得信福哭笑不得，他正想不出别的办法来，阿开突然捧着一块切菜的砧板来到养儿子身边，他手捧砧板，做起了动作：站直、抖动、蹲下、再站直……把信福和小红都弄得丈二和尚摸不着头脑。

菊花却“扑哧”一声笑了起来：“你们阿爸是在做草纸呀。”

信福被姆妈一提醒，笑着跑上去抱住了阿开：“阿爸，你是在说做草纸也是一种锻炼身体？”

“我过去一天要做几千张草纸，就这样，”阿开又一次把砧板端平，屏气，突然又握紧砧板，飞快地向下插去，然后又眼瞟两头，把砧板捧起，舒气、回身、蹲下、又立起……“这比摸来摸去的那个拳，爽快多了。”他说。

“我听老年人说，人老先老腿，我们做草纸的一天立起、蹲下，要做几千次呀，你们看。”阿开捋起裤脚管，露出了腿上的肌肉，他还在肌肉饱满的腿上捶了两拳，骄傲地问菊花、问信福、问小红，“怎么样？”

信福又一次抱住了阿开：“阿爸，我服了你了。”

阿开要回老家的消息被渡边一郎知道了，问儿子：“这种土里土气的动作也可以锻炼身体？那么把所有的运动都取消，用劳动来代替好了。”

“可……可……”

“劳动是劳动，运动是运动，劳动能够创造财富，运动能够锻炼身体……”到底是医生，说得儿子无话可说了，不过信福还是搬出了三婶的话：“千孝不如一顺。”渡边一郎看看儿子，没有再说什么。

阿开和菊花先回到董家村的状元府第，后来，状元府第作为古建筑经过修理，作为一道风景，对外开放，让更多的人来参观，他们又把陈家桥的老房子修理了一下，搬了进去。

在阿开和菊花回董家村的时候，除了信福和小红，宏志和丽丽也到渡船埠来送他们。临走时阿开突然把信福拉到一边，说：“阿爸想托你一件事。”

信福觉得奇怪，“阿爸他怎么啦？什么事这么神神秘秘的，还这样庄重？”他回头看了一眼小红和陈宏志两夫妻，小声问：“阿爸，什么事啊？”

“你们医院里还有没有空位置？”

“阿爸，你这么大年纪了，就在家里陪陪姆妈吧。”

阿开摇摇头：“如果有，能不能给韦世汤留一个？”

“什么？给他留位置？留什么位置？”渡边信福好像看一个怪人似的看着阿爸。

阿开见儿子误会了，笑了，拍拍儿子的肩膀：“能不能叫韦世汤到你们医院当一个看门的大伯？他腿脚不好，一个人，老来会更苦的。”

渡边信福怔怔地看着把自己养大的中国爸爸，感动得眼睛热辣辣的，点点头说：“阿爸你放心，我记住了。”

听说后来阿开到城里去看儿子媳妇，还偷偷到医院门房去看过，见韦世汤坐在门房里看大门，阿开迈着轻松的脚步，回家来了。

有一天，三嫂回董家村来看阿开和菊花，菊花正在洗阿开的衣服，见三嫂穿得很光鲜的样子，笑着说：“到底是城里人了，打扮也不一样了。”

三嫂哈哈地笑着：“再打扮也是个老太婆了，关根、小惠都说了，你们年轻时吃了那么多苦，该享享福了。”

菊花点点头："这到也是，小红、信福也对他阿爸这么说的，县城里给你们造了这么漂亮的新房子，偏要回到乡下来，你看，"菊花从洗衣盆里提起阿开的几件旧衣服，"他连这几件旧衣服也不肯丢掉，好像什么宝贝似的。"

三嫂从洗衣盆里捞起阿开原来穿过的旧衣服，两个肩头、两只膝盖上，都已经加了补钉了，她默默地从口袋里挖出一个手巾包，交到菊花手里。

菊花莫名其妙地看看三嫂。

三嫂对她说："你先打开来看看。"

菊花小心地打开来一看，吃惊地问："银元？！"

三嫂却摇摇头："假的。"

"假的？"菊花看着三嫂，一脸地茫然。

三嫂告诉菊花，是阿开交给司马小惠的，叫小惠转交给她姆妈车玉娟，说是还她们的。

"原来的那二十块银元，阿哥老早就用掉了，都是真的，怎么又弄出这些假银元来了呢？"菊花说。

"小惠到银行里去检验过了，是假的。"三嫂说。

"这到底是怎么回事呀？"菊花着急地问。

"听说是阿开花钞票从古玩市场上买来的。"三嫂心情沉重地说。

"怪不得他那一次进城上街向我要钞票，说要派大用场。"

"他没有同你说派什么用场？"

菊花摇摇头："这个人也真是，花那么多钞票去买二十块假银元。"菊花有些生气地从三嫂手里拿起银元要往外面扔，"扔了算了，看了叫人乌珠骨头痛。"

三嫂一把把它夺了回来，又小心地把银元包起来，装进口袋，还用手在衣服口袋外面拍了几下，说："小惠说，这是阿开伯给我们的传家宝，我们要世世代代传下去。"

"传家宝？几块假银元也算传家宝？"菊花看着三嫂，细细品味着小惠的话，她想起自己在整理房间的时候从角落里挖出那一包旧衣服，听阿开说是从日本带回来的，生气地要扔到垃圾堆里去，也被阿开夺下来，"难道这也是传家宝？"当时菊花还这样同老公开过玩笑。

渡边一郎除了当日中亲善大使外，还是母校的教授，医院有儿子和媳妇负责，公司的事请了中方代表于鲁生打理。

说起于鲁生当中方经理的事，还有一段插曲：

于太白的儿子于鲁生在清华大学经济贸易系毕业后，分配到省政府商业厅工作，不久还当上了科长，因为工作忙，平常很少回来，有一天，正好周伟两夫妻在于太白家做客，老赵说：“这一次由我做东请客。”她买了好多菜，还把养在后院里准备儿子回来时杀给他吃的一只母鸡也杀了，当大家正在高高兴兴吃饭的时候，儿子于鲁生突然闯了进来，赵彩娥刚埋怨了一句：“你回来怎么不先打个电话来。”儿子好像没有听到，兴冲冲地对爸爸妈妈说：“我已经办好了留职停薪的手续啦。”

“办什么手续？”于太白一时反应不过来，问儿子。

“留——职——停——薪——”鲁生一字一顿地说。

“留职停薪”是改革开放初期的一个新名词，就是单位里的职务保留着，你可以“下海”经商，什么时候都可以回来，目的是鼓励干部下海经商。

“你什么事都可以去干，怎么去搞这个东西？”于太白第一个跳起来。

还是赵彩娥耐得住气，问儿子：“你那个科长当得好好的，怎么突然想下海了呢？”

于鲁生也不顾忌有两个陌生人在家里，告诉爸爸妈妈，是渡边一郎先生和他儿子渡边信福邀请他担任富春旅游公司中方代表，为发展家乡的经济出一把力。

“我也算半个富春人啊，也想为富春的经济发展出一份力。”

周伟首先为于鲁生鼓掌，说：“年轻人，有志气！”他回头对于太白说，“我们的总设计师邓小平说，发展是硬道理，我国的经济发展就靠这批有才学、又有闯劲的年轻人了。”

于太白不再做声了，周伟和徐慧珍握住了于鲁生的手，同时说：“祝你成功！”

赵彩娥趁机也告诉儿子这两位叔叔阿姨的身份。

于鲁生呆呆地看着徐慧珍，他想起爸爸妈妈曾经为她吵过嘴……

渡边一郎这一次是带着自己的一批学生来中国参观、访问，而且主要是参观新的旅游点：富春山，也是为富春旅游业造势。在旅游团出发前，儿子渡边信福和媳妇董小红建议爸爸把旅游团扩大，夫妻俩分头发信邀请已经在世界各地工作的同学也来参加，当然，渡边一郎仍然是兼职导游，他说对富春县，特别对董家村太有感情了，是他的第二个故乡。当然也想趁这个机会看看儿子、儿媳和中国的老朋友。

渡边医生兴致勃勃地先陪这批年轻人参观了已被列入重点保护古建筑名单的状元府第，接待大家是旅游公司的中方代表于鲁生，大家一进门，墙上的一首诗先让大家驻足朗诵，有的还把它抄录下来：“争夺的话，就会不足；分享的话，就有剩余；争夺的话，就起争端；分享的话，就会平静；争夺的话，就会不满；分享的话，就会感谢；争夺的话，就有战争；分享的话，就会和平。”

日本诗人相田光男：《分享的话……》

“这是渡边信福和董关根书记建议的。”于鲁生向同学们解释。

接着，他又把旅游团的同学带到了农家乐参观陈家桥杨浦边上那一排做富春草纸的工房，这里是富春草纸展示中心，能让参观者看到从一根草变成一张草纸的全过程。董阿开是展示中心的顾问，不过他为了迎接这批年轻客人，亲自表演做富春草纸。因为大家事先都读过《大爱无疆》这本书，对董阿开像英雄一样地崇拜敬仰，当他们看到一个头发花白、穿着青蓝旧布衫、腰里围着白腰布的老人在一丝不苟为参观者表演做草纸，简直惊了：阿开两只手端着一张竹簾，他的眼睛像医院里的扫描机，来回看着纸槽里已经搅成糊状的纸浆，突然，他屏气、凝神，用闪电般地速度把竹簾斜插进水里，又以迅雷不及掩耳的速度端起来，上下、左右地来回晃动，更传神的是他的脸部表情，一会儿紧张，一会儿放松，一会儿吸气，一会儿吐气……当参观者正在欣赏他的表情时，阿开的竹簾上已经有了四张富春草纸，随即，他又会用右手拇指和食指轻轻地把竹簾捏起，同时又用左手掌轻轻一托，两脚迅速蹲下，一眨眼工夫，四张厚薄如一、色泽如一的草纸已在另一块木板上……

渡边一郎和那批年轻人看着阿开娴熟的动作，还有那脸上的表情，也跟着一会儿凝重、专注，一会儿轻松地舒一口气，接着又是满意地微笑。

“简直是画家在作画！”有人说，“不，是钢琴演奏家在弹奏动人的乐曲！”“是舞蹈家在跳舞！”他们用自己的想象评价着董阿开刚才做草纸的一系列动作和脸上丰富的表情，同时怀着崇敬的心情，一个个悄悄站到阿开的背后，拍照留念。

董阿开也很开心，他一边做草纸，一边向参观者介绍：“我们富春草纸已经有两千多年的历史，想把它申请列入世界非物质文化遗产。”

渡边医生和儿子渡边信福听了阿开的话，两个人不约而同地靠到阿开身边，并且一边一个抱住了他，深情地说：“阿开君，你的精神也应该作为遗产保存下来！”

“对，我们建议联合国增加一项世界精神遗产：这就是《大爱无疆》！是人类共同的曙光！”所有来参观的年轻人不约而同地拥到董阿开身边，举起了他们手中那本《大爱无疆》的书，高声地呼喊着。

正好有一个记者在采访，他不失时机地“咔嚓”一声把这瞬间的镜头，登上了当日的《富春日报》。在照片上，一个憨厚的中国农民，他脸上的皱纹像雕塑家用刻刀刻出来似的，他那双满是老茧的手里，握着一张做草纸的竹簾，他在微笑，他咧开的嘴巴里却有一个深深的黑洞，特别显眼；在他的身后，是一批各种肤色的年轻人，他们手中举着《大爱无疆》的书，将连同照片一起，带到各地，带向世界……